呼和浩特市玉泉区年鉴

（2020）

玉泉区人民政府　主办

远方出版社

图书在版编目（C I P）数据

呼和浩特市玉泉区年鉴 . 2020 / 夏冬梅，梁国柱主编 . -- 呼和浩特 : 远方出版社，2020.12
ISBN 978-7-5555-1512-8

Ⅰ . ①呼… Ⅱ . ①夏… ②梁… Ⅲ . ①区（城市）—呼和浩特— 2020 —年鉴 Ⅳ . ① Z522.64

中国版本图书馆 CIP 数据核字 (2020) 第 236292 号

呼和浩特市玉泉区年鉴（2020）
HUHEHAOTESHI YUQUANQU NIANJIAN（2020）

主　　编　夏冬梅　梁国柱
责任编辑　蔺　洁
责任校对　蔺　洁
装帧设计　王改英
出版发行　远方出版社
社　　址　呼和浩特市乌兰察布东路 666 号　邮编 010010
电　　话　（0471）2236473 总编室　2236460 发行部
经　　销　新华书店
印　　刷　内蒙古爱信达教育印务有限责任公司
开　　本　210mm × 285mm　1/16
字　　数　610 千
插　　页　16
印　　张　25
版　　次　2020 年 12 月第 1 版
印　　次　2020 年 12 月第 1 次印刷
标准书号　ISBN 978-7-5555-1512-8
定　　价　360.00 元

玉泉区地方志编纂委员会

主　　任　云　鉴

副 主 任　王　青

玉泉区志办公室

主　　任　夏冬梅

副 主 任　梁国柱

工作人员　刘晓琴　张佳艳　高新伟

《呼和浩特市玉泉区年鉴（2020）》编纂人员

主　　编　夏冬梅　梁国柱

编　　辑　（按姓氏笔画排列）

刘晓琴　张佳艳　高新伟

审　　核　夏冬梅　梁国柱

校　　对　（按姓氏笔画排列）

刘晓琴　张佳艳　高新伟

编辑说明

一、《呼和浩特市玉泉区年鉴（2020）》是玉泉区的第三部年鉴，是由玉泉区人民政府主办，玉泉区地方志办公室编纂，远方出版社出版，国内公开发行的综合性年鉴，是展示玉泉区年度发展概况的资料文献。

二、《呼和浩特市玉泉区年鉴（2020）》以马克思列宁主义、毛泽东思想、邓小平理论、“三个代表”重要思想、科学发展观、习近平新时代中国特色社会主义思想为指导，全面系统地记载2019年玉泉区政治、经济、文化、社会、生态等领域发展状况的基本情况，旨在为现实服务、为后人提供借鉴、为续修新方志积累资料。

三、《呼和浩特市玉泉区年鉴（2020）》的框架结构由类目、分目和条目三个层次组成，部分分目下设子目，条目为记述基本层次，设置特载、大事记、政治、军事、经济、科教文卫体等类目，总计60余万字。记述时限为2019年1月1日至12月31日。

四、《呼和浩特市玉泉区年鉴（2020）》所用稿件由区属各委办局、各企事业单位提供，并经供稿单位领导审核。编辑工作得到了区有关领导、部门、企事业单位和全体供稿人员的大力协助及上级史志部门的热心指导，经年鉴编辑部编辑人员认真组织、加工整理，再返回原单位核对，最后由编委会定稿。文中所用数据个别由于统计口径、时间不同而有差异，使用时以统计部门提供的数据为准。

五、行文用记叙文和说明文两种文体，计量单位统一使用国家法定计量单位。

六、由于玉泉区地方志办公室编者编撰水平有限，纰漏与不足之处敬请广大读者批评指正。

玉泉区城区鸟瞰图

王惠捷 / 摄于 2020 年

魅力玉泉

古韵之城

魏月飞 / 摄于 2017 年

魅力玉泉

旅游之城

丁根厚 / 摄于 2013 年

魅力玉泉

生态之城

丁根厚 / 摄于 2019 年

玉泉区中心城区图

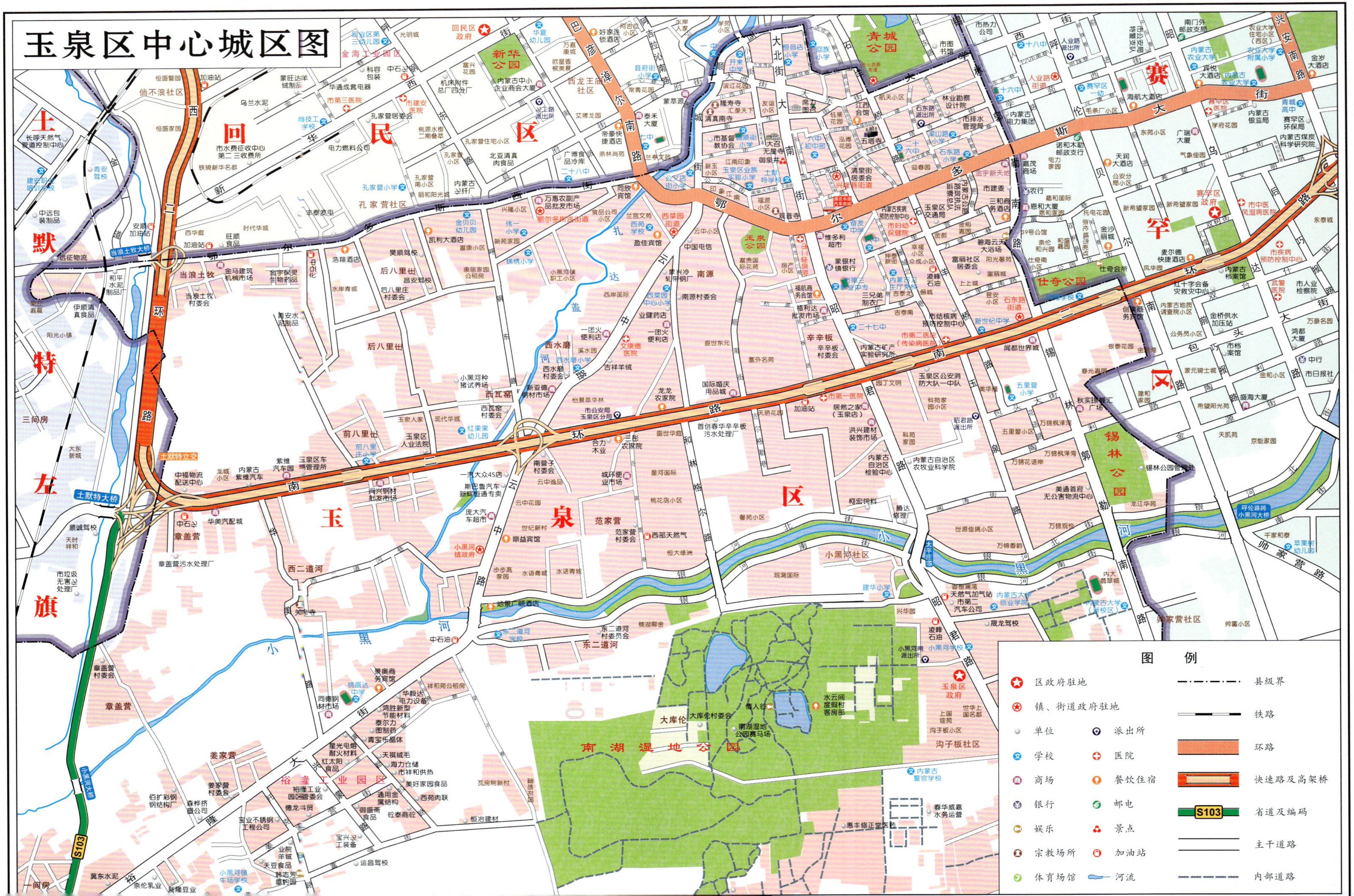

玉泉区
回民区
赛罕区
土默特左旗
青城公园
新华公园
锡林公园
仕奇公园
玉泉公园
南湖湿地公园
裕盛工业园区
小黑河
扎达盖河
二环路
图例
区政府驻地
镇、街道政府驻地
单位
派出所
学校
医院
商场
餐饮住宿
银行
邮电
娱乐
景点
宗教场所
加油站
体育场馆
河流
县级界
铁路
环路
快速路及高架桥
S103
省道及编码
主干道路
内部道路

玉泉区行政区划图

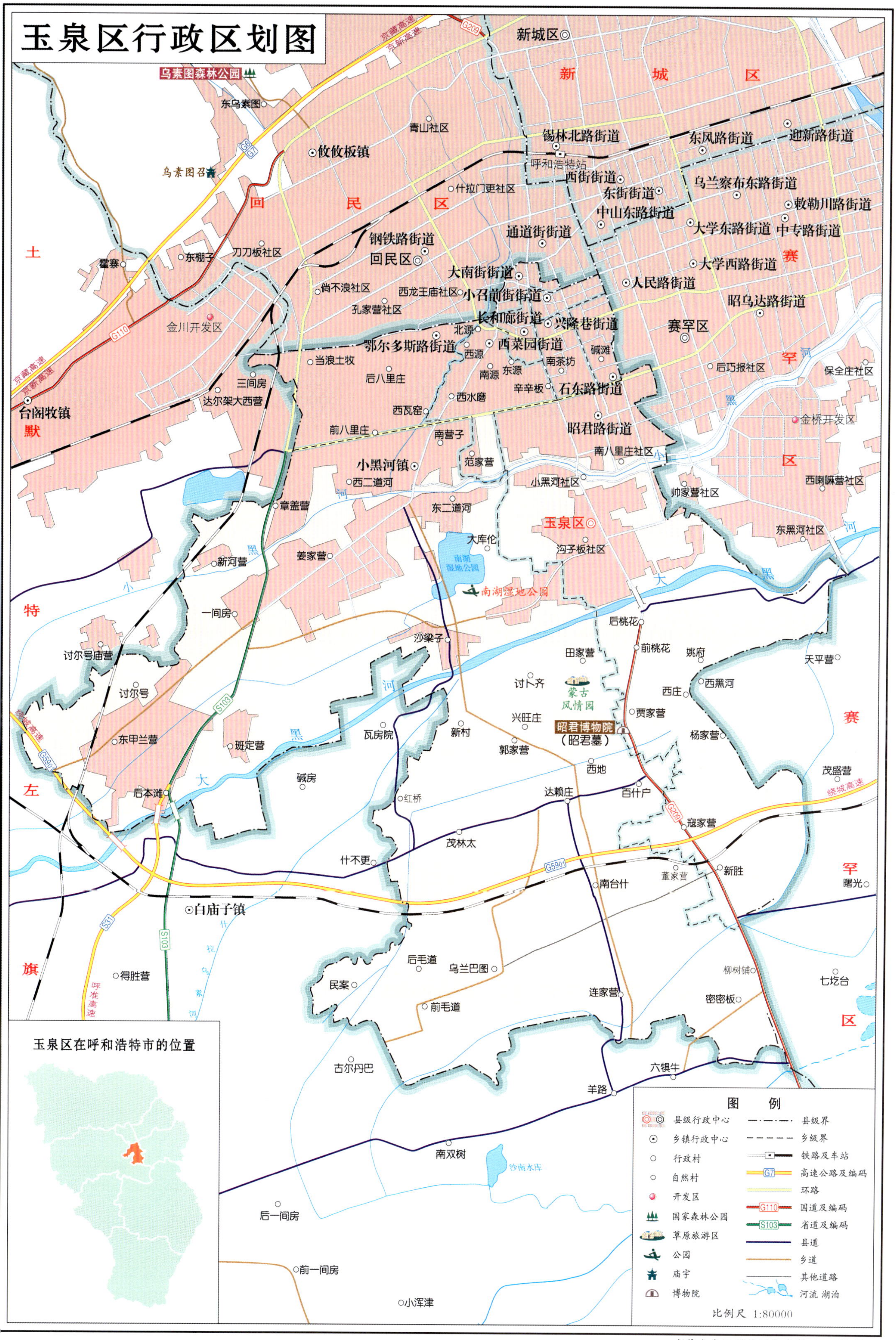

内蒙古自治区地图院编制 2019年8月

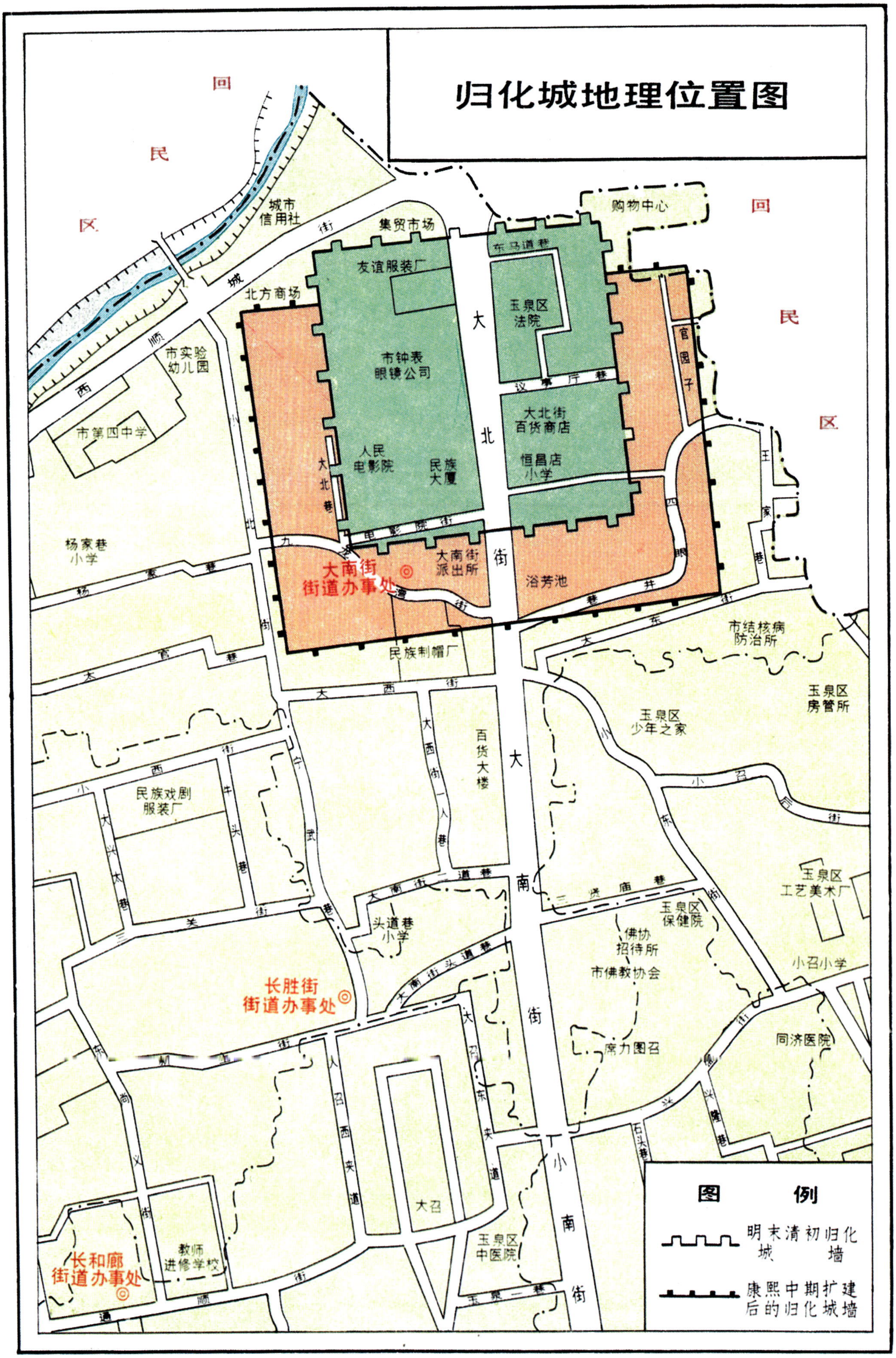
回民区
城市信用社
集贸市场
购物中心
西顺城街
北方商场
友谊服装厂
东马道巷
玉泉区法院
市钟表眼镜公司
大北街
市实验幼儿园
官园子
议事厅巷
大北街百货商店
市第四中学
人民电影院
民族大厦
恒昌店小学
大北巷
电影院街
小北街
王家巷
四眼井巷
九龙湾街
杨家巷小学
杨家巷
大南街街道办事处
大南街派出所
浴芳池
太官巷
民族制帽厂
大东街
市结核病防治所
大西街
玉泉区房管所
玉泉区少年之家
百货大楼
民族戏剧服装厂
大西街一人巷
小召后街
牛头巷
大兴太巷
宁武巷
小东街
大南街
三贤庙巷
玉泉区工艺美术厂
大南街二道巷
头道巷小学
玉泉区保健院
佛协招待所
市佛教协会
小召小学
大南街头道巷
长胜街街道办事处
席力图召
同济医院
大召东夹道
人召西夹道
尚义街
石头巷
兴隆巷
大召
小南街
玉泉区中医院
教师进修学校
长和廊街道办事处
通顺街
玉泉一巷
图例
明末清初归化城墙
康熙中期扩建后的归化城墙

归化城地理位置图

特 载

大事记

玉泉概况

中共玉泉区委员会

玉泉区人大常委会

玉泉区人民政府

政协玉泉区委员会

民主党派

社会团体

公检法司

地方军事

农林牧水

工　业

城乡建设

环境保护

信息产业

旅游业

财政税务

统计审计

金 融

经济综合管理

教育工作

中学教育

小学教育

幼儿教育

科技 文化 教育

医疗 卫生

社会事业

街道　镇

中共玉泉区第八届委员会第七次全体会议上的报告

——2019年2月2日在中共玉泉区第八届委员会第七次全体会议上的报告

（2019年2月2日）

吴文明

同志们：

这次全会，以习近平新时代中国特色社会主义思想为指导，深入学习贯彻习近平总书记关于深化党和国家机构改革的重要论述精神，认真落实党中央关于深化地方机构改革的部署要求，传达学习了市委、市政府批准的《玉泉区机构改革方案》，审议通过了《玉泉区机构改革实施意见》。会议对我区机构改革做出了具体部署，凝聚了改革合力，对于按时高质量完成各项任务具有十分重要的意义。

下面，就贯彻落实会议精神，我讲三点意见。

一、统一思想认识，提高政治站位，增强深化机构改革的责任感、使命感

深化党和国家机构改革，是以习近平同志为核心的党中央在中国特色社会主义进入“两个一百年”奋斗目标历史交汇期、改革开放40周年的关键时间节点，从党和国家事业发展全局高度做出的重大政治决策，是推进党和国家治理体系和治理能力现代化的一场深刻变革。这次机构改革与以往历次的机构改革相比，是一次全方位、大力度、深层次的重大改革，是对党和国家机构职能体系的一次系统性、整体性、重构性变革，充分展现了以习近平同志为核心的党中央坚持走中国特色社会主义道路的坚定信念、把握国际国内发展大势的宽宏视野、统揽党和国家事业发展全局的非凡智慧、迎难而上将改革进行到底的顽强意志、实现中华民族伟大复兴中国梦的使命担当。

习近平总书记关于深化党和国家机构改革的重要论述，深刻阐明了深化党和国家机构改革的重大意义、指导思想、原则思路、目标任务和实施要求，系统回答了“建设一个什么样的适应中国特色社会主义新时代要求的党和国家机构职能体系和怎样建设这个机构职能体系”的重大课题。这些重要论述集中体现为4个“必然要求”和10个“必须”。4个“必然要求”是坚持和加强党的全面领导、加强党的长期执政能力建设的必然要求；是决胜全面建成小康社会、开启全面建设社会主义现代化国家新征程的必然要求；是更好地适应我国发展新的历史方位、推动解决我国社会主要矛盾的必然要求；是全面深化改革、推进国家治理体系和治理能力现代化的必然要求。10个“必须”为必须从体制机制上对全面加强党的领导做出制度安排；必须践行以人民为中心的发展思想；必须进一步理清党政关系；必须坚持社会主义市场经济改革方向，使市场在资源配置中起决定性作用、更好地发挥政府作用；必须充分发挥中央和地方两个积极性；必须构建适应实现国家治理体系和治理能力现代化的党和国家机构职能体系；必须坚持优化协同高效的机构改革原则；必须坚持以法治方式推进改革；必须统筹党政军群机构改革；必须处理好统和分、局部和全局、当前和长远、大和小的关系。这些重要论述是机构改革论证设计的指导思想、组织实施的根本遵循，为深化党和国家机构改革提供了行动指南。

地方机构改革是深化党和国家机构改革的重要内容，是推进国家治理体系和治理能力现代化的重要环节。玉泉区深化机构改革，按照党中央和自治区党委、市委要求做到6个“贯穿始终”。一是把坚持和加强党的全面领导贯穿始终，依法依规加强党对一切工作的领导，从机构职能上把加强党的领导落实到各领域各方面。二是把践行以人民为中心的发展思想贯穿始终，强化社会管理和公共服务职能，完善便民惠民的体制机制，切实解决人民群众最关心、最直接、最现实的利益问题。三是把坚持社会主义市场经济改革方向，使市场在资源配置中起决定性作用、更好地发挥政府作用贯穿始终，深化政府职能转变，深入推进简政放权，使市场作用和政府作用有机统一、相互补充、相互协调、相互促进。四是把坚持优化协同高效的原则贯穿始终，统筹区、镇街道两个层级、党政群各领域改革，优化机构设置和职能配置，提高效率效能。五是把坚持在党中央统一领导下发挥地方积极性贯穿始终，在坚决维护党中央集中统一领导和国家法制统一、政令统一、市场统一的基础上，我们可以在一些领域因地制宜设置机构。六是把坚持以法治方式推进改革贯穿始终，积极发挥法治规范和保障改革的作用，在法治下推进改革，在改革中完善和强化法治。

全区上下要把思想和行动统一到习近平总书记重要论述和党中央决策部署上来，树牢“四个意识”，坚定“四个自信”，践行“两个维护”，提高政治站位和政治觉悟，切实增强推进机构改革的坚定性和自觉性，为决胜全面建成小康社会、建设美丽玉泉提供有力的制度保障。

二、明确目标任务，扎实有序推进机构改革

呼市提出了机构改革的6方面要求，我区的机构改革方案和实施意见明确了机构改革的规划书、施工图。我们要对照标准要求，精准、严格、细致地做好每一环节的具体工作。

第一，不断加强党的全面领导。把坚持和加强党的全面领导作为深化机构改革的首要任务，作为处理党政关系的根本前提。要建立健全党委对重大工作的领导体制机制。我区按照强化党委组织协调能力、合理分工、增强合力的要求，健全优化了10个党委议事协调机构及其办事机构，加强了区委对深化改革、依法治区、国家安全、网络安全、财经、教育、机构编制、审计、农村农业、退役军人事务等方面工作的领导，确保上级决策部署能够得到迅速有效的执行。要加强党政机构的统筹设置和职能部门的统一归口协调管理，对一些领域设置过于细、职能相互交叉重叠的进行整合，坚持一类事项原则上由一个部门统筹、一件事情原则上由一个部门负责，进一步理顺党政机构关系，增强党的领导力，提高政府的执行力。

第二，优化机构设置和职能配置。按照地方党政机构设置总体上要与中央和国家机关基本对应的要求，强化我区机构改革和呼市机构改革的有机衔接，市政府部门机构职能划入党委机构的，我们要相应划转；涉及应急管理、退役军人事务、医疗保障等重点领域新组建的机构，要上下一致，抓好落实。下一步，要把这些机构的职责配置好，及时地做好调整和划转的工作，划清职责边界，各部门做好协同配合，防止出现新的职能交叉、推诿扯皮等问题。

第三，强化机构限额和编制控制。机构编制是党的重要执政资源，对机构设置实行限额管理，是规范机构编制管理、控制机构无序膨胀的重要方式。要把中央关于机构限额和编制总量“两个不突破”的要求贯彻执行到位。

要强化党政机构限额管理。这次党政机构调整，自治区和呼市对县（区）级党政机构限额做出了具体规定，我区共设置党政机构35个，没有突破限额要求。

要强化机构编制科学化、规范化管理。坚持总量控制，加大部门间编制统筹调配力度，加快建立机构编制管理同组织人事、财政预算管理共享的信息平台，及时公开机构编制有关信息，不断优化机构编制资源配置。尤其是要严格执行机构编制有关规定、从严规范管理权限和程序，不得擅自增加编制种类，不得突破总量增加编制。

要强化相关机构规范管理。党政机关合并设立或合署办公的，只要是一套领导班子，就计算一个机构数额；挂牌机构不得设为实体机构，不允许单独核定编制；议事协调机构一般不单设办事机构，具体工作由相关部门承担。精简整合规范各类派出机构，必要设置的要精简规范，职能相近的要进行整合，不必要设置或任务已经结束的一律撤销。

第四，构建简约高效的基层管理体制。这次机构改革，我区的党政机构在设置和职能配置上更加突出了保障民生、夯实基层基础、强化社会管理和公共服务职能。

要统筹乡镇街道机构编制资源，整合相关职能设立综合性机构，实行扁平化和网格化管理。区直部门要与乡镇、街道把条的管理和块的治理协同起来，除中央明确有要求实行派驻体制及公安派出所等派驻机构，区直部门派驻乡镇、街道的其他机构，原则上纳入乡镇、街道，实行属地管理。在中央出台乡镇机构改革具体意见和自治区、呼市出台落实办法之后，统一实施。

要认真贯彻落实党中央、自治区党委、市委关于深入推进审批服务便民化的指导意见精神，切实把机构改革同深化简政放权、放管结合、优化服务结合起来，统筹推动审批服务便民化改革。要整合基层审批、服务、执法等方面的力量和职能，积极探索综合设置机构，努力实现让群众办事“只进一扇门”“最多跑一次”。

第五，扎实推进人大、政协机构改革和群团组织、事业单位改革。要深化人大机构改革。加强人大对预算决算、国有资产管理等的监督职能，健全人大组织制度和工作制度，完善人大专门委员会设置，更好地发挥其职能作用。要深化政协机构改革。着力推进人民政协履职能力建设，加强人民政协民主监督，优化政协专门委员会设置，更好地发挥其作为专门协商机构的作用。要深化群团组织改革。跟进落实党中央关于群团改革的决策部署，紧紧围绕保持和增强政治性、先进性、群众性这条主线，优化机构设置，完善管理模式，创新运行机制，促进党政机构同群团组织功能有机衔接，更好地发挥群团组织作为党和政府联系人民群众的桥梁和纽带作用。

按照中央、自治区和呼市要求，承担行政职能的事业单位要纳入地方党政机构改革统筹推进、同步实施。各部门要以这次机构改革为契机，在全面清理职能的基础上，按照“能转职能的不转机构、确需转机构的实行综合设置”的原则，区分情况推进改革，进一步理顺事业单位同机关的关系。同时，要平稳有序地推动从事经营活动的事业单位和公益类事业单位改革，更好地满足人民群众在教育、医疗、文化等方面的需求。

第六，深化综合行政执法改革。要严格遵循减少层次、整合队伍、提高效率的原则，落实呼市关于整合组建市场监管、生态环境保护、文化市场、交通运输、农业等5个领域综合执法队伍的部署要求，从自身实际出发组建执法队伍，统筹配置行政执法职能和执法资源，减少执法队伍种类，合理配置执法力量，着力解决多头多层重复执法问题。要推动执法重心下移、力量下沉，整合各部门执法力量资源，在镇、街道层面综合设置执法队伍，推进跨领域、跨部门综合执法，相对集中行使行政处罚权，实现“一支队伍管全部”的目标要求。要落实权责清单制度，建立体现综合行政执法特点的编制和人员管理办法。严格执法程序，落实执法责任，加强执法监督，不断提高执法队伍综合素质和执法能力水平，切实做到严格公正、规范文明执法。

三、加强党的领导，为深化机构改革提供坚强保证

机构改革是一项系统工程，政治性、政策性强，社会关注度高。各部门要把深化机构改革作为维护核心、看齐中央的重大考验和具体检验，全面贯彻、一体遵循先立后破、不立不破的组织实施总原则，确保机构改革各项任务不折不扣地落地落实。

第一，强化责任担当。我区深化机构改革工作在党中央、自治区党委、市委的统一领导下，由区委负总责，各党（工）委、党组抓好具体实施。区委深化机构改革领导小组要充分发挥牵头抓总、统筹协调、督促落实的职能作用，加强对重大问题的研究、部署，扎实有序推进机构改革工作。各党（工）委、党组要履行好主体责任，把机构改革提到当前各项工作的突出位置来抓好。要完善改革领导和协调机制，统筹安排好时间表、任务书，确保改革工作压茬推进、相互衔接、有序开展。各党（工）委、党组要履行好主体责任，党政主要负责同志要履行好第一责任人职责，当好改革的“施工队长”；区委组织部、编办等牵头部门要主动担当、积极作为，发挥好组织协调和指导督促作用；相关职能部门要各司其职、密切配合，保证各项工作落到实处。

第二，精心组织实施。机构改革工作已全面展开，我区四大班子各有关领导同志要按照自治区党委、市委统一部署，全权负责各自分管领域的改革工作，指导组织落实，同分管部门单位领导班子一起提要求、抓进度，研究解决改革中遇到的突出问题，协调解决跨部门重大事项，切实做到责任不缺位、矛盾不上交。全力推动改革进程加速，改革质量提升。要抓紧完成转隶组建挂牌，按照先转隶、再做“三定”的原则，根据有关职责机构调整的要求，建立新机构工作联系渠道，明确集中办公地点，组织好挂牌活动，对外以新机构名义全面开展工作。要抓紧制定“三定”规定，以党中央、自治区党委、市委精神为准绳，牢牢把握推动机构职能转变、优化内部管理的核心要求，就主要职责、内设机构、人员编制、领导职数等做出明确规定，按程序报批后实施。要统筹做好新旧机构和人员接替工作，切实抓好涉改部门职能未移交之前的正常运转，加快推进新部门班子、机构、职能、队伍的有效融合，保证各项业务到岗到位、平稳运行，特别是要确保安全生产、应急救援、维护社会稳定等工作不出现任何空档期。对富余人员消化安排、办公用房调配、经费资产管理处置、档案交接、离退休干部服务等工作，对文件发送、印章使用、名牌悬挂等具体事宜，都要做细做实，真正体现严肃、严格、严谨、严密，确保机构调整工作有序推进。

自治区要求旗县（区）机构改革任务在2019年3月底前基本完成，区委组织部、编办要把各个环节、各项程序都理清楚，明确具体部署、具体步骤、具体要求，细化工作措施和进度安排，统筹做好政策研究和保障工作，有条不紊地推进改革。

第三，加强思想政治工作。这次改革涉及广大干部职工的进退留转等切身利益，必须把思想政治工作贯穿改革全过程，做深、做细、做到位。要把中央关于不搞断崖式精简分流人员的政策理解到位、宣传到位、贯彻到位，让广大干部职工吃下“定心丸”。要密切关注干部思想动态，教育引导广大党员干部特别是领导干部坚持党性原则和全局观念，带头讲政治、顾大局、守规矩、尽责任，正确对待利益格局调整，正确对待岗位职务变化，服从组织安排，接受组织考验，以实际行动拥护改革、支持改革、参与改革。要积极妥善应对改革压力、改革代价和改革过渡期可能出现的矛盾和问题，全方位、多形式加强正面宣传和舆论引导，及时回答干部群众关心的问题，壮大改革主流声音，营造更加有利于改革的良好社会环境和舆论氛围。

第四，严明纪律规矩。党中央对这次机构改革要求十分严格，专门下发文件严明各项纪律，自治区党委、市委也都及时明确了相关要求。我区各部门要严格执行机构改革政治纪律、组织纪律、机构编制纪律、干部人事纪律、财经纪律和保密纪律，坚决做到令行禁止。涉及机构变动、职责调整的部门要服从大局，确保机构、职责、队伍等按要求、按时限调整到位，不允许迟滞拖延，不允许突击提拔和调整干部。要将机构改革实施情况纳入重大决策部署督察任务和巡视巡察范围，建立健全评估和督察机制，加强对工作落实的督导检查。纪检监察机关要强化监督执纪问责，严肃查处机构改革过程中的违纪违规问题，严肃问责改革主体责任不落实、落不实的行为，保证机构改革工作顺利推进。

同志们，深化机构改革是一项艰巨的任务。我们要更加紧密地团结在以习近平同志为核心的党中央周围，高举习近平新时代中国特色社会主义思想伟大旗帜，全面落实党中央、自治区党委、市委的决策部署，坚决完成深化机构改革各项任务，扎实做好经济社会发展和党的建设各项工作，以实际行动和成效向中华人民共和国成立70周年献礼，为建设美丽玉泉做出新的更大贡献。

在区委八届八次全会第一次全体会议上的讲话

——2019年9月2日在中共玉泉区第八届委员会第八次全体会议上的报告

（2019年9月2日）

吴文明

同志们：

这次全会的主要任务是，深入学习贯彻习近平总书记考察内蒙古重要讲话精神，按照自治区党委十届十次全会、市委十二届九次全会和《中共呼和浩特市委员会关于深入学习贯彻习近平总书记考察内蒙古重要讲话精神的实施意见》部署要求，审议区委贯彻落实实施意见，动员全区各级党组织和广大党员干部，不忘初心、牢记使命，以永不懈怠的精神状态和一往无前的奋斗姿态，狠抓工作落实，全力推动习近平总书记考察内蒙古重要讲话精神、重要指示批示精神在玉泉区落地见效。

下面，我代表区委常委会，讲3点意见。

一、深化思想认识，切实增强贯彻落实习近平总书记考察内蒙古重要讲话精神的思想自觉、政治自觉和行动自觉

党的十八大以来，习近平总书记先后对做好内蒙古工作，发表一系列重要讲话、做出一系列重要指示批示特别是在喜迎新中国成立70周年的大庆之年，在决胜全面建成小康社会的关键之年，在全党深入开展“不忘初心、牢记使命”主题教育的重要时刻，习近平总书记再次亲临内蒙古考察指导工作并发表重要讲话，这充分表达了以习近平同志为核心的党中央对边疆民族地区的高度重视，充分体现了总书记对内蒙古各族人民的深情牵挂和亲切关怀，给全区广大党员干部群众以巨大鼓舞和有力鞭策，为我们奋进新时代、开启新征程、谱写新篇章，指明了前进方向、注入了强大动力。

学习好、贯彻好、落实好习近平总书记重要讲话精神，是一项长期重大的政治任务。自治区党委十届十次全会和市委十二届九次全会，对贯彻落实工作做出了具体部署。全区各级党组织和广大党员干部要切实增强“四个意识”，坚定“四个自信”，做到“两个维护”，站在拥护核心、维护核心、服从核心、紧跟核心的高度，牢记初心和使命，强化责任担当，认真学习、深刻领悟、准确把握其精神的核心要义，切实把思想和行动统一到习近平总书记考察内蒙古重要讲话精神上来。

一是要在把握习近平总书记考察内蒙古重要讲话精神丰富内涵上下功夫。习近平总书记对内蒙古工作的一系列重要讲话、重要指示批示精神一以贯之，共同构成了指导现代化内蒙古建设的顶层设计和战略部署。要精准把握对内蒙古战略地位的重要论述，增强首府意识、首善意识、率先意识、争先意识，立足全自治区、全市发展大局，认真谋划，找准我区发展定位，为全面开创首府现代化建设事业做出应有的贡献。要精准把握对奋斗目标的重要论述，不断深化对“建设亮丽内蒙古，共圆伟大中国梦”和“把祖国北部边疆这道风景线打造得更加亮丽”的认识，振奋精神、勇往直前，努力实现全区高质量发展。要精准把握对发展新路子的重要论述，深刻领悟习近平生态文明思想，深化对生态文明建设“四个一”（在“五位一体”总体布局中生态文明建设是其中一位；在新时代坚持和发展中国特色社会主义基本方略中坚持人与自然和谐共生是其中一条基本方略；在新发展理念中绿色是其中一大理念；在“三大攻坚战”中污染防治是其中一大攻坚战）和“探索以生态优先、绿色发展为导向的高质量发展新路子”的认识，保持加强生态文明建设的战略定力，持续发力、久久为功，为把我区打造成为绿色生态、宜居宜业城区而努力。要精准把握对重点任务的重要论述，深化对推进经济高质量发展、加强生态文明建设、保障和改善民生、推进民族团结和边疆稳固的认识，坚持稳中求进的工作总基调，精准发力、攻坚克难，奋力夺取高质量发展新成绩。要精准把握对管党治党的重要论述，深化对作风建设“严、实、长”要求，牢记初心使命“三个必须”（必须牢记建党历史，不忘初心，坚定理想信念；必须准确把握“红船精神”的丰富内涵和精神实质；必须紧密结合实际，推动“红船精神”落地生根）的认识，全面加强新时代党的建设，推动全面从严治党向纵深发展。要准确把握对精神状态的重要论述，深化对守望相助理念、蒙古马精神的认识，增强工作本领，改进工作作风，发扬斗争精神，鼓足精气神、保持“在状态”，切实把习近平总书记的重要讲话精神贯穿于工作的各方面、全过程。

二是要在把握习近平总书记考察内蒙古重要讲话精神的实践要求上下功夫。深入学习习近平总书记重要讲话中蕴含的科学方法论和实践论，正确把握和处理事关全局、事关长远的重大关系。要正确处理速度与质量效益的关系，从长期大势中认识我区当前的形势，下决心用调结构、转动能、提质量的办法，守住增长底线，增强发展后劲，做到质量第一、效益优先。要正确处理发展经济与保护生态环境的关系，全方位转变发展理念、发展路径、发展方式，在高质量发展中推进高水平保护，在高水平保护中促进高质量发展。要正确处理巩固提升传统产业与培育发展新兴产业的关系，立足自身条件，推动传统产业转型升级，培育引进战略性新兴产业，构建现代化产业新体系。要正确处理培育增长带动极与增强发展整体性的关系，既要在集中集聚集约发展上想办法、求突破，也要跳出玉泉、跳出首府，在更宽领域、更大范围配置资源要素、布局发展空间、形成竞争优势，不断提升我区整体发展水平。要正确处理优化营商环境与培育市场主体的关系，切实在准入、成本、税费、融资、基础设施、产业配套、人力资源、公共服务、社会治理等方面综合施策，全面改善政务、市场投资等环境，支持实体经济发展，壮大民营经济实力，让清风正气更加充盈、干事创业氛围更加浓厚。

三是要在抓好习近平总书记考察内蒙古重要讲话精神的学习贯彻上下功夫。坚持把学习习近平总书记考察内蒙古重要讲话精神同学习习近平新时代中国特色社会主义思想结合起来，全面领会贯穿其中的理论体系、深刻内涵、思想方法、工作方法，把感性认识上升为理性认识，把片面认识整合为系统认识。通过召开理论中心组学习会、基层讲堂等形式，读原著、学原文、悟原理，掌握原意要义，防止片面化、浅层化、碎片化，做到学懂弄通、学深悟透。要坚持学用结合，把研究解决问题作为学习的着眼点、落脚点，结合各自工作实际，认真研究落实措施，切实把总书记重要讲话精神贯彻到工作各方面、全过程，用真学、真懂、真信、真用的实际行动树牢“四个意识”，做到“两个维护”，始终在思想上、政治上、行动上同以习近平同志为核心的党中央保持高度一致。要抓住第二批“不忘初心、牢记使命”主题教育契机，面向全区广大党员干部和基层群众，扎实开展学习研讨、培训轮训、宣传宣讲等工作，推动党员干部自觉主动学、及时跟进学、深入思考学、联系实际学，推动学习不断往深里走、往心里走、往实里走。

二、坚持以生态优先、绿色发展为导向，全力抓好改革发展稳定重点任务落实

要全面对标对表习近平总书记重要讲话精神和党中央决策部署，坚持稳中求进的工作总基调，坚持以人民为中心的发展思想，落实新发展理念和“六稳”工作要求，真正把生态优先、绿色发展这个导向鲜明地立起来，把工作任务扎实地落下去。关于具体工作，会上印发的《实施意见》已经做了详细安排，同志们要结合各自实际，认真讨论、修改完善，并提交全会审议。这里，我着重就落实好习近平总书记重要讲话精神，落实好自治区党委十届十次全会和市委十二届九次全会精神，谋划好全区高质量发展工作，提5点要求。

（一）坚持立足实际、发挥优势，扎实推动经济高质量发展

习近平总书记深刻指出，内蒙古经济遇到的矛盾和困难，表面看是速度问题，深层次还是结构问题、质量问题。这不仅是对自治区经济的精准把脉，也是我区经济发展的症结所在。我区第一产业总量很小，第二产业较弱，第三产业占比为75%，总体上缺少发展前景好、带动力强的龙头项目。要紧盯国家政策调整，科学谋划储备一批重点项目，加快项目手续办理，着力培育经济发展新的增长极，推动经济高质量发展。

一是要绿色发展推动产业转型升级。要认真贯彻“巩固、增强、提升、畅通”八字方针，持续深化供给侧结构性改革，以高质量发展、绿色发展为导向，逐步形成多元发展、多极支撑的现代产业发展格局。要推动我区农业发展向优质高效转型，关键要利用好万多亩耕地资源。大力发展绿色现代农业，发挥密密板、乌兰巴图、达赖庄等村设施农业发展优势，逐步推广芦笋、食用菌、绿心蚕豆等特色农产品种植。大力发展观光农业、体验农业、创意农业，以田园综合体和昭君特色小镇为引领，推动东甲兰现代农业产业园、“昭君花海”观光园区等农业产业项目建设。要建设绿色园区，坚决淘汰落后、低端、过剩产能，实施“腾笼换鸟”，完成“僵尸”企业的清理工作，为新旧动能转换提供空间。引导草原红太阳、呼阀科技等企业完善产业链条，补齐短板，鼓励发展食品加工、民族用品加工产业和以生物科技为代表的环境友好型产业，推动产业链向下游延伸、价值链向中高端攀升。要大力

扶持现有传统商贸企业发展，做大做强金宇新天地、七彩城等商业项目，推进鄂尔多斯广场建设，引进银行、证券、保险等金融企业和大型国企入驻，努力建设金融港，培育服务业发展新优势。加强与大型物流企业对接，建设以兴盛物流园区为核心的辐射蒙西地区的生态物流园区。加快推动美通首府无公害物流中心、红星美凯龙、华美汽配城等大型商贸物流市场升级发展，打造具有区域竞争力的食品流通、家居建材、汽车交易配件产业集群，促进传统服务业向高端现代服务业转型升级。

二是要突出优势，推动文化旅游产业融合发展。文旅产业是我区的优势特色产业，也是未来我区经济高质量发展的重要增长极。要充分挖掘生态、文化等资源禀赋优势，构筑全域旅游、四季旅游新格局。重点打造大召区块至昭君博物院12千米黄金旅游带，设计精品旅游线路，通过招商引资全力推动内蒙古国际文旅体产业园等重点项目建设。要挖掘、用好老城资源，发挥麦香村、德顺源等老字号品牌优势，推动塞上老街、通顺大巷、烧卖第一街等具有浓郁老城味道的特色街区品质提升。大力发展夜间文旅经济，充分利用好大召—大盛魁区块、大观园剧场等展演展示平台，增加灯光秀、戏曲相声、音乐歌剧、非遗技艺展示等夜间文旅消费产品供给，丰富“古韵青城、福地玉泉”的旅游品牌内涵。要依托现有的文化庙会、民俗文化旅游节、烧卖文化创意大赛等活动，汇聚人流、资金流和信息流，大力发展节会经济。要注重民族民俗文化的传承，加强对文物和非物质文化遗产的保护、传承和利用。要积极争取国家、自治区的文创基地支持政策，打造自治区级文旅产业园和文创基地，建成以文旅牵头的全市新兴消费中心城区。

三是要强化科技引领，增强创新发展动力。习近平总书记指出，发展是第一要务，人才是第一资源，创新是第一动力。我们必须把创新摆在重要位置，加快补齐科技创新短板，增强创新驱动力。要以玉泉大厦、睿斯文化教育综合体为平台，集聚5G、大数据应用、人工智能、文化创意等产业，发挥策义科技、软通动力等科技研发企业集聚优势，支持企业与驻区内蒙古大学、内蒙古大学创业学院、内蒙古农牧业科学院等高校以及科研机构的交流合作，进一步增强企业创新动力、活力。要建立综合人才库，认真落实我市人才引进的政策措施，大力集聚国内外高层次创新创业人才，吸引优秀大中专毕业生在我区落户就业，让引进人才留得下、干得好，助推我区高质量发展。

四是要真诚服务，打造一流营商环境。习近平总书记指出，营商环境好了、政府信誉高了，民营企业自然就来了。要认真对照市委全会上指出的营商环境还存在“玻璃门”“弹簧门”“卷帘门”等问题，注重倾听企业诉求，推进政务服务“一网、一门、一次”改革，解决好群众反映强烈的“烦心事”、客商投资的“堵点”、企业生产经营的“痛点”，着力构建“亲”“清”新型政商关系。要加快建设新的政务服务中心，结合全市优化营商环境专项整治行动，从审批职能部门入手，进一步加大明察暗访力度，对不作为、慢作为、吃拿卡要、推诿扯皮等破坏营商环境的行为，进行专项治理，为企业提供优质高效服务。

五是要畅通经济循环，推动对外开放向深度广度拓展。习近平总书记指出，畅通就是要实现经济良性循环，只有全方位融入国内、国际大市场，才能实现借力发展。开放程度不深、经济循环不畅，是制约首府经济高质量发展的突出问题之一。要紧紧抓住国家“一带一路”战略、中俄蒙经济走廊建设和高铁开通的有利契机，主动承接北京疏解非首都功能的产业转移，主动融入呼包鄂乌城市群发展规划、主动融入和林格尔新区建设规划，加强与京津冀、长三角、粤港澳地区合作交流，形成内外联动、互利共赢、安全高效的开放型经济体系。要用好、用足国家支持民族地区等优惠政策，大力推进企业经营、体制机制、社会服务等各个层面的对外开放，探索建立共建共享机制，加强与各兄弟旗县区、先进地区的深度沟通对接，强力宣传推介，有效促进就业、教育、医疗、社会保障高端生产要素向我区聚集。

（二）统筹新老城区建设，不断提升城市功能品质

习近平总书记指出，坚持人民城市为人民，是我们做好城市工作的出发点和落脚点。我们要按照“首府真正成为代表全区发展水平的第一窗口、第一形象”的要求，统筹兼顾老城区保护与新城区发展目标定位，持续推动城市建设和精细化管理各项工作。一是加强对老城区的保护与传承。注重青城历史文脉延续，留住城市特有的地域环境、文化特色、建筑风格等“基因”。深入挖掘打造老城的特色街巷、文化街区，再现青城古韵。不断提升老城区水电暖路网气等基础设施建设水平，提供更多更好的供老百姓休闲、康养、健身、文娱等公共服务产品。二是高水平谋划新的城区发展。依托新机场建设，加快融入“呼包鄂乌1小时经济圈”，沿云中路连接线、扎达盖河、小黑河两侧，高水平规划建设创新创业、绿色宜居城区。坚持尽力而为、适度超前，积极争取国家和地方债券，加大城区基础设施、公共服务建设力度。推进棚户区（城中村）改造，加快土地整理、出让，力争明年出让土地2000亩。推动云中路连接线建设，确保今年9月底主线贯通，年底通车。解决好二环内、滨河路两侧的断头路问题，畅通城市交通微循环。三是加强城市精细化管理。要结合机构改革，整合基层综合执法队伍，实现城市治理纵向到底、横向到边、全覆盖、无盲区，探索智慧城市管理模式，实现城市管理智能化、精细化。要持续改善城市环境，推进垃圾分类处置，提高日常保洁、设施维护、安全保障、应急管理整体水平，让城市更有序、更安全、更干净。要深入推进“三城同创”，广泛开展“爱我青城、奉献首府”宣传教育活动，积极引导群众参与城市管理，推进城市共治共管、共建共享。

（三）加强生态文明建设，打造绿色宜居城区

习近平总书记高度重视内蒙古生态文明建设，不论是亲临考察还是参加全国“两会”代表团审议，都反复强调生态文明建设对内蒙古的极端重要性，要求切实筑牢生态安全屏障。一是坚决打好污染防治攻坚战。以中央环保督察“回头看”反馈问题整改为抓手，紧盯群众反映强烈的大气、水、土壤污染等突出问题，坚决打好蓝天、碧水、净土保卫战。要持续推广清洁能源替换，逐步实现全覆盖，加大工地道路扬尘、秸秆焚烧、餐饮油烟排放等问题的整治力度，持续改善空气质量。全面落实“河长制”，大力开展饮用水源保护区专项整治，加快推进扎达盖河、大黑河、小黑河、乌素图河河道综合治理，将“四河归玉”的环保劣势真正转化为生态发展优势。搞好美丽乡村建设，完成农村人居环境综合整治任务，解决好农村污染问题，让辖区地更绿、水

更清、天更蓝。二是加强绿色城区建设。要做好城区主次干道、沿河景观、出入城口、游园广场、城市边死角的绿化、美化、亮化工作。要利用城市边死角等小区域“见缝插绿”，建设口袋公园，塑造兼具休闲活动、文化传承、景观观赏的公共空间。建设环河青城绿道，营造城在绿中、水在城中、人在景中的城市风貌。三是要倡导绿色生活方式。坚持简约适度、绿色低碳，广泛开展节约型机关、绿色家庭、绿色学校、绿色社区创建活动，推广绿色出行，让绿色发展的理念深入人心、氛围更加浓厚。

（四）坚持以人民为中心的发展思想，不断增强人民群众获得感、幸福感、安全感

习近平总书记指出，老百姓的幸福就是共产党的事业。要抓好脱贫攻坚整改工作，按照“两不愁、三保障”要求，扎实做好易返贫群体的动态监控，持续巩固脱贫成果。要着力解决教育、就业、医疗、住房等各方面存在的突出问题。规划新建中央民大附中分校等6所中小学、幼儿园。重点解决好高校毕业生、农民工、退役军人等群体就业。加快推进区红十字医院、疾控中心和社区卫生服务中心建设，切实补齐公共卫生服务短板。年内完成10个老旧小区改造建设工作。要走好网上群众路线，密切关注网上民情民意，定期汇总梳理，及时回应关切，真正做到“民有所呼、我有所应”。认真开展好全区中小学营养配餐工作，严把食品安全关，切实把好事办好。要深入开展“四个百日行动”，全面整治房地产领域乱象，年底基本解决房地产遗留问题，让群众有实实在在的获得感。要弘扬新时代“乌兰牧骑”精神，大力实施文化惠民工程，提升公共文化服务均等化、便利化水平。

（五）认真谋划安全稳定工作，切实巩固和维护首府团结和谐、安定有序的良好局面

当前，新中国成立70周年庆祝活动开展在即，党的十九届四中全会也将于10月份胜利召开。要牢固树立“稳定压倒一切”的理念，全面做好扫黑除恶、信访维稳、安全生产、社会治理、民族团结、宗教整改等各方面工作，筑牢祖国北疆安全稳定屏障。要认真做好宗教问题整改工作，全面落实宗教督查反馈问题的整改工作，从政治上反思反省，举一反三，堵塞漏洞。深入推进全区宗教工作大排查，进一步压实领导责任、属地镇办和部门责任，将整改工作一抓到底，切实维护全区宗教领域和谐稳定。要扎实推进民族团结，全面贯彻党的民族政策，深入践行守望相助理念，扎实开展民族团结进步创建活动，深化民族团结进步教育，统筹抓好网上网下宣传教育，增进各族群众对伟大祖国、中华民族、中华文化、中国共产党、中国特色社会主义的认同，切实巩固全社会民族团结大好局面。要坚决做好信访维稳工作。严格落实区级领导包联镇、街道责任制，经常深入包联地区，排查信访隐患、接待上访群众，确保把矛盾纠纷搞清楚、弄明白、不留死角盲区。各镇、街道要按照“属地管理、分级负责”的原则，严格落实排查预警、预防化解、依法处置机制，围绕涉众案件和重点群体、重点人员，扎实做好稳控管理工作，坚决做到“五个不发生”。要全力做好安全生产工作。进一步加强对消防安全、危化品生产运输储存、食品药品安全、校园安全、道路交通安全等重点行业和重点领域的大排查、大整治，最大限度减少不安全因素，确保不发生重特大安全事故。要深入推进扫黑除恶专项斗争。以中央督导组反馈问题整改落实为抓手，持续加大工作力度，紧盯问题整改、案件办理、综合治乱、长

效机制等重点环节，加强联动配合，深挖幕后、除恶务尽，推动扫黑除恶专项斗争不断向纵深发展。要全面提升基层治理能力。认真落实总体国家安全观，有效防控和化解重大风险隐患。坚持“枫桥经验”的本土化实践，发挥“武荷香工作室”“民情速递站”等基层治理品牌经验，切实解决好人民群众切身利益问题。

三、加强组织领导、扎实有序推进，确保第二批“不忘初心、牢记使命”主题教育取得实实在在的成效

我区的“不忘初心、牢记使命”主题教育已经全面展开，全区各级各部门要切实提高政治站位，牢记习近平总书记提出的“三个必须、四个到位”重要要求，按照中央、自治区党委部署要求和市委、区委的具体安排，坚持把学习教育、调查研究、检视问题、整改落实贯穿始终，以最高的标准、最严的纪律、最优的作风，扎实有序推进各项重点任务，确保主题教育取得实效。

一要以上率下，充分发挥领导干部示范带头作用。要牢牢抓住学习贯彻习近平新时代中国特色社会主义思想这条主线，坚持不懈读原著、学原文、悟原理，真正做到真学真信真懂，增强“四个意识”，坚定“四个自信”，做到“两个维护”。要带头运用批评和自我批评武器，带头检视问题、带头整改问题，真正做到以上率下。要在坚持一心为民上作表率，牢记党的根本宗旨，始终把人民安居乐业、安危冷暖放在心上，把群众的困难和诉求记在心里，把人民群众的小事当作自己的大事，扎扎实实办好各项民生事业。要在弘扬优良作风上作表率，端正发展观和政绩观，一往无前、稳扎稳打，坚决克服形式主义、官僚主义，理直气壮、挺直腰杆勇担当，俯下身子抓落实。要在激发斗争精神上作表率，以坚强的信念、意志应对各种风险挑战，自觉同一切弱化党的领导、动摇党的执政基础、违反党的政治纪律和政治规矩的行为做斗争，加强政治历练和实践锻炼，增强政治素养和专业素养，锤炼忠诚、干净、担当的政治品格。

二要动真碰硬，切实保证主题教育质量成效。要牢牢把握“守初心、担使命，找差距、抓落实”总要求，严格落实“四个贯穿始终”措施，确保主题教育取得实效。要以解决问题衡量实效，突出专项整治这个关键抓手，盯住不放、一抓到底，不能拖延懈怠、应付对付，不能装样子、打太极，防止表面整改、虚假整改、纸上整改。要以严实要求保证实效，认真落实“基层减负年”部署要求，增强督促指导的科学性、精准度，力戒形式主义、官僚主义。要以抓常抓长巩固实效，把专项整治同各类监督检查整改统筹起来，举一反三、标本兼治，把需要完善的体制机制完善起来、需要堵塞的漏洞堵塞好，该批评的认真批评，该处理的严肃处理，放大整改效果、形成综合效应。

三要一以贯之，不断推动全面从严治党向纵深发展。要以党的政治建设为统领，以主题教育为牵引，全面加强党的各方面建设，严守党的政治纪律和政治规矩，坚持加强党的集中统一领导和解决党内问题相统一、守正和创新相统一、严管和厚爱相统一、组织推动和个人主动相统一，增强自我净化、自我完善、自我革新、自我提高的能力。要持之以恒正风肃纪反腐，抓住关键少数、抓实关键举措，进一步纠治“四风”顽疾、整治“四官”问题、打好督促“三务”公开再深入，促进矛盾纠纷再化解，腐败惩治力度再加大，“清风干部”成果再运用4套组合拳，净化基层政治生态。要坚持严管厚爱结合、激励约束并重，树立鲜明干事导向，把广大党员干部的积极性充分调动起来，营造建功新时代、争创新业绩的浓厚氛围。

同志们，审议通过区委《关于深入学习贯彻习近平总书记考察内蒙古重要讲话精神的实施意见》（以下简称《实施意见》）是这次会议的中心议题和主要任务。与会同志要结合实际、深入思考，认真进行研究讨论，多提有见地、有价值的意见和建议，共同把《实施意见》修改好、完善好。

政府工作报告

——2019年12月26日在玉泉区第十七届人民代表大会第三次会议上的讲话

（2019年12月26日）

玉泉区人民政府区长　云　鉴

各位代表:

现在，我代表玉泉区人民政府向大会报告工作，请予审议，并请各位政协委员和列席会议的同志们提出意见。

2019年工作回顾

2019年是新中国成立70周年，也是决胜全面建成小康社会的关键之年。面对国内外风险挑战明显上升的复杂局面，我们在以习近平同志为核心的党中央坚强领导下，坚持以习近平新时代中国特色社会主义思想为指导，团结带领全区各族人民，认真贯彻落实党的十九大和十九届二中、三中、四中全会精神，习近平总书记对内蒙古的重要讲话重要指示批示精神，增强“四个意识”，坚定“四个自信”，做到“两个维护”，全面落实上级党委、政府和区委决策部署，在区人大和区政协的监督支持下，坚持底线思维，发扬斗争精神，积极应对各种风险挑战，坚持稳中求进工作总基调，主动对标对表高质量发展要求，以供给侧结构性改革为主线，统筹推进稳增长、促改革、调结构、惠民生、防风险各项工作，凝心聚力，真抓实干，经济社会各项事业稳步健康发展。

2019年全区地区生产总值同比增长5.2%（2019年指标为预计数，下同）；一般公共预算收入完成19.55亿元，同比增长4.8%（剔除清理往年税收欠款一次性收入）；民生支出占一般公共预算支出的77.7%；社会消费品零售总额完成252亿元，同比增长3%；城镇常住居民人均可支配收入达到48405元，同比增长7.2%；农村常住居民人均可支配收入达到22362元，同比增长8.5%。

一、全力以赴齐攻坚，发展基础更加坚实

脱贫成果持续巩固。紧盯“两不愁、三保障”，提高政治站位，针对中央脱贫攻坚专项巡视反馈意见，主动认领4个方面21个问题，梳理细化67条整改措施并整改到位。健全脱贫攻坚长效机制，着力补齐住房保障、基本医疗等短板，对已脱贫享受政策26户54人进行动态管理。广泛动员全社会力量参与脱贫攻坚，整合121.6万元用于扶贫产业项目，通过健康扶贫、就业帮扶、产业扶持等多种方式，实现建档立卡户“零返贫”，脱贫攻坚成果进一步巩固。

污染防治成效显著。针对中央环保督察及“回头看”、自治区环保督察反馈问题，我们不回避、不掩盖，铁腕整治环境污染，以最严的要求、最实的措施，高效处置各类生态环境保护案件262件，生态环境质量持续好转。天越来越蓝。严格落实“六个百分百”管控措施，完成8家供暖企业燃煤锅炉提标改造，加强燃煤散烧治理，居民清洁化取暖覆盖面持续扩大。严禁农作物秸秆焚烧，引进一太农业服务公司回收秸秆2.2万亩，秸秆利用有效加强。水越来越清。扎达盖河、大黑河（玉泉段）河道治理工程稳步推进，拆除大黑河堤防违建2000平方米，清淤疏浚河道10.7千米，拆除饮用水源井一级保护区违建6000平方米，封堵河道排污口8处。土越来越净。规模化养殖场设施设备标准化建设快速推进，完成印染、制药等重点企业土壤污染调查。关停“散乱污”企业134家，拆除“大棚房”464处。启动搅拌站、砂场违法占地专项整治行动，动真碰硬、挂图作战，仅用一个月时间完成11家的拆除工作。

重大风险平稳可控。进一步压实化债责任，有序化解债务存量，通过压减一般性支出、盘活财政存量资金、资产抵顶等方式化解债务5.3亿元，清欠民营企业、中小企业账款1.84亿元，超额完成年度化债任务。从严审核政府投资项目，全年未发生新增债务。持续加大小额贷款、担保公司、投资理财的监管力度，严厉打击非法借贷、非法集资、网络借贷等违法违规金融活动，有效维护了地区金融秩序和金融安全。

二、凝心聚力抓产业，发展步伐更加稳健

现代农业活力增强。编制乡村振兴战略发展规划。田园综合体项目稳步推进，东甲兰现代农业示范园年产西红柿50万千克，连家营村芦笋种植示范项目平稳运行，乌兰巴图村食用菌培育、密密板村蚯蚓养殖初具规模，启动南台什村蚕豆、旱稻等试点种植。成功举办首届农民丰收节，组织11家企业参加首届呼和浩特国际生态农牧业博览会。农村人居环境得到改善，生活垃圾日产日清，完成了8个村、584户的户厕改造和污水处理工作。农畜产品质量安全监管和畜禽防疫体系建设不断加强。各项支农惠农政策得到有效落实，累计发放补贴1276万元。姜家营村获评国家级“美丽乡村”综合改革标准化试点示范村。

工业经济稳步向好。规模以上工业总产值实现86亿元，新增规模以上工业企业6家。蒙昆烟草、金宇保灵等骨干企业运行稳定，大漠羊绒、惠华食品、佰特利线缆等企业产能持续扩大，草原红太阳扩建项目主体完工，健茹食品中央厨房建成运营。支持企业加快转型升级，16家僵尸企业腾退转型，新伟门窗、美好家园仓储物流等项目启动建设，华昱达、鸿盛新型节能材料投产达效。

第三产业蓬勃发展。商贸物流重点项目进展顺利。红星美凯龙、居然之家、七彩城运营良好，华美三期、闻都城市综合体即将投入使用。大召文化产业集聚区、美通商贸功能集聚区、蒙古风情园旅游休闲集聚区综合服务功能更加完善，实现营业收入14.2亿元。坚持文化旅游融合发展。启动“自治区全域旅游示范区”创建工作，编制了玉泉区旅游创意策划方案。围绕“红色文化”，推出土默特文庙、绥蒙抗日救国会旧址等红色爱国教育精品旅游项目。投资2000

万元，实施了大召、观音寺等文物保护单位修缮和景区基础设施提升工程。通顺大巷、烧卖第一街成为网红打卡首选地，大观园剧场投入运营，公共文化服务供给能力进一步提升。集美食、购物、娱乐、演出等要素于一体的夜间旅游市场初步形成，为文旅融合发展注入了新的活力。全年接待游客1290万人（次），旅游综合收入实现11亿元，同比增长15%。

三、深化改革优环境，发展动力更加强劲

营商环境不断优化。以优质服务助推民营企业发展，深化“放管服”改革，扎实推进“互联网+政务服务”，积极开展“双随机、一公开”监管工作，加快推进社会信用体系建设。狠抓减税降费政策落实，减轻了企业负担。争取上级科技专项资金1575万元，为5家企业申请奖励扶持资金1090万元，申报自治区、呼市科技项目45个。玉泉大厦“双创”基地创新引领和集聚效应进一步显现，吸引策义科技等创新型企业65家，实现产值2.6亿元。多次组织召开民营企业座谈会，研究解决手续办理、投融资等问题，破解民营企业发展瓶颈，推动民营企业发展壮大。

招商引资深度拓展。坚持把招商引资作为推动发展的第一抓手，不断充实项目库、政策库和企业库，创新招商引资激励政策，运用产业招商、精准招商等措施，建立“绿色通道”和全程专人专班服务机制。全年对接投资企业82家，跟踪服务项目78项，组织召开项目研讨洽谈活动135场。金地名京、天福九熙府、富力天禧城等项目启动建设，凯德广场、居然之家跨界融合商业综合体等31个项目签约落地，投资规模162亿元。

四、精建细管提品质，玉泉魅力更加凸显

城市建设日新月异。投入5.2亿元，实施了西二道河、当浪土牧等11个[1]村的棚户区以及段家巷、养鱼池东巷等6处[2]边死角的征拆改造，征收房屋9.8万平方米。加快土地整理，全年挂牌出让土地4宗，面积641.7亩。以强烈的责任意识和担当精神推进重大项目建设，经过285天的日夜奋战，总投资36.2亿元的云中路机场连接线主线桥梁实现贯通。改造三里营南路等4条[3]小街巷，治理二十七中南巷等3处堵点，率先完成了ETC设备安装任务，交通出行更加畅通、便捷、安全。累计投资1350万元，对10条道路周边进行绿化提升改造，新建、改建游园广场4处[4]，对68座青城驿站周边及45个小区进行绿化美化，栽植各类乔灌木97.3万株（丛），区绿化覆盖率达到36.9%。

城市管理日趋精细。深入实施城市精细化管理三年行动，在“精、细、实”上下功夫、求突破。重点开展“六乱”“两违”、违建别墅等专项整治，依法治理违规经营行为1.3万次，拆除违法违规建筑6.3万平方米，城市环境更加整洁有序。新建改建环保公厕60座、便民市场5处。垃圾分类工作有序推进，81家公共机构、26家公立学校、100个住宅小区推行垃圾分类管理。全区道路清扫保洁面积达到1174万平方米，机械化作业率达到85%。数字化城市管理信息平台高效运转，办理环境卫生、交通秩序等各类案件5.8万件。城市服务功能不断增强，城市舒适度、宜居水平显著提升。

“三城同创”扎实开展。持续推进全国文明城市创建，打造学习公园、乡风文明馆等社会主义核心价值观宣传阵地，建设新时代文明实践中心，深化“礼在玉泉”、道德讲堂等主题实践活动，广泛开展群众性精神文明创建活动，市民文明素质不断提高，圆满完成了中央文明办年度测评任务。持续推进国家卫生城市创建，全面落实市容环境、健康教育等8个方面40项创建标准，城市管理与服务能力整体提升，顺利通过国家爱卫专家组暗访评审。持续推进国家食品安全示范城市创建，以最严谨的标准、最严格的监管、最严厉的处罚、最严肃的问责，加大食品安全监管力度，开展食品抽样检查，规范食品商户、大型市场经营行为，巩固“明厨亮灶”成果，推进食品安全追溯和“互联网+食药”监管体系建设，查办违法案件174起，切实守护群众“舌尖上的安全”。“三城同创”工作深入实施，居民群众“爱我玉泉、奉献玉泉”的主人翁意识显著增强，形成了共建共治共享的浓厚氛围，群众满意率、参与度明显提升。

五、坚定不移增福祉，人民生活更加幸福

社会保障坚实有力。医疗保险和社会养老保险制度有效落实，城乡低保标准逐年提高。居民社保及各类民生补贴支出6282万元，惠及群众1.2万人。城镇新增就业6035人，农村劳动力转移就业1万人，城镇登记失业率稳定控制在3.7%以内。全年发放各类救助金3412.5万元。“工友之家”为务工人员提供灵活务工1.9万次，成为首府用工市场第一品牌。成立退役军人的服务中心1处、服务站55个，发放义务兵优待金等各类资金1793.3万元，安置退役士兵11人，随军随调家属8人，切实维护了退役军人的合法权益。区民政局荣获自治区“民政系统先进集体”。

教育事业成果丰硕。不断优化教育资源发展布局，大力推动教育均衡化、优质化、现代化，教育水平和竞争力进一步提升。启动水语青城幼儿园等4个标准化学校建设项目[5]前期手续，完成了讨卜齐幼儿园、小召小学加固改造和南茶坊小学等6所学校[6]的消防改造工程。中央民大附中呼市分校落户我区，进一步改变了优质教育资源匮乏的现状。扎实开展城镇住宅小区配建幼儿园治理工作，新增普惠性幼儿园4所。7所中小学[7]试点推行营养餐配送，公办中小学生全部享受课后延时服务。教师队伍建设不断加强，招聘教师195人，培训教师6256人（次）。教学质量不断提升，中高考再次刷新历史纪录，中考上线人数同比增长29.2%，高考本科上线人数同比增长37%，本科上线率达到81%，内蒙古师范大学附属第二中学、呼市第六中学的知名度和影响力进一步增强。

文体事业欣欣向荣。深入贯彻习近平总书记关于弘扬乌兰牧骑精神的指示要求，组建了乌兰牧骑，广泛传播红色文化，开展惠民演出150场，为人民群众送去喜闻乐见、形式多样的文艺作品，把党的方针、政策传遍了千家万户。以“打造10分钟全民健身圈”为目标，加强体育生活化社区建设，安装健身器材156件，举办文体活动100场，送影下乡340场。加大文化执法力度，有效净化了文化市场。成功举办“学生、职工、农民运动会”、全民阅读等活动。大召文化庙会和民俗文化旅游节品牌效应进一步显现，成为全市极具影响力的群众文化活动。区图书馆荣获“自治区十佳图书馆”称号。

卫生健康稳步提升。投入各类公共卫生资金4400万元，新建社区卫生服务站2座[8]、名医工作室2家[9]、打造中蒙医馆10家、数字化预防接种站12家。完成大南街、苁蓉社区卫生服务中心改造建设，为小黑河、桃花卫生院配置数字化医疗设备，基层医疗服务保障能力显著提升。加强鼠疫防控工作，广泛开展宣传培训，强化公共场所管控，及时回应社会关切，消除了公众恐慌。顺利通过自治区“健康促进区”创建评估验收。兴隆巷社区卫生服务中心成为第一批中国社区卫生协会培训基地。

社区服务提档升级。持续加大社区基础设施建设，新建、改扩建社区活动用房6处[10]，建成社区党群活动中心43处，提升改造老旧小区9个[11]。打造了集送餐配餐、生活照料、医养结合等服务为一体的建华北社区为老服务中心，成为全市首家居家养老服务试点。引入专业物业公司为德胜家园、兴华园等45个老旧小区、1.1万户居民提供优质物业服务。社区管理能力和物业服务水平持续增强，人民群众的获得感、幸福感显著提升。大南街友谊社区获评自治区学雷锋优秀志愿服务社区。武荷香同志获评“中国网事·感动内蒙古”十大感动人物。

扫黑除恶专项斗争纵深推进。坚持“有黑扫黑、有恶除恶、有乱治乱”，以重点行业重点领域为突破口，在攻克大案要案、“打伞破网”“打财断血”上持续发力，打掉恶势力团伙13个，依法宣判20人，判处罚金6500万元；立案查处涉黑涉恶腐败和“保护伞”问题13件13人。建立健全禁毒工作长效机制，有效防范和打击了各类毒品违法犯罪活动。全区治安环境、社会风气等方面得到进一步净化。大南街街道获评自治区社区戒毒社区康复“绿洲家园”工作站。

遗留问题化解卓有成效。以解决房地产项目遗留问题为抓手，深入开展房地产领域“四个百日行动”专项治理。举全区之力，强力推进“办证难”问题，办结房地产遗留项目87个，涉及房屋8.7万余套，解决了居民期盼多年的房屋产权问题。强力推进“回迁难、入住难”问题，加大处置化解力度，采取协助推进、接盘续建、异地安置等方式，6个“回迁难、入住难”项目交付房屋1093套，惠及居民3200余人。对龙城、塞外名苑等严重损害群众利益的房地产开发企业进行依法处理，房地产领域管理秩序得到进一步规范，切实维护了人民群众的合法权益。

社会大局和谐稳定。严格落实保障农民工工资支付“四制两金”制度，深入开展根治欠薪专项整治行动，追缴欠薪3451万元，农民工合法权益得到维护。深入开展危险化学品、建筑施工、校园周边等重点行业、重点领域的安全生产大排查、大检查、大整治专项行动，强化企业主体责任意识，实现事故起数和死亡人数“双下降”。坚持领导干部包案和“上门家访、重点约访、带案下访”长效工作机制，建成矛盾纠纷化解联合服务中心，实现“一站式接待、一揽子调处、一条龙办理”，化解信访案件68件。强化商品质量监管，规范市场竞争行为，维护公平竞争的市场秩序。全面贯彻党的民族政策和宗教政策，“五进”宗教场所实现全覆盖，清理整顿非法宗教出版物10万余册，中央宗教工作督查涉及的12项问题全部整改，民族团结、宗教和谐的局面得到巩固。玉泉区民族幼儿园获评自治区第五批民族团结进步示范单位。

圆满完成第四次全国经济普查和《玉泉区志》续编工作。工青妇、工商联、残联、侨联、科协、红十字、关工委、慈善、国防动员等各项工作都取得了新的成绩。

六、不忘初心担使命，政府工作更加高效

主题教育取得扎实成效。牢牢把握“守初心、担使命，找差距、抓落实”的总要求，聚焦主题主线，把学习教育、调查研究、检视问题、整改落实贯穿始终，深入查找自身存在的差距和不足。通过开门纳谏、走访调研、座谈交流等形式广泛征求意见建议634条，梳理问题294个，立行立改210个，持续整改84个，群众关心关注的重点、难点、堵点、痛点问题得到有效解决。广大党员干部对初心使命的认识更加深刻，理想信念更加坚定，担当意识更加强烈，发展思路更加清晰，干事动力更加强劲。

政府自身建设不断加强。狠抓中央、自治区、呼市和区委各项决策部署的贯彻落实，确保政令畅通、落地见效。政府党组严格执行中央八项规定精神及其实施细则，全面落实从严治党主体责任，强化领导干部“一岗双责”，严格执行“三重一大”制度，推进廉政风险防控管理，努力从源头上预防腐败，廉政建设水平不断提高。政府机构改革全面完成，理顺了部门职责关系。政府网站、“互联网+三务公开”发布信息4.1万条，点击量达83万次，保障了公民的知情权、参与权、监督权。区综合档案馆建成并投入使用。建成玉泉区融媒体中心，承办了自治区融媒体中心现场观摩会，“泉政务”“泉民生”“泉服务”“泉现场”成为政府与居民沟通、互动的大众平台。

民主法治建设深入推进。以建设法治政府为目标，规范行政执法行为，依法全面履行政府职能，为全区经济社会发展提供了坚强的法治保障。认真执行区人大及其常委会各项决议决定，自觉接受人大的法律监督和政协的民主监督，全年办结人大代表建议和政协委员提案269件，答复率100%。鄂尔多斯路街道、小召前街街道民生实事项目人大代表会商制试点工作扎实开展，得到居民群众的一致好评。全年受理市长热线、区长信箱等民生事项1345件，办结率98.2%。财政预决算全面公开，“三公”经费同比下降7%。发挥审计监督作用，加强对政府投资项目的审计，充分运用审计结果，提高财政资金的使用效率。

各位代表，即将过去的一年，是极不平凡的一年，大事要事交织，急事难事叠加。在困难和压力面前，我们不退缩、不回避，始终坚持以人民为中心的发展思想，始终保持昂扬向上的奋斗姿态，在困难中寻求突破，在压力中激发潜能，以高度的行动自觉、浓厚的干事氛围、有力的工作举措，勠力同心、攻坚克难，为全区经济社会高质量发展奠定了坚实基础。

各位代表，历尽天华成此景，人间万事出艰辛。这些成绩的取得，根本在于以习近平同志为核心的党中央坚强领导，根本在于习近平新时代中国特色社会主义思想的科学指导，得益于上级党委、政府和区委的坚强领导，得益于区人大、政协的监督支持，得益于广大干部群众的团结奋斗和社会各界的鼎力相助。在此，我谨代表区人民政府，向全区各族干部群众，向人大代表、政协委员、各民主党派、人民团体和无党派人士，向驻区部队、武警官兵、公安干警，向关心支持玉泉区建设与发展的社会各界朋友，表示衷心的感谢并致以崇高的敬意!

站在新的历史方位，需要用更加宽广的视野、更加务实的举措谋发展、谋幸福。取得的成绩固然可喜，存在的问题更需正视。突出表现如下。一是经济结构不优，特色产业发展优势不明显，转型升级任务依然艰巨，高质量发展步伐还需进一步加快；二是缺少税源型立区重大项目，税收增长乏力，化债压力较大，财政收支矛盾突出；三是基础设施欠账较多，教育、医疗等民生领域还存在短板，城市精细化管理水平有待提高；四是部分干部风险意识、创新意识和斗争精神不足，政府效能有待提升，营商环境还需改善。对此，我们要高度警醒，坚持问题导向、目标导向、结果导向，抓住关键要害，采取有力措施，认真加以解决。

2020年工作安排

2020年是全面建成小康社会和“十三五”规划收官之年，要实现第一个百年奋斗目标，为“十四五”发展和实现第二个百年奋斗目标打好基础。新的一年，我们有机遇，也有挑战。总体来看，我国经济长期向好的基本面没有变，经济转型升级、稳中有进的态势没有变。特别是随着高铁时代的到来，我区主动融入“京津冀”“呼包鄂榆”协同发展的水平将显著提升；云中路机场连接线、三环快速路等重点基础设施项目的实施，我区在区域发展中的带动作用和吸纳能力将更加凸显。只要我们把握宏观大势，保持战略定力，发挥比较优势，拿出百倍努力，就一定能够战胜各种困难和挑战，创造出更大的业绩。

2020年政府工作的总体要求是以习近平新时代中国特色社会主义思想为指导，全面贯彻党的十九大、十九届二中、三中、四中全会精神和中央经济工作会议精神，习近平总书记对内蒙古的重要讲话重要指示批示精神，增强“四个意识”，坚定“四个自信”，做到“两个维护”，认真落实上级党委、政府和区委部署要求，紧扣全面建成小康社会目标任务，统筹推进“五位一体”总体布局，协调推进“四个全面”战略布局，坚持稳中求进工作总基调，坚持新发展理念，坚持以供给侧结构性改革为主线，坚持以改革开放为动力，推动高质量发展，坚决打赢“三大攻坚战”，全面做好“六稳”工作，坚持以人民为中心的发展思想，统筹推进稳增长、促改革、调结构、惠民生、防风险、保稳定各项工作，确保全面建成小康社会和“十三五”规划圆满收官。

2020年全区经济社会发展的主要预期目标是：地区生产总值增长5%左右，一般公共预算收入增长4.9%左右（剔除上年税收欠款一次性收入），城镇常住居民人均可支配收入增长7%左右，农村常住居民人均可支配收入增长7.7%左右。完成上级政府下达的其他约束性指标。

实现上述目标，要突出抓好以下工作。

一、紧盯重点领域薄弱点，更大决心打好“三大攻坚战”

发扬斗争精神，坚持底线思维，把打赢脱贫攻坚战作为重大政治任务，深入践行绿水青山就是金山银山的发展理念，着力防范化解重大风险，为全面建成小康社会打下坚实基础。

坚决打好脱贫攻坚战。把防止返贫摆到更加重要的位置，深入开展脱贫攻坚“回头看”，健全脱贫人口、临贫易贫人口信息监测和动态管理长效机制，加强考核监督，巩固脱贫成果。继续落实好社会保障、大病救助等扶持政策，坚决防止因病、因学致贫，确保不发生返贫。加强与乡村振兴战略的有效衔接，继续广泛动员社会力量参与脱贫攻坚，凝聚强大的攻坚合力，加快实施一批农村产业项目。加强精准结对帮扶，注重外部帮扶与激发内生动力有机结合，切实增强困难群体自主创业意识和致富能力，实现稳定增收。

坚决打好污染防治攻坚战。坚持把生态文明建设和环境保护摆在更加突出的战略位置，坚决打赢蓝天、碧水、净土保卫战。严厉打击超标排放行为，严控农作物秸秆露天焚烧，重点开展散煤管控、清洁能源替换、扬尘专项治理行动，加快推进禁燃区集中供热改造。严格落实河长责任制，全力开展河湖“清五乱”专项行动，确保河道整洁、水质达标。全面完成扎达盖河、大黑河河道（玉泉段）治理工程，完成26口饮用水源井的标准化建设，全面提升水环境质量。严格预防土壤污染行为，持续整治“散乱污”企业，实施控肥、控药、控膜行动，有效防治农业面源污染。加强建筑垃圾、固体废弃物管理处置。严格落实中央、自治区环保督察整改，坚持举一反三，实行最严厉的环保执法，严守项目准入环保底线，促进生态环境大提升。

坚决打好防范化解重大风险攻坚战。主动适应经济发展新常态，增强忧患意识，防范风险挑战，平衡好稳增长和防风险的关系，守住不发生系统性风险的底线。通过培植财源、招商引资、盘活国有资产、重点项目建设等措施，促进经济增长，提高财政收益，保障化解债务的可持续性。科学合理摆布项目，把落实建设资金保障作为立项审批的前置条件，严格执行政府投资项目“上管一级”。牢固树立过“紧日子”的思想，严格预算追加事项，一般性支出压减20%，“三公”经费压减30%。严厉打击非法集资、非法放贷等行为，营造良好的金融环境。

二、紧盯转型升级切入点，更高质量推动产业发展

深入贯彻习近平总书记创新、协调、绿色、开放、共享的新发展理念，深化供给侧结构性改革，加快新旧动能转换，转变经济发展方式，培育新的经济增长点，推动经济高质量发展。

扎实推进乡村振兴纵深发展。按照产业兴旺、生态宜居、乡风文明、治理有效、生活富裕的总要求，统筹推动产业、人才、文化、生态、组织振兴。以推动农业高质量发展为目标，大力引入社会资本，扩大产业发展规模，形成一批特色村、特色产业。发挥连家营、乌兰巴图等村规模化蔬菜种植示范效应，继续扩大芦笋、蚕豆等经济作物种植面积。以“昭君花海”、东甲兰现代农业示范园建设为重点，加快发展花卉、果蔬等特色产业。以昭君博物院和蒙古风情园为带动，着力推动周边村庄发展都市休闲观光农业。加强农村基础设施建设，完成90%行政村人居环境综合整治，新建2座垃圾转运站，进一步强化农村生活污水治理，完成农村户用厕所无害化改造，水冲公厕普及率达到85%。进一步加强农村基层组织建设，健全完善乡村治理体系。做好农业科技培训和实用技术推广，促进农村发展、农业增效、农民增收。

扎实推进工业经济转型发展。以新机场建设为契机，主动融入和林格尔新区产业布局，加快企业科技成果转化，培育一批技术密集、关联度高、带动力强的产业骨干企业，形成区域整体竞争优势，打造新兴产业集聚区。支持蒙昆烟草、金宇保灵扩大产能、提高效益。按照从工业主导向“工业+现代服务业”转型的功能定位，加快裕隆工业园区企业转型升级。培育草原红太阳主板上市，推动建通轨道转型发展。依托玉泉大厦“双创”基地，积极引进院士工作站和创新企业，提供技术支持，完善配套链条，发展智能制造、数据信息、动漫制作等电子信息产业。增强综合服务能力，采取“一个项目、一套班子、一抓到底”的模式，为企业建设、生产、运营提供全方位服务。

扎实推进商贸物流集聚发展。大力发展现代物流业，积极拓展新领域，发展新业态，加快传统商贸业转型升级，推动商贸服务业迈向信息化、高端化。加快兴盛物流园区建设，力争蒙昆烟草储备库投入使用。促进闻都建材城、居然之家等家居市场提档升级。依托地铁二号线，发展地铁经济，推动锡林南路沿线鄂尔多斯广场建设，确保万锦、金宇新天地等商业综合体开业运营。加快互联网和传统商贸业深度融合，促进美通首府无公害物流中心、红星美凯龙、华美汽配城提质增效，发展线上线下有效衔接的食品流通、家居建材、汽车配件专业市场集群。

扎实推进文化旅游融合发展。坚持“宜融则融、能融尽融、以文促旅、以旅彰文”的发展思路，依托厚重的历史文化底蕴和丰富的旅游资源，加强文化旅游核心区建设，全力创建“自治区全域旅游示范区”。挖掘夜间文化旅游消费市场潜力，积极培育夜间经济。联结四大精品旅游区块[12]，形成12千米黄金旅游带。加强与恒大集团、兴茂集团等企业合作，打造一批高品质文化旅游项目。深度研发“玉泉礼物”，推广“互联网+旅游”，发展文化创意、文化演艺产业。加强对木偶、皮画等非物质文化遗产的弘扬和传承。统筹实施文化惠民工程，大力弘扬乌兰牧骑精神，创作更多接地气、传得开、留得下的优秀作品，开展文化下乡、下社区活动200场。

三、紧盯项目带动支撑点，更深层次激发发展潜力

认真贯彻落实习近平总书记在民营企业座谈会上的重要讲话精神，发展壮大民营经济，加大招商引资力度，狠抓项目建设，不断增强发展原动力，为高质量发展提供坚强支撑。

激发民营经济活力。开展优化营商环境提升行动三年计划，进一步完善区级领导包联服务重点民营企业制度，围绕重点骨干企业、成长型小微企业，在项目建设、技术创新和市场开拓等方面给予大力支持，积极帮助民营企业解决困难和问题。全面落实国家减税降费等鼓励、支持、引导民营经济发展的政策措施，切实减轻企业负担。加强与金融机构对接，探索建立银企信息互通机制，搭建企业信贷融资平台，让金融更好地服务实体经济。构建“亲”“清”的政商关系，营造尊崇企业家精神的浓厚氛围，鼓励更多主体投身创新创业，让投资更放心、创业更舒心、发展更安心。

激发招商引资动力。充实专业招商队伍，制定招商激励机制，拓宽招商渠道，创新招商形式，围绕文化旅游、商贸物流、商业地产等领域，精准对接行业龙头企业，锁定相关配套产业，形成“引来一个、带来一批”的集聚效应。对看准的项目，主动上门，集中力量攻坚，一对一跟踪服务对接，实现产业项目建设一批、签约一批、储备一批的良性循环。严格落实招商项目评估机制，算好经济效益账、生态环保账，坚守招商门槛，保证招商引资质量。在“请进来”的同时，不断开阔视野和思维，推动本土特色产业“走出去”，促进内外经济持续循环发展。全年计划引进30亿元以上重点项目5个，为高质量发展注入不竭动力。

四、紧盯城乡建设落脚点，更高标准提升城市品位

贯彻落实习近平总书记关于“城市建设要聚焦人民群众的需求，合理安排生产、生活、生态空间”的重要指示，统筹规划、建设、管理三大环节，完善功能配套，提升管理水平，努力创造宜业、宜居、宜乐、宜游的良好环境。

加快城市宜居化建设。多方筹集资金，重点实施范家营、当浪土牧等10个村[13]的棚户区改造。启动西二道河、西瓦窑等7个村[14]的安置房建设，助推周边棚户区改造，进一步拓展发展空间。积极配合完成国土空间规划编制工作，加快推进土地整理，力争恒大文化城、圣桦时代广场等项目早日落地，加快实施锦都万家广场、万锦水云天项目建设。加快基础设施建设，确保云中路机场连接线8月份建成通车。投资2200万元，新建市政道路3条[15]，维修改造小街巷3条[16]。投资428万元，完成裕隆工业园区公交场站建设，方便周边群众出行。加快老旧小区供排水、供热、燃气等管网改造。建成五里营变电站，切实解决周边住宅小区和地铁二号线用电问题。进一步巩固城区绿化成果，新增绿化面积7.8万平方米，建成区绿化覆盖率达到37.2%。

加强城市精细化管理。以“三城同创”为抓手，压实“路长”责任，严格落实“网格化”管理制度，巩固市容环境“六乱”治理成效，完善“门前三包”备案联系制度和奖惩监督考评机制。完善垃圾分类分拣中心功能，稳步推进生活垃圾强制分类管理。加大环卫基础设施投入力度，购置大型环卫清洁设备20台，完成9座转运站建设。实行最严格的土地管理制度，铁腕打击违法用地和违法建设行为。不断完善物业管理投诉受理制度和物业服务纠纷快速处理机制，全面提升物业管理服务能力。深化镇、街道改革，推进基层整合审批服务执法力量重心下移，提高行政执法水平。

五、紧盯民生关注出发点，更实举措提高幸福指数

坚持习近平总书记以人民为中心的发展思想，围绕群众所思所想所盼，量力而行、尽力而为，办好民生实事，补齐民生短板，让群众拥有更多获得感，提升更多幸福感。

持续强化社会保障能力。加强“工友之家”就业平台建设，不断拓展完善服务功能。全年城镇新增就业6000人，农村劳动力转移就业1万人，城镇登记失业率控制在3.8%以内。加大创业扶持力度，促进创业带动就业。深入推进全民参保计划，做好城乡居民社会保险参保工作。发挥政府作用保基本，注重普惠性、基础性、兜底性、做好关键时点、困难人群的基本生活保障。完善以居家养老为基础、社区照料为依托、机构养老为补充的社会化养老服务体系，投资500万元，新建为老服务中心1处、为老服务餐厅10个，更好地满足居民养老服务需求。继续做好双拥共建、国防动员等工作，健全退役军人服务管理体系，切实维护军人军属合法权益。扎实开展人才引进工作，吸引更多优秀人才扎根玉泉、建设玉泉。

持续办好公平优质教育。始终坚持教育优先发展战略，优化资源配置，完善学校布局。继续推进标准化学校建设，投资8.07亿元，加快实施中央民大附中呼市分校建设；投资6000万元新建中央民大附中附属小学和水语青城幼儿园。通过租赁、购置、置换等方式，新增3所公办幼儿园，普惠性幼儿园、公办幼儿园在幼儿园总数中占比分别达到80%和50%，有效解决进城务工人员子女上学难问题。加强教师队伍建设，发挥集团化办学优势，高标准打造呼市一中分校（十二中校区），推动教育质量稳步提升。全面推行中小学营养餐配送，丰富课后延时服务内容。严格落实义务教育阶段学校100%派位录取，实施“阳光分班”。狠抓校园周边环境治理，进一步增强广大师生的安全感，让学生安心上学、安静上课、安全放学。

持续提升医疗卫生水平。完成区疾控中心迁建，新建社区卫生服务站2座[17]，确保大南街、苁蓉社区卫生服务中心全面投入使用。投资290万元购置数字化医疗设备3台，提高基本公共卫生服务能力。加强与知名医院的交流合作，进一步提升医联体、医共体和名医工作室医疗服务水平。注重中蒙医文化传承和保护，促进中蒙医事业健康发展。落实医药惠民政策，基本药物采购增加165种。提高重大传染病、突发公共卫生事件等预防控制和应急处置能力。认真落实“全面二孩”政策，促进人口均衡发展。

持续营造和谐发展环境。扎实推进扫黑除恶专项斗争，紧盯涉黑涉恶重点案件不放，紧盯黑恶势力“保护伞”“关系网”不放，紧盯铲除黑恶势力经济基础不放，确保打深打透、除恶务尽。全力化解房地产项目“办证难、回迁难、入住难”问题，协助企业完善项目手续，完成1575套回迁房安置，切实维护群众合法权益。坚持和发展新时代“枫桥经验”，推进基层社会治理现代化，全面推行大信访大维稳工作模式，做到“小事不出村，大事不出镇，难事不出区，矛盾不上交”。坚持从源头上防范化解重大安全风险，狠抓危险化学品、建筑施工和人员密集场所等重点领域的安全隐患排查和整治，强化食品药品安全监管体系建设，切实加强突发事件应急处置能力建设。推进“七五”普法，增强全民法治意识。扎实开展民族团结进步创建，提高新形势下宗教事务工作能力。切实做好第七次全国人口普查工作。充分发挥工会、共青团、红十字、工商联、妇联、残联等群团组织作用，切实保障广大职工、妇女、儿童、老人、残疾人合法权益。

六、紧盯自身建设根本点，更高效率提升服务水平

坚持党对一切工作的领导，全面加强政府自身建设，持续转变政府职能，全面提升工作效能，努力在实干中锤炼忠诚、干净、担当的政治品格，建设人民满意的服务型政府。

在实干中加强政治建设。坚持用习近平新时代中国特色社会主义思想武装头脑、指导实践、推动工作。进一步增强“四个意识”，坚定“四个自信”，做到“两个维护”，严守政治纪律和政治规矩，把加强党的全面领导贯穿到政府工作的全过程，认真落实政府党组全面从严治党主体责任。严格落实意识形态责任制，做好意识形态阵地管控和事件防控处置。全面贯彻上级党委、政府和区委决策部署，确保政令畅通、令行禁止。

在实干中强化法治建设。依照法定权限和程序行使权力、履行职责，继续推行政府权力清单和负面清单制度，健全重大行政决策机制，推行政府决策科学化、民主化、法治化。主动接受区人大及其常委会的工作监督、法律监督和区政协的民主监督，虚心听取各民主党派、工商联、无党派人士和群众团体的意见建议。高质量办好人大代表建议和政协委员提案，完成人大代表票决民生实事。严格执行财政预算管理，加强审计监督。深化政务公开，完善政府新闻发布制度，保障群众的知情权、参与权和监督权。

在实干中提升服务效能。坚持问题导向，突出服务提质、工作提效，把解决问题、优质高效作为检验政府效能的重要标准。进一步转变政府职能，深化“放管服”改革，实现取消、下放行政审批事项的无缝对接，加大“双随机、一公开”监管工作力度。深入推进“互联网+政务服务”，持续完善政务服务网上办事功能，切实解决群众办事创业中的困难和问题，不断提升政府效能。

在实干中锤炼担当品质。坚定“功成不必在我”的精神境界和“功成必定有我”的历史担当，既要做让人民群众看得见、摸得着、得实惠的实事，又要干为后人做铺垫、打基础、利长远的好事。坚决破除形式主义、官僚主义，着力提高政府执行力，做到公开透明、高效运转。牢牢抓住想干事、敢干事两个关键点，健全激励机制和容错纠错机制，提振干事创业精气神，始终保持“在状态”。

在实干中恪守清廉本色。坚持把纪律挺在前面，严格落实中央八项规定精神及其实施细则，以“永远在路上”的执着，推动全面从严治党不断向纵深发展。认真听取群众意见，积极回应群众诉求、社会关切、舆论关注，进一步密切党群、干群关系。坚守政治定力、强化压力传导，聚焦突出问题、紧盯关键节点，驰而不息整治“四风”，严肃查处侵害群众利益的不正之风和腐败问题，让清正、清廉、清明成为政府的鲜明底色。

各位代表!风劲潮涌，自当扬帆破浪；任重道远，更须快马加鞭。我们的信心无比坚定，我们的意志无比坚强。让我们更加紧密地团结在以习近平同志为核心的党中央周围，在区委的坚强领导下，不忘初心、牢记使命，紧紧依靠广大干部群众，坚定信心、迎难而上，解放思想、锐意进取，在新时代展现新作为、创造新业绩，为夺取全面建成小康社会的伟大胜利而努力奋斗！

注释：

[1]西二道河、当浪土牧等11个村：指当浪土牧村、东二道河村、西二道河村、南营子村、北源村、西源村、西水磨村、西瓦窑村、巴彦乌素社区、绿树景苑社区、范家营村。

[2]段家巷、养鱼池东巷等6处：指段家巷、二十七中南巷、百货楼区块、养鱼池东巷、上栅子街区块、鄂尔多斯西街道路。

[3]三里营南路等4条小街巷：指四眼井巷、上栅子街、德胜街、三里营南路。

[4]游园广场4处：指西二道游园、落雁公园、阿吉纳公园、佳禾游园。

[5]水语青城幼儿园等4个标准化学校建设项目：指当浪土牧小学、东二道小学、当浪土牧幼儿园、水语青城幼儿园。

[6]南茶坊小学等6所学校：指十二中、巧尔齐召小学、石头巷小学、百什户民族小学、南茶坊小学、玉泉区幼儿园。

[7]7所中小学：指小黑河小学、二十七中、五塔寺东街小学、石东路小学教育集团南校区、沟子板小学、西菜园小学、恒昌店小学教育集团五里营校区。

[8]社区卫生服务站2座：即正大社区卫生服务站、祥和苑社区卫生服务站。

[9]名医工作室2家：即苁蓉社区卫生服务中心名医工作室、大南街办事处社区卫生服务中心名医工作室。

[10]新建、改扩建社区活动用房6处：即奈伦社区、兴旺社区、西苑社区、正大社区、西三里营社区、六中社区。

[11]提升改造老旧小区9个：即公义苑小区、华隆综合楼、建行小区、统建西楼、新玉小区、市建单身楼、丽祥园小区、电力设计院小区、电科院3号楼。

[12]四大精品旅游区块：即大召—大盛魁历史文化旅游区、绥蒙抗日救国会旧址—土默特文庙红色革命文化旅游区、湿地公园—蒙古风情园城中都市旅游区、昭君博物院和亲文化旅游区。

[13]范家营、当浪土牧等10个村：指北源村、西源村、西水磨村、西瓦窑村、巴彦乌素社区、绿树景苑社区、当浪土牧村、南营子村、西二道河村、范家营村。

[14]西二道河、西瓦窑等7个村：指前八里庄村、后八里庄村、当浪土牧村、西瓦窑村、东二道河村、西二道河村、南营子村。

[15]新建市政道路3条：指湿地公园北路、三里营街、碱滩巷。

[16]维修改造小街巷3条：指三十七中巷、工艺厂巷、西夹道支巷。

[17]新建社区卫生服务站2座：指石东路三里营东社区卫生服务站、西菜园西岸社区卫生服务站。

大事记

2月

21日　国家税务总局呼和浩特市税务局党委书记、局长赵哲民同志，党委委员、副局长徐建宝同志，党委委员、总经济师刘晓红同志，办公室主任张震男同志，纳税服务科科长张永君同志，征收管理科科长于树海同志，收入核算科科长李勐同志一行7人深入玉泉区税务局调研指导工作。

24日　区委常委常务副区长王青同志前来为政务服务局揭牌。政务服务局新上任局长巩建平同志带领政务服务局全体干部一同参加揭牌仪式。

▲玉泉区卫健委挂牌成立。

▲玉泉区应急管理局举行挂牌仪式，区委常委、政府常务副区长王青，区消防大队全体指战员、应急管理局机关全体工作人员参加揭牌仪式。

▲玉泉区市场监督管理局举行揭牌仪式。区政府副区长娜仁出席。娜仁副区长与区市场监管局党组书记张少军、区市场监管局局长孟志毅共同为区市场监督管理局揭牌。区市场监管局局长孟志毅主持揭牌仪式。

3月

15日　北京月坛社区卫生服务中心主任杜雪平教授一行莅临玉泉区指导社区卫生服务工作。

29日　国家税务总局内蒙古自治区税务局税收经济分析处石玉昆处长，马建国、姜晓松副处长等一行7人，国家税务总局呼和浩特市税务局党委委员温富英等一行3人，到国家税务总局呼和浩特市玉泉区税务局裕隆工业园区分局调研工作。

4月

3日　中央政法委长安杂志社王黎鹏博士莅临我区调研指导政法工作智能化建设，市政法委有关领导和区委副书记、政法委书记王锋陪同。

9日 国家税务总局呼和浩特市税务局第二稽查局李鹏飞局长一行5人到国家税务总局呼和浩特市玉泉区税务局进行工作交流，召开了业务对接与减税降费座谈会。

是月 恒昌店小学在国家级重点课程呼和浩特市试验区被评为课程建设示范校。

5月

13日 军委巡视组王健组长一行3人，在军区王炳跃政委、政治工作局谷立峰主任和警备区陈建广司令员、孙炳文政委的陪同下，莅临玉泉区人武部检查指导。

7月

24日 玉泉区人民政府办公室下发《玉泉区人民政府2019年第6次政府常务会议纪要》。经会议研究，原则同意教育局提出的面向社会公开招考合同制幼儿园教职工85人、小学各学科合同制教师80人，共计165人。

8月

是月 玉泉区青少年宫被中国电子学会授予“全国青少年机器人技术等级考试服务网点”资格和“全国青少年机器人软件编程等级考试服务网点”资格。

9月

5日 中央纪委监委驻退役军人事务部纪检监察组组长林国耀一行莅临石东路街道退役军人服务站指导工作。

25日 玉泉区中蒙医医院承办的兴隆巷社区卫生服务中心迎接中国社区卫生协会副秘书长黄金虎等一行3人组成的专家组对创建“中国社区卫生协会培训基地”工作的现场评估。

11月

21日 由市委陈鹏副秘书长带领市委、市政府各单位调研组来到工友之家，区委办主任杨永刚陪同，工友之家负责人常云飞主任对工友之家的运行情况进行了讲解。

是年 玉泉区中蒙医医院武天祥创新工作室通过市总工会验收，被市总工会命名为呼和浩特市职工创新工作室。这是玉泉区首家获此殊荣的医疗卫生行业创新工作室。

玉泉概况

玉泉区是内蒙古自治区首府呼和浩特市的一个县级区。它是呼和浩特的发祥地，商业繁华，文化底蕴深厚。它拥有全市唯一的古老商业街——“塞上老街”（即通顺街）。区境内旅游资源丰富，召庙古迹众多，素有“召庙浩特”之称；还有遐迩闻名的王昭君墓，矗立在区的南郊。2000年以前，它是5.64平方千米的单纯城区。2019年已经成为207.17平方千米的一、二、三产业齐全，以城带乡、城乡一体化的新型市辖区。

政区简况

玉泉区是呼和浩特市的市辖区，是市管的9个旗县区之一。它在呼和浩特市的中部，居4个城区的西南。地理坐标东经111° 36'～112° 02'，北纬40° 48'～41° 08'。它东与赛罕区相邻，南和西与土默特左旗接壤，北与回民区毗连。区人民政府驻昭君路街道的昭君路19号，距市人民政府16千米。

玉泉区因玉泉井得名。玉泉井在区境大召前街的北口，是呼和浩特市的一处名胜。

民间传说，清代康熙皇帝御驾亲征噶尔丹途经此地，时值酷暑，人困马乏，干渴难耐，难觅水源。此时，康熙坐骑长嘶一声，跃起前蹄，奋力刨地，涌出了甘甜的泉水，解了燃眉之急。因御马刨地涌泉，称之为“御泉”；后来，“御”谐音转化为“玉”字。这股泉水向北流出不远汇集成一个水池，人们就用巨大的石块在那里砌成了水井，上面留了8个汲水口，这就是玉泉井。

多年来，井中水量充沛，四时不竭，周围茶馆、居民都汲取此井的水。甚至家居很远的人，也舍近求远地去担取“玉泉水”。取水的人川流不息，昼夜不绝，是旧时呼和浩特旧城的一大景观。

玉泉区现辖1个镇、8个街道，1个自治区级工业园区，下设50个行政村（还有3个自然村）、60个社区。

2019年末，总户数为89063户，总人口203709人。总人口中城镇人口172498人，乡村人口31211人。玉泉区居住着蒙古、回、满、汉等30个民族，是一个以蒙古族为主体，汉族为多数的多民族聚居区。汉族人口最多，人数为167493人，占总人口的82.32%；蒙古、回、满等29个少数民族中，蒙古族人数最多，为29028人，占总人口的14.25%；其他少数民族7188人，占总人口的3.53%。

辖区东西最大距离21千米，南北最大距离20千米，总面积207.17平方千米。其中陆地198.31平方千米，占95.72%；水域8.86平方千米，占4.28%。人口密度为每平方千米977人。

建置沿革

玉泉区在呼和浩特平原上，是历史悠久的古城——归化城（即库库和屯城）所在地。归化城是呼和浩特市区内最早的城池，故玉泉区被誉为呼和浩特的发祥地。

辖区古为“并州徼外”地，荤粥所居。战国时隶属赵云中郡。秦因之。汉时建置名存实亡，由北魏统领。南北朝为敕勒族属地。隋代属白道川。唐时入云中都护府（后称单于大都护府）。宋代为辽国领地，属西京道丰州（丰州城故址在今呼和浩特市赛罕区）。北宋末，为金朝西京路的丰州富民县所辖。元代沿袭金制，仍隶丰州。明正德、嘉靖年间，阿勒坦（一译俺答）汗率土默特部驻牧“丰州滩”，始有“土默川”之称。万历三年（1575年），阿勒坦汗在今玉泉区地域内建成库库和屯城，明廷命名为归化城。乾隆初年，在归化城东北建绥远城，俗称“新城”。与此对应，归化城得“旧城”俗名；其城早已不存，可其所在地玉泉区城区一带却沿称“旧城”至今。

清代，呼和浩特地区设有3套行政机构。一为土默特左、右翼特别旗，建于清入关前的天聪年间。一为归化城厅，雍正元年（1723年）设，隶属于山西朔平府；乾隆六年（1741年），置归绥道（属山西），归化城厅改隶道辖。一为绥远城将军，始于乾隆四年（1739年）；管理满洲驻军和满民事务，并节制“旗”和“道”。区境由“旗”“厅”共管，以民族分治；蒙民属“旗”，汉民属“厅”。

民国元年（1912年），改归化城厅为归化县；民国二年（1913年）绥远城并入，改称归绥县，仍蒙汉分治，旗县并存。民国三年（1914年）设绥远特别行政区，脱离山西省。

1937年10月，属日伪蒙古联盟自治政府之巴彦塔拉盟的归绥县（1938年1月改称巴彦县）管辖。1938年8月属厚和特别市（后改为厚和市）。

1945年日本投降后，区境隶属归绥市；土默特特别旗仍存，因袭蒙汉分治。当时，市区设有6个行政区。火车站周边和新城为第五和第六区。旧城以大北街、大南街为经，以大西街、大东街为纬，划分为4个区；东北区块为第一区，按顺时针排列，东南块、西南块、西北块分别为第二、三、四区。今玉泉区拥有那时的第二、三区和第一、四区的南部辖地。

新中国初年沿用旧制。1951年6月调整区划，始设区人民政府。玉泉区境内有第三区大部和第二区之部分。1954年废除旧制，各族人民统一归当地政府管理，结束了延续200多年的民族分治局面。1954年4月更市名为呼和浩特。6月1日，第三区改称为玉泉区，因区内名胜玉泉井得名。同时，第二区易名为庆凯区。1956年撤销庆凯区，其大部辖区划入玉泉区。1966年更名为向阳区，1979年复名玉泉区。

1999年7月，原郊区的小黑河乡、桃花乡和西菜园乡南部的15个村划入玉泉区，结束了单纯城区的历史，成了拥有农村的城乡一体化的新型市区。

地理环境

地形地貌 区境地处土默川平原，北部地质属于洪积与冲积的山前倾斜平原，南部为大黑河冲积平原。自然地形北高南低，东高西低，总体地势平坦。海拔高度北部地区约1050米，西南约1020米，平均海拔高度为1035米。

气候 属西北大陆性气候，为北方干燥炎热型。冬季较长，约占半年，无霜期130天左右。年平均气温5～6℃，每年最冷的月份为1月，平均气温约-13.2℃；最热的月份是7月，平均气温21.9℃。绝对最高气温37.8℃（1955年7月23日）；最低-34.5℃（1957年2月8日）。最大冰冻深度为1.2米。冬季较冷，但有逐渐转暖的趋势。平均每年0℃以上持续期约170天（一般为4月20日—10月16日），最多达187天（1955年），最少为163天（1957年）。日温差变化大，有“早穿皮袄午穿纱”的民谚。年平均日照时数1600小时，年总辐射127.3千卡/平方厘米。气候干燥少雨雪，年平均降水量约400毫米，多集中在七八月。年平均降水日数不足100天，最多为107天（1998年），最少为87天（1962年）。历史上最高年降雨量900多毫米（1959年）；日最大降雨量148.8毫米（1966年7月28日，五里营村）；最低年降雨量200毫米（1979年）。风较多，全年静风日100天左右。大风季节多在春季；主导风向是西北风，夏季多西南风和东北风。

水文 地下水是城区的唯一水源。主要补给源是大青山山区降水入渗转化，由哈拉沁沟与乌素图沟2个冲积扇径流补给，形成自流盆地。潜水（即浅层水）埋深仅几米，已有污染。深层承压水埋深在60～125米之间，近年水位呈下降趋势。主要河流大黑河，流经区境河道长16.92千米，径流主要来自降水，且以洪水为主。平均洪流为735立方米/秒，最大流量2190立方米/秒，最少流量66.5立方米/秒。小黑河是大黑河的主要支流。境内的河道长14.1千米。平均流量330立方米/秒，最大流量599立方米/秒。札达盖河是小黑河的支流之一，俗称牛桥河、西河，源于大青山沟，注入小黑河。除雨季发生洪水，平日流量很少，河床60～80米宽，水面仅数米。石羊桥河亦称护城河，河道宽7米，水量较丰沛，但含有工业废水和生活污水。上游已埋设管道改做潜流。河网密度0.1千米/平方千米。

自然资源 地层内有五六个薄煤层，埋藏较深，暂无开采价值。野生动物有少量旱獭、野兔、田鼠、黄鼬、灰鼠、黄鼠、蜥蜴等；鸟类有麻雀、乌鸦、野鸡、杜鹃、啄木鸟、猫头鹰、布谷鸟、翠鸟、蜂鸟、石鸡、大雁、鹌鹑、画眉、百灵鸟等，除麻雀、乌鸦，其他鸟类的数量也不多。野生植物有甘草、蒲公英、艾蒿、益母草、沙棘、枸杞、苜蓿、水菖蒲、芦苇、车前子等数十种，产量都不大。山前平原的土地资源，分为6个等级。西菜园和桃花一带的大部分土地被评定为“一级地”，即“肥力较高的一类土壤”。光能资源丰富，日照充足，属于全国的次高值区。

中共玉泉区委员会

【中共玉泉区委员会领导名录】

书　记　吴文明

副书记　云　鉴（蒙古族）

　　　　王　锋

常　委　王　青

　　　　刘聪明

　　　　张东霞（女）

　　　　张　普

　　　　刘照江

　　　　方　达（蒙古族）

　　　　杨永刚（蒙古族）

　　　　王从谦（7月转业）

　　　　白利征（11月任职）

综　述

2019年，玉泉区地区生产总值同比增长5.2%；一般公共预算收入完成19.78亿元，同比增长2.74%；规模以上工业增加值同比增加1.2%；社会消费品零售总额250.76亿元，同比增长2.6%；固定资产投资同比增长0.8%；全体居民人均可支配收入43195元，同比增长7.4%，城镇常驻居民人均可支配收入48089元，同比增长6.5%；农村常驻居民人均可支配收入22755元，同比增长10.4%。

着力打好“三大攻坚战”，攻坚基础全面提升。脱贫成果持续巩固，健全脱贫攻坚长效机制，对脱贫享受政策的26户54人动态管理。通过产业扶持、健康扶贫、就业帮扶等多种方式广泛动员社会力量参与脱贫攻坚，整合121.6万元用于扶贫产业项目，建档立卡脱贫享受政策户收入持续稳定。防范化解重大风险攻坚战扎实推进，严控债务增量，积极化解存量，通过压减开支、盘活存量、出让土地等举措，全力化解政府债务，提前超额完成政府隐性债务和拖欠民营企业中小企业账款年度化解任务。污染防治深入推进，持续巩固中央环保督察及“回头看”反馈意见整改工作。扎实推动自治区环保督察反馈问题整改，立行立改完成了17家搅拌站、砂场违法占地拆除工作。加强燃煤散烧治理，居民清洁化取暖覆盖面持续扩大。完成重点企业土壤污染调查。关停“散乱污”小企业134家。

着力推动产业转型升级，经济高质量发展迈出新步伐。东甲兰现代农业示范园西红柿种植，连家营村芦笋、蚕豆种植示范项目扎实推进。乌兰巴图村食用菌示范种植、密密板村蚯蚓养殖生态一体化项目初见成效。乡村振兴战略稳步实施，完成了584户的户厕改水工程。成功举办首届农民丰收节。姜家营村获评国家级“美丽乡村”综合改革标准化试点示范村。玉泉区工业总产值实现84亿元。蒙昆烟草等骨干企业运行稳定，草原红太阳智能工厂项目完工。商贸物流重点项目进展顺利，华美三期、闻都城市综合体即将投入使用。玉泉大厦众创空间集聚科技研发企业65家，创造产值达2.07亿元。文旅产业融合发展稳步实施，积极推进高A级景区创建工作，大召区块至昭君博物院12千米黄金旅游带逐步形成。启动自治区全域旅游示范区创建工作，编制了玉泉区旅游创意策划方案。2019年，玉泉区旅游综合收入同比增长15%。

着力补足城乡建设短板，城市功能品质不断提升。城市建设步伐不断加快。实施了西二道河等11个村的棚户区改造。云中路连接线主线桥梁贯通。启动实施了三里营南路等4条市政道路改造，治理了27中南巷等3处堵点，道路通行更加顺畅。城市管理持续强化，深入实施城市精细化管理三年行动，新建改建环保公厕60座，总数达到533座，便民市场5处。垃圾分类试点工作稳步推进。数字化城市管理信息平台高效运转，玉泉区道路清扫保洁面积达到1174万平方米。采取补绿、插绿等措施，新建改建游园广场4处，对10条道路、68座青城驿站、45个小区进行绿化美化，建成区绿化覆盖率达到37.2%。“三城同创”有序推进，成功接受国家文明城市、国家卫生城市测评，持续推进国家食品安全示范城市创建，城市文明形象进一步提升。

着力改善民生福祉，群众生活更加幸福。区委始终不遗余力改善民生，人民群众获得感、幸福感、安全感显著增强。城镇新增就业6035人；退休人员养老金、城乡低保金持续提高；开展“无欠薪”行动，农民工权益得到保障。努力办好人民满意的教育，中央民大附中呼市分校落户玉泉区；中小学营养配餐试点稳步推进。基层医疗卫生服务水平不断改善。组织开展了一系列庆祝新中国成立70周年群众性主题教育宣传教育活动，积极营造热烈的社会氛围。开展乌兰牧骑惠民演出120场，成功举办了大召文化庙会等大型活动。养老助残、办事缴费、物业管理等服务水平不断提升。打造居家养老服务试点20家。区图书馆荣获“自治区十佳图书馆”称号。

着力维护社会稳定，社会治理成效显著。深化“平安玉泉”建设，强力推进玉泉区扫黑除恶专项斗争，特别是下大力气解决房地产项目遗留问题，“办证难”“回迁难”“入住难”问题有效化解，依法严厉打击损害群众利益的房地产开发企业负责人，房地产开发秩序进一步规范。深入开展矛盾纠纷排查化解工作，认真落实区级领导包案机制，推动解决了一批征地拆迁、回迁安置等涉及群众切身利益的信访积案。圆满完成庆祝新中国成立70周年期间信访维稳工作。玉泉区社会服务治理综合信息平台运行良好，累计处置各类问题54545件。学习创新“枫桥经验”，加快推进基层社会治理，建立了区矛盾纠纷化解联合服务中心，承办了呼和浩特市矛盾纠纷化解现场观摩会，打造了武荷香工作室等特色品牌，部分村、社区的共建共享共治经验正逐步推开。常态化开展食品药品、安全防火等领域监管，安全生产形势总体稳定。

着力推进改革创新，民主法治水平不断提升。党政机构改革基本完成。综合行政执法改革和乡镇街道改革深入实施。持续推进“放管服”改革，营商环境不断优化。建成土地确权数据库、土地流转服务平台，实现了玉泉区集体经济组织的全覆盖。不断加强党对人大、政协工作的领导，积极支持区人大、政协开展工作，重大决策都充分听取人大、政协的意见建议。开展民生实事项目人大代表会商制试点工作，办理了为老服务餐厅等一批民生实事。支持政协开展多种形式的专门协商工作。支持法院和检察院依法独立公正行使职权。扎实推进法治玉泉建设，“七五”普法深入落实，依法行政、严格执法、公正司法、全民守法氛围更加浓厚。加强统一战线工作的领导，积极推进与各民主党派、工商联和无党派人士的民主协商、合作共事。扎实开展民族团结进步创建工作。“双拥”共建、军民融合等工作深入开展。

着力强化整改落实，主题教育扎实开展。坚持将学习教育贯穿始终。区委常委会带头坚持学习，专题研讨交流，主题教育期间，组织区四大班子成员和区直部门主要负责同志开展3次、7天的集中封闭学习，区委常委会和理论学习中心组集中研讨交流6次。通过“四式学习法”，将不同类型党员就近纳入网格党组织管理，确保每一位党员不缺课、不掉队。坚持将调查研究贯穿始终。立足玉泉区产业发展、聚焦群众所急所忧所盼问题，深入开展“开门纳谏、推门纳谏、登门纳谏”，区级领导深入基层一线调研走访，形成调研报告24篇，有效解决了一批制约经济社会发展的难点、堵点问题，为区委、区政府科学决策提供了参考。坚持将检视问题贯穿始终。坚持问题导向，采取“自己找、群众提、集体议、上级点”等方式，多渠道广泛听取服务对象、基层党员、普通群众对改进作风、改进工作的意见和建议，共征求意见建议294条，办结210条。同时，区委常委会对照党章党规，紧扣“十八个是否”找差距，召开专题民主生活会，检视出39个问题，已解决22个问题。坚持将整改落实贯穿始终。把“改”字贯穿始终，开展专项整治，制定“1+17”专项整治工作方案，明确181项具体措施，全面深化各项整改工作。特别是玉泉区自行开展的解决房地产项目遗留问题、城市管理等2个专项整治，切实解决了一批涉及人民群众切身利益的问题。

着力加强党的建设，管党治党能力不断增强。区委常委会坚持把抓好党建作为最大政绩，坚决扛起管党治党政治责任，扎实推动全面从严治党不断向纵深发展。强化政治责任，压紧压实玉泉区各级党组织主体责任，始终把“两个维护”作为最根本的政治要求，严守政治纪律和政治规矩，从具体工作做起、从小事小节做起，以对党绝对忠诚的态度，始终做到态度鲜明、行动坚定。中央脱贫攻坚专项巡视、中央扫黑除恶督导“回头看”和中央宗教工作督查反馈问题整改工作基本完成。“大棚房”、违建别墅专项整治工作全面完成。2019年，共召开2次全会、48次常委会，对习近平总书记每一篇重要讲话、每一次重要指示批示和党中央重大决策部署都高度重视、及时传达，细化落实举措，强化督促检查，确保落地见效。强化宣传思想工作，牢牢把握意识形态主动权，建立工作制度，开展网格化管理，舆情管控全面加强。在呼和浩特市率先成立区融媒体中心，承办了自治区观摩推进会，被自治区评为“旗县融媒体建设先进单位”。深入开展新时代文明实践中心建设试点工作。活力玉泉被评为“内蒙古自治区十大最具影响力政务新媒体品牌”。2019年，共召开18次理论学习中心组集体学习会。玉泉区上下围绕党的十九届四中全会精神等内容，深入开展“新时代”讲习团、“草原学习轻骑兵”、大喇叭等分众化宣讲，共开展理论宣讲1024场次，受众2万余人。获得自治区“草原学习轻骑兵”优秀小分队称号。不折不扣抓好贯彻落实，强化基层基础，打造了5个农村党建示范点。开展了“三联三帮三促”活动，解决民生实事139项。打造了清泉街、观音庙社区等一批城市党建品牌，建设了党群活动中心43个，多次接受上级领导考察调研。非公有制经济组织、机关党建、社会组织党建从有形向有效逐步提升。强化干部队伍建设，在浙江大学举办 2 期乡村振兴战略专题培训班，培训村级组织带头人125人次。2019年，共调整科级干部3批67人次，引进高层次人才25名。强化纪律作风建设，2019年组织开展警示教育活动58次。对14起典型案例、28名党员干部点名道姓、公开通报。反腐败斗争压倒性胜利不断巩固，完成2轮常规巡察和1次点穴式巡察。运用监督执纪“四种形态”，处置问题线索539件，初核了结263件，立案72件，给予党纪政务处分84人，移送司法机关5人，组织处理51人，挽回经济损失323.55万元。

【重要会议】 中国共产党玉泉区第八届委员会第七次全体会议（2019年2月2日）。

中国共产党玉泉区第八届委员会第八次全体会议（2019年9月20日）。

【调研信息】 充分发挥信息中枢作用，紧紧围绕中央、自治区党委、市委和区委中心工作，畅通信息渠道，始终能做到重大事件及时报、热点问题跟踪报、一般问题每日报，未发生过瞒报、漏报、迟报等问题。2019年编辑《玉泉信息》246期、采编信息2700余条、编辑《玉泉区信息专报》1期，编辑月刊《大事记》12期，向基层约稿30次，经选编，向内蒙古自治区党委信息调研处上报基层反映、经验做法、动态信息328条、转报网上信息900余条；向市委信息处上报信息230余条，路网信息273条，完成约稿任务13篇。2019年，“三务”公开平台发布党务公开信息398条；玉泉党务公众号发布信息351期、1400余篇，确保了区委中心工作网上动态及时、准确、全面。

【综合服务】 紧紧围绕区委中心工作，服务大局，善谋善为，深入贯彻落实中央八项规定精神，继续规范接待工作，严格公务接待程序审批，严格执行接待标准，坚决杜绝“一桌席”“二次宴请”现象，玉泉区未发现违反规定的公务接待。严格执行政府集中采购制度、财务管理制度、遵守财经纪律规定，严格管理、压缩“三公经费”支出，过紧日子，有力保障了各项工作高效运转。

【督查工作】 坚持根据自治区党委、市委和区委重大决策部署贯彻落实情况和主要领导同志基层调研指导工作时讲话和指示精神贯彻落实情况进行督促检查，不断加大督办检查、跟踪问效力度，建立了大督查、专项督查、联合督查相结合的机制，区委办全体同志参与“大棚房”整治、青城驿站使用、扬尘治理、扫黑除恶、违建别墅拆除、房地产遗留问题、创城创卫、宗教及清真泛化等专项重点工作督促检查，联合区纪委、组织部、宣传部，开展基层党建、意识形态、党风廉政建设等重要党务工作督查。2019年对重点工作专项督查140余次，督查市委领导批办事项41件，区委领导批示14件，针对批示件办理做到及时交办、认真复核、及时反馈；重点关注积极解决答复群众最急最忧最盼问题120条，受理网民留言的办结率达到100%。

党员干部培训

【党员干部培训中心领导名录】

主　任　任拴柱

副主任　云　凤（女　蒙古族）

【概况】 2019年玉泉区党员干部中心现有干部6名，其中参公人员3名（成为参公单位时只有3人），事业人员3名，无退休人员。

【主体班次】 2019年举办各类主体培训班10期，培训1900余人次。

3月14日举办了为期2天的脱贫攻坚、乡村振兴专题培训班。小黑河镇、各涉农街道分管领导及工作人员，村第一书记、支部书记，涉及脱贫攻坚任务的各部门相关人员150余人参加了培训。此次培训内容紧跟玉泉区脱贫攻坚和乡村振兴工作重点。

5月9日举办玉泉区《中国共产党农村基层组织工作条例》培训班，围绕《中国共产党农村基层组织工作条例》和习总书记参加内蒙古审议时的重要讲话精神的学习，提升农村基层党组织党员干部打赢脱贫攻坚、实施乡村振兴战略的能力，玉泉区50个行政村的200多名村干部参加了培训。

6月5日举办了玉泉区科级干部民族宗教工作培训班，玉泉区170余名科级领导干部参加了培训，从世界宗教概览及对中国的影响、学习习近平总书记关于宗教工作的重要论述、切实做好新时代宗教工作等3个方面对新时代宗教工作进行了全面具体、深入浅出的讲解。

6月19日玉泉区2019年度区直属机关党支部书记和预备党员、发展对象、入党积极分子培训班开班，来自区直属机关党支部书记和玉泉区预备党员、发展对象、入党积极分子440余人参加了培训。培训班历时3天，围绕《中国共产党章程》（以下简称《党章》）、扫黑除恶、新中国成立70周年、意识形态和国家安全方面的内容进行学习。

9月18日，举办了玉泉区处级领导干部“不忘初心、牢记使命”主题教育专题读书班。读书班为期2天，围绕党的政治建设和全面从严治党两个主题进行学习研讨，深入学习贯彻习近平总书记重要讲话和中央相关精神，学习贯彻自治区主题教育工作会议和自治区相关精神，深化思想认识，明确职责任务，提高指导质量。玉泉区处级领导干部和科级领导干部120余人参加了培训。

10月11日玉泉区举办了玉泉区非公企业党组织成员意识形态专题培训班，来自玉泉区28家非公企业53名党组织成员参加了培训，培训内容围绕意识形态领域面临的严峻形势和牢牢掌握意识形态工作的领导权进行。

10月16日—10月17日，举办了玉泉区领导干部“不忘初心、牢记使命”主题教育第二次专题读书班，玉泉区处级领导干部和科级领导

中共呼和浩特市玉泉区委员会机构设置表

纪律检查委员会监察委员会机关

办公室

组织部

宣传部

统一战线工作部

政法委员会

全面深化改革委员会办公室（设在办公室）

全面深化改革委员会办公室（设在政策研究室）

全面依法治区委员会办公室（设在区司法局）

国家安全委员会办公室（设在办公室）

网络安全和信息化委员会办公室

财经委员会办公室（设在区发展和改革委员会）

机构编制委员会办公室

审计委员会办公室（设在区审计局）

教育工作领导小组秘书组（设在区教育局）

农村牧区工作领导小组办公室（设在区农牧和科技局）

退役军人事务工作领导小组办公室（设在区退役军人事务局）

直属机关工作委员会

巡察工作领导小组办公室

保密机要局

说明：

玉泉区人民政府设置工作部门24个，发展和改革委员会挂粮食和物资储备局牌子；工业和信息化局挂商务局牌子；民族事务委员会挂蒙古语文工作委员会牌子；财政局挂国有资产监督管理委员会、金融工作办公室牌子；住房和城乡建设局挂人民防空办公室、交通运输局牌子；农牧和科技局挂扶贫开发办公室牌子；文体旅游广电局挂文物局牌子；卫生健康委员会挂蒙中医药管理局、爱国卫生运动委员会办公室牌子；市场监督管理局挂知识产权局牌子。

干部120余人参加了读书班，围绕理想信念、党性修养、宗旨意识、担当作为等内容开展了专题讲座。

10月24日—25日举办了玉泉区宗教工作“三支队伍”培训班，培训班分2期进行，第一期针对党政领导干部和宗教工作人员开展培训，第二期针对宗教界代表人士和部分宗教干部开展培训。2期有400余人参加，培训内容围绕习近平总书记关于宗教工作的重要论述和做好新时代宗教工作的对策思考和宗教事务相关问题探讨和宗教事务条例修订的重点内容进行讲解。

11月11日—12日，举办了玉泉区区委“不忘初心、牢记使命”主题教育第三次专题读书班。读书班为期2天，采取个人自学、专题辅导、研讨交流相结合的方式进行。玉泉区委、区人大常委会、区政府、区政协领导同志，区法院、检察院主要负责同志，裕隆工业园区党工委书记；区属各部委办局、各人民团体主要负责同志130余人参加学习。

12月17日，举办玉泉区农村干部学习贯彻党的十九届四中全会精神培训班，来自玉泉区行政村党支部书记、村委会主任、监委会主任共计138人参加了培训，内容包括学习贯彻党的十九届四中全会精神和习近平总书记内蒙古讲话精神解读。

【基层宣讲】 深入昭君路街道、长和廊街道、西菜园街道、石东路街道、鄂尔多斯路街道、兴隆巷街道、裕隆工业园区、项目办、司法局和经信局等20多家单位进行了习近平总书记考察内蒙古时的重要讲话、生态文明建设、新中国成立70周年和“不忘初心、牢记使命”主题教育等内容的宣讲。

区委办公室工作

【区委办公室领导名录】

区委常委、 区委办公室主任	杨永刚（蒙古族）
区委办公室副主任	逯　鸿
区委深改办常务副主任	王凤鸣
区委办公室副主任	韩乐乐
区委党建办副主任	娜　仁 （女　蒙古族　10月离任）
区委办公室副主任	杜少卿
区接待办副主任	付　杰

【概况】 区委办公室机构规格为正科级（设置主任1名，副主任6名），行政编制12人，参公编制7人，工勤编制8人，事业编制20人。内设机构有秘书室、综合室、信息室、政研室、督查室、档案局、接待办、深改办。

2019年，区委办在区委、区政府的正确领导下，深入学习贯彻习近平新时代中国特色社会主义思想，认真贯彻落实党的十九大和十九届二中、三中、四中全会精神，增强“四个意识”，坚定“四个自信”，做到“两个维护”，践行“五个坚持”重要要求，重规矩、抓规范，将常规工作做深，重实效、抓实干，将重点工作做实，扎实推动“三服务”工作水平全面提升，确保了区委各项工作有效运转。

【区委中心工作】 突出强化党的领导，注重发挥区委总揽全局、协调各方的领导核心作用，协调推进“三大攻坚战”、扫黑除恶专项斗争、“三城同创”、房地产遗留问题化解、民生保障等各项重点工作。2019年，精心组织筹备区委八届七次、八次全会，协调组织召开区委常委会48次、书记专题会5次，推动党中央重大决策部署和自治区党委、市委以及区委工作要求贯彻落实到位。

【以文辅政】 抓文稿当好“参谋手”。深刻领会区委领导同志意图，坚持高标准、高质量起草各类文稿，做好区委领导公务活动新闻报道起草审核工作。2019年完成区委全会、环保督察、主题教育等各类会议上的领导讲话150余篇，形成有效文字25余万字；起草其他文稿100余篇，形成有效文字20万字；整理常委会会议纪要45篇。抓信息当好“千里眼”。紧紧围绕中央、自治区党委、市委和区委中心工作，始终能做到重大事件及时报、热点问题跟踪报、一般问题每日报，未发生过瞒报、漏报、迟报等问题，确保了党委工作信息及时、准确、全面。2019年编辑《玉泉信息》246期、编辑《玉泉区信息专报》1期，编辑月刊《大事记》12期，向内蒙古自治区党委信息调研处上报基层反映、经验做法、动态信息328条；向市委信息处上报信息230余条，完成约稿任务13篇。2019年，“三务”公开平台发布党务公开信息398条。

【督促检查】 坚持根据自治区党委、市委和区委重大决策部署贯彻落实情况和主要领导同志基层调研指导工作时讲话和指示精神贯彻落实情况进行督促检查，不断加大督办检查、跟踪问效力度，建立了大督查、专项督查、联合督查相结合的机制。2019年对重点工作专项督查140余次，督查市委领导批办事项41件，区委领导批示14件，针对批示件办理做到及时交办、认真复核、及时反馈；重点关注积极解决答复群众最急最忧最盼问题120条，受理网民留言的办结率达到100%。

【统筹协调】 协调服务规范有序。建立玉泉区领导每日活动、每周工作安排，保障提升了工作的科学化、规范化水平。不断加强与人大办、政府办、政协办之间的协调沟通，建立完善了四大班子办公室重点工作会商制度，形成了以区委办牵头、区四大办公室整体联动、互相配合的服务机制。同时，积极抓好上下级之间的协调工作，及时传达区委重大决策部署，及时反映基层意见和建议，确保了政令畅通。办文办会精细高效。2019年，玉泉区全区性大会次数同比下降29%；严格把好文件审核关，2019年区委共办理发文同比下降34.3%。按照上级文件要求，完成机构改革任务。承接保密机要局上三级文件运转工作，2019年运转文件731件，其中上三级文件641件，区本级文件90件，涉密文件专人负责，确保运转安全保密。从严把关规范性文件报备，对规范性文件报备的党委各部门、党（工）委、党组共48家单位的51件文件进行了审查，纠正提醒20件。后勤保障高效有序。深入贯彻落实中央八项规定精神，继续规范接待工作，严格公务接待程序审批，严格执行接待标准，坚决杜绝“一桌席”“二次宴请”现象，玉泉区未发现违反规定的公务接待。严格遵守财经纪律法规，严格管理、压缩“三公经费”支出，落实了“过紧日子”的要求。完善了机关事务后勤服务工作制度，严格执行了办公用房、公务用车工作进一步规范提升。

【改革创新】 2019年，根据市委深改委的具体要求，起草并制定印发了玉泉区深改委、各专项小组和改革办“两规则一细则”。协调各专项小组和各相关职能部门分析研究核定，印发了《中共玉泉区委员会全面深化改革委员会2019年工作要点》，明确改革时间表和责任分工，从6个方面积极跟进推动落实改革任务。2019年 2 次迎接市委改革办对玉泉区改革工作的督查。对基层社会治理、农村人居环境、农村土地确权登记、园区供给侧改革等改革事项进行了协调推进。编发改革信息12期，向市委改革办报送4篇改革亮点成果介绍，完成了 2 篇调研报告和 1 条信息专报。

【自身建设】 区委办班子及全体干部始终加强机关党的建设，增强“四个意识”，坚定“四个自信”，做到“两个维护”。2019年共召开党员大会6次、支委会10次、讲党课6次、集体学习会39次，24名党员做了学习体会交流发言，开展理论知识测试1次。扎实开展“不忘初心、牢记使命”教育主题，重点学习了“两书一章”、习近平总书重要讲话精神、党的十九届四中全会精神、业务知识等内容，广泛征求意见梳理汇总问题9个。扎实开展“三联三帮三促”活动，对寇家营群众用电受限问题立即与供电部门沟通处理，更换了变压器，为民办实事6件，开展社区帮助清扫卫生、上门入户走访等主题党日活动10次。持续加强工作作风建设，班子成员严格履行“一岗双责”，完善党风廉政各项制度，严格执行请销假制度，认真执行个人有关事项报告、外出请示报备制度，在推进各项重点工作中能严格依法决策、依法办事。班子成员不断强化廉洁自律意识，始终做到廉洁自律、严于律己，办公室重大事务都通过召开室务会集体讨论研究，2019年召开办公室室务会20次。通过坚持不懈地加强作风建设，办公室整体工作达到了“常规工作井然有序，日常工作百密而无一疏，突发工作处置得当”的要求。

纪律检查委员会、监察委员会工作

【纪律检查委员会、监察委员会领导名录】

纪委书记、监委主任	刘聪明
区纪委副书记、监委副主任	云文珍（蒙古族）
区纪委副书记、监委副主任	范民强（3月20日离任）
	胡德龙（2月离任）
区纪委常委、监委委员、组织部长	王红栋
区纪委常委、监委委员、派驻第八纪检监察组组长	孟剑英（女 蒙古族）
区纪委常委、监委委员、案管室主任	刘 瑞
区纪委常委、第四监察室主任	郝浚博（蒙古族）
区监委委员	王国卿
	祁 宏

【概况】 2019年，玉泉区各级纪检监察机关以习近平新时代中国特色社会主义思想为指导，在市纪委监委和区委的领导下，以保持正风肃纪高压态势为前提，坚持问题导向、目标导向、结果导向相统一，对标“三不”一体推进优化工作布

局，忠诚履行党章和宪法赋予的职责使命，奋力推进新时代纪检监察工作高质量发展。

【执纪审查和监察调查】 玉泉区纪检监察干部严守责任担当，挺纪在前、法纪贯通、法法衔接，严肃执纪执法，接受了大量群众来信来访，处置了一大批问题线索，办理了一批违纪违法案件。据2019年统计数据，区本级纪检监察机关2019年接受信访举报230件；处置2019年度问题线索539件；2019年初步核实问题线索212件，谈话函询39件，了结263件，立案72件；给予党纪政务处分84人，比上年度增长29%；移送司法机关5人；组织处理51人；挽回经济损失323.55万元。运用“四种形态”处理305人次，同比增长152%。其中运用第一种形态处理220人次，占总人数的72%；第二种形态处理63人次，占总人数的20.6%；第三种形态处理10人次，占总人数的3.2%；第四种形态处理12人次，占总人数的3.9%。

【监督检查和专项治理】 坚持无禁区、全覆盖、零容忍，重遏制、强高压、长震慑，开展专项治理，坚决整治群众身边的不正之风和违纪违法腐败问题。

对“三务”公开持续督办，累计下发《“互联网+”“三务”公开工作通报》23期，下发《专项整治整改通知书》3份，发布信息79450条。昭君路街道在办理自治区纪委监委交办扶贫民生领域信访件工作中，由街道纪工委指导，后桃花村对10年时间的账目和征地项目进行逐一核对，逐条详细公开，设立了专门的“三务”公开办公室供群众查询信息，全面推进“三务”公开，由群众上访频发的后进村变为安定发展的先进村，得到上级纪委监委肯定。

狠抓以案促改。区纪委监委、镇街道纪工委（监察办）发出纪律检查建议书20份、监察建议书15份，坚持整改不到位不脱手，对纪律检查建议书、监察建议书逐一盯办、持续盯办，2019年，整改到位9份。区纪委监委在查处长和廊街道出纳挪用公款一案中，压实街道领导整改责任，209万元挪用资金全部追回；督促区政府在玉泉区开展基本账户自查。对昭君路街道2名长期“吃空饷”人员给予开除处分，督促领导挽回由于监管责任导致的经济损失，追回“吃空饷”工资13万元并上缴财政。

区纪委监委、区委组织部、农牧科技局、民政局等部门印发《关于进一步加强农村集体资产资源清理核定工作的通知》《关于再次加强学习〈内蒙古自治区人民政府办公厅关于印发农村集体经济组织资金资产资源管理制度（试行）的通知〉〈呼和浩特市人民政府办公厅关于印发呼和浩特市村级财务管理实施办法等七项制度的通知〉的通知》《关于村级“小微权力”清单工作实施方案》，西菜园街道制定了村社区重大事项请示报告制度实施办法，小黑河镇、鄂尔多斯路街道办事处完善村集体公章管理制度，以实实在在的具体举措，扎紧制度“笼子”，规范权力运行。

扎实推进领导干部廉政档案建设，玉泉区评选“清风干部”1575名并张榜公布，强化对基层干部的正向激励、正面引导，重纪、重法、重廉在基层干部中潜移默化、蔚然成风。

【“两个责任”落实和督导】 对1起案件当中违反政治纪律的问题进行严肃处理。对打赢“三大攻坚战”、扫黑除恶专项斗争进行跟踪监督，对落实全面从严治党“两个责任”、党和国家机构改革、落实意识形态责任制、净化基层政治生态、民生领域、优化营商环境进行深入监督，对人防系统腐败、大棚房和违规别墅、利用茅台酒等名贵特产或特殊资源谋取私利问题进行专项治理。研究制定《关于推进纪委监督同级党委工作的实施方案》，促镇街道党委、委办局党组对标制定了“两个责任”实施细则。

【纪检监察体制改革】 从2019年1月开始，镇街道监察办公室开始行使监察权。

深入推进“三项改革”。主动接受市纪委监委领导，认真落实市纪委监委交办事项，认真学习上级纪委监委领导讲话、会议和文件精神，“四个监督”同步发力，对标对表抓落实。镇街道监察办2019年1月1日行使监察权。

深入推进制度建设。一体推进《中国共产党纪律检查机关监督执纪工作规则》《监察机关监督执法工作规定》贯彻执行，严格按程序监督执纪执法。

强化基层基础建设。对区纪委监委谈话区进行升级改造。4个街道纪工委监察办建立了标准化谈话室。鄂尔多斯路街道纪工委建立单独的办公办案区。街道纪工委监察办办公设备、办案装备实现标准化配备。

【纪检监察基础工作】 研究制定作风纪律专项督查实施方案和两级督查通报机制实施办法，突出纪检监察机关专责监督职能，制定监督清单，对机关作风纪律进行全面监督、重点监督、“三转”监督，由具体问题直指背后的责任。2019年开展中央八项规定精神落实情况、重要时间节点正风肃纪、形式主义官僚主义和“四官”问题监督检查176次，约谈提醒117人；开展会风会纪监督50次，对违反会风会纪的4名党员干部给予党内警告处分并全区通报。认真开展党风廉政审核意见回复工作，回复37批次4419人次。廉政档案录入2300人。

政法工作

【玉泉区委政法委领导名录】

书　记　　　　王　锋

副书记　　　　郝向东

防范办副主任　李锦文

【概况】 2019年，区委政法委在市委政法委的正确指导下和区委的坚强领导下，深入开展扫黑除恶专项斗争，坚决抓好督导反馈整改；全面贯彻党的十九届四中全会精神，积极探索开创了玉泉区基层社会治理新局面，全力以赴做好2019年各重点时期的维稳工作。

中共玉泉区委政法委员会依照区委下发的《中国共产党呼和浩特市玉泉区委员会政法委员会职能配置、内设机构和人员编制规定》，设立综合办公室、社会治理室、维稳协调室、反邪教协调室、信息化建设室5个内设机构（下设科室）和智慧玉泉指挥中心一个二级单位（事业）。到2019年末，政法委干部职工共计41人，其中行政编制9名、事业编制19名。区委政法委作为玉泉区党委领导玉泉区政法机关工作的重要职能部门，承担着对一定时期内玉泉区政法工作做出全局性部署，并督促贯彻落实的重要职能。主要职责是贯彻习近平新时代中国特色社会主义思想，深入贯彻党的路线方针政策和党中央重大决策部署，坚持党对政法工作的绝对领导，统一玉泉区政法各部门思想和行动，坚决维护党中央权威和集中统一领导，推进“平安玉泉”“法治玉泉”建设，了解掌握和分析研判玉泉区社会稳定形势、政法工作情况动态，创新完善多部门参与的社会治安综合治理和维护社会稳定工作机制，协调推动预防、化解影响稳定的社会矛盾和风险，协调应对和妥善处置重大突发事件。协调指导政法单位和相关部门做好反邪教、反暴恐工作。督查玉泉区政法工作，统筹协调社会，组织开展政法领域的调查研究，研究拟订玉泉区政法工作的政策和措施，及时向区委提出相关意见建议。掌握分析政法舆情动态，指导协调政法单位做好依法办理、宣传报道和舆论引导等相关工作。监督和支持政法单位依法行使职权，指导和协调政法单位密切配合，完善纪检监察机关工作衔接和协作配合机制，研究和协调重大、疑难案件，推进严格执法、公正司法。指导推动玉泉区政法系统党的建设和政法队伍建设。落实国家安全委员会、全面依法治区委员会的决策部署，支持配合其办事机构工作。

【扫黑除恶专项斗争】 对标对表抓整改。针对中央督导组进驻期间通报反馈问题和7月29日督导反馈意见，玉泉区对梳理归纳的6个方面、45个问题（145项具体整改措施）全部制订整改台账，确定责任领导、部门和完成时限。

线索办理实现“清零”。中央扫黑除恶督导期间，玉泉区共收到3类线索119条，现已全部办结。

案件办理战果显著。2019年，公安机关共打掉恶势力团伙13个，检察机关依法提起公诉12件44人，审判机关受理涉恶案件12件44人，宣判11件，认定恶势力案件5件20人。

“打财断血”力度加大。2019年，共判处罚金6500万元，查封房屋15间，扣押涉案财物114类。同时，对在侦的2个团伙案件的涉案财物进行深挖，组织审计部门审核，力求挖出黑恶财产。

“打伞破网”同步开展。召开“大三长”会商会7次，政法机关联席会12次，推动涉黑恶案件的快侦、快捕、快诉、快判。2019年，区纪委监委共立案查处涉黑涉恶腐败和“保护伞”问题13件13人，给予党政纪处分13人，组织处理2人。

黄赌毒和黑恶势力保护伞问题专项整治。制定了《玉泉区关于开展对黄赌毒和黑恶势力听之任之、失职失责甚至包庇纵容、充当“保护伞”专项整治的具体实施方案》，将黄赌毒和黑恶势力保护伞问题纳入主题教育重点整治内容。10月底，在大召广场举行专项整治黄赌毒和黑恶势力“保护伞”集中宣传活动，掀起强大的舆论攻势。成功打掉了呼和浩特市第一个组织卖淫恶势力犯罪集团，主犯一审被判有期徒刑13年6个月。同时，全面清查整治，联合执法，坚决取缔金梦园、九亩大院娱乐城等乱点场所，转变业态，建成便民市场，加强对西菜园钢管厂、水车园巷等重点区域的治安监管，深挖前毛道村原村干部围胡放赌案件，进一步净化了城乡社会风气。

【打造社会治理新模式】 推动玉泉区治理体系和治理能力现代化开创新局面。玉泉区以“方便群众、整合资源、规范程序”为出发点，整合了涉及社会治理的19个相关部门间的各类资源和信息，在区信访局办公场所进行改造建设，成立了玉泉区矛盾纠纷化解联合服务中心。实行一个平台集中统一指挥调度，各中心相互衔接、资源共享、优势互补的“一对多”，变被动服务为主动服务，将矛盾纠纷吸附在基层，化解在当地。其中，兴隆巷街道清泉街社区坚持以群众为主体，探索出“一统两网三到位”基层社会治理新模式，形成党建引领强化基层社区治理，多元化解难题的良好局面。12月26日，呼和浩特市矛盾纠纷化解联合服务中心现场观摩会在玉泉区召开，自治区党委政法委郝玉明副书记和市委贺海东副书记及各旗县区有关领导对中心建设情况现场观摩并给予了高度评价。

推动社会治安防控体系建设再上新台阶。玉泉区以网格化管理为基础，以全方位、立体化治安防控体系为依托，确保了重大活动安保水平不断提升。已累计安装摄像头7771个，所有摄像头保证了85%的在线率。2019年为公安机关各警种提供视频线索侦查服务404次，有效助力侦查破案、打击犯罪、信访维稳等工作，合成作战能力凸显。

推动视频巡检，助推城市管理工作。2019年区委政法委牵头打造了“哈啰智巡”系统，全面建立“情、指、勤、督”一体化、扁平化、实战化新型勤务运行机制，使得玉泉区早晚高峰时长相较与勤务机制改革之前平均缩短了20～30分钟，全面实现了勤务运行效能与交通行政效能“两促进、双提升”。

【维稳工作】 2019年国家大事多，敏感时期多，维稳任务艰巨，3月全国两会期间、6月中央扫黑除恶督导组驻呼期间、9月迎接新中国成立70周年大庆期间、10月十九届四中全会期间，玉泉区全面落实火车东西站稳控值班，信息报送任务，实现了“七个坚决防止”的工作目标。2019年由区委政法委牵头，联合西菜园办事处、住建部门圆满解决了西岸国际涉及一房多卖问题。

【服务能力建设】 有效开展反邪教工作。结合扫黑除恶宣传，草原轻骑兵宣讲团进行了反邪教宣传20余次，将反邪教常识宣传加入扫黑除恶宣传三下乡活动，在大召广场组织开展了防范邪教宣传月启动仪式，联合一镇八办以及玉泉公安分局国保大队进行集中宣传，让反邪教意识深入群众心中。不断提升政法队伍建设水平。认真开展“不忘初心、牢记使命”主题教育活动，共召开了24次工作会议，进行了18次集中学习，2次户外主题党日活动；开展“三联三帮三促”活动，3次深入基层实地走访调研，政法委对包联的百什户村存在问题进行积极解决。进一步增强党员意识，增强党组织的凝聚力和战斗力。扎实开展纪律作风建设专项行动。制定了《玉泉区政法系统纪律作风建设专项行动实施方案》，成立了领导小组，区政法各机关围绕7个方面全面进行了自查自纠工作，并按照边查边改、立行立改的要求，对查摆出来的问题制定了切实可行的整改措施。营造浓厚的政法宣传氛围。2019年，区委政法委在宣传工作中注重把握重点，突出扫黑除恶专项斗争主题，多渠道、多角度、深层次开展形式多样的宣传工作。开通了新媒通、长安网、微信公众号、新浪微博等新媒体客户端，定期发布、转载政法工作信息。围绕扫黑除恶多次开展形式多样、内容丰富的宣传活动，2019年，共悬挂条幅1415条，制作喷绘布、墙体标语2083处，设置宣传栏320个，制作道旗1343套，宣传海报48171张，LED播放281条，宣传折页335633份，其他宣传品305050个。并以草原轻骑兵为载体，开展政策理论宣讲38场次，在各类媒体发表政法工作信息90余篇，按时保质报送工作信息80余篇，以“高站位、准时效、零距离”的标准进行玉泉区政法宣传工作。提升执法规范化水平。2019年区委政法委对政法各机关开展了一系列政治督查、案件评查、执法质量排查，重点对政法干警在日常教育学习、入职晋职培训、纪检部门作用发挥、办案程序、执法质量等方面进行督查，督查后及时下达了通报，对2名民警分别给予行政记过和行政警告处分，玉泉区政法干警引以为戒，有效促进玉泉区执法司法水平的不断提升。

组织工作

【组织部领导名录】

部　长　张　普

副部长　张　毅

　　　　张建红（女）

　　　　斯　琴（女　蒙古族）

　　　　荣晓霞（女　蒙古族）

【概况】　2019年以来，玉泉区深入学习贯彻习近平新时代中国特色社会主义思想，党的十九大和十九届二中、三中、四中全会精神，按照上级组织部门和区委工作部署，以“3441”工作思路为统领，围绕“六个聚焦”“四个融合　四个转变”，充分发挥基层党组织的领导核心作用，完善区、街道（镇）、社区（村）三级责任链条，提高街道（镇）、社区（村）资源整合统筹能力，打造共建、共治、共享的基层治理新格局，推动党的建设质量全面提高。

区委组织部内设股室5个：办公室、干部综合室、组织一室、组织二室、党建秘书室。

下设二级事业单位3个：区党员远程教育管理办公室、区电教人才室、区干部人事档案管理中心。

干部职工21名，行政编制1正8副，参公编制6名，事业编制5名，工勤编制1名。

【基层党组织建设】　城市基层党建方面，大力推行“为民服务三项清单”制度，以“党建领航，五彩凝心”为载体，着力构建街道“大工委”、社区“大党委”格局，充分发挥社区党组织、驻区单位、走访单位、社会组织以及党员在社区服务中的作用，有效整合“居民需求清单”“社区资源清单”“服务项目清单”，推动服务资源与群众需求无缝对接、相互匹配。共收集居民需求607条，社区资源195条，服务项目210条，其中483条居民需求已经得到解决，124条居民需求正在协调相关部门共同解决。以区域化党建联盟体系建设为抓手，建成2400平方米的5G+VR区级党群活动服务中心、裕隆工业园区党群活动服务中心以及3个街道、60个社区和21个小区党支部党群活动服务中心，与商圈、楼宇、非公企业、社会组织相互融合，构筑起一套区域统筹、资源整合、上下联动的区域化党建联盟体系。打造了武荷香工作室、党员家庭活动日、民情速递站等特色品牌，涌现出武荷香、杨俊爱等一批推动创新社会治理、加强基层建设的服务带头人。加大社区工作者工作激励力度，评选出33名优秀社区党组织书记、主任，并给予奖励性工资；举办社会工作者职业资格水平考试培训8次，培训社区工作者400余名，2019年，67人通过资格考试。积极响应《包头市委组织部关于呼包鄂城市基层党建工作协同推进轮值单位工作方案》，参与第二轮友好结对工作，派长和廊街道的3名干部赴包头市九原区的街道和社区进行脱产挂职，学习借鉴城市基层党建方面的好经验好做法，拓宽共治共建共享发展领域。

农村党建方面按照“典型示范、服务引领、功能带动”3种类型，确定南台什、田家营、贾家营、范家营和前八里庄村5个农村党建示范点，以点带面，推动玉泉区农村基层党建工作提质增效。持续深入推进抓党建促脱贫攻坚，结合乡村振兴战略，积极帮助各村找准路子，鼓励具有民俗文化、农牧业特色和生态资源的村由集体牵头成立公司（合作社），开发乡村游、生态游、农家乐等项目，大力发展田园经济和观光经济，切实带动农民增收致富，壮大村集体经济收入。玉泉区50个行政村集体经济收入全部达到5万元以上。持续整顿后进村级党组织，建立区、镇（涉农街道）、村三级联动机制，通过区级领导督办、镇（涉农街道）主要领导包村、包村干部蹲点、结对部门帮扶等措施对乌兰巴图、章盖营、西源村等进行集中整顿。2019年确定的7个软弱涣散村党组织均取得了明显转化成效。

非公有制经济组织和社会组织党建方面，以“党的组织应建必建、党的工作覆盖到位”为目标，集中力量对非公有制企业和社会组织“两个覆盖”情况开展了3次摸底排查，重点清理了12家经济运行不善的非公企业党组织，现已全部完成整顿。完成已建、联建和未建党组织的非公企业和社会组织工作台账。整建制接收市经信委下放的1家非公有制企业党支部和高校工委下放的1家社会组织党支部。采取“单独建、联合建、依托建、挂靠建”等方式，新建1家社会组织党支部和1家非公企业党支部，调整了15家联合党支部。

机关党建方面，强化学习教育，利用区党群活动中心教育培训基地对机关党组织书记进行集中培训。加强支部标准化规范化建设，结合机构改革督促指导各机关单位完成支部换届。认真做好党员发展和党内统计工作。严格落实意识形态责任制，加强学习强国平台日常运用考评监管。按照“一党委一品牌，一支部一特色”要求，协调指导各机关党组织开展党建品牌创建。扎实开展“不忘初心、牢记使命”主题教育，以“三联三帮三促”活动为载体，推进机关与城市基层党建联建共建。

【干部队伍和人才队伍建设】 根据《呼和浩特市玉泉区机构改革方案》和《干部选拔任用工作条例》，玉泉区共设置党政机构35个（其中，党委机构11个，政府工作部门24个），结合机构改革调整科级干部67名，基本完成机构改革中的各项任务。从严从实抓好干部监督管理，按照《党政主要领导干部和国有企业领导人员经济责任审计规定》，委托区审计局对7个部门12名领导开展经济责任审计。对玉泉区58家单位开展了大调研、大整改、大提升工作，全面了解玉泉区的单位领导班子和干部队伍运行情况。按照《关于市委党校2019年春季学期招生工作的通知》《关于市委党校2019年秋季招生工作的通知》文件要求，积极配合上级组织部门做好县处级、中青年干部、科级干部和政法系统科级干部的培训工作。按照《市委党校2019年街道正职培训班》，做好街道正职干部的选派工作。组织区属各部门参加自治区党委办公厅举办的双休日大讲堂培训6期。选派4名干部分别赴北京市、包头市街道社区进行脱产挂职。呼和浩特市人才引进工作中，为玉泉区引进双一流大学博士、硕士研究生22名。

【“不忘初心、牢记使命”主题教育】 区委组织部把抓实主题教育作为年度重大政治任务，摆在突出位置，严密组织，及时推进。在玉泉区探索开展了“三联三帮三促”活动，推动主题教育往深里走，往实里走。整合玉泉区50个机关、50个社区、50个非公有制经济组织，包联50个行政村，建立“1+3+X”基层党建联盟，通过党组织联建共建、党员联学共学、资源联创共享，村、社区、企业、机关共同开展主题教育活动，打破地域、行业、单位、体制的界限，多方联动互助学习、相互促进，充分发挥基层党建联盟的优势功能，实现基层各类党组织和党员干部主题教育无遗漏、全覆盖。立足农村、社区、企业实际，以建立资源清单、群众需求清单、服务清单的“为民服务三项清单”为抓手，开展征求意见和整改落实工作，推行党员带头、干部上岗，党员联户、干部包户等方式，深入农村社区入户征求意见建议，收集到的内容经党建联盟和村居两委班子研究梳理后确定整改思路。如，小召前街街道为辖区老人开办为老服务特色餐厅；南台什村开通公交车解决村民出行问题，完善机电井配套设，施解决农民浇地难、浇地贵的问题，等等。切实起到为民解忧促整改的典型示范作用。2019年，共征集到群众需求事项347项，为民办实事139项。

宣传工作

【宣传部领导名录】

部　长　张东霞（女）
副部长　田金有
　　　　张永贞
　　　　范民强（3月20日离任）
文联主席　云治刚（蒙古族）

【概况】 2019年，玉泉区委宣传部认真贯彻落实习近平总书记关于宣传思想工作的重要思想和中国、自治区、呼市宣传部长会议精神，树牢“四个意识”，坚定“四个自信”，做到“两个维护”，紧紧围绕学习宣传贯彻习近平新时代中国特色社会主义思想这个首要政治任务，紧紧围绕庆祝新中国成立70周年这条主线，自觉承担起举旗帜、聚民心、育新人、兴文化、展形象这个使命任务，坚持稳中求进、守正创新，坚持统一思想、坚定信心，大力弘扬“争先进位、对标看齐、强力执行、勇于创新”的玉泉精神，实现了宣传思想文化工作质量和成效大提升，为玉泉区经济社会各项事业高质量发展提供了坚强思想保证和强大精神力量。

区委宣传部设办公室、理论室、综合室、创建室、文化室5个职能科室，下设2个二级单位，分别为玉泉区融媒体中心和讲师团，代管玉泉区文联，有副部长2名，文联主席1名，共有工作人员57人，其中行政编制5人、领导职数5名、事业编制22人、合同制人员23人、志愿者2人。

【意识形态工作责任制全面落实】 区委常委会

专题研究部署意识形态工作2次，明确了“意识形态工作责任制基层落实年”的主要任务和具体工作内容，区委常委会专题听取2018年意识形态工作和2019年工作安排汇报，审议并通过了和《玉泉区2019年宣传思想文化工作要点》，年中听取了上半年意识形态和理论中心组督查通报，审议通过了上半年意识形态分析研判报告，玉泉区意识形态工作能力和水平得到显著提升。认真抓好自治区党委巡视反馈意识形态工作存在问题的整改。涉及意识形态工作责任制落实方面的12个问题全部整改到位。修订完善了《玉泉区意识形态领域重点工作监控管理任务分工方案》《关于加强对宾馆、酒店等对外经营公共场所举办学术会议、报告、讲座、论坛等阵地管控的分工方案》等系列规章制度，深入开展意识形态网格化管理工作，印发了《关于建设基层意识形态网格员队伍的贯彻落实方案》，研发了玉泉区意识形态网格化管理系统，形成了以网格内5大类16项涉及意识形态领域重点阵地为管控目标的意识形态网格化管理模式，夯实了意识形态工作基础。按照呼和浩特市防范化解意识形态领域风险工作方案，制定出台了《玉泉区防范化解意识形态领域风险隐患工作方案》，实行党（工）委、党组意识形态领域风险隐患常态化排查，“三项清单”及每月报告制度，全面加强意识形态领域阵地管控。健全完善了“日调度、周研判、月会商”工作制度，召开玉泉区意识形态暨网络舆情月会商会议12次，及时通报意识形态领域情况，形成了玉泉区2019半年和全年意识形态领域情况分析研判报告。召开扫黄打非工作专题会议4次，开展扫黄打非专项行动16次，按照“六有”在基层广泛建设“扫黄打非”站点，已建成51家。2019年监看网络舆情18928条，梳理重点网络舆情196条，下发网络舆情处置建议书99份，印发舆情周报47期、舆情月报12期、舆情专报3期。及时预警并防控“西地村强拆教堂”“西岸国际一房两卖”“头道巷小学食物中毒”等网络舆情的发酵扩散；依托活力玉泉新媒体矩阵，共发布网络宣传稿件13000余篇，玉泉区网评员执行网评任务300多次，完成网评16000余条。全面加强网络综合治理，探索建立网络综合治理体系，组织开展网络宣传周活动，对5家单位关键基础设施进行网络安全检查，切实维护网络安全。建立了以听民生、聚民意、解民忧为主要内容的“泉”民生服务平台，2019年接收反馈网民反映问题100条，回复率100%，解决率77%。以意识形态基层落实年为契机，印发了《关于加强基层意识形态责任制落实专题培训工作的计划》，先后组织了意识形态能力素质提升、意识形态网格化管理、玉泉区中心组学习秘书、网评员队伍、新闻发言人、理论宣讲骨干、网络意识形态、文联各类艺术协会等意识形态素质提升培训班，玉泉区全区意识形态工作能力和水平得到显著提升。

【思想理论建设】 通过抓好“关键少数”，切实提高了中心组学习质量。严格落实《党委（党组）中心组学习规则》，制定了理论中心组2019年学习计划，深入开展研讨式、调研式、现场体验式学习。组织区委中心组理论学习18次，举办玉泉区中心组学习秘书和理论骨干培训1次，编发中心组学习专刊4期，开展了玉泉区党（工）委、党组理论学习中心组半年专项督查；制定了理论学习中心组质量监测考评方案，建立了派员列席、随机抽查等中心组学习常态化督导机制，2019年派员列席党（工）委、党组中心组学习共

44次。

推广用好学习强国平台，抓严抓实全体党员干部学习。制定并印发了玉泉区《学习强国平台学用工作方案》，构建了覆盖玉泉区的学习组织架构，定期统计学员注册率、活跃度和平均分并进行通报。制定了学习强国积分奖励制度，组织开展了“不忘初心、牢记使命”学习强国知识竞赛。玉泉区学习强国平台学员人数、党员覆盖率和参与度2019年排名靠前，人均积分在呼和浩特市旗县区排名第一，在学习强国平台发稿69篇。

强化网上网下学习讲堂建设，理论宣讲工作扎实推进。建立了玉泉学习讲堂轮值制度，2019年开展轮值宣讲12次。围绕十九届四中全会精神、习近平总书记考察内蒙古重要讲话精神等重要内容深入开展“新时代”讲习团、“草原学习轻骑兵”“大喇叭”等分众化宣讲1024场次，获得了自治区“草原学习轻骑兵”优秀小分队称号。组织开展了“微课堂大家讲、微讲堂网上行”宣讲评比活动，充分发挥“玉泉学习之窗”的作用，转发各类理论文章724篇，推送“习近平金句我知晓”43期，“一日一习语”120期。

【新闻舆论引导工作】 做好“壮丽70年 奋斗新时代”等大型主题采访选题策划工作。制定了玉泉区庆祝中华人民共和国成立70周年新闻选题策划方案，并邀请中央、自治区、呼市三级媒体召开选题策划会，收集策划选题60多条。

深入宣传玉泉区各领域改革发展的生动实践和丰硕成果，主动发出“玉泉好声音”。紧紧围绕习近平新时代中国特色社会主义思想和党的十九大精神、十九届四中全会精神、“不忘初心、牢记使命”、扫黑除恶、“三城同创”等重大主题，广泛开展新闻报道。2019年各级媒体刊发播出玉泉区各类新闻报道13465条，其中中央级媒体发稿103条，较2018年增长20%；自治区级媒体发稿404条，和2018年基本持平；呼市主流媒体发稿2415篇，较2018年增长60%。利用融媒体中心各类资源，制作微信视频、H5、图文信息1890篇，较2018年增长84%；制作新媒体产品150个，其中微视频45个、抖音短视频88个；组织快闪活动3次。召开大召文化庙会、玉泉区扫黑除恶、烧卖文化大赛新闻发布会3次。

扎实推进融媒体中心建设。全面建成了集主流舆论阵地、综合服务平台和社区信息枢纽于一体的玉泉区融媒体中心，承办了自治区融媒体中心现场观摩会。打通了“两中心一平台”，初步实现了“新闻+政务、服务、旅游、电商”的功能，切实增强了玉泉区新闻舆论的传播力、引导力、影响力、公信力。重点打造了“四泉栏目”，开设了泉民生服务平台，录制《泉媒体播报》37期、《泉媒体访谈》14期，发布《玉泉区故事汇》50期，组织开展了“网络媒体集结号”玉泉行活动。活力玉泉被评为“内蒙古自治区十大最具影响力政务新媒体品牌”；区融媒体中心被自治区党委宣传部评为“旗县融媒体建设先进单位”。

深入开展新闻舆论工作质量提升年活动。引进人才及招聘工作人员16人，组织召开玉泉区新闻发言人和新闻信息写作培训7次，进一步加强玉泉区新闻舆论“四力”建设。组织中央、自治区和呼市各级媒体召开新闻选题策划会2次，新闻调度会50多次。

【社会主义核心价值体系建设】 抓好新时代文明实践中心工作。建成区文明实践中心1个、镇街道新时代文明实践所9个、村社区新时代文明实践站27个。研发新时代文明实践中心志愿服务网络平台，在活力玉泉手机客户端设置《文明实践第一线》专栏，整合辖区范围内实践阵地资源175个，招募注册志愿者10269人，组建各行各业各类志愿服务队475支，梳理服务菜单560项，开展活动1295次。建立了“周调度、月会商”工作机制，制定了志愿者积分奖励制度，召开新时代文明实践中心建设推进会9次、现场指导周例会50多次、业务培训会3次。

深入推进新时代农民素质提升“千村示范、万村行动”。以大库伦、姜家营等5个村为试点，以“一学两建三带五改五提升”为主要内容，以点带面，全面推进，开展新时代农民素质提升“千村示范、万村行动”暨文化助力扶贫攻坚“十进村”20场，选树新时代好婆婆、好儿女、好媳妇10人，十星级文明户12户，完善了“一约四会”和“十个一”建设，深化了村规民约大家评、大家议、大家守活动，完善了玉泉区50个村的村规民约，非遗传承人走进5个试点村开展了非遗物品展览展示活动，指导5个试点村制定了志愿服务积分制度，协调驻区文明单位开展包联共建，建成了5个试点村的文明团结积分超市。

深化群众性精神文明创建活动。组织召开玉泉区“三城同创”工作推进会15次，印发“三城同创”工作督查通报120期，组织了“守初心担使命、爱我青城奉献首府”“小手拉大手助力‘三城同创’”集中示范等主题实践活动20多次。制作“三城同创”宣传资料10多万份。坚持以评促建，委托第三方开展创城模拟测评4次，圆满完成了中央文明办年度测评任务。完成玉泉区21家自治区级文明单位复查验收工作，组织文明单位开展助力“三城同创”志愿服务活动12次，累计出动志愿者1000余人次。评选自治区级文明单位2个、自治区级文明家庭5户、市级文明家庭6户。

深化社会主义核心价值观建设。新建学习公园、乡风文明馆、好人系列等核心价值观宣传阵地12个，迎接了7月中国好人榜发布实地观摩。持续开展“六在青城”、文明大讲堂、我们的节日等主题实践活动，组织了“玉泉楷模”晚会，举办“我们的节日”主题活动105场，公益组织玉泉行活动14次；开展道德模范巡讲50多场、玉泉文明大讲堂活动12次、脱贫攻坚故事分享会13场、道德讲堂70多次、文明礼仪进校园活动18次。按月评选“玉泉好人”，2019年以来1人获得全国道德模范提名，6人获得呼和浩特市道德模范，13人获得青城好人称号。“青城共育石榴籽，民族团结一家亲”活动和“创文明城市，建好人之城”获得呼和浩特市2018年十大时代新事。大力开展文明校园创建活动，广泛发动玉泉区各中小学开展网上清明祭英烈、新时代好少年选树活动，2个学校被评为自治区级文明校园，承办了呼和浩特市文明校园现场会。

【基层文化建设】 广泛开展群众性文化活动。组织拍摄《我和我的祖国》快闪节目3次，承办了幸福青城——“玉泉情”呼和浩特市2019年春节联欢晚会，“欢歌庆华诞，筑梦新时代”专题文艺晚会、升国旗唱国歌、庆祝新中国成立70周年干部群众大合唱、大召文化庙会、烧卖文化创意大赛等各类大型文化惠民活动50余场次；各街道和职能部门组织庆祝新中国成立70周年群众性文化活动200多场。

大力加强文化阵地建设。加快推进“草原

（农家）书屋”、社区图书室、活动室等公共文化惠民工程建设，加强基层文化阵地建设督查力度，补齐基层文化活动场所和阵地短板。2019年，镇（街道）综合文化服务站达标率为100%，村（社区）综合文化中心达标率为94%，50个村级文化活动室均配备文化协管员。

深入推进文艺精品创作。成立了玉泉区曲艺家协会，深入推进文艺作品创作，申报乌兰牧骑精品创作扶持工程文艺作品2项，推选10个优秀文艺作品申报自治区“五个一工程”项目，其中歌曲《谢谢你朋友》获奖，开展各类文艺文化活动20多次。牵头组建玉泉区乌兰牧骑，全面完成乌兰牧骑“七个一”建设任务，举办了玉泉区乌兰牧骑汇报演出，发展业余乌兰牧骑队伍2支（小小乌兰牧骑和法治乌兰牧骑），开展各种形式的演出100多场，牢牢掌握文化主流阵地。

推进文旅融合发展。成立了玉泉区文旅融合发展领导小组，制定了玉泉区“十三五”文化产业发展纲要，积极组织申报“国家全域旅游示范区”。开展以昭君博物院为核心的现代农业田园综合体和昭君花海项目建设，发挥文旅品牌活动示范带动作用，以大召文化庙会、民俗文化旅游节、烧卖文化创意大赛等节庆活动为载体，拉动旅游四季消费。

统战工作

【统战部领导名录】

部　长　方　达（蒙古族）

副部长　孟志宏（女　蒙古族）

【概况】 2019年，玉泉区统一战线坚持以习近平新时代中国特色社会主义思想为指导，深入贯彻落实党的十九大和十九届二中、三中、四中全会精神，牢牢把握“大团结、大联合”的工作主题，围绕落实上级统战部门的要求，扎实推动统一战线各项工作圆满完成。

【深入推进多党合作和民主政治建设】 深入贯彻落实中国共产党领导的多党合作和政治协商制度，不断提升多党合作制度效能，引导各民主党派和无党派人士把履职尽责的重点聚焦到区委2019年确定的各项目标任务上来，围绕促进经济高质量发展、提升农业农村现代化水平、污染防治、城市精细化治理以及政府关注、群众关心的重点、热点、难点问题深度开展调研，提出高质量意见建议，为区委、区政府决策提供参考。2019年以来，各民主党派玉泉区基层组织累计开展调研9次，撰写调研报告、建议超过40份。

积极引导各民主党派开展社会服务活动。结合“三联三帮三促”活动，各民主党派发挥专业人才优势，赴东甲兰营村联合开展社会服务活动，提供法律咨询、进行普法宣传、开展健康义诊惠及群众80余人次。

召开民主党派主委与街道（镇）统战委员见面会，共同协商、对接民主党派参与社区共建、提供社会服务事宜。

【巩固民族团结事业】 区民委牵头，进一步加大民族团结宣传教育，扎实推进民族团结进步创建活动“六进”工作，使民族团结深入人心，2019年举行专题宣传活动15次，参与宣传的干部人数超过150余人次。

不断加强针对少数民族群众的教育、医疗卫生、文化体育等服务设施建设，切实改善少数民族群众的生产生活条件。2019年，积极争取自治区、呼市两级民委少数民族发展项目8个，争取资金共计190万元，分别用于少数民族聚居村、民族学校和民族企业。

【宗教工作法治化】 圆满完成中央宗教工作督查反馈问题和各级党委督查反馈问题整改工作。2019年全年，将落实中央宗教工作督查整改作为一项重大政治任务来抓，进一步压实主体责任，完善工作机制，聚焦重点领域专项治理工作，推动任务落实，中央宗教工作督查反馈问题和各级党委督查反馈问题全部按照时限要求完成整改。

组织宗教理论和业务知识学习培训。共举办宗教工作业务培训班3期、宗教工作“三支队伍”专题培训班2期，深入学习习近平总书记关于宗教工作重要讲话和批示精神、全国宗教工作会议精神和新修订的《宗教事务条例》，玉泉区各级党政领导干部、宗教工作干部和宗教界代表人士共约1000人次参加培训。

积极推进宗教教风整治工作。按照上级部署，指导各宗教场所在玉泉区宗教界开展“守法规强教风，喜迎70年大庆”教风整治活动，解决教风不正问题。玉泉区13处宗教活动场所“五进”“四化”“六无”已全部落实到位。

进一步规范大型宗教活动要求。印发了《关于各基督教教堂圣诞节活动期间安全保障工作的实施方案》，进一步压紧压实了基层联络员工作职责，中山教堂、通顺教堂、昭君教堂都按要求报送了圣诞节活动安排、应急预案和《大型宗教活动备案表》，确保重要活动期间不发生重大事件。

开展了宗教活动场所安全生产排查工作。对于大召、席力图召等既是重点宗教活动场所又是重点文物保护单位，进行了消防、电线等检查。

【非公有制经济和社会组织发展】 编印了《玉泉商道》，引导和激励广大民营企业家深入学习贯彻习近平总书记在民营企业家座谈会上的讲话精神，鼓励他们做新时代中国特色社会主义事业的忠诚建设者，为玉泉区打造经济发展强区、文化旅游大区、商贸物流名区、宜居宜业新区贡献积极的力量。

加强非公有制企业党建阵地建设，投入30万元为内蒙古食全食美股份有限公司等5家民营企业打造党建文化墙，有力推动玉泉区非公有制企业党建阵地建设提质增效，为促进非公有制企业健康发展提供坚强组织保证。

引导和支持非公有制企业主动开展公益慈善活动、参与光彩事业。据不完全统计，2019年由民营企业发起的公益慈善活动达20次，累计捐款、捐物超过500万元，使家庭困难学生、患病儿童和孤寡老人受益。特别是内蒙古草原红太阳有限公司成立了公益慈善基金会，拿出300万元资助困难家庭孩子完成学业。

积极推动泛海助学行动，共救助残疾家庭学生37人。

【港澳台海外统一战线工作及党外知识分子统战工作】 对台工作基础进一步夯实。动态掌握台胞台属基本情况，加强与台胞台属的沟通联系。

全面掌握贫困归侨侨眷、侨界代表人士、留学归国人员的基本情况，玉泉区共有归侨14人（其中贫困归侨10人）、侨眷60人、留学生17人。

玉泉区党外知识分子联谊会分会正式成

立。2019年7月25日，呼和浩特市党外知识分子联谊会玉泉区分会成立大会暨第一届一次理事会议召开，选举产生玉泉区党外知识分子联谊会第一届理事会会长1名、副会长6名、秘书长1名、常务理事10名、理事30名。

机构编制工作

【机构编制办公室领导名录】

主　任　斯　琴（女　蒙古族）

【概况】　2019年，区委编办在自治区编办、市委编办和区委、区政府的正确领导下，坚持以习近平新时代中国特色社会主义思想为指导，全面贯彻党的十九大和十九届二中、三中、四中全会精神，增强“四个意识”，坚定“四个自信”，做到“两个维护”。持续深入学习贯彻习近平总书记对内蒙古的重要讲话重要指示批示精神，认真贯彻落实中央关于党和国家机构改革重大决策，努力推动《中国共产党机构编制工作条例》有效实施，积极践行机构编制工作方针政策，以推动党政群机构改革、深化行政审批制度改革、乡镇街道机构改革和综合行政执法改革等工作为抓手，不断推动各项工作健康发展。

【开展“不忘初心、牢记使命”主题教育】　自第二批主题教育活动开展以来，区委编办按照自治区党委、市委和区委的决策部署，坚持以理论学习有收获、思想政治受洗礼、干事创业敢担当、为民服务解难题、清正廉洁做表率为目标，全面落实“守初心、担使命，找差距、抓落实”的总要求，并以加强学习教育为重点，聚焦民生问题，践行初心使命，逐步将主题教育成果转化为促进机构编制工作质量提升的新动能。坚持把学习教育贯穿始终，做到认认真真读原著、学原文、悟原理。党员领导干部静下心来通读《习近平关于“不忘初心、牢记使命”重要论述选编》《中国共产党章程》和《习近平新时代中国特色社会主义思想学习纲要》，深入学习习近平总书记在“不忘初心、牢记使命”主题教育工作会议、中央政治局第十五次集体学习、中央和国家机关党的建设工作会议、中央党校中青年干部培训班开班式和在内蒙古考察并指导开展“不忘初心、牢记使命”主题教育时的一系列重要讲话，认真学习党史和新中国史。通过开展理论学习、组织交流研讨、撰写心得体会、举行理论知识测试，提高全体党员干部的理论水平和党性修养。

坚持把调查研究贯穿始终，树立问题导向，做到求真务实、深接地气。自主题教育开展以来，区委编办从实际出发，紧紧围绕持续完善党政机构职能体系这一工作总目标，确定了“关于进一步规范事业单位机构事项的调研”这一调研课题。在实地调研的基础上，紧密结合编办实际，重点围绕群众关心的难点热点问题，上门走访听取民意、找症结、谋思路，制定整改措施。领导干部在调研期间共发现2个问题，经过综合研判、切实分析问题症结，提出对策建议，问题得到有效解决。

自觉对标对表深刻检视剖析，从严从实查摆问题。党员领导干部进一步对照习近平新时代中国特色社会主义思想、对照党章党规、对照初心使命，查摆自身不足，查找工作短板，并制定主题教育检视问题方案清单，发放征求意见表40份，在公众平台上发放征求意见通知，广泛征求意见建议，最终梳理征求到意见建议15条。

坚持在整改落实上下功夫，做到即查即改，全面整改。从思想深处找根源，从工作落实上找不足，从责任担当上找缺失，从政治站位上找差距，集中开展形式主义、官僚主义治理，进一步强化宗旨意识，努力做到边学边查边改。对于发现的问题列出清单、建立台账，逐条研究、制定具体的解决办法和整改措施，坚持立行立改，确保整改到位、见到实效。

【党建工作】 全面落实新时代党的建设总要求，2019年共组织全体党员干部开展各类学习共计35次。落实党建工作目标责任制。编办在区机关党工委的指导下，不断提高机关党组织建设，紧紧围绕加强党员干部政治纪律和政治规矩教育的核心理念，抓好各项党建工作任务落实。

夯实党建工作基础。着力打造“强政治、抓改革、促服务”的机关党建品牌，并以此次国家机构改革为契机，加强党建活力和自身发展动力，使机关党建规范化水平进一步提升。

严格执行党内政治生活各项制度。按照《新形势下党内政治生活若干准则》的要求，认真落实“三会一课”制度及党员领导干部参加双重组织生活、党员活动日、民主评议党员、党务公开等制度。

加强党员干部的纪律意识和廉洁自律水平。严格落实党风廉政建设“两个责任”、民主集中制和党内的各项规章制度，并对“三重一大”事项进行集体研究，2019年共召开“三重一大”会议3次。认真贯彻执行《准则》和《条例》，在加强宣传教育的同时，组织党员干部集中学习各类违法违纪典型案例，切实增强纪律意识。通过采取领导与党员干部谈心谈话等有效措施，进一步加强对干部的监督管理，规范党员领导干部行为。

【落实区委巡察整改意见建议】 根据区委统一部署，自2019年10月起玉泉区委第二巡察组对区委编办展开为期67天的常规巡察。为全面落实巡察组要求，区委编办着力解决巡察组反馈的突出问题，推进编办在党的政治建设、思想建设、组织建设、作风建设、纪律建设等方面存在问题的整改落实。提高政治站位，坚决贯彻区委巡察工作部署。为了全力保障巡察工作顺利有效开展，全体党员干部合理安排时间，密切配合，以端正的态度做好服务保障，配合区委巡察组做好巡察，切实把思想和行动统一到区委巡察工作的部署中。联络员严格按照巡察组的工作计划和具体安排，不折不扣做好配合工作，认真准备巡察组需要的材料，及时提供，保证资料的全面性和准确性。

认真研究整改措施，确保整改落到实处。结合开展的“不忘初心、牢记使命”主题教育，全面贯彻落实习近平总书记对巡视工作发表的一系列重要讲话精神，全面谋划推动落实各项工作，做到工作不松劲、不停步，把政治建设摆在首位，切实整改问题，推动各项工作迈上新台阶、取得新成绩。

【强化意识形态，守好舆论宣传】 深入学习贯彻习近平总书记关于意识形态工作重要论述，旗帜鲜明地站在意识形态工作第一线，牢固树立意识形态工作是本职，不抓是失职、抓不好是渎职的理念，牢牢把握正确方向，全面提高政治站位，进一步壮大主流思想舆论。认真履行意识形态责任制，强化组织领导，明确责任分工，建立了由主要领导亲自抓、分管科室具体负责的责任制。通过召开专题会议，研究部署意识形态工作，确保将区委意识形态工作部署要求落到实处。

维护玉泉区网络意识形态安全，不断强化舆情工作意识，提升宣传引导质量。编办通过微信公众号平台发布宣传指令81条，组织党员干部参加区委网评员网络意识培训3次。通过学习，有效提高了党员干部的警惕性，增强了维护民族团结和促进社会稳定的自觉性和主动性。

【党政机构改革与机构职能】 玉泉区委严格落实中央、自治区关于机构改革的要求，认真落实市委、市政府批复的《呼和浩特市玉泉区机构改革方案》。在市编办的精心指导下，区委坚守机构设置限额、编制总量“两不突破”底线，在转变政府职能、理顺职责关系上下功夫，按要求完成职能职责调整、人员转隶、印发“三定”规定等各项任务。在规定时间内圆满完成机构改革任务。区委、区政府高度重视此次机构改革，为全面做好机构改革工作，及时成立了领导小组和协调小组、制定改革方案、出台实施意见、下发人员转隶等相关配套文件，严格按照要求完成新组建部门的领导班子配备、机构挂牌、公章刻制、账户设立、集中办公、人员转隶、“三定”印发等各个环节的具体任务，确保了玉泉区的机构改革在规定时间内基本完成。

在调整机构，理顺职责，运转顺畅方面取得新成效。此次机构改革严格按照中央、自治区的要求，并结合玉泉区实际，合理调整了区直党政机构设置，进一步理顺了部门间的职责，强化了机构职能高效运转。对区属事业单位（金融办、档案局、网信办、地震局、文物所）承担的5项55条行政职能按要求全部划转至相应主管局。除执法职能，玉泉区所有事业单位真正做到了政事分开。各部门各单位在改革前存在的职能交叉问题全部解决，各部门基本职能运转顺畅。

在规范内设机构，合理分配编制职数方面取得新成效。在这次机构改革中，对玉泉区31个重新制订“三定”规定的党政部门内设机构的名称及限额进行了统一规范，共设置内设机构86个，较之前减少70个。根据各部门职责任务的多少对副科级职数进行了调整。如应急管理局、市场监督管理局等职能职责增加较多的部门，副科级职数适当予以增加。为了达到各党政部门的行政编制数不少于5名的基本要求，将区市场监督管理局的28名公务员调整到了区其他党政机构，这样既充实了各部门各单位的行政人员工作力量，又解决了各部门各单位行政编制数不足5名的问题。在这次机构改革中，玉泉区在编制调整分配上打破了编制部门所有的固有观念，玉泉区行政事业编制都在核定总数内根据工作需要统一进行调整分配，真正做到了控制总量、盘活存量、动态管理、适时调整。

区委编办2019年共筹备召开6次区委机构编制委员会会议，共研究议题22项，召开各类机构改革领导小组会议4次，为确保玉泉区各项工作开展提供有力的支持。

【乡镇街道机构改革】 为做好乡镇街道机构改革的组织实施工作，按照中央、自治区关于深化苏木乡镇和街道改革推进基层整合审批服务执法力量实施意见的要求，结合玉泉区八办一镇的实际情况，经过反复修改完善制定了《玉泉区综合行政执法改革和乡镇街道改革推进基层整合审批服务执法力量的工作方案》，并经领导小组会议审议通过正式下发。乡镇和各街道按期进行了挂牌和转隶工作。按照上级编办要求制定乡镇街道“三定”规定，重新调整了小黑河镇和各街道的党政机构、事业单位设置，统一规范了科级领导职数，进一步明确了改革任务，为确保12月底前基本完成乡镇街道改革工作奠定基础。

【事业单位设置】 按照《关于全面推进玉泉区承担行政职能事业单位改革有关事项的通知》要求，以党政机构改革为契机，为做好与党政机构改革的统筹衔接，结合玉泉区行政编制少的实际情况，按照只转职能、不转人员编制的方式，共对31家承担行政职能的事业单位梳理承担行政事项合计1759项。进一步优化了玉泉区事业单位布局结构，使机构转隶工作顺利完成。

按照《关于玉泉区机构改革编制人员转隶工作实施方案的通知》文件精神，结合玉泉区机构改革工作要求，特别是针对此次大规模的机构改革工作，涉及面广，涉及人员众多，关系到转隶干部的个人利益，本着“编制随着职能走，人员随着编制走”的原则，经过认真细致地分析上报，共涉及事业转隶人员143人（其中：事业113人，退休30人），人员转隶工作全部完成。

结合“不忘初心、牢记使命”主题教育，多次下基层了解实际情况，认真开展调查研究，对一些单位重新核定了股级领导职数。为助力玉泉区民生工程的全面发展，切实解决内蒙古师大二附中整体上划的紧迫问题，在区委、区政府的大力支持下，经与上级编办积极协调，二附中教师的相关资料已上报市编办，正在论证阶段。

按照《内蒙古自治区事业单位机构编制管理办法》的规定，对19家事业单位名称不符合管理规定的进行了更名，下一步将按照相关程序进行名称规范，同时探索职能相近的事业机构合并设立或合署办公的模式。区编办在充分了解这些单位承担的具体职能的基础上，将加大改革力度，进行归并精简，形成职责明确、分工合理的良好格局。

【行政许可权改革】 根据国务院、自治区、呼和浩特市关于开展相对集中行政许可权改革试点工作精神及呼和浩特市推进简政放权、放管结合优化服务改革工作部署，玉泉区以党的十九大精神为指导，认真贯彻落实有关要求，积极推进相对集中的行政许可权改革，对改革的主要目标、基本原则、主要内容、实施步骤、工作要求及划转事项进行了明确。为积极响应试点工作，12月19日，经玉泉区人民政府第12次常务会审议，通过了《玉泉区相对集中行政许可权改革试点工作实施方案》，并上报自治区人民政府进行批准。通过认真梳理《相对集中许可权拟划转事项清单》，共对14家单位进行了拟划转事项梳理，共计梳理102项行政权力，为科学合理地开展职能划转工作奠定了基础。

【机构编制实名制管理】 加强机构编制云平台建设工作。努力提升机构编制信息化建设水平，扎实开展机构编制云平台建设工作。

逐步完善实名制管理。结合机构编制核查制度，提高人员信息库数据的及时性和完整性，从而充分发挥实名制管理的实效。并以实名制库为平台，进一步提高统计工作水平和数据质量，促进统计工作更好地服务行政体制改革、机构改革和机构编制管理工作。

有效推进区中文域名注册和网上名称管理工作。建立政务和公益专用中文域名体系，加快电子政务建设，积极采取切实有效的措施，努力推进中文域名注册工作。2019年11月底，共注册中文域名263个，其中政务域名54个，公益域名209个；完成网上名称申请263家，达到市编办要求的注册比例。

规范化做好事业单位登记管理服务工作。2019年11月8日，玉泉区已登记事业单位143个，2019年新设立登记事业单位4个、变更登记事项26项、证书补领2项、遗失声明1份，已公告2018年度报告143个。通过积极开展“双随机、一公开”抽查工作，进一步加强对事业单位法人的监督管理工作。

配合推进机关事业单位社会养老保险制度改革。配合区人社局开展区机关事业单位养老保险审核工作，对玉泉区养老保险在职人员进行编制审核，保障了玉泉区在编人员顺利参保。

区直属机关工委

【玉泉区直属机关工委领导名录】

书　记　闫建军

【概况】　2019年，在区委的正确领导和大力支持下，区直机关党工委始终坚持党要管党、从严治党的总要求，牢固树立“抓党建是本职、不抓党建是失职、抓不好党建是不称职”的责任意识，以提升组织力为重点，切实加强区直机关党的政治建设、思想建设、组织建设、作风建设和纪律建设，把制度建设和党风廉政建设贯穿其中，紧扣服务中心、建设队伍的总任务，统筹推进机关党的建设各项工作。

【政治建设方面】　深入学习习近平总书记对推进中央和国家机关党的政治建设做出的重要指示精神，学习贯彻中共中央《关于加强和改进中央和国家机关党的建设的意见》制定具体落实举措。全面加强机关党的政治建设，做好“三个表率”，建设“模范机关”，以党的政治建设为统领，把讲政治的要求贯穿于机关党建的全过程。

营造良好的政治生态。发展积极健康的党内政治文化，加强革命传统教育，倡导忠诚老实、公道正派、实事求是、清正廉洁的价值观，加强党性锻炼，引导区直机关广大党员干部开展公益和志愿服务等活动，以正气充盈的良好政治生态助力强化机关党的政治建设。

【思想建设方面】　推进机关与农村社区非公党建融共建。牢固树立大党建工作理念，改变就机关党建抓机关党建的定式，积极参与“三帮三联三促”活动，实现与农村、城市基层党建齐抓共管、活动共办、资源共享，努力提升机关党建工作水平。

聚焦玉泉区全区中心工作，开展以党建融“三城同创”、党建融结对共建、党建融志愿服务等主题创建活动，服务玉泉区全区中心工作。

抓好学习教育培训。在抓好中心组学习、“三会一课”、集中专题培训等理论学习的基础上，充分利用玉泉区党群活动中心实训教育基地的优势资源，每月开展形式多样的主题党日党性体验活动，强化理论武装，加强党性锻炼。

加强党务工作者队伍建设。针对机关党务工作者专职不专的问题，采取轮训、调训的方式，提高基层党务工作者业务能力和水平。

发挥好机关党组织纪检委员的作用，推进纪律监督、监察监督、派驻监督、巡察监督“四个全覆盖”，运用好监督执纪“四种形态”，促进从严治党在机关落地见效。

【组织建设方面】 认真落实机构改革任务。配合区编办制定区直属机关工作委员会“三定”规定，积极发挥机构改革后工委作为区委派出机构的职能优势，为强化机关党建工作提供强有力的组织保证。

强化学习培训。举办玉泉区党组织书记、预备党员、积极分子培训班，及时学习领会中央和国家机关党建工作会议精神，开展不忘初心、牢记使命——我的电影党课、机关党员党性体验活动，强化思想政治教育，做到“两个维护”。

加强支部标准化规范化建设。认真落实意识形态责任制。坚持把意识形态工作作为落实机关党建责任制的重要内容，加强舆情研判，自觉筑牢网络意识形态阵地。

【制度建设方面】 认真学习贯彻新修订的《中国共产党党和国家机关基层组织工作条例》，持续推进标准化建设。围绕党组织换届、党务干部队伍建设、制度执行、党员发展等方面存在的问题，开展机关党建质量自查互查，找准差距，汇总梳理，形成问题清单，列入主题教育活动进行整改落实，健全完善机关党建质量考评体系和机关党建工作各项制度，加强自身建设，正确履行机关党工委职责，规范区直机关党建工作，坚持科学决策、民主决策、依法决策，切实解决机关党建“灯下黑”的问题，推动区直机关党组织建设全面进步、全面过硬。

【党风廉政建设方面】 认真落实全面从严治党要求，加强机关党风廉政建设。严格履行党风廉政建设“两个责任”，认真落实区委关于精简文件会议、规范督查考核等为基层减负的19条措施，着力整治机关党建中的形式主义、官僚主义表现，坚决改变重留痕、轻实效现象。把党风廉政建设内容列入责任目标，着重对党员领导干部参加双重组织生活会情况，党员领导干部开展民主评议党员情况、党员领导干部讲党课情况、基层党支部学习记录和党员学习笔记等内容进行自查自改，建立整改台账，抓好整改落实。

【创建党建品牌方面】 努力打造机关党建特色品牌，抓好机关党建品牌的创建工作，着力推动机关党建品牌创建。按照“抓两头带中间”工作思路，提升15家先进基层党组织党建品牌软实力，培育后进党组织，坚持融合党建、活力党建创建理念，按照“一党委一品牌，一支部一特色”要求，通过开展优秀品牌评比活动，分层次、分领域、分行业打造真正站得住、叫得响、立得久的党建品牌。将区直机关品牌党建与行业党建紧密结合，相互交织、相互促进，把党建品牌的先进经验和好的做法转化为广大机关党组织的生动实践，提升机关党建整体水平，着力解决党建和业务“两层皮”现象。

【绩效考核工作】 按照区委政府年度考核领导小组的安排部署，区机关工委承担了政府办、政法委、法院、检察院、司法局、统战部工商联、项目办、征收办、民委、财政局、教育局共计11家单位职责职能目标考核工作，完成了2019年度考核指标修订工作。

【巡视整改工作】 做好两级巡视整改工作。全力配合自治区党委第一巡视组工作。按照自治区党委第一巡视组的要求，对履职情况和“六个围绕一个加强”方面存在的问题进行认真梳理总结。对照有关区委常委在2019年度党组（党工委）书记抓党建工作述职评议会上的点评意见进行整改。

老干部工作

【老干部局领导名录】

局　长　张　毅

副局长　马勇智

【概况】　机构全称：中国共产党玉泉区委员会老干部局

机构性质：党政机关

系统类别：党委系统

机构级别：正科级

机构编制：行政编制2个（其中：科级正职1个、科级副职1个）

机构人员：4名

【工作部分】　春节看望慰问老干部及老干部遗属。

邀请离退休干部参加重要会议、阅读重要文件。

给老同志及各党支部订阅《老年世界》和《离退休干部党支部学习参考》。

及时、足额给老干部发放“两费”。

每月定期去老干部家中为老干部办理医药费报销相关事宜。

及时看望瘫痪在床的老干部。

完成了玉泉区第六巡察组对老干局的巡察回头看工作。

根据《玉泉区机构改革实施意见》，区委组织部统一管理老干部工作，老干部局并入区委组织部，加挂区委老干部局牌子。2019年3月，完成职能划转及人员转隶工作。

玉泉区人大常委会

【人大常委会、专门委员会、工作委员会领导名录】

主　任　赵永红（蒙古族）

副主任　昌淑君（女　蒙古族）

任俊英（女　蒙古族）

赵永忠（蒙古族）

刘宇宏

办公室主任　巴根那（蒙古族）

法制委员会主任委员　王　岩（女　回族）

财政经济委员会主任委员　李　阳（女　蒙古族）

财政经济委员会副主任委员　塔　娜（女　蒙古族）

教育科学文化卫生工作委员会主任　王拉弟（女　蒙古族　2019年11月退休）

选举任免联络工作委员会主任　段志刚

城乡建设环境保护工作委员会主任　朱　峰

农业民族宗教侨务工作委员会主任　云　凤（蒙古族）

综　述

【概况】　2019年玉泉区第十七届人民代表大会领导班子成员5人。其中赵永红为玉泉区人大常委会主任，昌淑君、任俊英、赵永忠、刘宇宏为玉泉区人大常委会副主任。人大常委会机关共有工作人员38人，其中行政编制15人、事业编制19人、工勤编制4人。

【主要工作】　2019年共听取预决算、审计、计划执行及其他专项工作报告13项，形成审议意见5项，视察调研29次，配合上级人大以及本级人大自行组织执法检查3次，做出事关玉泉区经济社会发展的重大事项的决定1个，依法任免国家机关工作人员69人。

【议案建议督办】 2019年，第十七届人民代表大会第三次会议期间，代表们围绕玉泉区的教育事业、社会保障、社区建设、城市建设、乡村振兴、市容管理、环境保护等方面提出了建议90件，连同议案转为建议的3件，共93件。本次会议的建议都是代表们在深入基层、广泛听取人民群众意见的基础上提出的，均实事求是地反映了与玉泉区经济社会建设和人民生活密切相关的问题。会后，超出区人大常委会职权范围的24件建议将提交市十五届人大三次会议，其余69件建议将由区人大常委会转交区人民政府及有关单位负责办理，同时将全部议案、建议录入《呼和浩特市人大代表建议办理及履职平台系统》并通过审核。承办单位将按照《玉泉区人民代表大会代表建议、批评和意见办理办法》认真研究办理，并负责将办理情况答复代表，同时将答复内容向区人大常委会选举任免联络工作委员会反馈。

【监督工作】 调查研究 2019年对玉泉区便民市场、新建改建公厕、老旧小区电梯和供水设施改造等民生工程进行调研。

执法检查 2019年对《中华人民共和国环境保护法》《中华人民共和国国旗法》实施情况进行执法检查，配合市人大开展对《中华人民共和国食品安全法》贯彻实施情况进行执法检查。

听取专项报告 2019年听取了《关于2017年度玉泉区本级预算执行和其他财政收支审计查出问题整改情况的报告》《关于全区大气污染防治情况的报告》《区人民政府关于玉泉区2019年上半年国民经济和社会发展计划执行情况的报告》《区人民政府关于玉泉区2019年1—6月财政预算执行情况的报告》《区人民政府关于2018年度玉泉区本级预算执行和其他财政收支的审计工作报告》《区人大常委会执法检查组关于检查玉泉区贯彻实施<中华人民共和国环境保护法>情况的报告》《区人民政府关于玉泉区2018年度财政决算的报告》《区人民政府关于2018年全区国有资产管理情况的综合报告》《区人民政府关于2018年全区行政事业性国有资产专项报告》《区人民政府关于文旅产业发展情况的报告》《区人民政府关于乡村振兴战略实施情况的报告》《区人民检察院关于开展公益诉讼工作情况的报告》《玉泉区人民政府关于区十七届人大二次会议建议办理情况的报告》。

决议决定 《批准区人民政府2019年区本级预算调整方案的决议草案的议案》。

组织代表视察 2019年，按照常委会2019年工作要点安排，对教育、文化旅游、农业种植、房地产遗留、城市精细化管理等工作进行了视察。

任免工作 2019年，共任免国家工作人员69名。

【重要会议】 2019年1月30日玉泉区第十七届人大常委会第八次会议，审议区人大常委会副主任赵永忠做的关于提请审议接受田宝良同志辞去玉泉区第十七届人民代表大会代表职务的决定草案的议案；审议区人民法院院长李建军做的区人民法院关于提请巴特尔等同志任职的议案。

2019年3月20日玉泉区第十七届人大常委会第九次会议，审议区人大常委会副主任赵永忠做的区人大常委会关于提请审议接受王为民等同志辞去玉泉区第十七届人民代表大会代表职务的决定草案的议案；听取区人民政府区长云鉴做的区人民政府关于区政府工作部门调整的说明；审议区人大常委会副主任赵永忠做的区人大常委会关于提请王为民同志免职的议案；审议区人民政府区长云鉴做的区人民政府关于提请云晓东同志任职的议案、提请决定任免政府组成人员的议案；审议区人大常委会副主任刘宇宏做的区人大常委会关于提请审议区人大常委会2019年工作要点草案的议案。

2019年5月29日玉泉区第十七届人大常委会第十次会议，听取区审计局局长胡德龙做的区人民政府关于2017年度玉泉区本级预算执行和其他财政收支审计查出问题整改情况的报告；听取呼和浩特市生态环境局玉泉区分局局长张文忠做的区人民政府关于全区大气污染防治情况的报告；审议区监察委员会主任刘聪明做的区监察委员会关于提请范民强同志任职的议案；审议区人民法院副院长梁贵龙做的区人民法院关于提请柳毅等同志任免职的议案；审议区人民检察院检察长郭建华做的区人民检察院关于海铁柱等同志免职的议案、关于李旭等同志任职的议案。

2019年7月31日玉泉区第十七届人大常委会第十一次会议，听取区发展和改革委员会主任云静做的《区人民政府关于玉泉区2019年上半年国民经济和社会发展计划执行情况的报告》；听取区财政局局长王英做的《区人民政府关于玉泉区2019年1—6月财政预算执行情况的报告》；听取区审计局局长胡德龙做的《区人民政府关于2018年度玉泉区本级预算执行和其他财政收支的审计工作报告》；听取区人大常委会副主任、执法检查组副组长赵永忠做的《区人大常委会执法检查组关于检查玉泉区贯彻实施<中华人民共和国环境保护法>情况的报告》；学习习近平对地方人大及其常委会工作做出重要指示，强调结合地方实际创造性做好立法监督等工作，更好助力经济社会发展和改革攻坚任务，学习栗战书出席纪念地方人大设立常委会40周年座谈会上的讲话。

2019年9月24日玉泉区第十七届人大常委会第十二次会议，听取财政局局长王英做的《区人民政府关于玉泉区2018年度财政决算的报告》；听取区财政局局长王英做的《区人民政府关于2018年全区国有资产管理情况的综合报告》；听取区财政局局长王英做的《区人民政府关于2018年全区行政事业性国有资产专项报告》；听取区文体旅游广电局局长云建平做的《区人民政府关于文旅产业发展情况的报告》；听取区农牧和科技局局长贺瑞军做的《区人民政府关于乡村振兴战略实施情况的报告》；听取区人民检察院检察长郭建华做的《区人民检察院关于开展公益诉讼工作情况的报告》；听取邸焱丽、樊三桃两位市人大代表分别做的述职报告；审议区人大常委会副主任刘宇宏做的《区人大常委会关于提请审议批准区人民政府2018年度财政决算的决议草案的议案》；审议区人民法院院长李建军做的《区人民法院关于提请确定人民陪审员名额数的议案》；审议区人大常委会副主任赵永忠做的《区人大常委会关于提请审议确定区人民法院人民陪审员名额数的决定草案的议案》；学习《中华人民共和国国旗法》《习近平总书记在庆祝全国人民代表大会成立六十周年大会上的讲话》。

2019年11月28日玉泉区第十七届人大常委会第十三次会议，听取区人民政府常务副区长王青做的《玉泉区人民政府关于区十七届人大二次会议建议办理情况的报告》；审议区人民政府常务副区长王青做的《玉泉区人民政府关于提请审议<玉泉区人民政府关于2019年区本级预算调整方案（草案）>的议案》；审议区人大常委会副主任刘宇宏做的《玉泉区人大常委会关于提请审议批准区人民政府2019年区本级预算调整方案的决议草案的议案》；审议区人大常委会副主任赵永忠做的《玉泉区人大常委会关于提请审议接受王拉弟同志辞去玉泉区第十七届人大常委会委员职务的决定草案的议案》；审议区人大常委会副主任赵永忠做的《玉泉区人大常委会关于提请审议接受云志刚等同志辞去玉泉区第十七届人民代表大会代表职务的决定草案的议案》；审议区人大常委会副主任赵永忠做的《玉泉区人大常委会关于提请审议补选区十七届人大代表的决定草案的议案》；审议区人民检察院检察长郭建华做的《玉泉区人民检察院关于提请任命张永军同志为副检察长的议案》。

2019年12月29日玉泉区第十七届人大常委会第十四次会议，审议区人大常委会副主任赵永忠做的《区人大常委会关于提请补选呼和浩特市第十五届人大代表的议案》；工作人员宣读《区十七届人大常委会第十四次会议补选市十五届人大代表选举办法（草案）》；审议区人大常委会副主任赵永忠做的《关于提请审议区十七届人大代表资格审查报告草案的议案》；审议区人大常委会副主任任俊英做的《关于提请审议召开区十七届人大三次会议决定草案的议案》；审议区人大常委会副主任任俊英做的《关于提请审议区十七届人大三次会议列席人员名单草案的议案》；审议区人大常委会副主任刘宇宏做的《关于提请审议区十七届人大三次会议预备会议议程草案的议案》；审议区人大常委会副主任刘宇宏做的《关于提请审议玉泉区人民政府向区人大常委会报告国有资产管理情况的制度草案的议案》；审议区人大常委会副主任赵永忠做的《关于提请审议实施玉泉区人民政府民生实事项目人大代表票决制工作的决定草案的议案》。

讨论人代会有关事项，具体包括议程（草案）、主席团和秘书长名单（草案）、计划财政审查委员会建议名单、议案审查委员会建议名单、常务主席建议名单、执行主席分组建议名单、副秘书长建议名单、团长及副团长建议名单、大会表决方式的决定（草案）、民生实事项目投票表决办法（草案）；讨论《玉泉区人民代表大会常务委员会工作报告（讨论稿）》。

2019年12月24日玉泉区第十七届人大常委会第十五次会议，审议区人民政府副区长刘照江做的《玉泉区人民政府关于提请审议玉泉区2020年民生实事候选项目的议案》；审议区人大常委会副主任赵永忠做的《关于提请审议确定玉泉区人民政府2020年民生实事候选项目的决定草案的议案》。

2019年12月26日玉泉区第十七届人民代表大会第三次，听取和审议玉泉区人民政府工作报告；听取和审议玉泉区人民政府2020年民生实事候选项目形成情况的报告；审查和批准玉泉区2019年国民经济和社会发展计划执行情况与2020年国民经济和社会发展计划草案的报告；批准玉泉区2020年国民经济和社会发展计划；审查和批准玉泉区2019年预算执行情况和2020年预算草案的报告；批准玉泉区2020年财政预算；听取和审议玉泉区人民代表大会常务委员会工作报告；听取和审议玉泉区人民法院工作报告；听取和审议玉泉区人民检察院工作报告；投票表决玉泉区人民政府2020年民生实事项目；通过各项决议。

玉泉区人民政府

【玉泉区人民政府领导名录】

区　长　云　鉴（蒙古族）

副区长　王　青

刘照江

许金刚

张海军

娜　仁（女　蒙古族）

胡少戡（二级调研员）

综　述

2019年，玉泉区地区生产总值同比增长5.2%（2019年指标为预计数，下同）；一般公共预算收入完成19.55亿元，同比增长4.8%（剔除清理往年税收欠款一次性收入）；民生支出占一般公共预算支出的77.7%；社会消费品零售总额完成252亿元，同比增长3%；城镇常住居民人均可支配收入达到48405元，同比增长7.2%；农村常住居民人均可支配收入达到22362元，同比增长8.5%。

【现代农业】 编制乡村振兴战略发展规划。田园综合体项目稳步推进，东甲兰现代农业示范园年产西红柿50万千克，连家营村芦笋种植示范项目平稳运行，乌兰巴图村食用菌培育、密密板村蚯蚓养殖初具规模，启动南台什村蚕豆、旱稻等试点种植。成功举办首届农民丰收节，组织11家企业参加首届呼和浩特国际生态农牧业博览会。农村人居环境得到改善，生活垃圾日产日清，完成了8个村、584户的户厕改造和污水处理。农畜产品质量安全监管和畜禽防疫体系建设不断加强。各项支农惠农政策得到有效落实，累计发放补贴1276万元。姜家营村获评国家级“美丽乡村”综合改革标准化试点示范村。

【工业】 规模以上工业总产值实现86亿元，新增规模以上工业企业6家。蒙昆烟草、金宇保灵等骨干企业运行稳定，大漠羊绒、惠华食品、伯特利线缆等企业产能持续扩大，草原红太阳扩建项目主体完工，健茹食品中央厨房建成运营。支持企业加快转型升级，16家僵尸企业腾退转型，新伟门窗、美好家园仓储物流等项目启动建设，华昱达、鸿盛新型节能材料投产达效。

【第三产业】 商贸物流重点项目进展顺利。红星美凯龙、居然之家、七彩城运营良好，华美三期、闻都城市综合体即将投入使用。大召文化产业集聚区、美通商贸功能集聚区、蒙古风情园旅游休闲集聚区综合服务功能更加完善，实现营业收入14.2亿元。坚持文化旅游融合发展。启动自治区全域旅游示范区创建工作，编制了玉泉区旅游创意策划方案。围绕“红色文化”，推出土默特文庙、绥蒙抗日救国会旧址等红色爱国教育精品旅游项目。投资2000万元，实施了大召、观音寺等文物保护单位修缮和景区基础设施提升工程。通顺大巷、烧卖第一街成为网红打卡首选地，大观园剧场投入运营，公共文化服务供给能力进一步提升。集美食、购物、娱乐、演出等要素于一体的夜间旅游市场初步形成，为文旅融合发展注入了新的活力。2019年接待游客1290万人（次），旅游综合收入实现11亿元，同比增长15%。

【招商引资】 坚持把招商引资作为推动发展的第一抓手，不断充实项目库、政策库和企业库，创新招商引资激励政策，运用产业招商、精准招商等措施，建立“绿色通道”和全程专人专班服务机制。2019年对接投资企业82家，跟踪服务项目78项，组织召开项目研讨洽谈活动135场。金地名京、天福九熙府、富力天禧城等项目启动建设，凯德广场、居然之家跨界融合商业综合体等31个项目签约落地，投资规模162亿元。

【城市建设】 投入5.2亿元，实施了西二道河、当浪土牧等11个村的棚户区以及段家巷、养鱼池东巷等6处边死角的征拆改造，征收房屋9.8万平方米。加快土地整理，2019年挂牌出让土地4宗，面积641.7亩。以强烈的责任意识和担当精神推进重大项目建设，经过285天的日夜奋战，总投资36.2亿元的云中路机场连接线主线桥梁实现贯通。改造三里营南路等4条小街巷，治理二十七中南巷等3处堵点，率先完成了ETC设备安装任务，交通出行更加畅通、便捷、安全。累计投资1350万元，对10条道路周边进行绿化提升改造，新建改建游园广场4处，对68座青城驿站周边及45个小区进行绿化美化，栽植各类乔灌木97.3万株（丛），建成区绿化覆盖率达到36.9%。

【城市管理】 深入实施城市精细化管理三年行动，在“精、细、实”上下功夫、求突破。重点开展“六乱”“两违”、违建别墅等专项整治，依法治理违规经营行为1.3万次，拆除违法违规建筑6.3万平方米，城市环境更加整洁有序。新建改建环保公厕60座、便民市场5处。垃圾分类工作有序推进，81家公共机构、26家公立学校、100个住宅小区推行垃圾分类管理。玉泉区道路清扫保洁面积达到1174万平方米，机械化作业率达到85%。数字化城市管理信息平台高效运转，办理环境卫生、交通秩序等各类案件5.8万件。城市服务功能不断增强，城市舒适度、宜居水平显著提升。

【社会保障】 医疗保险和社会养老保险制度有效落实，城乡低保标准逐年提高。居民社保及各类民生补贴支出6282万元，惠及群众1.2万人。城镇新增就业6035人，农村劳动力转移就业1万人，城镇登记失业率稳定控制在3.7%以内。2019

年发放各类救助金3412.5万元。工友之家为务工人员提供灵活务工1.9万次，成为首府用工市场第一品牌。成立退役军人服务中心1处、服务站55个，发放义务兵优待金等各类资金1793.3万元，安置退役士兵11人，随军随调家属8人，切实维护了退役军人合法权益。区民政局荣获自治区“民政系统先进集体”。

【教育】 不断优化教育资源发展布局，大力推动教育均衡化、优质化、现代化，教育水平和竞争力进一步提升。启动水语青城幼儿园等4个标准化学校建设项目前期手续，完成了讨卜齐幼儿园、小召小学加固改造和南茶坊小学等6所学校的消防改造工程。中央民大附中呼市分校落户玉泉区，进一步改变了优质教育资源匮乏的现状。扎实开展城镇住宅小区配建幼儿园治理工作，新增普惠性幼儿园4所。7所中小学试点推行营养餐配送，公办中小学生全部享受课后延时服务。教师队伍建设不断加强，招聘教师195人，培训教师6256人（次）。教学质量不断提升，中高考再次刷新历史纪录，中考上线人数同比增长29.2%，本科上线人数同比增长37%，本科上线率达到81%，内蒙古师范大学附属第二中学、呼市六中的知名度和影响力进一步增强。

【扫黑除恶工作】 坚持“有黑扫黑、有恶除恶、有乱治乱”，以重点行业重点领域为突破口，在攻克大案要案、“打伞破网”“打财断血”上持续发力，打掉恶势力团伙13个，依法宣判20人，判处罚金6500万元；立案查处涉黑涉恶腐败和“保护伞”问题13件13人。建立健全禁毒工作长效机制，有效防范和打击了各类毒品违法犯罪活动。玉泉区治安环境、社会风气等方面得到进一步净化。大南街街道获评自治区社区戒毒社区康复“绿洲家园”工作站。

【遗留问题化解工作】 以解决房地产项目遗留问题为抓手，深入开展房地产领域“四个百日行动”专项治理。举全区之力，强力推进“办证难”问题，办结房地产遗留项目87个，涉及房屋8.7万余套，解决了居民期盼多年的房屋产权问题。强力推进“回迁难、入住难”问题，加大处置化解力度，采取协助推进、接盘续建、异地安置等方式，6个“回迁难、入住难”项目交付房屋1093套，惠及居民3200余人。对龙城、塞外名苑等严重损害群众利益的房地产开发企业进行依法处理，房地产领域管理秩序得到进一步规范，切实维护了人民群众的合法权益。

【社会大局和谐稳定】 严格落实保障农民工工资支付“四制两金”制度，深入开展根治欠薪专项整治行动，追缴欠薪3451万元，农民工合法权益得到维护。深入开展危险化学品、建筑施工、校园周边等重点行业重点领域的安全生产大排查、大检查、大整治专项行动，强化企业主体责任意识，实现事故起数和死亡人数“双下降”。坚持领导干部包案和“上门家访、重点约访、带案下访”长效工作机制，建成矛盾纠纷化解联合服务中心，实现“一站式接待、一揽子调处、一条龙办理”，化解信访案件68件。强化商品质量监管，规范市场竞争行为，维护公平竞争的市场秩序。全面贯彻党的民族政策和宗教政策，“五进”宗教场所实现全覆盖，清理整顿非法宗教出版物10万余册，中央宗教工作督查涉及的12项问题全部整改，民族团结、宗教和谐的局面得到巩固。玉泉区民族幼儿园获评自治区第五批民族团结进步示范单位。

【**主题教育工作**】 牢牢把握“守初心、担使命，找差距、抓落实”的总要求，聚焦主题主线，把学习教育、调查研究、检视问题、整改落实贯穿始终，深入查找自身存在的差距和不足。通过开门纳谏、走访调研、座谈交流等形式广泛征求意见建议634条、梳理问题294个、立行立改210个、持续整改84个，群众关心关注的重点、难点、堵点、痛点问题得到有效解决。广大党员干部对初心使命的认识更加深刻，理想信念更加坚定，担当意识更加强烈，发展思路更加清晰，干事动力更加强劲。

工作目标和重点工作

2020年玉泉区经济社会发展的主要预期目标是地区生产总值增长5%左右，一般公共预算收入增长4.9%左右（剔除上年税收欠款一次性收入），城镇常住居民人均可支配收入增长7%左右，农村常住居民人均可支配收入增长7.7%左右。完成上级政府下达的其他约束性指标。

【**脱贫工作**】 把防止返贫摆到更加重要位置，深入开展脱贫攻坚“回头看”，健全脱贫人口、临贫易贫人口信息监测和动态管理长效机制，加强考核监督，巩固脱贫成果。继续落实好社会保障、大病救助等扶持政策，坚决防止因病、因学致贫，确保不发生返贫。加强与乡村振兴战略的有效衔接，继续广泛动员社会力量参与脱贫攻坚，凝聚强大攻坚合力，加快实施一批农村产业项目。加强精准结对帮扶，注重外部帮扶与激发内生动力有机结合，切实增强困难群体自主创业意识和致富能力，实现稳定增收。

【**污染防治工作**】 坚持把生态文明建设和环境保护摆在更加突出的战略位置，坚决打赢蓝天、碧水、净土保卫战。严厉打击超标排放行为，严控农作物秸秆露天焚烧，重点开展散煤管控、清洁能源替换、扬尘专项治理行动，加快推进禁燃区集中供热改造。严格落实河长责任制，全力开展河湖“清五乱”专项行动，确保河道整洁、水质达标。全面完成扎达盖河、大黑河河道（玉泉段）治理工程，完成26口饮用水源井的标准化建设，全面提升水环境质量。严格预防土壤污染行为，持续整治“散乱污”企业，实施控肥控药控膜行动，有效防治农业面源污染。加强建筑垃圾、固体废弃物管理处置。严格落实中央、自治区环保督察整改，坚持举一反三，实行最严厉的环保执法，严守项目准入环保底线，促进生态环境大提升。

【**防范化解重大风险**】 主动适应经济发展新常态，增强忧患意识，防范风险挑战，平衡好稳增长和防风险的关系，守住不发生系统性风险的底线。通过培植财源、招商引资、盘活国有资产、重点项目建设等措施，促进经济增长，提高财政收益，保障化解债务的可持续性。科学合理摆布项目，把落实建设资金保障作为立项审批的前置条件，严格执行政府投资项目“上管一级”。牢固树立过“紧日子”思想，严格预算追加事项，一般性支出压减20%，“三公”经费压减30%。严厉打击非法集资、非法放贷等行为，营造良好的金融环境。

【乡村振兴】 按照产业兴旺、生态宜居、乡风文明、治理有效、生活富裕的总要求，统筹推动产业、人才、文化、生态、组织振兴。以推动农业高质量发展为目标，大力引入社会资本，扩大产业发展规模，形成一批特色村、特色产业。发挥连家营、乌兰巴图等村规模化蔬菜种植示范效应，继续扩大芦笋、蚕豆等经济作物种植面积。以“昭君花海”、东甲兰现代农业示范园建设为重点，加快发展花卉、果蔬等特色产业。以昭君博物院和蒙古风情园为带动，着力推动周边村庄发展都市休闲观光农业。加强农村基础设施建设，完成90%的行政村人居环境综合整治，新建2座垃圾转运站，进一步强化农村生活污水治理，完成农村户用厕所无害化改造，水冲公厕普及率达到85%。进一步加强农村基层组织建设，健全完善乡村治理体系。做好农业科技培训和实用技术推广，促进农村发展、农业增效、农民增收。

【工业经济转型】 以新机场建设为契机，主动融入和林格尔新区产业布局，加快企业科技成果转化，培育一批技术密集、关联度高、带动力强的产业骨干企业，形成区域整体竞争优势，打造新兴产业集聚区。支持蒙昆烟草、金宇保灵扩大产能、提高效益。按照从工业主导向“工业+现代服务业”转型的功能定位，加快裕隆工业园区企业转型升级。培育草原红太阳主板上市，推动建通轨道转型发展。依托玉泉大厦“双创”基地，积极引进院士工作站和创新企业，提供技术支持，完善配套链条，发展智能制造、数据信息、动漫制作等电子信息产业。增强综合服务能力，采取“一个项目、一套班子、一抓到底”的模式，为企业的建设、生产、运营提供全方位的服务。

【商贸物流】 大力发展现代物流业，积极拓展新领域，发展新业态，加快传统商贸业转型升级，推动商贸服务业迈向信息化、高端化。加快兴盛物流园区建设，力争蒙昆烟草储备库投入使用。促进闻都建材城、居然之家等家居市场提档升级。依托地铁二号线，发展地铁经济，推动锡林南路沿线鄂尔多斯广场建设，确保万锦、金宇新天地等商业综合体开业运营。加快互联网和传统商贸业深度融合，促进美通首府无公害物流中心、红星美凯龙、华美汽配城提质增效，发展线上线下有效衔接的食品流通、家居建材、汽车配件专业市场集群。

【文化旅游】 坚持“宜融则融、能融尽融、以文促旅、以旅彰文”的发展思路，依托厚重的历史文化底蕴和丰富的旅游资源，加强文化旅游核心区建设，全力创建“自治区全域旅游示范区”。挖掘夜间文化旅游消费市场潜力，积极培育夜间经济。联结四大精品旅游区块，形成12千米黄金旅游带。加强与恒大集团、兴茂集团等企业合作，打造一批高品质文化旅游项目。深度研发“玉泉礼物”，推广“互联网+旅游”，发展文化创意、文化演艺产业。加强对木偶、皮画等非物质文化遗产的弘扬和传承。统筹实施文化惠民工程，大力弘扬乌兰牧骑精神，创作更多接地气、传得开、留得下的优秀作品，开展文化下乡、下社区活动200场。

【民营经济】 开展优化营商环境提升行动三年计划，进一步完善区级领导包联服务重点民营企业制度，围绕重点骨干企业、成长型小微企业，在项目建设、技术创新和市场开拓等方面给予大力支持，积极帮助民营企业解决困难和问题。全面落实国家减税降费等鼓励、支持、引导民营经济发展的政策措施，切实减轻企业负担。加强与金融机构对接，探索建立银企信息互通机制，搭建企业信贷融资平台，让金融更好地服务实体经济。构建“亲”“清”的政商关系，营造尊崇企业家精神的浓厚氛围，鼓励更多主体投身创新创业，让投资更放心、创业更舒心、发展更安心。

【招商引资】 充实专业招商队伍，制定招商激励机制，拓宽招商渠道，创新招商形式，围绕文化旅游、商贸物流、商业地产等领域，精准对接行业龙头企业，锁定相关配套产业，形成“引来一个、带来一批”的集聚效应。对看准的项目，主动上门，集中力量攻坚，一对一跟踪服务对接，实现产业项目建设一批、签约一批、储备一批的良性循环。严格落实招商项目评估机制，算好经济效益账、生态环保账，坚守招商门槛，保证招商引资质量。在“请进来”的同时，不断开阔视野和思维，推动本土特色产业“走出去”，促进内外经济持续循环发展。2019年计划引进30亿元以上重点项目5个，为高质量发展注入不竭动力。

【城市建设】 多方筹集资金，重点实施范家营、当浪土牧等10个村的棚户区改造。启动西二道河、西瓦窑等7个村的安置房建设，助推周边棚户区改造，进一步拓展发展空间。积极配合完成国土空间规划编制工作，加快推进土地整理，力争恒大文化城、圣桦时代广场等项目早日落地，加快实施锦都万家广场、万锦水云天项目建设。加快基础设施建设，确保云中路机场连接线8月份建成通车。投资2200万元，新建市政道路3条，维修改造小街巷3条。投资428万元，完成裕隆工业园区公交场站建设，方便周边群众出行。加快老旧小区供排水、供热、燃气等管网改造。建成五里营变电站，切实解决周边住宅小区和地铁二号线用电问题。进一步巩固城区绿化成果，新增绿化面积7.8万平方米，建成区绿化覆盖率达到37.2%。

【城市精细化管理】 以“三城同创”为抓手，压实“路长”责任，严格落实“网格化”管理制度，巩固市容环境“六乱”治理成效，完善“门前三包”备案联系制度和奖惩监督考评机制。完善垃圾分类分拣中心功能，稳步推进生活垃圾分类管理。加大环卫基础设施投入力度，购置大型环卫清洁设备20台，完成9座转运站建设。实行最严格的土地管理制度，铁腕打击违法用地和违法建设行为。不断完善物业管理投诉受理制度和物业服务纠纷快速处理机制，全面提升物业管理服务能力。深化镇、街道改革，推进基层整合审批服务执法力量重心下移，提高行政执法水平。

【社会保障】 加强工友之家就业平台建设，不断拓展完善服务功能。2019年城镇新增就业6000人，农村劳动力转移就业1万人，城镇登记失业率控制在3.8%以内。加大创业扶持力度，促进创业带动就业。深入推进全民参保计划，做好城乡居民社会保险参保工作。发挥政府作用保基本，注重普惠性、基础性、兜底性，做好关键节点、困难人群的基本生活保障。完善以居家养老为基础、社区照料为依托、机构养老为补充的社会化养老服务体系，投资500万元，新建为老服务中心1处、为老服务餐厅10个，更好地满足居民养老服务需求。继续做好双拥共建、国防动员等工作，健全退役军人服务管理体系，切实维护军人军属合法权益。扎实开展人才引进工作，吸引更多优秀人才扎根玉泉、建设玉泉。

【教育】 始终坚持教育优先发展战略，优化资源配置，完善学校布局。继续推进标准化学校建设，投资8.07亿元，加快实施中央民大附中呼市分校建设；投资6000万元，新建中央民大附中附属小学和水语青城幼儿园。通过租赁、购置、置换等方式，新增3所公办幼儿园，普惠性幼儿园、公办幼儿园在幼儿园中的占比分别达到80%和50%，有效解决进城务工人员子女上学难问题。加强教师队伍建设，发挥集团化办学优势，高标准打造呼市一中分校（十二中校区），推动教育质量稳步提升。全面推行中小学营养餐配送，丰富课后延时服务内容。严格落实义务教育阶段学校100%派位录取，实施“阳光分班”。狠抓校园周边环境治理，进一步增强广大师生的安全感，让学生安心上学、安静上课、安全放学。

【医疗卫生】 完成区疾控中心迁建，新建社区卫生服务站2座，确保大南街、苁蓉社区卫生服务中心全面投入使用。投资290万元，购置数字化医疗设备3台，提高基本公共卫生服务能力。加强与知名医院的交流合作，进一步提升医联体、医共体和名医工作室医疗服务水平。注重中蒙医文化传承和保护，促进中蒙医事业健康发展。落实医药惠民政策，基本药物采购增加165种。提高重大传染病、突发公共卫生事件等预防控制和应急处置能力。认真落实“全面二孩”政策，促进人口均衡发展。

【营造和谐发展环境】 扎实推进扫黑除恶专项斗争，紧盯涉黑涉恶重点案件不放，紧盯黑恶势力“保护伞”“关系网”不放，紧盯铲除黑恶势力经济基础不放，确保打深打透、除恶务尽。全力化解房地产项目“办证难、回迁难、入住难”问题，协助企业完善项目手续，完成1575套回迁房安置，切实维护群众合法权益。坚持和发展新时代“枫桥经验”，推进基层社会治理现代化，全面推行大信访大维稳工作模式，做到“小事不出村，大事不出镇，难事不出区，矛盾不上交”。坚持从源头上防范化解重大安全风险，狠抓危险化学品、建筑施工和人员密集场所等重点领域的安全隐患排查和整治，强化食品药品安全监管体系建设，切实加强突发事件应急处置能力建设。推进“七五”普法，增强全民法治意识。扎实开展民族团结进步创建，提高新形势下宗教事务工作能力。

决策会议

【政府常务会议】 1月24日上午，政府区长云鉴在区政府333会议室主持召开政府常务会议，研究审议了居民取暖清洁化、内蒙古昆明卷烟厂储备库建设占用土地征收补偿方案、三环路项目办理临时用地手续等有关事宜。

2月14日下午，政府区长云鉴在区政府333会议室主持召开政府常务会议，专题研究审议云中路连接线南段工程立项、优化营商环境、金熙家园项目土地征收补偿标准等有关事宜。

4月2日上午，政府区长云鉴在区政府333会议室主持召开政府常务会议，研究宣传部融媒体中心招聘合同工、城市桂冠小区重大火灾隐患摘牌、扎达盖河综合治理工程以及鄂尔多斯西街改造等项目征收补偿安置方案；中小学（幼儿园）工程、班定营污水处理厂三期及S43新机场高速公路征地补偿标准等有关事宜。

4月4日上午，政府区长云鉴在区政府333会议室主持召开政府常务会议，研究审议《工业投资项目“拿地即开工”改革实施意见》、新建鄂尔多斯路街道畜科东路便民市场以及社区服务用房等有关事宜。

5月5日下午，政府区长云鉴在区政府333会议室主持召开政府常务会议，研究关于调整2018年财政预算、环卫公厕建设、芦笋种植补贴、市政项目建设等有关事宜。

6月20日上午，政府区长云鉴在区政府333会议室主持召开政府常务会议，研究贯彻落实自治区、呼市《关于保障农民工工资支付工作问责办法》、扎达盖河西侧地块征地补偿标准、化纤厂宿舍房屋征收补偿方案等有关事宜。

7月31日上午，政府区长云鉴在昭君路文化活动中心2号会议室主持召开政府常务会议，研究模块化消防站建设、《玉泉区社区社会组织备案管理实施办法》，小黑河镇、鄂尔多斯路新建村民住宅小区等有关事宜。

8月2日上午，政府区长云鉴在区政府333会议室主持召开政府常务会议，研究《玉泉区城镇小区配套幼儿园治理工作方案》《玉泉区中小学校营养餐配送工作实施细则》等有关事宜。

10月31日上午，政府区长云鉴在昭君路文化活动中心2号会议室主持召开政府常务会议，研究“十四五”玉泉区重大工程项目、化解房地产遗留问题等有关事宜。

11月4日上午，政府区长云鉴在昭君路文化活动中心3号会议室主持召开政府常务会议，研究政府债务化解、房地产遗留问题化解处理办法、社区与民政局工作职责划转等有关事宜。

12月16日下午，政府区长云鉴在区政府333会议室主持召开政府常务会议，听取《玉泉区人民政府2019年工作报告》的汇报并研究玉泉区2020年民生实事建议项目有关事宜。

12月19日下午，政府区长云鉴在区政府333会议室主持召开政府常务会议，研究审议《玉泉区相对集中行政许可权改革试点工作实施方案（讨论稿）》、审议《关于玉泉区2019年预算执行情况和2020年预算（草案）的报告（讨论稿）》、审议《关于2019年国民经济和社会发展计划执行情况与2020年国民经济和社会发展计划草案的报告》等有关事宜。

【政府专题会议】 1月23日，在区政府337室，区委常委、政府副区长刘照江组织召开区长办公会议，专题研究推进裕隆工业园区金裕酒店用品洗涤服务有限公司洗衣房建设有关事宜。

2月18日上午，政府区长云鉴在区政府333会议室主持召开区长办公会议，专题听取了关于田园综合体项目推进落实有关工作情况的汇报。

3月15日上午，政府区长云鉴在区政府333会议室主持召开区长办公会议，专题研究政府债务划转有关事宜。

4月30日，区委常委、政府副区长刘照江在政府339室主持召开专题会议，研究玉泉区第四次经济普查工作补助资金发放相关事宜。

5月30日，区委常委、政府副区长刘照江和政府副区长娜仁在政府333会议室主持召开区长办公会议，研究城市管理重点工作事宜。

6月30日下午，政府区长云鉴在党政办公大楼333会议室组织召开会议，专题研究房地产遗留项目化解有关事宜。

9月10日上午，区委常委、政府副区长刘照江在政府333会议室主持召开区长办公会议，研究玉泉区2019年度公厕建设奖补资金和青城驿站项目补助资金发放相关事宜。

10月12日，政府区长云鉴在政府333会议室主持召开专题会议，研究裕隆工业园区僵尸企业清退转型和农村旱厕改造工作事宜。

11月13日下午，区委常委、政府副区长王青在307会议室主持召开会议，研究玉泉区公务用车工作的相关事宜。

11月29日下午，政府区长云鉴主持召开区长办公会议，专题研究部署近期“治欠保支”工作。

政府建设

【加强政治建设】 坚持用习近平新时代中国特色社会主义思想武装头脑、指导实践、推动工作。进一步增强“四个意识”，坚定“四个自信”，做到“两个维护”，严守政治纪律和政治规矩，把加强党的全面领导贯穿到政府工作的全过程，认真落实政府党组全面从严治党主体责任。严格落实意识形态责任制，做好意识形态阵地管控和事件防控处置。全面贯彻上级党委、政府和区委决策部署，确保政令畅通、令行禁止。

【强化法治建设】 依照法定权限和程序行使权力、履行职责，继续推行政府权力清单和负面清单制度，健全重大行政决策机制，推行政府决策科学化、民主化、法治化。主动接受区人大及其常委会的工作监督、法律监督和区政协的民主监督，虚心听取各民主党派、工商联、无党派人士和群众团体的意见建议。高质量办好人大代表建议和政协委员提案，完成人大代表票决民生实事。严格执行财政预算管理，加强审计监督。深化政务公开，完善政府新闻发布制度，保障群众的知情权、参与权和监督权。

【提升服务效能】 坚持问题导向，突出服务提质、工作提效，把解决问题、优质高效作为检验政府效能的重要标准。进一步转变政府职能，深化“放管服”改革，实现取消、下放行政审批事项的无缝对接，加大“双随机、一公开”监管工作力度。深入推进“互联网+政务服务”，持续完善政务服务网上办事功能，切实解决群众办事创业中的困难和问题，不断提升政府效能。

【锤炼担当品质】 坚定“功成不必在我”的精神境界和“功成必定有我”的历史担当，既要做让人民群众看得见、摸得着、得实惠的实事，又要干为后人做铺垫、打基础、利长远的好事。坚决破除形式主义、官僚主义，着力提高政府执行力，做到公开透明、高效运转。牢牢抓住想干事、敢干事2个关键点，健全激励机制和容错纠错机制，提振干事创业精气神，始终保持“在状态”。

【恪守清廉本色】 坚持把纪律挺在前面，严格落实中央八项规定精神及其实施细则，以“永远在路上”的执着，推动全面从严治党不断向纵深发展。认真听取群众意见，积极回应群众诉求、社会关切、舆论关注，进一步密切党群、干群关系。坚守政治定力、强化压力传导，聚焦突出问题、紧盯关键节点，驰而不息整治“四风”，严肃查处侵害群众利益的不正之风和腐败问题，让清正、清廉、清明成为政府的鲜明底色。

政府办公室工作

【政府办公室领导名录】

主　任　赵　英

副主任　贾振华

　　　　朱朝峰（市里借调）

　　　　陈志永（挂职）

　　　　李治国（挂职）

【概况】 玉泉区人民政府办公室下设8个内设科室：秘书室、督查室、政府网站管理室、信息室、综合室、文书室、财务室、文印室。

办公电话：4938562

区政府网址：www.yuquan.gov.cn

【“五公开”机制】 为切实做好政府信息主动公开工作，保障公民法人和其他组织依法获取政府信息，区政府深化“五公开”，按照“决策公开、执行公开、管理公开、服务公开、结果公开”完善机制建设。保障人民群众的知情权、参与权和监督权。区政府对涉及群众切身利益的公共决策、重大项目等，应在决策前向社会公布决策草案、决策依据，广泛听取公众意见。

【保密审查】 玉泉区政府信息公开严格执行保密审查，遵循“谁公开、谁审查、谁负责”的原则，对拟公开的政府信息进行保密审查。2019年未发生信息公开失泄密事件。

【“两微一端”】 2019年政府信息公开继续以网站、政务微博作为信息发布主阵地，以活力玉泉手机客户端和活力玉泉今日头条号，各部门微博、微信公众号为辅助，加大政府信息公开力度。

12月31日，政府办微信、微信公众号，活力玉泉，各部门微博、微信公众号等新媒体平台共发布信息1.35万条。

【申请公开】 为了进一步加强和规范依法申请公开工作，按照修订后的《中华人民共和国政府信息公开条例》规定，拓宽申请渠道，加大工作力度，推动依法申请公开工作规范有序开展。

12月31日，2018年区政府共收到政府信息依申请公开申请表18件，办结18件。申请事项18项（申请公开的内容主要涉及房屋拆迁许可、征收补偿等方面的信息），收到申请后，按照《政府信息公开条例》规定，为申请人发放登记回执和告知书，并在15个工作日内通过通知申请人上门领取或邮寄的方式予以答复，依法申请公开答复率和按时答复率均达到100%。2019年度因政府信息公开引发的行政复议0件，行政诉讼案件1件。

【督查工作】 2019年，玉泉区政府督查室紧紧围绕玉泉区中心工作、重点项目建设和群众普遍关注的热点、难点问题，狠抓政务督查督办、扎实开展考核管理、加快实施民生工程、创新建议提案办理、深入推进效能建设，为玉泉区经济社会又好又快发展发挥了应有的作用。2019年对大棚房整治、河道改造、机构改革、“三务”公开、“三城同创”、扫黑除恶等工作开展专项实地督查150余次，编发督查专报100余期，有力地推动了玉泉区各项重点工作保质保量完成。完成国务院大督查迎检工作，2019年受理市长热线、区长信箱等民生事项1345件，办结率98.2%。全力做到“事事有回应，件件有落实”。积极主动地做好人大代表建议、政协委员提案的办理工作。2019年办结人大代表建议和政协委员提案269件，答复率100%。

信访工作

【信访局领导名录】

党支部书记、局长　　　杨遇春

党支部副书记、副局长　胡利花（女　蒙古族）

【概况】 2019年，玉泉区赴自治区上访人数为46批次674人次，批次与2018年同期基本持平，人次比2018年同期减少21.1%；到市政府上访人数为116批次1287人次，批次同比上升45.0%，人次同比上升27.2%；来区信访局上访人数为437批次7261人次，批次同比减少11.1%，人次同比减少19.1%。2019年未发生群众越级进京、赴自治区和赴市上访引发群体性事件或个人极端事件。

玉泉区累计承办上级交办件163件，同比下降70.4%，其中144件已办结，其余19件正在办理中；本级录入99件，同比上升70.7%，已办结67件，其余32件正在办理中。共办结网上信访事项211件，正在办理信访事项51件。

【全力化解信访突出问题】 2019年，区委、区政府高度重视化解信访积案，加大力度着重化解房地产遗留项目，集中解决了巴彦路拆迁项目回迁安置，和淑英、张淑芬回迁安置等一批信访积案，龙城项目、嘉豪项目实现了复工。近期，玉泉区又开展了信访矛盾突出问题排查工作，经排查，房地产领域矛盾突出信访事项共17件。这些问题主要集中在棚户区、城中村改造项目回迁安置问题，按照“谁主管、谁负责”的原则，信访局积极组织协调，进行督察督办，促进案件的化解。

【信访事项复查复核】 玉泉区人民政府信访事项复查复核工作按照国务院《信访条例》《信访事项复查复核工作办理程序》规定，以政策为前提，引导信访人依法按政策维权，以解决合理诉求为目的，努力提高息诉罢访率，为维护社会稳定发挥了重要作用。2019年5月1日，自治区印发了《内蒙古自治区信访事项复查复核办法》，信访局督查室工作人员进行了专题学习。

【中央扫黑除恶督导组移交的信访问题】 玉泉区委、区政府对扫黑除恶工作和中央扫黑除恶督导组移交的信访问题核查工作高度重视，根据工作实际抽调专人组成了工作小组，专门负责移交问题的办理，并根据工作量适时加强力量，一镇八办对应明确了分管领导和具体工作人员负责该项工作并保持上下级相关问题的沟通，对移交的问题做到第一时间核准责任主体。第一时间进行交办，在具体办理方面明确标准要求。9月，市信访局督查室张桂忠科长一行对玉泉区进行了实地督查抽查，对存在的问题给出了宝贵意见，有效地帮助玉泉区更好地完成工作任务。

办理进展情况　玉泉区信访工作联席会议办公室接收移交信访问题共232件（城乡建设类202件、社保类2件、教育类4件、物业类4件、合同纠纷类2件、宗教类1件、其他类17件），核查

231件，上报232件，查实223件，查否9件，均向当事人进行了核实反馈。

【重大节点期间信访派驻工作】 2019年，信访局担负玉泉区信访工作联席会议办公室信访派驻工作共5批次23人次，共110天。出色完成了各项工作任务，为玉泉区稳定做出了贡献。全国两会期间，实现了进京“零非访”目标，未发生一例群众到北京敏感地区非正常上访，未发生违反“两个一律”规定的任何问题，也未发生一起舆论炒作事件，受到了自治区和市委市政府的充分肯定和高度评价。

【人事现状】 区信访局现有在册干部职工14人，其中行政编制人员2人、事业编制人员9人、合同制聘用人员3人。2019年，选调到市公安局2人，借调到玉泉区其他单位2人，区信访局实际在岗行政编制2人、事业编制5人、合同制聘用人员3人，共计10人。年初区委、区政府选派了3名同志到区信访局挂职副局长，7名同志到区信访局锻炼，区信访局现有工作人员共20人。面对繁重的日常和派驻工作，干部人数远远不够，现状是区信访局干部一人分饰多角，工作压力较大，尤其到了重大会议期间，更是“5+2”“白加黑”的常态。明年3月，10名同志将结束挂职任职和锻炼，信访局人员骤降，工作任务将更多，压力随之更大。

【矛盾隐患方面】 通过深入推进矛盾排查化解工作，有效地化解了一大批信访积案，减少了增量，消除了存量，效果明显。但是，玉泉区的信访形势仍不容乐观。部分群众在利益受到侵害时，不是通过正常渠道寻求解决，而是带着偏激情绪越级重访和无理缠访。征地拆迁回迁安置及商品房购房未能按期交付类信访问题矛盾较为突出。这些问题的处理稍有不慎，将会引发突发性、群体性上访事件。

机关事务中心

【机关事务中心领导名录】

副主任　李俊平（主持工作）

【概况】 机关事务服务中心属政府办下设二级事业单位，单位编制16人，合同工1人。

机关事务服务中心内设党政办公室、公共机构节能减排、办公用房、公车管理、物业管理、安全保卫管理、食堂管理、人事管理、会务管理等股室。

2019年，机关事务服务中心在区委区政府的正确领导下，按照年度责任目标的要求，充分发挥职能职责作用，提供机关优质服务，加强机关事务管理，为玉泉区各项工作的完成提供有力的后勤保障，确保区委、区政府各项工作的正常运行。

【公共机构节能降耗】 完成了2019年度玉泉区公共机构能耗数据的统计、审核及上报工作。

积极开展节约型公共机构示范单位创建活动。加大检查力度，逐月分析党政机关大楼水、电、暖使用情况，杜绝跑冒滴漏及浪费现象。在11月份邀请了市机关事务管理局公共机构节能科的领导，对玉泉区机关及事业单位进行了例行每年一次的公共机构节能降耗数据网报工作业务培训。在年底迎接了市公共机构节能科对玉泉区的公共机构节能降耗工作检查考核，并得到了充分肯定。

加大节能降耗宣传力度。日常工作中，在大楼内液晶屏以“节能降耗、保卫蓝天”为主题，滚动显示的方式来宣传垃圾分类、节水节电常识、环境保护条例及倡导绿色低碳工作生活方式等内容，营造了节能降耗的良好社会氛围。

【后勤保障工作】 加强对物业公司的管理，对党政机关大楼内公共设施进行巡回检查，及时维修和排除水、电、暖的故障。

强化对党政机关大楼内楼道、走廊以及广场的卫生保洁工作，确保环境整洁、有序。在节假日前会同物业公司进行节前安全检查，排除水电隐患，全年无安全事故发生。

进一步加强了党政机关大楼的安保工作，对人员出入进行严格的登记管理，安保工作人员在大楼内进行巡回检查，保障党政机关大楼的正常办公秩序。

加大对政府广场的管理。加强了车辆出入登记管理，引导车辆有序停放，杜绝车辆乱停乱放现象，确保消防通道畅通。协调园林部门在政府广场摆放花坛，进行绿化美化。

加大对政府食堂的管理，严格执行食品行业卫生标准，确保政府食堂的食品卫生状况良好，保障机关干部的用餐安全。

加强会议登记和管理服务工作，设专人负责会议登记和会议室设备管理调试服务工作，2019年为玉泉区各单位提供了200余场会议服务，确保会务工作正常运行。

【严格办公用房检查】 2019年11月，机关事务中心会同区委办、政府办、人社局、财政局工作人员组成专项工作督查组，按照中共中央办公厅、国务院办公厅印发的《党政机关办公用房管理办法》的要求，重点对玉泉区30家各级行政事业单位的办公用房使用情况和公务用车使用情况进行了抽查督查。并同时积极为新成立的单位协调安排办公用房，确保规范使用办公用房。

经过督查抽查办公用房使用管理工作，情况基本良好。

区属各单位办公用房资产管理台账建立资料基本齐全；未发现领导干部超面积占有、使用及多处占有办公用房情况；未发现一般干部超面积使用办公用房情况；未发现党政机关办公用房未经审批出租出借情况；未发现未经审批擅自租赁办公用房情况；对部分存在房间号牌设置不规范等问题的单位下达了通知，责令限期整改，2019年已整改完毕。

在日常工作中，结合人员编制情况、办公与业务需要等，编制本级党政机关办公用房配置保障规划，优化办公用房布局，具备条件的逐步推进集中或者相对集中办公，加强办公用房监管。

【加强党政机关公务用车管理】 按照《玉泉区公务用车保留车辆管理办法》的要求，有效规范、保障了全区的重要公务活动、下乡及应急公务出行用车，积极推进事业单位公务用车改革，对全区事业单位的公车使用情况进行了摸底统计登记，并出台了《玉泉区事业单位公务用车管理办法》，有效助推了事业单位公务用车制度改革。按照上级公车管理部门的要求，建立了公务用车信息管理平台，采用国产北斗车辆信息服务系统，所有机关公务车辆实现了在平台有效监管，已对玉泉区机关126辆公车加装了北斗定位管理系统。下一步将对玉泉区已完成事业单位车改的保留公车加装北斗定位管理系统，尽量全部纳入车辆信息化平台实行统一监督。确保信息管理平台服务效率，有效监控公务用车使用情况。按照职责划分，对玉泉区的公车使用情况及公车使用档案进行了全面检查。分别在元旦、春节、国庆节等节假日期间组织公务用车封存停放和登记，抽查部分保留车辆单位公车封存停放情况，杜绝违规违纪使用公车现象。

2019年11月，机关事务中心会同区委办、政府办、人社局、财政局工作人员组成专项工作督查组，按照公车管理的相关要求，重点对玉泉区30家各级行政事业单位的公务用车使用情况进行了抽查督查。

经过督查抽查各单位公务用车使用管理工作，情况基本良好。

未发现公车私用情况，节假日公车封存停放工作执行情况较好；公车使用台账资料基本齐全，车容车貌基本良好，标识化管理基本齐全；纸质出车记录、维修记录、加油记录基本齐全；下一步将继续对玉泉区事业单位公车加装定位管理系统。并组织安排每年一次的区属各单位，全体公车管理员（调度员）信息管理平台应用业务培训。以确保信息管理平台服务效率，有效监控区属各单位公务用车使用情况，以确保公务用车正常规范运行。

在今后的工作中，机关事务中心将进一步强化服务意识，高标准、高质量地做好党政机关大楼的日常服务和保障工作。加强日常值守、出入登记、会务登记管理、停车秩序等工作，保障党政机关大楼的安全有序运行。使机关事务服务管理工作水平不断提高，全面完成好区委、区政府下达的各项工作任务。

呼和浩特市玉泉区人民政府机构设置表

- 办公室
- 发展和改革委员会
- 教育局
- 工业和信息化局
- 民族事务委员会
- 民政局
- 司法局
- 财政局
- 人力资源和社会保障局
- 住房和城乡建设局
- 水务局
- 农牧和科技局
- 文体旅游广电局
- 卫生健康委员会
- 退役军人事务局
- 应急管理局
- 审计局
- 市场监督管理局
- 统计局
- 医疗保障局
- 信访局
- 城市管理综合执法局
- 区域经济合作局
- 政务服务局

说明：

玉泉区人民政府设置工作部门24个，发展和改革委员会挂粮食和物资储备局牌子；工业和信息化局挂商务局牌子；民族事务委员会挂蒙古语文工作委员会牌子；财政局挂国有资产监督管理委员会、金融工作办公室牌子；住房和城乡建设局挂人民防空办公室、交通运输局牌子；农牧和科技局挂扶贫开发办公室牌子；文体旅游广电局挂文物局牌子；卫生健康委员会挂蒙中医药管理局、爱国卫生运动委员会办公室牌子；市场监督管理局挂知识产权局牌子。

国土资源管理

【国土资源分局领导名录】

党支部书记、局长	郭贇峰（蒙古族）
副局长	布　和（蒙古族）
	续平平
纪检组长	陈桂林（蒙古族）
西菜园国土所所长	关海兰（女）
小黑河国土所所长	史国华
昭君国土所所长	赵　明

【概况】 2019年，围绕地方经济发展这一首要任务，认真贯彻落实国土资源管理各项方针政策，努力做到国土资源管理更加规范，以服务保障区域经济发展。

2019年，分局行政实有4人，工勤实有1人；西菜园国土资源管理所参公实有5人；小黑河国土资源管理所参公实有5名；昭君国土资源管理所参公实有8名。

内设机构有办公室、财务室、信访办公室、纪检监察室、矿产资源管理股、规划用地股、地籍管理股、执法监察股、不动产登记中心办公室。

【党建工作】 2019年，分局认真制定了《党支部工作目标制度》《党员学习计划制度》《党员履责事项制度》，对2019年的政治理论学习进行安排部署。积极组织党员干部职工认真学习《习近平关于"不忘初心、牢记使命"论述摘编》《习近平新时代中国特色社会主义思想学习纲要》《传达学习贯彻中国共产党第十九届中央委员会第四次全体会议精神》及习近平总书记系列重要讲话和指示批示精神，引导国土资源分局党员干部深刻学习领会习近平总书记重要讲话精神和指示批示精神的新理念、新思想、新战略。

【项目报批和建设用地】 按照"保增长、保红线"的要求，国土资源分局正确处理增强服务意识与依法行政和开发改造与保护耕地的关系，紧紧围绕中心工作，提高服务保障能力。较好地保证了区委、区政府调结构、保增长、惠民生用地需求。

统筹兼顾，科学决策。一方面走节约集约用地之路，另一方面积极争取用地指标。

保障重点项目用地，认真做好土地报件工作。

严格落实土地用途管制制度和报批程序，做到对不符合土地利用总体规划的，对立项、规划、用地等项目中不符合相关内容要求的、对国家严禁的建设项目用地一律不予报批。

2019年度共上报了9个批次的项目，共申请用地面积91.2164公顷，其中农用地6.5498公顷（其中耕地12.0314公顷），建设用地45.9676公顷，未利用地29.1295公顷。

【不动产登记工作】 玉泉区数据调查农村宅基地调查成果数据库与"房地一体"宅基地和集体建设用地地籍调查要求存在很大差距，为实现登记发证成果的数字化管理和信息化应用，将农村地籍调查数据库升级为不动产权籍调查数据库，需开展大量的补充调查和修补测工作，国土资源分局已上报呼和浩特市公共资源交易中心完成了项目的招投标工作，确定了技术单位，正在对玉泉区54个行政村进行摸底调查，对其中15个村实地测量，其他36个村的房屋进行补测，已经完成15个村的初步测绘工作，正在内业制图。下一步分局将积极配合技术单位做好权籍修补测工作，为不动产登记发证打好基础。

【第三次国土调查工作】 按照《国土院关于开展第三次全国土地调查的通知》《内蒙古自治区人民政府关于做好全区第三次土地调查的通知》《呼和浩特市人民政府关于全面开展第三次全国土地调查的通知》文件精神，国土资源分局积极组织技术单位开展了这项工作，完成了玉泉区外业核查，内业上图建库已经完成，并提交国家通过了数据库检查，现正对玉泉区境内可疑图斑或可能发生变化的图斑进行复核，并对接各乡镇，对外业调查成果进行确认。

【全域永久基本农田保护情况】 呼和浩特市分解下达玉泉区全域永久基本农田保护目标为3179公顷，划定后玉泉区基本农田保护面积应不小于3179公顷，实际划定了3181.89公顷，已保质保量完成保护目标。

【私搭乱建行为治理】 2019年以来共立案查处101宗土地违法案件，案件均未到移送法院申请强制执行时限，到期后国土资源分局将依法申请法院强制执行。2019年，共强制拆除15次，出动工作人数419人次，执法车辆109次、装载机16次、挖掘机4次。拆除违建46200多平方米。

【搅拌站调查清理工作】 经实地摸排，玉泉区辖区内共有23家搅拌站，已多次下达《限期拆除通知书》。2019年，已拆除14家，拆除比例61%。其中，小黑河镇已拆除11家（共18家），2家搅拌站拆除一半（坤元、铉弘），其余5家未拆除（三兴、永昌、众泰、恒冶、惠磊）；裕隆园区承担的2家（立恒，砼泰）已拆除；住建局承担的海龙飞扬搅拌站未拆除；鄂尔多斯路办事处承担的宏路搅拌站已拆除；昭君路办事处承担的鹏博搅拌站未全部拆除（鹏博搅拌站共12个罐、2套机组，西侧的4个罐和1套机组主体已拆除，正在清理机组底座）。

土地储备项目服务中心

【土地储备项目服务中心领导名录】
党支部书记、副主任　李赞峰

【概况】 2019年，在区委、区政府的正确领导下，土地储备项目服务中心始终坚持以习近平总书记新时代中国特色社会主义思想为指导，深入贯彻党的十九大精神，切实增强“四个意识”，坚定“四个自信”，做到“两个维护”，扎实开展“不忘初心、牢记使命”主题教育，坚决落实巡察整改反馈意见的整改要求，紧紧围绕推动土地挂牌出让及成本审核、土地前期开发整理、项目服务、资金支付等方面工作，团结带领中心全体干部，积极投身具体工作实践中，较好地完成了年度各项工作任务。

根据区委、区政府《关于成立玉泉区土地储备及项目推进工作领导小组的通知》文件要求，玉泉区于2012年成立了区土地储备及项目推进工作领导小组办公室，根据《关于成立玉泉区土地储备项目服务中心的批复》文件精神，2017年12月14日经区政府常务会议决定：撤销玉泉区河道办、项目办，成立玉泉区土地储备项目服务中心，将区河道办、区项目办的职能职责、机构编制及工作人员整建制划转到区土地储备项目服务中心。中心内设6个科室，分别为办公室、财务科、整理科、成本科、项目服务科、资产管理科。现有工作人员38人（包括聘用合同制及临时工作人员）。主要工作职责是加强土地管理，做好项目土地预审及组件报件；协议起草把关；项目用地相关手续及征拆手续办理；协调联系各征拆改造指挥部，审核各项目区征拆补偿安置协议；土地储备整理资金的管理；各项目档案资料管理；加强与市土地收储中心的协调配合，做好土地整理后期成本认定。

【党建工作推进情况】 “不忘初心、牢记使命”主题教育落实工作　自“不忘初心、牢记使命”主题教育开展以来，中心紧紧围绕学习贯彻习近平新时代中国特色社会主义思想的这条主线，认真贯彻落实中央、自治区、市委及区委有关部署，将学习教育、调查研究、检视问题、整改落实贯穿主题教育全过程，并且以此次主题教育为契机，切实提高政治站位，坚定“四个自信”，增强“四个意识”，做到“两个维护”，不断提升政治理论水平和工作能力，深入贯彻落实习近平总书记在内蒙古考察指导并开展“不忘初心、牢记使命”主题教育时的重要指示批示精神，切实履行岗位职责，增强全心全意为人民服务的宗旨观念，把践行党的初心作为一切工作的出发点和落脚点，确保主题教育工作落实、落细、落地。

通过此次教育活动，使中心全体党员干部达到了“理论学习有收获、思想政治受洗礼、干事创业敢担当、为民服务解难题、清正廉洁作表率”的效果。

日常党建工作　为切实提高党建培训质量，2019年中心党支部创新学习教育，严格落实主体责任、加强监督教育，采取每月轮流讲课的方式，推出主题教育学习课堂，结合“不忘初心、牢记使命”主题教育活动、主题党日、党课学习、草原轻骑兵大讲堂，参观乌兰夫纪念馆等多种形式实地学习，创新学习内容，认真抓好党员干部学习教育。通过学习强国、两微一端等平台，党员干部思想认识有所提高，宗旨意识有所加强，队伍素质进一步提升，先锋模范作用进一步加强，增强了党组织的凝聚力。

深化落实“两个责任”　首先加强中心廉政宣传阵地建设，创建廉政宣传栏，组织党员干部集中观看警示教育片，到廉政教育基地开展实地学习活动，举办廉政知识试卷答题等多种形式的活动宣传廉洁文化，教育广大党员干部养成自觉遵纪守法，崇尚廉洁自律的习惯，提高党员干部拒腐防变能力。其次是加强党风廉政责任意识，重点学习《习近平关于党风廉政建设和反腐败斗争论述摘编》等内容，确保将反腐倡廉工作落到实处，印在心中。强化监督、严格执行制度，认真落实“三会一课”、主题党日活动、民主生活会、组织生活会等党内组织生活制度。领导干部自觉参加所在支部的组织生活。按照《发展党员细则》，从严从实做好发展党员、党费收缴等工作制度。

积极培养党员有生力量　为做好新形势下的党员发展工作，切实加强发展对象的教育培养工作，确保发展党员的质量。党支部共有党员17名，重点培养对象2名，入党积极分子4人。中心党支部通过学习讲堂，使党员发展对象和入党积极分子树立正确的入党动机，真正做到思想上入党、工作上入党、生活上入党。

【重大项目推进情况】 推动土地挂牌出让工作 做好土地挂牌工作，不仅能为玉泉区化解政府债务工作提供有力保障，而且对于推进玉泉区城区新一轮开发建设，提升城市品位，改善城区形象具有十分重要的作用。

2019年，中心领导班子共推动玉泉区6宗土地挂牌出让，总用地面积为843.763亩，可供地总面积为453.33亩。其中流拍2宗土地，成功挂牌出让4宗土地，总用地面积为641.763亩，可供地总面积为309.33亩。成交总金额约133217.16万元。土地招拍挂程序的完成，偿还了区政府投入国开行贷款资金本金36804万元，收回了区政府投入资金共计9926万元，收回了市收储投入资金共计6855.7663万元，按照市区两级各50%收益标准，实现区政府收益为23342.4082035万元，已成交宗地情况如下。

锦都建材城项目 该项目位于昭君路以东、18米规划路以北。宗地编号为2019005，总面积57.013亩，可供地面积43.642亩，由内蒙古紫云房地产开发有限责任公司竞得。

天福广场项目 该项目位于二环南路以北、巴彦淖尔南路以东。宗地编号为2019006，总面积154.803亩，可供地面积95.673亩，由内蒙古天福房地产开发有限公司竞得。

庞大汽车城项目 该项目位于云中路以西、包头西街以北。宗地编号为2019027，总面积253.976亩，可供地面积86.003亩，由呼和浩特市鼎鑫房地产开发有限公司竞得。

东二道河一期地块 该项目位于滨河南路以南、湿地公园西一路以东。宗地编号为2019040，总面积175.971亩，可供地面积84.012亩，由呼和浩特市富润房地产开发有限公司竞得。

成本审核工作 2019年，除已推动挂牌出让的6宗土地完成成本审核工作，中心领导班子积极指导审计公司开展成本审核工作，具体情况如下。

已完成成本审核的项目共计7宗，涉及土地整理总面积约2332.428亩，分别为东二道整村改造二期地块项目413.69亩、轨道交通2号线仕奇站项目2.6亩、万锦·尚都国际项目393.71亩、阜丰生物科技项目967.139亩、盈锐建筑材料项目22亩、金业苑项目275.289亩、内蒙古金色音乐大厅项目258亩。

正在审核的项目共计9宗，土地整理总面积约4687.667亩，分别是蓝宇花园二期78.337亩、五里营东小区项目552.61亩、东二道城中村改造项目三期地块1025.72亩、当浪土牧整村改造项目一期地块1724亩、恒泰盛都项目602亩、龙江华苑项目192亩、塞外名苑项目421亩、恒安大厦项目36亩、富康小区项目86亩；其中审核即将完成的项目5个，分别是恒泰盛都项目、五里营东小区项目、东二道河整村改造项目三期地块、当浪土牧整村改造项目、蓝宇花园二期项目。

土地整理及征收补偿安置协议审核情况 为进一步落实玉泉区土地储备制度，使土地整理工作公开、公平、公正地进行，中心领导班子指派工作人员赴各征收改造项目现场审核征收补偿安置协议，并通过排查、抽查等方式对征收补偿安置协议所涉房屋进行审核测量。2019年12月31日，审核确认征收补偿安置协议468余份，审核协议补偿资金共计33215.54512万元。

协助化解债务工作 为配合区政府完成化解债务工作，土地储备项目服务中心委托内蒙古济丰房地产价格评估有限责任公司对土地储备项目服务中心代管区政府的华隆小区、印象将南小区部分住宅进行评估，评估总价为11510.6787万元。并将上述房屋共计153套房屋权属划转至玉泉区住建局、玉泉区水务局、玉泉区环卫局等各相关单位进行处置，用于偿付政府债务，圆满高效地完成了玉泉区化解债务工作。

配合化解遗留项目工作　按照市委市政府颁布的《关于2019年解决城镇国有土地上房屋确属登记历史遗留问题的通知》文件精神，中心领导班子积极配合协助区遗留办、一镇八办及国土分局等各关联单位，对遗留项目的开工时间、房屋测绘、安全鉴定、清产核资、地图勘测定界、项目地界进行审核认定，并且认真贯彻落实中央、自治区、市、区扫黑除恶专项斗争会议精神，推进扫黑除恶专项斗争工作纵深开展，中心通过多种方式，有组织的定期开展常态化扫黑除恶学习和宣传工作，切实提升全体工作人员与人民群众对扫黑除恶专项斗争的知晓度，为化解玉泉区遗留项目及构建美丽玉泉做出了积极贡献。

推进土地组建报批工作　2019年度，中心共计开展土地组件报批共21宗，报批面积共计6876.3345亩。

已报自治区自然资源厅并取得批复的3宗土地，分别是东二道棚户区改造地块二，转性面积300.57亩；翡翠城二期建设项目，转性面积100.4955亩；呼市纪委留置场所，转性面积230.763亩。

已报自治区自然资源厅未取得批复的3宗土地，分别是云中路新机场路连接线，转性面积362.64亩；溢多利时代城建设项目，转性面积100.2465亩；东五里营220千伏变电站，转性面积23.1975亩。

已报市自然资源局的4宗土地，分别是食府花园建设项目，转性面积18.6195亩；香榭澜湾项目，转性面积269.592亩；烟厂储备库项目，转性面积193.05亩；溪水园，转性面积114.288亩。

正在进行组件报批的11宗土地，分别是恒安大厦建设项目，转性面积35.31亩；西二道河回迁房项目，转性面积266.355亩；东二道河整村改造项目剩余地块，转性面积1025.718亩；当浪土牧整村改造一期地块（4个批次），转性面积共计1581.5895亩；扎达盖河西侧地块，转性面积428.3055亩；中天星河湾建设项目，转性面积3.633亩；沟子板村民小区项目，转性面积70.2465亩；天府花园建设项目，转性面积35.73亩；五里营村民住宅小区，转性面积246.3195亩；鄂尔多斯城市花园，转性面积319.0335亩；福缘名居，转性面积338.07亩。

推进规划手续办理情况　2019年度，中心共协助市收储中心办理了19个地块的规划初审意见，其中9宗已取得批复，分别是扎达盖河西侧地块、云中路南侧东二道河村地块、东二道河村剩余地块、益通内大住宅楼乌海东街以南地块、鄂尔多斯西街南侧地块、西二道河村包头西街以北地块、呼和浩特警犬基地迁建项目、呼和浩特市第二医院迁址新建项目、兴盛物流园区纬一路南侧地块。

非公经济项目服务工作　中心突出“以人为本、资源共享、共驻共建”的服务原则，积极为宗教人士、各类非公经济企业等开展商业、居住、文化合作等多项服务，切实将统战工作做深、做细、做实，使中心统战工作与服务工作有机结合。2019年，中心积极推动玉泉区重大项目的工作落实，努力配合区经合局等相关部门加大招商引资的服务力度，为富力地产在玉泉区的成功落地、圣桦公司范家营区块的意向合作等重大项目提供了有效的前期服务。

档案工作

【档案局领导名录】

局　长　闫建军（2月离任）

副局长　云丽霞（女　蒙古族）

【概况】 2019年，区档案局稳步推进档案体制改革。档案局、馆分离。现有参公人员编制5人、事业编人员2人。

【全力推进新档案馆建设】 区委、区政府高度重视区档案馆建设工作，按照新档案馆“五位一体”规划建设要求，区档案馆新馆总建筑面积3092平方米，3层单体建筑。经过多次论证确定了设计方案，第一层为库房和查阅大厅第，第二层为展厅和技术服务用房，第三层为报告厅、会议室以及办公用房。2019年已完成新馆建设的强弱电、消防、电梯、恒温恒湿监控系统、密集架、展厅布置、二次装修以及办公设备购置，2019年新馆投入使用。

【加强党建与档案工作的实践相结合】 严格履行“为党管档、为国守史、为民服务”政治职责，认真落实党建工作各项任务，以党建带业务，以业务促党建，引领档案工作取得新成绩。

积极开展主题实践活动。2019年“6.9”宣传日，在大召广场开展《中华人民共和国档案法》（以下简称《档案法》）宣传活动，增强全社会档案意识，通过档案深入了解城市建设改造的巨大变化，较好地发挥了档案工作的社会教育作用。七一前夕，组织区档案局党员干部赴乌兰夫故居观看展览，重温入党誓词，增强党性锻炼。

【加强档案资源建设】 加强档案接收、整理、监督、指导和利用工作。围绕玉泉区中心工作和重点任务，积极开展农村土地确权登记、精准扶贫等重点工作领域档案业务指导工作，保证各类档案及时收集、安全移交。完善收集档案范围细则，建立了2019年档案接收清册及目录，着力推进“双轨制”接收标准，优先接收民生档案、社会建设管理档案以及重大活动档案，2019年整理项目档案8912件，接收会计档案321册、病历档案1230件。认真落实查档利用“最多跑一次”改革，着眼“互联网+公共服务”，完善方便快捷的档案查阅流程，最大限度地发挥档案资料的社会价值，实现群众查档少跑甚至不跑，2019年接待咨询、查档2500多人次，调阅档案6000多卷（件），免费提供复印件4000多页，在线查档成为新常态。

【积极开展档案法制建设】 根据机构改革要求，对档案局的行政权力进行了反复梳理，最终梳理出行政权责清单10项，公共服务事项清单2项。

9月16日—9月30日根据《档案法》《档案管理违法违纪行为处分规定》要求，区档案局组成档案执法检查小组，由区委办副主任韩乐带队，对玉泉区12家单位《档案法》执行情况和档案安全保管情况进行检查。

【推进数字档案馆建设】 制定《档案信息化规划》，所需经费都列入财政预算，持续推进馆藏民生类等档案数字化扫描录入工作。重点对婚姻档案、知青档案以及馆藏国开行和项目办的征拆档案进行数字化扫描，2019年共完成数字化扫描18万页，录入条目2.6万条，逐步实现数字档案馆建设。

【加强档案业务指导工作】 对农牧局经管站土地确权档案、农工部精确扶贫档案、撤销单位旅游局会计档案、附二中的基建档案、教育局会计档案，通顺街小学、恒昌店小学、清泉街小学、五塔寺东街小学、裕隆工业园区的档案整理工作进行了指导。

【积极开展档案编研工作】 利用档案馆馆藏档案编写了《玉泉区档案志》，认真学习、汲取市档案局的好经验、好做法，根据工作需要编撰了《玉泉区档案工作实用手册》《档案利用实例》等编研材料。

【加强档案安全保管工作】 深入学习《中华人民共和国保守国家秘密法》《保密提醒20条》等法律法规，档案安全意识不断增强。根据区保密局、消防大队检查指导意见，对档案库房窗户进行更换，针对安全管理存在的薄弱环节，购置了档案柜、保密柜等档案安全保密设备，不断提高安全意识和保护技术，严守相关制度规定，确保档案安全万无一失。坚持实行库房安全检查，责任到人。每逢重大节假日、夏季防汛期间24小时轮流值班。建立数字化外包实施过程值班制度，与外包企业签订数字化扫描保密协议，从案卷提供、整理、扫描、挂接等各个环节加强监管，委派专人负责，严防信息丢失和泄露。

政务服务工作

【政务服务局领导名录】

局　长　巩建平（蒙古族）

【概况】 玉泉区政务服务局是2019年2月24日旗县区机构改革后新成立的正科级行政单位，属于玉泉区政府组成部门，下设玉泉区政务服务中心二级事业单位，是集中办理行政许可审批和行政服务事项的重要平台，是体现政府机关高效为民服务的重要窗口，是转变政府职能，优化发展环境，建设服务型政府的重要平台。2019年，玉泉区政务服务局核定行政编制5名，领导班子核定1正2副，内设机构为综合办公室。2019年底，领导班子只配置了党组书记、局长1人，其余副职一直岗位空缺。

【党建品牌引领】 2019年以来，按照《玉泉区2019年度党建工作要点》的总体要求，结合区政务服务局党建工作实际，扎实深入开展了党建工作。按照机构改革的总体要求，成立了玉泉区政务服务局党支部，配齐了党支部委员会委员，健全了组织机构，为进一步夯实党支部战斗堡垒奠定了坚实基础；制定印发了局党支部《2019年度“三项制度”工作安排的通知》，全体党员对照目标认领了基础事项和先锋事项，制作了公示栏进行了集中对外公示；严格按照“三会一课”的要求，制定了工作计划，扎实做好“三会一课”全程纪实；深入开展了党支部书记讲党课2次、普通党员讲党课5次、主题党日活动7次，通过形式多样的活动，进一步凝聚了党员干部群众的向心力；打造建设“学习、改变、担当”品牌党建，用核心品牌党建统领政务服务工作，实现工作作风的转变、理念信仰的提升，制度规范的落实，推动逐步形成团结、友爱、互助、和谐、奋发、拼搏的玉泉区政务服务工作新格局；扎实深入开展“不忘初心、牢记使命”主题教育，制定印发了主题教育实施方案和工作安排，结合工作实际制定了学习计划，按照“守初心、担使命，找差距、抓落实”的总要求，以深入检视问题、整改落实为最终的落脚点，切实解决了一批群众反映突出的问题，取得了实实在在的成效。

【作风建设加强】 按照工作要求，针对区政务服务局实际，先后完善和实施了各项工作制度。完善了上班考勤制度，购置了考勤机，严格请销假制度，建立请销假登记制度；建立了外出报备工作制度，外出工作人员需进行登记标注外出事由、外出时间段、外出地点，进一步加强了管理；建立办公用品购置、管理、消耗及领用登记制度，指定专人进行物品领用登记管理；加强公章管理，建立专门的公章使用登记簿，凡重大事项必须经主要领导签字同意，方可加盖公章；加强公文管理，严格按照《党政机关公文格式国家标准（GB/T9704—2012）》的要求制作印刷公文，有效提高了公文处理水平；严格落实节假日24小时值班带班制度，确保了节假日安全稳定；制定专门的《车辆管理和使用规定》，进一步规范和加强车辆管理，实行用车登记审批管理制度，节假日严格贯彻落实公车封停制度规定，确保了在规定范围内有效保障机关机要通信工作；规范办文办事办会程序，精简压缩办会和文件数量，切实转变工作作风，共计制定印发公文16件，同比2018年降低66.7%，收发流转公文286件。通过印发《玉泉区政务服务局关于进一步加强政务大厅窗口工作纪律管理的通知》，将原有的指纹考勤机更换为人脸识别考勤机，保证各单位驻政务服务大厅人员百分之百纳入考勤管理，此举进一步增强了干部职工的责任意识，加强了纪律观念。

【政务服务改革】 推进行政审批事项“一门办”。玉泉区政务服务中心办事大厅建筑面积1421平方米，共分为2层。2019年，进驻玉泉区政务服务中心共22个部门，64项行政权力和公共服务事项，其中有19个部门50个行政权力事项和3个服务咨询类部门14个服务类事项；共设置36个窗口，配备工作人员59人，入驻事项占应进驻办理事项的总比例约为10%。这一数据，远低于政务服务事项进驻综合性实体政务大厅“应进必进”要求。

推进“一窗受理、集成服务”。进驻玉泉区政务服务中心办事大厅各窗口均制作其承办事项清单，内容包括受理条件、申报材料以及办理流程等内容，取消不必要的申报材料，并在大厅一楼电子大屏予以公开。受玉泉区各部门“三集中、三到位”完成情况及大厅现状制约，玉泉区办事大厅暂未按要求采取“区域一窗受理、后台分类审批、统一窗口出件”的运行模式。工程建设项目审批制度改革“一窗受理”综合窗口正在创建阶段，将按照工改进度要求设置“工程建设项目一窗受理”综合服务窗口。推进线上线下一体运行。依托呼和浩特市政务服务与网上审批平台，实现综合受理窗口业务在呼和浩特市政务平台上全过程运转。玉泉区办事大厅窗口事项可以通过呼和浩特市政务平台进行查询、预约及办理。

推进高频事项审批“最多跑一次”。充分发挥玉泉区放管服工作领导小组办公室职能，推进2019年玉泉区权责清单及公共服务事项清单的动态调整工作。并将在清单基础上结合调研，梳理玉泉区政务服务高频事项清单，推进“最多跑一次”向基层延伸。通过政务服务事项基层调研，共收集玉泉区一镇八办事项信息调研表144份，为推动政务服务平台向基层延伸，打造基层“一站式”综合便民服务平台提供基础数据支持。开展了玉泉区各部门政务服务事项网上可办率调研，推动暂不可网上办理的事项依托呼市政务服务平台开通网上办理。

推进一体化在线服务平台建设。2019年，按照上级文件要求，玉泉区委编办将玉泉区放管服工作领导小组办公室和行政审批制度改革工作领导小组办公室划转到政务服务局，积极发挥领导小组办公室作用，组织玉泉区各单位在“政务服务一体化平台”及“互联网+监管”平台进行行政权力事项的认领和清单编制工作。组织召开了玉泉区政务服务事项动态调整工作会议，并对参会人员进行了政务服务一体化平台操作培训，就玉泉区政务服务工作事项动态调整进行了部署，为实现政务服务事项全程网上办理打下重要基础，玉泉区各单位共在政务服务一体化平台认领依申请办理的政务服务事项312项。组织各单位开展了“互联网+监管”事项认领工作。通过组建微信工作群、召开玉泉区重点单位“互联网+监管”工作推进会等形式，推动工作有序进展，玉泉区各单位共在“互联网+监管”平台认领依职权办理的政务服务事项561项。

【创先争优】 2019年以来，为了激励先进，提升服务水平，督查室牵头制定了《玉泉区政务服务局政务大厅“红旗窗口”“服务标兵”评选办法》（暂行），每季度评选出2个“红旗窗口”和4名“服务标兵”，并在政务服务大厅橱窗内予以公示表彰，2019年，共计评选出8个“红旗窗口”和16名“服务标兵”，并将表彰结果通报到区政府及各相关部门，窗口单位及个人所得荣誉也将作为年终考核的重要参考依据。

【推行“马上办”】 按照玉泉区纪委监委印发的《玉泉区纪委监委关于开展整治“四官”问题净化机关政治生态的试点实施方案》要求，作为整治“四官”问题净化机关政治生态的试点单位，一方面，政务服务局牵头各窗口单位，推出“马上办”制度，通过梳理办理流程、梳理压缩办结时限，改进服务模式，严格落实“限时办结”，不断提升服务效能；另一方面，办事企业和群众在业务办理完成时通过扫描二维码登录玉泉区纪委监委平台对当次服务做出评价，政务服务局定期将评价结果进行梳理，并向各窗口单位及时反馈。玉泉区政务服务中心办事大厅以“马上办”为工作抓手，“亮”出职责，“量”化任务，简化办事流程，进驻16个部门共计32项行政事项，总计时限压缩了181个工作日。

【宣传工作】 依托政务服务局的“大宣传”格局，实现工作信息公开的制度化、规范化、常态化，形成工作信息公开的长效机制。2019年，共计发布信息182篇，在阳光“三务”发布139篇，玉泉区政务服务微信公众号发布125篇，今日头条发布146篇，新浪政务微博发布203篇，政务服务抖音发布4条。通过充分利用现代多媒体平台，主动将政务服务工作向社会进行宣传，努力营造人人关注政务服务工作的良好氛围。

【政务中心项目】 按照中央办公厅国务院办公厅印发的《关于深入推进审批便民化的指导意见》要求，要大力推行审批服务集中办理，优化提升各级政务服务大厅“一站式”功能，实行“前台综合受理、后台分类审批、综合窗口出件”工作模式，实行一窗受理、集成服务，实现“一窗通办”。然而玉泉区由于办公条件所限（实际使用面积1421平方米），进驻大厅的窗口单位和进驻单位可以办理的事项与国家的目标相差甚远，真正实现“一窗”受理、网上可办和群众少跑还有很大差距，选址建设新的政务服务中心已经迫在眉睫。

政务局成立以来，经过充分学习调研，积极主动推动新选址玉泉区政务服务中心项目落地，经过多次请示区委、区政府主要领导，于8月29日区长办公会议决定，新选址建设玉泉区政务服务中心项目，具体地址正在选址中，项目总建筑面积为1.7万平方米，地上1万平方米，地下0.7万平方米，正在进行前期发改立项阶段。

【政协玉泉区委员会领导名录】

党组书记、主席	岳春光
副主席	史雅琴（女）
	荣　梅（女　蒙古族）
	赛　恒（女　蒙古族）
办公室主任	云智龙
提案学习法制主任	郭文霞（女）
民族宗教主任	边俊爱（女）
经济科技城建主任	王新海
文史主任	赵德玉

综　述

【概况】 至2019年末，政协玉泉区委员会共有委员135人，常委24人（不含主席、副主席、秘书长）。2019年，委员中辞职7人，撤销委员资格0人，增补1人；委员中党内38人，党外97人；常委中党内9人，党外15人。

政协玉泉区总编制25个，行政编制10个、事业编制14个、机关工勤1个。其中正处级2人、副处级4人、正科级4人、副科级1人、一般干部及工勤15人。

【重要会议】 2019年12月25日，中国人民政治协商会议呼和浩特市玉泉区第九届委员会第三次会议在锦江国际酒店召开。政协副主席乔振刚主持开幕会，政协副主席赛恒主持闭幕会。呼和浩特市政协副主席郭炳胜，区委书记吴文明，区委市委副书记、区长云鉴等出党委、人大、政府、公检法、人武部的领导出席会议。

会议听取和讨论中共玉泉区委领导讲话；听取和审议政协玉泉区第九届委员会常务委员会工作报告；听取和审议政协玉泉区第九届委员会常务委员会关于政协九届二次会议以来提案工作情况的报告；列席玉泉区第十七届人民代表大会第三次会议，听取并讨论政府工作报告及其他有关报告；审议通过政协玉泉区第九届委员会第三次会议各项决议；审议通过政协玉泉区第九届委员会第三次会议提案审查情况的报告。

2019年3月29日上午在政协221会议室召开九届六次常委会议，会议由岳春光同志主持。会议审议区政协九届六次常委会议程草案；审议通过有关人事事项；审议通过区政协2019年工作计划要点草案；传达学习全国“两会”精神。

2019年6月24日上午在政协221会议室召开九届七次常委会议，会议由岳春光主持。会议审议区政协九届七次常委会议议程；常委会专题学习党中央扫黑除恶有关文件精神；审议通过《政协玉泉区委员会提案工作条例》；审议政协玉泉区委员会关于加强和改进调研工作的实施办法；审议政协玉泉区委员会委员视察工作条例。

2019年10月31日上午在东蓬假日酒店3楼2号多功能厅召开九届八次常委会议，会议由岳春光主持。会议传达学习习近平总书记在中央政协工作会议暨庆祝人民政治协商会议成立70周年大会上的讲话；征求政协玉泉区党组及成员工作、思想、作风等方面存在的不足；征求玉泉区机关党组及成员工作、思想、作风等方面存在的不足。

2019年12月19日上午在东蓬假日酒店3楼会议室召开九届九次常委会议，会议由岳春光主持。王青区长宣读政府关于提案办理情况的通报。云智龙主任宣读区政协九届三次会议安排情况及政协委员会辞职名单。闫利娟宣读玉泉区第九届委员会常委会工作报告。闫喆宣读提案工作情况报告。

2019年12月27日在九届三次会议期间召开了区政协九届十次常委会议，听取各讨论组讨论、审议情况的汇报；审议关于常委会工作报告的决议（草案）；审议提案审查情况的报告（草案）；审议政治决议（草案）。

1月11日上午召开政协玉泉区第九届第十二次党组（扩大）会议，会议传达学习习近平主席2019年新年贺词；传达学习中央经济工作会议精神；传达学习中共农村工作会议精神；传达自治区党委第一巡视组玉泉区反馈意见；审议区政协党组关于落实自治区单位巡视反馈意见整改专题民主生活会方案。

1月25日下午召开政协玉泉区第九届第十三次党组（扩大）会议，会议传达学习习近平中共中央政治局民主生活会上的重要讲话精神；学习习近平总书记在中央政治工作会议上的重要讲话精神；传达学习习近平总书记在十九届中央纪委三次全会上的重要讲话精神。

2月14日上午召开政协玉泉区第九届第十四次党组（扩大）会议，会议传达学习习近平总书记在参加全国人大二次会议内蒙古代表团审议时的讲话精神；习近平总书记在中共中央政治局第十三次集体学习时的讲话精神；习近平总书记在中央党校精神干部培训班开班仪式上发表的重要讲话精神；听取各专委会做的2019年调研课题和界别活动计划情况的汇报。

3月27日召开政协玉泉区第九届第十五次党组（扩大）会议，会议审议九届六次常委会会议议程；审议增加赵德玉同志区政协委员的决定；审议区政协2019年工作计划要点（草案）。

4月26日召开政协玉泉区第九届第十六次党组（扩大）会议，会议传达学习习近平总书记在解决“两不愁三保障”突出问题座谈会上的讲话精神；学习《中国共产党党组工作条例》；审议政协机关党支部换届；审议政协机关干部分工调整情况。

5月16日召开区政协第九届第十七次党组（扩大）会议，会议传达学习习近平总书记在参加十三届全国人大会议内蒙古代表团审议时的讲话精神；传达内蒙古自治区党委关于贯彻落实习近平总书记参加十三届全国人大二次会议内蒙古代表团审议时重要讲话精神；传达区委关于大学习大讨论落实措施；审议参加区运会的有关事宜。

5月24日召开区政协第九届第十八次党组（扩大）会议，大学习大讨论专题学习，传达学习习近平总书记关于深入理解新发展理念主要精神；确定调研课题。

7月11日召开区政协第九届第十九次党组（扩大）会议，会议传达学习习近平总书记在中央政治局集体学习时的讲话精神；传达学习习近平总书记在“不忘初心、牢记使命”主题教育工作会议上的重要讲话；听取上半年各专委会工作进展情况及下一步工作安排。

8月9日召开区政协第九届第二十次党组（扩大）会议，会议传达学习习近平总书记考察内蒙古重要讲话精神；党组成员围绕习近平总书记考察内蒙古重要讲话精神研讨发言。

2019年1月30日上午在政协会议室召开2018年度民主生活会，会议书面通报中共政协玉泉区委员会党组2017年度民主生活会整改措施落实情况和2018年度民主生活会征求意见情况；岳春光同志代表班子做对照检查；乔振刚、赛恒、云智龙依次做对照检查。

【委员培训】 2019年6月24日，政协玉泉区举办第九届委员会第三期委员培训班。此次培训特邀请内蒙古政协理论研究会常务副会长蔺雪山开展《新时代新方位新使命与政协和政协履职》专题讲座。讲座围绕新时代政协的履职大环境变化，全国政协十三届二次会议主要精神及新时代新方位新使命和习总书记关于政协的重要思想，对加强和改进政协工作、推进政协事业新发展、对各级政协委员和政协工作者提出的新要求等主题，进行了生动精彩的授课。政协委员要准确把握人民政协的性质定位，有正确的方向、科学的方法。同时，要进一步坚定“四个自信”，特别是对中国政党制度的自信，坚定不移走中国特色社会主义政治发展道路，在协商民主广泛多层制度化发展中，发挥好政协示范引领带动作用。委员们一致认为，培训期间对自己做好政协委员有非常大的帮助，深化了对习近平总书记关于人民政协思想的认识，此次培训也加深了对人民政协光辉历史、性质定位、职能作用的理解，夯实了当好政协委员的思想基础和能力基础。

政协玉泉区民族宗教教文卫委员会

【专题调研】 组织开展关于加强玉泉区乡村旅游发展的调研。6月—10月，民宗委组成调研组，由区政协副主席荣梅带队，区政协民族宗教委员会组织部分委员，在区文化旅游局领导陪同下，对昭君花海旅游观光建设项目进行调研，形成了《关于加强玉泉区乡村旅游发展的调研报告》，经区政协主席会议审议通过。

【重点提案督办活动】 荣梅副主席跟踪督办的重点提案是赵自强委员提出的《关于呼和浩特市“西部城区一体化高质量发展”工程实施过程中提前进行人才储备的建议》；民族宗教委员会跟踪督办的重点提案是贾永升委员提出的《关于加大力度合理聘用代课教师的建议》。

【界别活动】 每次全委会议期间，都要组织委员讨论下年度活动计划。组织委员视察了区内的3家污水处理厂，视察了区内的11所文物保护单位，视察了昭君博物院、乌兰夫纪念馆。对于在视察中发现的问题，及时向有关部门提出了有针对性和可操作性的意见和建议。

【扶贫工作】 在精准扶贫、市容环境综合整治及十九大期间，配合分管副主席先后深入基层，对包片包联的建华南社区深入了解，积极协调有关部门帮助解决，力所能及地为他们解难题、做实事。

政协玉泉区文史委员会

【协商调研】 关于玉泉区文物保护工作开展专题协商调研。为了更好地提升文物保护利用水平，了解玉泉区文物古迹的保护情况，政协副主席史雅琴、文史委主任赵德玉带领文史委全体同志及委员，深入玉泉区部分历史文物古迹进行调研。

【重点提案督办活动】 史雅琴副主席跟踪督办的重点提案是武高明委员提出的《关于加快发展玉泉区文化旅游产业的建议》；文史委跟踪督办的提案是张景植委员、梁孝平委员、侯巍委员提出的《关于设立城市传统文化地理标志的建议》。

【界别活动】 每次全委会议期间，都要组织委员讨论年度计划。组织委员视察了昭君博物院、内蒙古航空技术学院，组织委员在呼市民族剧院开展“反腐倡廉履职为民”廉政教育活动，观看了晋剧《巡城记》。在岳春光主席的带领下赴鄂尔多斯路街道所辖开泰市场开展了“三城同创”公益活动。8月27日上午，史雅琴副主席同政协文史委赵德玉主任深入菩提塔西社区开展“三城同创”环境卫生整治工作；10月17日，文史委在玉泉区景区办，同景区办同志就玉泉区文物保护工作问题做了相关调研。

【扶贫工作】 政协副主席史雅琴、文史委赵德玉主任多次前往小黑河达赖庄村，慰问贫困户刘××，联合教育局为其送去了米面、粮油以及慰问金等物资进行帮扶。

政协玉泉区提案委员会

【提案接受及解决情况】 2019年，区政协提案委员会共收到提案151件，其中：委员个人提案135件，党派、团体、专委会集体提案16件。经审查，立案128件，立案率84.8%。在立案的提案中，经济建设方面24件，占18.8%；政治建设方面12件，占9.4%；文化建设方面10件，占7.8%；社会建设方面76件，占59.3%；生态建设方面6件，占4.7%。2019年12月15日，立案的128件提案均得到办理及反馈，办复率100%。提案中，意见建议被采纳或问题得到解决的71件，占立案总数的55.5%；列入计划拟解决与采纳的54件，占立案总数的42.2%；短期内不具备解决条件的3件，占立案总数的2.3%。未立案转作来信处理的23件，及时送交有关单位参考。总体来看，提案内容丰富，涉及面广，既有聚焦改革发展的全局性问题，也有涉及人民群众切身利益的具体问题，这些建议和意见在提案办理过程中受到玉泉区委、区政府的高度重视，得到了高效落实。

【提案办理工作】 为了保证每件提案规范性、客观性、实践性高度统一，除了组织开展提案选题、调研方式、提案撰写技巧专题培训，还结合呼和浩特市以及玉泉区重点工作，选取西部城区一体化建设、市容环境综合整治、环境保护督查以及创业创新事业发展等专题，带领政协委员深入实地视察、调研了融媒体中心、食药监管数据中心、区红十字医院内部改造情况、扎达盖河、庞大山体公园改造情况、玉泉区文化馆非物质文化遗产、小黑河学校学生配餐情况等重点项目，激发政协委员献策、建言的热情，切实发挥其专业技术优势，为玉泉区经济社会发展提供智力保障。为更好地促进提案办理工作，提高提案办理效率和质量，区政协提案委员会同区政府督查室对提案承办单位区教育局、区交管大队、区文体旅游广电局等单位开展了一系列走访、调研、督查工作。在协商中，解决提案答复不及时、答复内容不具体、解决措施不全面的实际问题，提案工作精细化、规范化水平有效提升。同时，针对重点提案的落实，积极组织“三见面”协商会议，采取面对面的形式，进行专题协商，相关部门共同参与、群策群力，积极推进重点提案的办理与落实。按照中共中央办公厅、国务院办公厅《关于进一步加强人民政协提案办理工作的意见》精神和全国政协、自治区政协有关文件，结合实际，新修订了《中国人民政治协商会议玉泉区委员会提案工作条例》，区政协在调查研究、征求意见、规范提案审查立案、提高重点提案遴选标准、强化提案督办工作力度方面，增强与承办单位沟通协调频次，全面提高提案工作制度化和科学化管理水平。在提案工作中，积极开展提案征集，从多年来会上征集改为会前一个月征集，提案数量明显增多，提案质量也有了显著的提升。

【服务界别活动】 区政协提案法制委紧扣创新社会治理体制，推进平安玉泉建设内容，围绕“信息化建设在人民调解工作中的应用”专题，组织开展具体调研工作，组织医药卫生文化艺术界别政协委员及相关联络单位负责人，调研了玉泉区司法局机关和区司法局信息监控指挥中心信息化建设情况，鄂尔多斯路司法所、昭君路司法所信息化建设、社区矫正、信息技术在人民调解工作中的应用以及基层司法工作服务社区居民情况，考察玉泉区公共法律服务中心业务开展情况。

【其他工作任务完成情况】 认真贯彻落实健康扶贫重点工作任务，积极开展包联贫困享受政策边缘户入户随访工作，协调区卫生健康委，组织医药卫生界别的政协委员及政协机关干部，深入包联家庭，开展“一对一”“面对面”帮扶工作，定期为帮扶家庭提供健康指导及就医用药服务。

【调研活动】 提案法制委全体工作人员、医药卫生、文化艺术界别部分委员参加调研工作。其中包括参与调研传统中医药事业传承发展的界别活动，实地走访玉泉区优秀民营医院三空正骨医院、碱滩卫生所等优秀医疗卫生场所。组织政协机关全体干部及政协委员、人大代表观看优秀反腐倡廉晋剧剧目。为喜迎祖国成立70周年，庆祝人民政协成立70周年，大力弘扬社会主义核心价值观，组织政协机关全体干部及全体政协委员赴内蒙古广播影视传媒中心开展“传家国情怀、筑复兴梦想”主题教育活动，观看《我家有故事》访谈节目。调研中，通过多种形式的调研活动，既充实了特色主题党日教育活动内容，也为今后更好地调动政协委员参政议政积极性，凝聚政协委员智慧、汇聚能量、激发干劲打下坚实的基础。

中国国民党玉泉区总支委员会

【中国国民党玉泉区总支委员会领导名录】

总支主委　高兴龙（蒙古族）
总支副主委　谭国忠
段海军
总支委员　温江琪（女）
魏爱萍（女）
陈　琳（女）
韩继祥（蒙古族）

【概况】 民革玉泉区总支最早是成立于1984年，先后历经民革玉泉区小组、民革玉泉区支部、民革玉泉区总支，现在是第四届总支委员会。

总支现有党员57人，学历以大学本科为主，占41%，研究生学历的有1人，有民革渊源的有24人，所占比例为41%。2019年总支发展5名联系人。

玉泉区总支的活动地点位于玉泉区鄂尔多斯路的玉泉区总支“民革党员之家”，党员之家分别有玉泉区总支陈列室。会议室、图书室。陈列室主要展示了玉泉区总支历史沿革、取得的成绩、活动展示等。会议室有大电子屏，可以放映影像资料，设备齐全，敞亮整洁。图书室放置着历年的《呼和浩特民革》杂志以及相关统战、政协、党派、民革历史的各类书籍。

总支社会服务活动的一个亮点是法律服务，2019年，总支有4名党员是法律工作者，近年来开展了法律服务进社区、无偿提供法律援助等活动。

总支社会服务活动另一个亮点是连续8年为玉泉区民族实验小学捐赠图书、教学用品等。

【加强思想建设】 2019年是新中国成立70周年，是全面建成小康社会的关键之年。一年来民革玉泉区总支坚持以习近平新时代中国特色社会主义思想为指导，全面贯彻党的十九大和十九届二中、三中、四中全会精神，增强“四个意识”，坚定“四个自信”，做到“两个维护”，持续深入学习贯彻习近平总书记关于内蒙古工作的主要指示批示精神，总支召开全体党员集中理论学习会2次，部分党员参加了民革区委会、市委会组织的学习和各级人大、政协组织的学习。

【创新履职，参政议政】 民革玉泉区总支发挥组织作用，调动广大党员积极性，深入调查研究，积极为首府和谐社会发展建言献策。

中国人民政治协商会议玉泉区第九届委员会第三次会议于2019年12月25日—27日举行。民革玉泉总支委员会有6名党员作为政协委员参加会议。

会议期间，委员们认真审议、讨论有关报告，围绕经济社会发展问题，踊跃发言，积极建言献策。委员们一致认为要始终把助推玉泉区经济社会发展作为履职的第一要务，围绕统筹推进“五位一体”总体布局、协调推进“四个全面”战略布局和重大民生问题，聚焦解决城区发展不平衡、不充分问题，创新履职方式，选准调研课题，深入协商议政，始终保持政协履职与玉泉区中心工作和重点工作同频共振。委员们共提交提案建议12件。其中集体提案6件，政协委员个人提案6件，名列各民主党派、团体提交数量首位。

【社会服务工作】 为进一步体现民革玉泉总支委员会对党员的关心、关爱，2019年春节前夕，总支对部分老党员进行了慰问，送去了米、面。

民革玉泉区总支开展口腔知识与牙齿健康专题讲座。在新中国成立70周年来临之际，2019年4月20日，民革玉泉区总支在玉泉区民革党员之家举行口腔卫生与牙齿保健的讲座活动。特邀呼和浩特市口腔医院殷茵医师等大夫进行口腔知识讲座。

5月18日上午，民革玉泉区总支在玉泉区民革党员之家举行了近距离的了解台湾专题讲座。总支邀请在国内工作生活多年，祖籍福建泉州、出生于台湾新北市的台湾同胞黄志强先生为大家讲述台湾的历史、名人轶事、风土人情、风俗习惯等。

7月26日，民革呼市委员会组织民革党员开展无偿献血活动。自2012年开始，民革呼和浩特市委员会发出无偿献血活动倡议以来，连续8年组织广大民革党员参加无偿献血活动，总支党员都积极响应号召，热情参与无偿献血活动。

9月28日，为解决武川滞销的土豆，总支党员积极购买土豆，为武川县农民献爱心，为农民排忧解难。

【扫黑除恶专项斗争】 6月25日上午，民革玉泉区总支党员、街道干部、人大代表、政协委员、司法所及前八里庄村全体干部参加前八里庄村开展的扫黑除恶专项斗争宣传活动。

宣传活动包括在辖区悬挂扫黑除恶标语、张贴扫黑除恶专项斗争海报、播放宣传音频及工作人员身着宣传绶带向居民发放扫黑除恶宣传单等多种形式。本次宣传活动工作人员共发放扫黑除恶宣传袋300个、《致全区人民群众的一封信》380份、扫黑除恶宣传折页510份。

11月21日，民革玉泉区总支党员在玉泉区东甲兰村开展法律进乡村、扫黑除恶专项斗争法治宣传活动，为村民现场解答法律咨询，发放法律知识宣传手册200余份。

【完善机制，扎实推进组织建设】 2019年3月16日，民革玉泉区总支民革党员之家落成并举行了揭牌仪式。

市委会主委孙清宾，副主委张伟华、王秀琴、高兴龙，玉泉区统战部副部长孟志宏、玉泉区司法局副局长杨文志，民革市委会机关工作人员，民革新城区、赛罕区、回民区总支主委以及玉泉区党员参加了揭牌仪式。

孙清宾主委对玉泉区总支成立民革党员之家给予了热情赞扬和高度评价，鼓励玉泉区总支在新的环境努力学习，提高自身建设，提高参政议政能力，各项工作再上一个新台阶。

【创新活动方式】 2019年是民革思想政治建设年，为增强党员的凝聚力，进一步激发基层组织的活力。7月20日，民革玉泉区总支在希拉穆仁草原开展了“不忘初心、凝心聚力”主题活动。

中国民主同盟玉泉区总支部委员会

【中国民主同盟玉泉区总支部委员会领导名录】

主任委员　张丽梅（女）
副主任委员　祝春燕（女）
副主任委员　郝艾君

【概况】 2019年是中华人民共和国和人民政协成立70周年，是中国共产党领导的多党合作和政治协商制度确立70周年，也是全面建成小康社会、实现第一个百年奋斗目标的关键之年。民盟玉泉区总支部在民盟呼和浩特市委和中共玉泉区统战部的正确领导下，深入学习贯彻习近平新时代中国特色社会主义思想和中共十九大精神，贯彻落实全国两会精神和民盟十二届二中全会精神以及自治区、呼和浩特市、玉泉区三级两会精神，以建设高素质中国特色社会主义参政党为目标，围绕“五位一体”总体布局和“四个全面”战略布局，发扬玉泉民盟优良传统，扎实推进自身建设，努力凝聚思想共识，积极履行参政党职能，为推动呼和浩特民盟事业的发展进步、为玉泉区经济建设做出新贡献。

总支部下设4个支部，盟员总数80人，其中博士研究生1人、硕士研究生11人、本科47人。

【思想宣传】 认真学习贯彻习近平新时代中国特色社会主义思想和中共十九大精神，贯彻落实全国两会和民盟十二届二中全会精神以及自治区、呼和浩特市、玉泉区三级两会精神，继续深入开展“不忘合作初心、继续携手前进”主题教育活动，引导盟员树牢“四个意识”，坚定“四个自信”，坚决做到“两个维护”，进一步凝聚思想共识，强化责任担当，筑牢多党合作的共同思想政治基础。

以庆祝中华人民共和国成立70周年、中国共产党领导的多党合作和政治协商制度确立70周年为契机，积极参加报告宣讲、座谈研讨、参观考察、主题征文、文艺演出、书画展览等形式多样的纪念活动。

【参政议政】 围绕中共呼和浩特市委、玉泉区委制定的重大民主协商计划开展调研，做好玉泉区政协全委会、常委会及有关专题协商会上的发言、提案工作。

积极参与玉泉区统战部和政协玉泉区部署的重点调研课题，认真参加区统战部和区政协牵头的各类协商会、座谈会和情况通报会，在重大方针政策决策实施以及统一战线工作等方面提出意见建议。

聚焦中共玉泉区委区政府中心工作，深入

开展关于营销环节长期制约呼和浩特市蔬菜价格居高不下问题、关于加大政策扶持引导，加快蒙中医药产业融合发展等专题调研，形成高质量的调研报告。

充分发挥盟内人大代表、政协委员作用，积极参加各级政协、人大及其相关专委会的会议和调查研究，提出高质量的意见、建议。在12月25日—27日召开的政协玉泉区九届三次会议上，总支部共提交提案12篇。

【社会服务】 与玉泉区司法局合作，向管区的10名社会矫正人员发放米、面、油等节日慰问品，鼓励他们积极矫正。

保持民盟优良传统，继续参加每年的义务植树活动和义务献血活动。

关爱青少年，为托县古城镇少年军校捐赠书籍，并举办“关注基层教育，插上航天翅膀”帮扶活动。

发挥民盟医卫专家优势，赴托县古城镇永圣域村开展“同心·天使行动”捐药义诊活动；为玉泉区小黑河镇东甲兰营村村民进行义诊。

发挥盟员中司法干警的特长，为玉泉区小黑河镇东甲兰营村村民进行了法律咨询服务并发放了法律书籍和扫黑除恶宣传材料；在玉泉区东二道河小学举办“关爱下一代　送法进校园”法律知识讲座。

【组织建设】 根据民盟呼和浩特市委2019年组织发展工作规划，按照“提升质量，保证数量，优化结构，保持特色”的发展要求，切实把好入口关，积极发展优秀知识分子入盟，继续保持界别特色，做好组织发展和代表性人士队伍建设工作。2019年度发展3位新盟员。

组织盟员参加新盟员培训班、内蒙古省基层盟务骨干培训班、青年工作委员会委员培训班，提高盟员质量，提升盟员素质。以青委会为平台，推动青年盟员参与各项盟务工作。

【获奖情况】 总支部2位老盟员路丁、曲兰双获“庆祝中华人民共和国成立70周年纪念章”殊荣；盟员尤佳庆获中共呼和浩特市委员会、呼和浩特市人民政府授予的“2019年度呼和浩特市优秀教师”荣誉称号；郝艾君荣获呼和浩特市科学技术协会授予的“2019年呼和浩特市最美科技工作者”称号以及内蒙古科学技术协会授予的“内蒙古自治区青年科技奖”。

在民盟呼和浩特市委2018—2019年度议政建言表彰会上，玉泉区总支部共有21位盟员被授予“2018—2019年参议政建言先进个人”称号。盟员云瑞被授予“盟内无偿献血先进个人”称号。

在民盟呼和浩特市委举办的新中国成立70周年作品征集活动中，路丁被授予“新中国成立70周年作品征集先进个人”称号。

中国民主建国会玉泉区总支部

【中国民主建国会玉泉区总支部领导名录】

主任委员	曹东海
副主任委员	云亚敏（女　蒙古族）
	温　谦
委　员	张丽萍（女）
	达　赖（蒙古族）

【概况】 民建玉泉区总支部在民建呼和浩特市

委员会的带领下，在中共玉泉区委、统战部的大力支持下，同中共玉泉区委亲密合作、共同奋斗、与时俱进、团结和带领全体会员立足本职，全面学习、认真贯彻十九大精神，以习近平新时代中国特色社会主义思想为指导，围绕区委、区政府中心工作，服务大局，全面加强自身建设，加强党派履职能力，不断提高自身素质，努力使各方面工作取得新成效。玉泉区总支部是以经济界人士为主，以其他各行业为辅组成的一个总支部，在民建玉泉区总支部中现有区委员5名、常委1名。

2019年是中华人民共和国成立70周年，是决胜全面建成小康社会第一个百年奋斗目标的关键之年，也是人民政协成立70周年。2019年，民建呼和浩特市玉泉区总支部坚持以马列主义、毛泽东思想、邓小平理论、“三个代表”重要思想、科学发展观和习近平新时代中国特色社会主义思想为指导，深入学习贯彻中共十九大、十九届二中、三中、四中全会精神，高举爱国主义和社会主义两面旗帜，组织和引导广大民建会员，坚持不懈地开展习近平总书记系列重要讲话精神的学习，党的统战理论、统战政策的学习，《会章》“会史”的学习，扎实持久地开展了“不忘合作初心，继续携手前进”主题教育活动。通过一系列深入、系统、强有力的思想宣传教育活动，进一步夯实了广大会员自觉坚持中国共产党的领导，坚持改革开放的信心和决心，为中国共产党领导的多党合作事业贡献了积极力量。围绕中共呼和浩特市玉泉区委、区政府的中心工作，团结和带领广大会员，充分发挥自身优势，采用多种形式，开辟多种渠道，调动多方力量，深入开展调查研究，积极参政议政、建言献策，为中共呼和浩特市玉泉区委民主决策、科学决策提供支持和帮助，卓有成效地发挥了参谋和助手的作用，为推动呼和浩特市经济社会健康发展做出积极贡献。

【组织建设】 组织建设是自身建设的基础，是确保本会充满生机活力的关键，民建玉泉区总支部领导班子成员按照《会章》的要求，定期召开会议，研究各个时期重点工作。发挥了领导班子领头雁、带头人的作用。按照民建市委和中共区委统战部的要求，结合主题教育活动，召开了民主生活会，班子成员通过开展批评和自我批评，敞开心扉，查找不足，达到闻过则喜，知过不讳的目的。领导班子按照中共市委统战部的要求，调整了分工，使会的运行更加科学合理。

【参政议政】 参政议政工作再创新佳绩。2019年，民建市委围绕中共市委、市政府的中心工作及民生热点、难点、焦点问题，发动广大会员深入开展调研，积极建言献策。2019年度中以中国民主建国会成立75周年、民建自治区委成立30周年为契机，认真学习《会章》“会史”，回顾民建在中国共产党领导下75年来走过的光辉历程，宣传民建在我国不同的历史时期所发挥的重要作用，继承并发扬民建老一辈与中国共产党风雨同舟、通力合作的高尚情怀，把中国共产党领导的多党合作制度坚持好、巩固好、完善好，把民建老一辈领导形成的优良传统传承下去。

参加了区《政府工作报告》征求意见会并积极发言，有效地发挥了挚友和诤友的作用。在区“两会”召开前夕，民建玉泉区总支部及时组织会员生活会，围绕呼和浩特市玉泉区大政方针及民生问题征集提案素材。“两会”期间，共向大会提交人大批评、建议与意见及政协提案14

件，其中，集体提案3件、委员提案11件。提案范围涉及加快推进呼和浩特市经济社会发展，加强城市建设精细化管理，加快养老产业培育等多个领域。

【社会服务工作】 社会服务工作是扩大民建社会知名度和影响力，服务困难群众的有效途径，一直以来作为民建工作的要点常抓不懈。深入学习贯彻习近平总书记关于扶贫工作的重要论述，加强理论武装，统一思想共识。将脱贫攻坚作为社会服务工作的第一要务，助力全面建成小康社会。充分调动会内资源，突出重点，积极开展社会服务实践活动，量力而行、尽力而为，聚焦打赢脱贫攻坚战，有所作为。总结社会服务工作经验，展示社会服务工作成果，组织评比脱贫攻坚中做出突出成绩的先进个人和先进集体。巩固社会服务的品牌，力争做大、做强、做细，做出民建特色，做成社会各界了解民建的窗口。

民建玉泉区总支部与城建委总支部联合赴倘不浪小学开展捐资助学活动，共捐赠1万余元教学用具及现金。参加了市委统战部组织的“同心林”植树活动。会同民建回民区总支部开展了环保知识宣传活动和助力“三城同创”为环卫工人献爱心活动，体现了对城市美容师的关爱。开展为孤独症儿童献爱心慰问活动，让特殊儿童以及家长感受到社会大家庭浓浓的关爱之情。为更好完成助力精准扶贫任务，参加民建市委组织的认购爱心苹果活动，会员们踊跃认购苹果600余箱，折合人民币3万余元，解决了果农销售困难。

深入学习贯彻习近平总书记在民营企业座谈会上的重要讲话精神和国务院最近出台的《关于营造更好发展环境，支持民营企业改革发展的意见》，密切联系会员企业，倾听会员企业呼声，反映企业合理诉求，积极为会员企业服务。继续做好参加中国风险投资论坛、中国非公有制经济发展论坛、中央会员企业家培训班等活动的组织协调工作。加强对外联络、合作，借助外力弥补短板。积极参加会员企业家培训班和联谊活动，强素质、增动力、促发展。

中国民主促进会玉泉区总支部

【中国民主促进会玉泉区总支部领导名录】

主　委　李丽英（女　蒙古族）
副主委　云晓玲（女　蒙古族）
　　　　刘俊馨
委　员　宋福争
　　　　张卫红（女）

【概况】 民进玉泉区总支部主委李丽英，副主委云晓玲、刘俊馨，委员宋福争、张卫红。总支部下设2个支部，呼和浩特市第五支部和呼和浩特市第十一支部。呼和浩特市第五支部，支部主委云晓玲，副主委贺其英贵、文建宗。呼和浩特市第十一支部，支部主委刘俊馨，副主委宋福争、张卫红。

2019年，在民进呼和浩特市委会、玉泉区区委的领导下，在玉泉区委统战部的指导与帮助下，民进玉泉区总支部坚持自身建设，积极参政议政、服务社会，在各方面都取得了一定的成绩。

【坚持自身建设】 民进玉泉区总支部加强支部建设，提高会员素质，壮大会员队伍，在自身建设方面坚持把支部建设成为具有政治思想觉悟和参政能力的、具有良好形象和声誉的、具有凝聚力和吸引力的民主党派基层组织。一直以来，坚持以思想建设和组织建设为主要方面，全面提升支部的自身建设。

思想建设　民进玉泉区总支始终把思想建设作为自身建设的核心，把坚定正确的政治方向，团结和带领全体会员坚持走中国特色社会主义道路作为贯穿支部一切工作的首要任务。广泛的、形式多样的学习成为思想建设的重要内容，主要途径有4条。总支部主委、委员坚持积极参加市委会组织的各种学习活动。参加政协玉泉区、玉泉区统战部的学习活动。在支部活动中开展理论学习，传达和学习民进中央、民进市委、民进区委文件精神。会员积极参加所在单位的政治、业务学习。采取集中学习、统一布置自学等多种形式的学习方法，全面提升会员的政治素养。

通过深入开展学习和教育活动，坚定了会员们对中国共产党领导的多党合作和政治协商制度的决心，也为适应新形势下的参政议政，发挥参政党作用打下了良好基础。2019年，按照民进市委会和玉泉区委统战部的有关文件要求，认真学习、领会了中国共产党第十九届四中全会会议精神，学习全国“两会”报告，提升了会员们的思想认识，为大家参政议政、建言献策提供了良好的理论基础。

组织建设　民进玉泉区总支部始终把和谐发展作为组织建设的重要内容，着力从4个方面开展工作。建设和谐的支部。各支部班子团结协作，生活上互相关心，工作上互相支持。1月24日上午，民进玉泉总支组织开展“迎春”活动，民进玉泉区总支副主委云晓玲还传达了市委会对老会员的慰问，对70周岁以上老会员发放慰问金，并向所有会员送上新春的祝福和问候。12月，总支部会员参加了2019年民进呼市委员会救助大病会员基金捐款活动。点点滴滴的关爱，让支部成员感受到集体的温暖。开展丰富的活动。在开展支部活动时，注意寓思想教育于丰富多彩的活动中，沟通了感情，增进了团结，增强了凝聚力。3月5日，会员们通过电视、网络观看学习李克强总理在十三届全国人大二次会议上的《政府工作报告》。9月25日上午，民进呼和浩特市委员会玉泉区总支部与玉泉区妇联在东三里营社区举办“书香伴我行　阅读品人生”国庆70周年读书朗诵活动。庆祝新中国成立70周年，旨在传承民族文化，发扬阅读精神，共庆祖国生辰；10月1日，部分会员赴玉泉区政府广场参加升旗仪式活动，会员们通过电视、网络观看国庆阅兵仪式；10月12日，民进呼和浩特市委会玉泉区总支召开“不忘合作初心，继续携手前进”主题教育学习活动，中共玉泉区常委、统战部部长方达，副部长孟志宏等一行走进民进玉泉区总支委员会，开展“不忘初心、牢记使命”主题教育调研活动，对总支部的学习教育活动给予肯定。10月21日上午，会员们赴玉泉区党群活动中心参加“不忘初心、牢记使命”主题教育活动。11月7—8日，民进呼和浩特市委员会第五支部（玉泉区支部）会员刘一嘉作为新一届呼市青联委员，参加呼和浩特市青年联合会第九届委员会第一次全体会议。12月6日，民进会员政协委员们参加政协玉泉区组织的调研活动，赴玉泉区融媒体中心、食药监管数据中心、扎达盖河山体公园、玉泉区文化馆等地调研改造、建设情况，赴玉泉区小黑河学校调研学生配餐情况。12月12日，会员们赴第一监狱参加廉政教育基地活动。

注入新的活力。民进玉泉区总支部通过组织学习和开展丰富的实践活动，会员素质得到了提升。他们在本职工作中表现出了积极的工作态度，踏实的工作作风，高度的责任感，良好的协作精神，尽职尽责的敬业精神。树立了民主党派的良好形象。2019年加入4名新会员，为民进基层组织发展注入了新的活力。

【参政党职能】 积极履行参政议政、民主监督职能，是坚持和完善中国共产党的多党合作和政治协商制度的重要实践，民进玉泉区总支作为参政党的一个基层组织，把积极参政议政当作头等大事来抓，努力发挥参政党基层组织应有的作用。

积极发挥会员中人大代表、政协委员参政议政的引领作用。支部的政协委员、人大代表每年在市、区政协会议和人大会议期间，都本着认真负责的精神，切实履行政协委员的职责，在深入思考调查和反复研究的基础上，贴近生活，贴近群众，反映社情民意，为经济、文化建设建言献策，为构建和谐社会做贡献。

发挥会员的参政议政作用。民进总支部围绕党委、政府中心工作，围绕人民群众普遍关心的社会热点、难点问题，重调研、出精品，履职尽责，为玉泉区、呼市经济社会发展建言献策、献智出力。共向民进市委会提交3篇提案、6条社情民意。会员政协委员刘俊馨在政协玉泉区九届全二次会议提交的《关于提高我市中小学班主任津贴的提案》受到各级领导的重视，实现了班主任津贴的增长。在政协第九届委员会第三次会议期间，云晓玲提交了《关于我市文化遗产资源利用与开发的建议》，贺其英贵提交了《关于减轻学校迎检负担，教育行政部门要担起责任》《关于政府给老旧小区免费发放灭火器》，梁孝平提交了《关于开展玉泉区“戏曲进校园”的提案》，刘俊馨提交了《关于大力推动家庭教育的建议》《关于建立健全我区“三留守”人员关爱服务体系的建议》《关于市政建设合理规划施工时间的建议》《关于提高基层民警待遇的建议》，刘一嘉提交了《关于利用现有社区党建教育资源，建立“儿童教育，家庭教育，党建教育”综合体的建议》。共提交了提案9件，会员们立足专业和本职，关注与本职业务相关的社会政治问题，更积极地参与参政议政工作，将专业研究与参政履职相结合，更好地发挥会员的参政议政作用。

中国农工民主党玉泉区总支部

【中国农工民主党玉泉区总支部领导名录】

主　委　道日娜（女）
副主委　杨海平
　　　　刘德江
委　员　王志茹（女）
　　　　李　峰

【概况】 农工党玉泉区总支部在市委会和玉泉区统战部领导下，团结和带领全体党员，围绕玉泉区中心工作，发挥参政党作用，履职尽责，为玉泉区的经济社会发展做出贡献。

农工党玉泉区总支部由以医药卫生界为主的高、中级知识分子组成，下设第一支部、第五支部和第七支部3个支部。现有党员95人，其中，正高级职称17人、副高级职称37人；研究生13人、大学本科44人、其他38人。内蒙古自治区人大代表1人、内蒙古自治区政协常委1人、呼和浩特市政协委员2人（常委1人）、政协玉泉区委员3人。

【自身建设】 把思想政治建设放在首位，引导党员牢固树立正确的政治方向。2019年，按照农工党市委会要求，开展了“不忘合作初心，继续携手前进”主题教育活动，召开了学习贯彻习近平总书记考察内蒙古重要讲话精神专题学习座谈会。积极参加各级统战部开展的“不忘合作初心，继续携手前进”主题教育活动、警示教育活动和重要纪念活动。组织党员积极参加各级党委、政府举办的报告会、座谈会等相关活动。

2019年，中国农工民主党玉泉区总支部获得农工党呼市委员会颁发的先进基层组织建设奖。14位党员获得农工党呼市委员会颁发先进工作者奖励，其中，道日娜主委、王禄林、张英、逄德霞4位党员获得参政议政先进工作者奖励；刘德江、杨海平2位副主委获得组织建设先进工作者奖励；李峰、王智、王丽娟、尹剑军、刘瑞霞、张志盛、贾素芳、萨日娜8位党员获得社会服务先进工作者奖励。

【参政议政】 围绕中心，服务大局，开展调查研究，反映社情民意信息，积极建言献策。2019年度，完成调研报告3篇、人大议案1篇、人大建议1篇、政协提案10余篇、社情民意5篇。其中，《关于制定〈内蒙古自治区学前教育条例〉的议案》被自治区人大列为议案，《加大力度落实民族政策，优先重点发展民族教育的建议》得到自治区人大采纳。《关于增强医护人员自我保护意识合理规避医患纠纷的提案》《推进我市医疗联合体建设的对策及建议》等提案，得到呼市政协重视和采纳。

【社会服务】 总支部围绕玉泉区经济社会发展，立足自身特色，积极组织各类社会服务工作。组织医疗专家深入乡镇卫生院、社区、贫困户等，开展卫生知识讲座、送医送药下乡、义诊、入户巡诊、帮扶贫困儿童等，累计4次。

2019年5月7日，农工党玉泉区总支部在玉泉区小召前街社区开展义诊咨询活动，义诊咨询43人次。

2019年7月25日，农工党玉泉区总支部第一支部赴金川聚龙湾社区开展同心健康环保科技行社会服务活动。内科、骨外科、妇科、肾内科、中医理疗科等近20名医疗专家深入社区，开展痛风防治知识健康讲座，为居民查体诊病，讲解医疗科普知识，免费进行血压测量，指导合理用药，对常见的慢性病、多发病的预防问题和保健知识提供了专业的指导。活动累计义诊380余人。现场还发放了健康知识宣传资料和水杯、帽子等宣传小礼品，得到社区居民们的一致好评。

10月8日，农工党玉泉区总支部在鄂尔多斯路社区卫生服务中心门前和康居家园小区开展“健康血压　中国行动”全国高血压日公益义诊活动，医疗专家们为现场近百名群众进行免费血压测量和健康咨询，还开展了高血压防治知识宣讲，发放了健康宣传单80余份。活动不仅提高了居民的自我保健意识，也为普及高血压防治知识，动员全社会参与高血压预防和控制工作发挥了积极作用。

11月21日，农工党呼和浩特市玉泉区总支部组织党员参加玉泉区统战部举办的“不忘初心、牢记使命”社会服务工作，组织党员深入玉泉区小黑河镇东甲兰营村送医送药下乡，诊治病患20余人。

九三学社玉泉区委员会

【九三学社玉泉区委员会领导名录】

主任委员　乌　兰（女　蒙古族）
副主任委员　刘林贵
　王小玲（女　蒙古族）
委　员　李美娜（女）
　赵直光

【概况】　2016年8月九三学社呼和浩特市玉泉区第三届支社委员会经选举，乌兰任主任委员（2012年12月当选市委委员），刘林贵、王小玲任副主任委员，李美娜、赵直光任委员。

【自身建设】　围绕深入学习中共十九大精神、习近平考察内蒙古讲话精神和九三学社会开展“不忘合作初心，继续携手前进”主题教育活动方案，组织社员以参加社区委、市委和统战部开展的学习活动以及社员单位的政治学习为主，利用微信公众号自学为辅的形式，不断提高社员的政治觉悟和理论水平。

在纪念中华人民共和国成立70周年之际，九三学社以主题教育为主线，按照市委会部署的主题教育活动的步骤，组织社员到乌兰夫故居参观，接受红色教育，重温革命历史，使全体社员普遍接受了理论和历史传统教育，通过学习，社员们心灵深处受到了震撼，增强了自觉履行参政党职能的使命感和责任感，也更加坚定了紧密团结在以习近平同志为核心的党中央周围，同心同德，做好共产党的好参谋、好助手，为今后在各自工作岗位上尽职尽责、献计出力提供了强大的精神动力。

【参政议政】　积极履行参政议政职能。在组织理论学习、丰富知识的基础上，完善机制，组建参政议政的骨干队伍，注重骨干社员和新社员的培养、推荐，支持他们参加上级组织的学习培训和专题讲座，在征集社情民意中广泛听取社员意见，提高社员参政议政的积极性。2019年九三学社组织开展视察调研活动，围绕农业生产过程中化肥的使用情况和民营养老院在运行和发展中存在的问题进行调研，通过深入了解情况，调研组成员对视察过程中的重点内容和问题进行分析和研讨，最终由李美娜、孔祥凯执笔提出了《降低农药化肥使用量，提高有机肥和二氧化碳气肥用量，促进农牧业绿色高质量发展》《呼和浩特市民办养老机构发展问题及对策建议》2篇调研报告。社员武强就医保在管理运行中存在的问题提出《关于完善内蒙古医保本级职能监控系统的建议》。随着BIM技术的推广应用，呼和浩特市由于技术人才短缺，建筑BIM应用水平和深度较为落后，社员侯兴君提出《关于加强培养BIM人才的建议》。冬云、吕乃达等社员围绕困扰老百姓的糖尿病、艾滋病在治疗中结合国内先进的方法、技术，提出了管理建议，不仅便于病人的规范治疗，也为首府开展单病种的临床管理提出独到的建议，还有多位社员就呼和浩特市农业、环境保护、城市管理中存在的问题也提出了建设性意见。

【服务社会】　持续服务社会民生，不断彰显九三学社新面貌。九三学社发挥医疗技术优势，在世界肾病日由社员张瑞风带队为玉泉区小召街道居民开展“关爱肾脏，享有肾健康”的健康科普讲座，现场发放了宣传材料300份，通过宣讲提高了社区居民对肾脏疾病的认识和防病意识，也增强了对疾病的预防和管理能力，获得了社会、群众的信任。由玉泉区统战部组织的“不忘合作初心，争做好人好事”活动，为小黑河镇东甲兰村送去医疗、法律援助，九三学社发挥医疗技术优势为20多名村民进行了超声影像检查，受到村民的赞誉。社员吕乃达带领医务人员走进三顺店社区围绕“共担防艾责任，共享健康权利，共建健康中国”主题开展预防讲座。

【立足岗位助力社会发展】 立足岗位助力社会发展。新中国成立70年来，各行各业都取得了长足的发展，社员们凭借自己的专业技术能力和对工作的热情在普通岗位上取得了优异的成绩。吕乃达先后荣获内蒙古、呼和浩特市两级政府颁发的“内蒙古好医生”和“青城健康卫士”的称号；郝慧霞荣获“呼和浩特市最美医生”的称号；张薇在青少年艺术教育工作中获得由中国特长生教育发展联盟等单位颁发的“优秀辅导教师奖”和“最佳指导教师奖”。还有部分社员在各自的单位取得了优异的成绩，为九三学社赢得了荣誉。

内蒙古自治区人大代表、政协委员名单

第十二届自治区政协委员	冬　云（常委）

呼和浩特市人大代表、政协委员名单

第十三届呼和浩特市政协委员	冬　云
	乌　兰
第十六届玉泉区人大代表	乌　兰（常委）
第九届玉泉区政协委员	刘林贵（常委）
	王小玲
	李美娜
	赵直光
	及　捷

社会团体

总工会

【总工会领导名录】

党支部书记、主席	托　娅（女　蒙古族）
党支部副书记、副主席	乌　兰（女　蒙古族）
兼职副主席	王正中（5月31日任职）
挂职副主席	秦瑞金（5月31日任职）

【概况】 2019年，区总工会在区委和市总工会的坚强领导下，以习近平新时代中国特色社会主义思想为指导，深入学习贯彻习近平总书记关于工人阶级和工会工作的重要论述，牢牢把握新时代工人运动主题，以构建和谐劳动关系为主线，以履行工会职能为核心，以满足职工日益增长的美好生活需要为目标，着力强化基层基础，全面履行维权服务职能，深化工会改革创新，各项重点工作取得了新成效。

玉泉区总工会现有行政编制人员2名、参公编制人员1名、事业编制人员2名、社会化工作人员7名。内设女职工委员会、经费审查委员会、经费核算服务中心，下设事业单位玉泉区困难职工帮扶中心。

【强化理论武装】 始终以习近平新时代中国特色社会主义思想为根本遵循和行动指南，推动学习贯彻习近平新时代中国特色社会主义思想，特别是习近平总书记关于工人阶级和工会工作的重要论述，引领广大职工坚定不移听党话、跟党走。

扎实开展“不忘初心、牢记使命”主题教育。牢牢把握“守初心、担使命，找差距、抓落实”总要求，把牢正确政治方向，职工思想引领工作不断加强。加强党员干部教育监督管理，健全和完善工作制度，增强服务意识，提升工作实效。深化落实重点措施，有效加强组织领导，全力推动主题教育目标要求落地见效。深化“中国梦·劳动美”主题系列教育，深入开展“三联三帮三促”党建帮扶工作、健康扶贫进乡村志愿服务活动、“关心困难　职工助力脱贫攻坚”公益活动；举办了“不忘初心跟党走　牢记使命谱新篇”趣味运动会、“守初心担使命　爱我青城奉献首府”玉泉区干部职工主题演讲比赛，助力“三城同创”，开展“倡导垃圾分类”等志愿服务宣传活动，培育和践行社会主义核心价值观。

创新职工思想政治工作方式方法。落实意识形态工作责任制，定期开展职工舆情分析研判。积极参与网络治理，走好网上群众路线，加强网上思想引领，畅通职工网上诉求表达渠道，掌握工会网上舆论主导权，通过网络推动主题教育深入开展。通过微信公众平台、今日头条、活力玉泉推送工运信息870条，并多次在人民网、中工网、新华网、内蒙古新闻网等网站刊载。区总工会撰写的《关于开展民主管理在助推民营企业发展中发挥作用情况的调研报告》荣获2019年度自治区工运理论政策研究优秀调研报告三等奖。

【把握时代主题】　广泛开展劳动和技能竞赛。牢牢把握新时代工运主题，组织动员广大职工弘扬主人翁精神，争做新时代的奋斗者，在推动高质量发展中贡献智慧力量。把劳动和技能竞赛作为发挥主力军作用的有效载体，举办了“当好主人翁、建功新时代”职工劳动和技能竞赛，协办了第四届烧麦文化创意展示大赛，组织职工参加了全区中小学青年教师教学竞赛，开展了多种形式的职工技能培训、岗位练兵、网上练兵和技术创新活动120余场，参加劳动竞赛的职工达1万人次，极大地激发了玉泉区各族职工的劳动激情和创造热情。

充分发挥先进群体的示范引领作用。紧紧围绕党政中心大局和工会工作全局，广泛开展争创“工人先锋号”“五一巾帼标兵岗”等活动，重点培育了内蒙古苁蓉实业有限责任公司包装材料车间、内蒙古蒙萃源食品有限责任公司一车间2家市级“工人先锋号”，长和廊街道观音庙社区等5家市级“五一巾帼标兵岗”。充分发挥先进群体的示范引领作用，深化劳模、工匠人才创新工作室创建工作，打造了马黎鸣市级示范职工创新工作室。培养选树的苏鲁锭职工创新工作室被授予“全国工人先锋号”荣誉称号。

加强劳模管理和服务工作。为全面精准地了解掌握劳模情况，通过走访调研、电话沟通、建立微信群等方式，对173名劳模信息进行了全面核实与登记备案。开展劳模精神、劳动精神、工匠精神进基层活动，组建三级劳模宣讲团，进企业（车间、班组）、进街道（社区、农村），广泛开展劳模事迹宣讲活动，激励广大劳动者争做新时代的奋斗者。为切实关心关爱劳模，先后开展了“五一慰问送祝福温情　关怀暖人心”的主题慰问活动、“壮丽七十年　礼赞劳动者”系列慰问活动，走访慰问了5名困难劳模、63名与共和国同成长的70周岁以上劳模，为玉泉区全部建档的173名劳模赠送了价值555元的关爱体检卡并积极协调争取国家级癌症免费筛查项目，为劳模免费进行“五癌筛查”。

【竭诚维权服务】　构建服务职工工作体系。以城市困难职工精准帮扶为保障，在推动决胜全面建成小康社会中展示新作为。深化“春送岗位、夏送清凉、金秋助学、冬送温暖”四送品牌活动，做实各类帮扶救助、保障服务项目。深化工会就业创业援助行动，提供免费就业服务200人次，带动创业、再就业130人次。积极推进职工医疗互助保障行动，为11名职工办理了补助金申领手续，共发放补助金6073.7元。筹集中央、自治区、呼市财政专项帮扶资金38.5万元，上级工会送温暖资金7万元，2019年走访慰问困难企业5家，慰问一线职工、农民工、困难职工、困难劳模2194人次，发放慰问金46.5万元，发放慰问物资1536份。

构建和谐劳动关系。健全劳动关系协调机制。推动完善政府、工会、企业共同参与的协商协调机制，深化和谐劳动关系创建活动，推进企业劳动争议调解规范化建设。加强对劳动关系领域社会组织的政治引领、示范带动、联系服务。举办了工资集体协商工作培训班，开展了工资集体协商“要约行动季”活动，指导建会非公企业签订集体合同和工资专项集体合同110份，覆盖职工6316人；指导基层工会签订区域性集体合同27份，覆盖个体工商户508家，覆盖职工1356人；指导签订行业性集体合同10份，覆盖医疗卫生、汽修服务等行业，覆盖各类经济组织130家，覆盖职工1264人。

夯实基层基础建设。注重民营企业、社会组织以及新经济组织、新社会组织建会工作，推动工会组织向新领域新群体延伸。举办了“八大群体”集中入会仪式暨“送清凉”慰问演出，将货车司机、快递员、护工护理员等八大群体切实组织到工会中来。指导组建内蒙古旅游行业工会联合会，填补了玉泉区旅游行业建会的空白。继续推进玉泉大厦楼宇工会规范化建设。2019年，新建工会组织103家，其中25人以上企业建会29家，25人以下企业建会74家，发展会员4258人。

加强基层职工文化阵地建设。切实满足职工群众精神文化需求，以“双创优”活动为抓手，以强基层、补短板、增活力为目标，加强基层工会规范化建设，通过指导、调研、推进，园区、镇、街道工会均达到了“双创优”一类标准。市总工会“双创优”考评验收组对园区、镇、街道工会的规范化建设工作进行了考评验收，并给予了充分肯定。

健全职工民主管理机制。坚持建会、建制、建家“三建并重”，实现建会企业职代会、厂务公开建制率稳定增长。以提高职代会运行质量为基础，不断完善以职代会为基本形式的企事业单位民主管理制度，厂务公开率、职代会建制率都稳定在80%以上。

大力繁荣发展职工文化。搭建职工精神文化平台，加强“一网两微”新媒体建设，强化网络宣传阵地作用，推进工会工作与“互联网+”的深度融合。以“我们的节日”为主题，结合春节、端午节、中秋节等传统佳节，开展形式多样、寓教于乐的线上互动活动。发挥文化阵地、职工大讲堂作用，建设好、管理好职工书屋，打造微信阅读平台，建成“书香玉泉”电子书屋线上服务平台，形成了集学习、宣传、维权、服务于一体的微信公众平台。

深入开展群众性职工文体活动。组织开展了庆祝新中国成立70周年系列活动——“职工杯”羽毛球赛、玉泉区干部职工工间操大赛，“爱树植树护树我为玉泉添新绿”千名干部职工植树活动、“同唱一首歌　千人健步行”玉泉区干部职工健步走活动和2019年玉泉区学生、职工、农民运动会。组织玉泉区2支职工代表队参加了2019年第四届“职工杯”呼和浩特市职工足球赛，并获得了道德风尚奖和公平竞赛奖。

扎实做好关爱女职工工作。为使女职工安然度过女性特殊生理阶段提供温馨服务，新建师大二附中1家自治区级“爱心妈咪”小屋，三里营东社区、食全食美2家市级“爱心妈咪”小屋。开展了“庆三八”“建功新时代 巾帼展风采”主题实践系列活动，活动现场设插花、编绳等传统工艺展示、“幸福树上摘福袋”等体验项目。举办了玉泉区女职工健康知识讲座，为女职工免费做两癌筛查；开展了“关爱女职工”心理减压及“两癌”预防知识讲座。开展了“传统文化进校园 童心筑梦新时代”关爱留守儿童慰问活动，为留守儿童发放了书包、文具等学习用品，并将活字印刷、年画制作引入教学课堂。承办了自治区总工会女工委“贯彻落实男女平等基本国策，促进工作场所性别平等”的女职工维权行动月法律宣传活动，邀请法律援助律师为女职工现场提供政策咨询服务，并进行了交流座谈。先后组织百余名单身职工参加了“走进工会、缘来为你”大型职工交友联谊会。

【工会工作改革发展】 以更大力度、更实举措，深化工会改革创新。全面贯彻落实中央、自治区党委、市委和区委关于加强和改进群团工作的决策部署，持续在建机制、强功能、增实效上下功夫，增强工会改革的系统性、整体性、协同性。深入推进玉泉区工会改革进程，强化转变职能方式、完善机构设置、优化领导班子结构，打造专兼挂相结合的干部队伍。2019年5月31日，区总工会召开第六届委员会第三次全体委员会议。经大会选举，王正中当选为兼职副主席，秦瑞金当选为挂职副主席，形成了“专职+兼职+挂职”相结合的领导班子队伍，为工会改革发展提供强有力的组织保障。

依法加强玉泉区工会经费的收、管、用。为保障基层工会合法权益，使经费直接用于职工群众，多措并举推进企业工会经费返还工作。2019年新增企业工会基本账户95家，返还工会经费627.19万元，累计返还企业工会经费1944.55万元，沉淀经费降幅比例位居呼和浩特市前列，得到上级工会的充分肯定。建立行政事业单位工会经费财政划拨制度，积极落实行政事业单位计拨工会经费事宜，让工会经费更多地惠及职工群众，增强干部职工的获得感和幸福感，激发干事创业的积极性和主动性。

【统筹推进各项工会工作】 加强工会干部队伍建设。着力打造一支高素质、专业化工会干部队伍，以民营企业和社会组织为重点，针对非公企业兼职工会主席等不同群体，组织开展新任工会主席、工会干部培训，工资集体协商工作培训，职工医疗互助保障培训等，2019年共培训专兼职工会干部千余人次。

进一步增强职工安全生产意识。深入开展“安全生产 生命至上”安全生产宣传月活动，深入蒙古风情园、食全食美等区属企业开展安全生产宣传及送法进基层活动。深化“安康杯”竞赛，组织43家企事业单位参加2019年“安康杯”竞赛活动。组织4家企业参加了呼和浩特市劳动保护安全生产知识竞赛，区总工会被评为“优秀组织单位”。在呼和浩特市首届劳动保护“十大卫士”评选活动中，区总工会被评为“优秀劳动保护监督委员会”，推荐的内蒙古食全食美股份有限公司韩勇军被评为劳动保护“十大卫士”，呼市威信保安押运服务有限公司郝福生被评为“劳动保护优秀工作者”。

按照区委组织部的统一部署，2019年9月4日到10月18日，区审计局对区总工会2016年—2019年的经济责任进行了常规审计，针对审计反馈的意见建议，区总工会已全部整改落实。

共青团玉泉区委员会

【共青团玉泉区委员会领导名录】

团委书记　　白　云（女　蒙古族）

团委副书记　毕胜雯（女）

【概况】 2019年，玉泉区团委在团市委和区委、区政府的正确领导下，紧紧围绕中心工作，牢牢把握共青团主责主业，深化改革攻坚，以党建为抓手，全力推进团区委组织力、引领力、服务力建设，扎实做好共青团各项重点工作，推动玉泉区共青团工作创新发展。

玉泉区团委未设置部门。

玉泉区团委有行政编1名，参公和事业编4名。玉泉区共有直属团（工）委18个，团支部465个（村团支部58个、社区团支部50个、学校领域团支部307个）；玉泉区基层团干部1053人（团委机关专职团干部4人、社会领域基层团干部648人、学校领域基层团干部401人）；玉泉区有共青团员5957人。

【基层团组织建设】 按照《“北疆基层团组织强基固本工程”组织力提升三年行动方案》工作要求，玉泉区团委坚持树立大抓基层的鲜明导向，从严治团，精准有力地推进团的基层建设。

加强团员队伍建设，全面提升团员发展质量。团区委以团员先进性教育为核心，严格控制初、高中团学比，2019年底玉泉区初中团学比为24%、高中团学比为52%。做好“学社衔接”“升学衔接”工作，在乡镇街道建立9个学社衔接临时团支部，玉泉区接收1690名大学毕业生团员团关系，学社衔接率达98.6%；学校领域发起初、高中毕业升学转接2072人次。

提升团干部队伍建设，全面推进从严治团。团区委深入开展“驻校蹲班”“机关开放日”和“书记倾听日”等团干部密切联系青年工作。2019年开展团干部培训9场次，覆盖444人次。完成玉泉区村、社区团支部书记100%轮训工作。玉泉区各级团委书记讲团课44场次（区团委书记讲团课4次、镇团（工）委书记讲团课18次、学校团委书记讲团课22次）。玉泉区1053名团干部常态化联系青年57490人次。

团区委不断规范团组织建设，全面开展摸底排查、规范整顿，持续扩大团组织覆盖面。2019年，玉泉区学校领域团组织覆盖率100%，村、社区团组织覆盖率100%，事业单位团组织覆盖率达到50%，机关单位团组织覆盖率超过30%，政法系统团组织覆盖率100%。社会领域新建16个非公企业团组织，成立1个国有企业团组织（乌兰牧骑团支部），消除玉泉区非公领域、国企领域组织覆盖空白点。

全面夯实基层共青团阵地建设。2019年，自治区党委副书记、政法委书记林少春和呼和浩特市委副书记、政法委书记贺海东分别来到玉泉区鑫盛社区、大召社区考察调研基层共青团工作和基层共青团阵地建设情况，给予充分肯定，提出要做好联系青少年、服务青少年的桥梁和纽带。按照这个目标，玉泉区建成具有特色的青年爱里”14家，其中5家青年爱里入驻线上青年之家云平台，2019年累计开展并发布主题活动185场，青少年参与超过4000人次，推进线上线下全面活跃。

【思想理论建设】 玉泉区团委认真贯彻执行党

的意识形态责任制，坚持将青少年政治引领工作作为首要政治任务。

团区委积极发挥组织力量，动员玉泉区广大青年、团员积极参与到青年大学习线上团课的学习。学习覆盖领域达到100%，平均每期学习人数3000余人，2019年超过10万名青少年参与学习，保持呼和浩特市排名前3.名。

利用网络新媒体平台，加强网上共青团建设。强化“一网双微”团属新媒体平台工作联动，深化网上主题宣传，先后发布了《聚焦两会》《学习雷锋好榜样》《五四精神·传承有我》《争做新时代好队员》等网络宣传专栏。2019年，共发布微信公众平台信息764条，发布官方微博985条，发布基层团组织信息522条。

开展纪念五四运动100周年系列活动。团区委召开学习总书记在五四运动100周年纪念大会上的讲话精神座谈会，广泛动员玉泉区各基层团组织开展纪念五四运动100周年、五四精神·传承有我系列活动44场。五四期间，玉泉区评选表彰优秀共青团员60人、团干部42人、团组织67个。在上级五四评选表彰中，玉泉区3人次、5个集体荣获自治区和市级荣誉。

开展庆祝新中国成立70周年系列活动。开展青春祝福祖国主题活动7场；联合区委组织部向玉泉区党员、团员青年、少先队员、广大干部群众开展“我和国旗同框”图片征集活动，征集1000余张照片，通过微信平台连续展播30期；联合区教育局开展我和我的祖国、我眼中祖国70年变化玉泉区青少年手抄报书画展。

团区委不断提高少先队组织建设，加强全团带队工作，推动少先队组织建设。组织玉泉区少先队工作者和少先队员，学习总书记致中国少年先锋队建队70周年的贺信，召开学习自治区第七次少代会精神分享会。在玉泉区中小学，落实每周1课时的少先队活动课制度。2019年规范开展少先队集中入队仪式、队前教育、“扣好人生第一粒扣子”开学第一课系列活动22场；开展离队后团前教育13场。

【脱贫攻坚工作】 团区委广泛整合社会资源，全面开展共青团助力扶贫攻坚行动。组织开展宣传活动4次，对5名贫困大学生开展新生救助活动，为500名少年儿童实现微心愿，向农村青年推荐就业岗位138个。

在2019暖冬行动中，玉泉区团委走进社区、农村、学校、非公企业开展慰问活动，慰问留守儿童30人、快递投递员30人、进城务工青年200人、团员220人，向玉泉区青少年发放新春送温暖爱心礼包500人次，为玉泉区达赖庄学校296名学生更换全新校服礼包。

【城市环境综合整治】 团区委广泛动员广大青少年志愿者参与“三城同创”行动，组织动员30场助力环境卫生整治的志愿服务专项活动，发放宣传品12000余份；组织近千名青年志愿者进行文明交通、景区服务24场。

【助力扫黑除恶】 团区委积极组织各级团组织开展扫黑除恶主题活动，联合区公安分局、区检察院等单位走进校园、社区、企业进行扫黑除恶讲座，树立青少年正确的安全观，提高青少年的安全感。

【维护青少年合法权益】 团区委深入开展玉泉区青少年安全教育和心理健康教育，推进预防青少年违法犯罪和未成年人保护工作，做好对重点青少年群体的服务管理。2019年开展4次青少年维权宣传、法治进校活动24次、防止校园暴力系列讲座32次。

【推进西部计划项目】 2019年底，玉泉区有50名西部计划青年志愿者在基层服务，包括全国项目志愿者41名，地方项目志愿者9名。其中11人按照共青团改革试点配备为基层团委书记助理（八办一镇各1人、教育局团工委1人、直属机关工委1人）。出台西部计划志愿者使用管理请销假制度，定期组织志愿者学习、心得交流、志愿服务等活动，向志愿者赠书200册。

【党建带团建】 团区委党支部现有党员4名，严格按照要求开展三会一课，严守机关纪律作风建设。加强基层党建工作，抓好思想工作、作风建设，提升党建工作质量，凝聚党员队伍，促进工作业务。

按照区委统一安排部署，玉泉区团委党支部深入开展“不忘初心、牢记使命”主题教育学习，聚焦主题主线，开展学习教育、调查研究、检视问题、整改落实。党支部书记讲党课2次，组织全体党员干部开展主题党日活动12次。主题学习期间，多次开展专题调研，与待业青年、基层团员团干部面对面座谈交流。团区委党支部通过开门纳谏，征求意见55条。通过前往学校、农村、社区、企业开展“推门纳谏”，与基层团干部进行零距离、面对面交流，收到意见反馈38条。经归纳整理，完成问题台账36条，整改落实23条，后期将持续整改。

杨家营村是团区委党支部通过三联三帮三促结对帮扶对象，玉泉区团委在杨家营村签署党建联盟共建协议书，根据村民需求清单，制定扎实可行的帮扶计划。与村党支部联合开展“不忘初心、牢记使命”主题党日活动，团区委慰问帮扶杨家营村15名青年，为15名在读中小学生送去了学习大礼包，每周为杨家营村推送就业信息1期。

团区委组织党员干部及青年志愿者多次深入包联村（西菜园街道西源村）和包联社区（长和廊街道菩提塔西社区）开展助力创城工作，每月开展不少于2场的青年关爱活动和青年志愿服务。

关心下一代工作委员会

【关心下一代工作委员会领导名录】

主　任　　　张　普
常务副主任　马勇智
副主任　　　贾效先

【概况】 玉泉区关心下一代工作委员会（以下简称关工委）在区委、区政府的正确领导下，学习宣传贯彻党的十九大精神。准确地领会党的十九大提出的新理念、新论断，确定的新任务、新举措，做到学深悟透。在“不忘初心、牢记使命”主题教育中切实加强自身建设，继续深化社会主义核心价值体系宣传教育，积极参与创新社会管理和创建全国文明城市，进一步加强基层工作，推动关心下一代工作不断深入开展。

【学习贯彻党的十九大精神情况】 街道关工委认真学习贯彻党的十九大精神和习近平新时代中国特色社会主义思想，原文学习十九大报告和《中国共产党章程》，切实把思想和行动统一到党的十九大精神和习近平总书记系列讲话精神上来；充分发挥五老宣讲团和宣传阵地作用，“五老”老党员到各社区、村开展学习宣传党的十九大精神、习近平新时代中国特色社会主义思想、全国“两会”精神宣讲活动。街道关工委结合各村居家长学校，开展健康教育、安全讲座等各类学习培训工作。

【基层关工委建设】 玉泉区以“五好”关工委回头看为依托，所有关工委努力做到6个有，即有组织、有队伍、有阵地（场地）、有制度、有经费、有档案；要求区属各中小学校认真对照玉泉区“五好”关工委申报验收标准，积极开展自查自检，积极申报玉泉区“五好”关工委。各学校的关工委工作，领导重视、队伍得力、制度健全、活动经常、积极创新、档案齐全，受到验收组肯定。通过“五好”关工委创建活动，加快建立和健全了学校关工委组织，提高了基层关工委工作水平，促进了青少年学生身心健康成长。

【开展系列主题教育活动】 继续深化、细化社会主义核心价值观教育。玉泉区各中小学结合学校实际，确立了以课堂为主渠道，以活动为载体向学生渗透核心价值观的思路，将社会主义核心价值观与课堂教学、各项活动、行为习惯结合起来，努力培养学生积极的人生态度、健康的心理情感、高尚的道德品质。让学生在潜移默化中深刻理解社会主义核心价值观，并付之于行动。各校深入开展了社会主义核心价值观宣讲、社会实践、读书征文、评先树优、才艺展示等系列主题教育活动。通过三月“学雷锋”活动月，“六一”、端午节等节日，广泛开展了“中国梦”“我们的节日”“中华经典诵读”“学雷锋”“三爱三节”、孝敬教育、勤劳节俭教育等系列教育活动，引导青少年学生增强民族文化自信和价值观自信，自觉践行社会主义核心价值观。

玉泉区中小学中国年文化节·娃娃庙会活动在玉泉区青少年宫盛大开幕，来自区属中小学师生、家长共千余人参加了活动。开展“玉见未来·礼赞70年”——青少年书画笔会、“民族团结一家亲·石榴籽行动礼赞70年”——玉泉区中小学生中国年文化节创意集市、“玉见未来·礼赞70年”——石榴籽行动之红领巾讲堂、“玉见未来·礼赞70年”——玉泉区机器人大赛等中国年文化节活动。

【文明校园创建工作】 教育局关工委在玉泉区中小学、幼儿园均已成立校级名优班主任工作室。工作室定位于集班主任工作研究与队伍培训功能于一体，力求通过多层次、多形式的班主任学习、研修，实践和培训活动，不断加强班主任专业能力建设，使工作室成员成为为人师表的楷模、班级管理的能手、教学改革的闯将和教育科研的先锋。通过工作室的活动，不断探索班主任培训工作的有效途径，优化班级管理手段，提高班主任综合素质。

在培养学生的健全人格、健康的心理，进一步加强学校心理健康教育工作方面，各校关工委致力于提高学生心理素质和社会适应能力，合理应对各种心理危机，营造积极健康的和谐校园氛围。

加强网络环境下的德育工作。在重要节日结点，组织区属中小学开展了网上祭英烈、美德少年评选等网络签名寄语活动，学校利用计算机课，通过网络加强正面引导，推进德育工作信息化建设，充分利用国家教育资源公共服务平台和积极健康的网络教育资源，凝聚广大师生，形成良好互动，同时还组织了丰富多彩的线下祭扫活动。

【未成年人思想道德教育】 各街道关工委在加强未成年人思想道德教育方面，充分发挥“五老”作用，积极开展“老少牵小手，老少共建”活动。

五塔北社区老党员郭生荣同志，几年来在美化家园及关心下一代的工作中付出了很多。他带动“五老”一同美化社区环境，主动清扫健身场和楼道的垃圾，为创建文明社区贡献力量。同时，郭生荣时刻关心青少年的健康成长，他还利用寒暑假给中小学生讲革命英雄故事，讲亲身见证建党90周年的辉煌成就，讲新旧社会的发展史，使青少年深受教育和鼓励。经常对中小学生言传身教，组织中小学生学雷锋做好事，清扫垃圾、栽花种树、美化环境，向中小学生宣传《未成年人权益保护法》和《预防未成年人犯罪法》，教育中小学生要珍爱年华，远离网吧。

身教胜于言教，老带少共同参加社会实践。各街道关工委利用节假日组织“五老”和学生一起学习市民文明公约、学习交通法规。让大家查找自身的行为规范，教育大家要从我做起，为创建文明城市、为低碳生活做出贡献。通过学习教育，自觉爱护公共设施、爱护花草树木、尊老爱幼、助人为乐的人多了，乱扔垃圾、违反法律法规的人少了。为了环境的整洁，各街道关工委于6月初组织“五老”、学生、社区干部清理街道周边卫生环境。整个劳动期间共清理小广告5000余张，清理垃圾车、清扫卫生死角4个。

【关爱贫困青少年、“五老”工作】 街道关工委了解辖区贫困学生信息，引导并组织各单位、部门开展扶贫帮困献爱心活动。春节前夕，街道党工委、关工委、自治区纪委、内蒙古社科联、市纪检委、政协玉泉区、区民政局、区残联理事长、民政办等部门，联合多方力量开展“迎新春，送温暖”慰问活动，慰问辖区贫困学生、贫困家庭，送去了书包、文具等学习用品和慰问金；开展健康义诊活动2次，兴隆党支部联合内蒙古医科大学附属医院在兴隆电力小区开展“不忘初心、牢记使命”主题教育义诊活动，康居社区党支部联合康居社区卫生服务站，在康居家园中心广场开展关爱老年人健康义诊活动，为辖区老年人义务量血压、测血糖、普及伏天养生知识，并为居民讲解中暑的急救措施，关爱辖区老年人健康。

帮助农村困难青年走上脱贫之路，送科技、送文化。党的十八届五中全会确定，用5年的时间，现行标准下农村贫困人口全部实现脱贫，贫困县全部摘帽，解决区域性整体贫困的问题，到2020年，实现全体人民共同迈入全面小康社会。为了帮助农村困难青年走脱贫之路，玉泉区各关工委在上级关工委的指导下，针对有就业需求的青年群体，开展就业创业服务行动，为青年提供培训支撑、创业孵化，帮助青年申请创业贷款，提供专业知识，形成了创业带动就业的长效机制。

对贫困学生捐资助学。认真开展帮困助学活动，关注单亲子女、留守儿童、外来务工人员子女等特殊群体，努力帮助他们解决生活中遇到的困难。经过前期的调查摸底，结合帮困助学活动，对小黑河镇2名家庭困难，品学兼优的学生进行走访慰问，并送上区、镇关工委两级的慰问金，希望通过此举一定程度上减轻家庭经济负担，帮助他们顺利完成学业。在学雷锋日、植树节、青年节等重要节庆日，分别在鑫盛社区、奈伦社区、华美社区、金河社区、小黑河沿线举行了志愿者服务、河道清洁、铲除小广告、创建国家文明城市等活动。

对留守儿童等特殊困难青少年关爱帮扶。各关工委加强与民政等职能部门配合，做好困难青少年的排查工作，为帮困助学提供信息，做好帮扶工作。重点关注单亲家庭子女、生活困难子女和问题少年、流浪儿童等特殊未成年人群体，不断完善为青少年办实事、做好事的长效服务机制。

助力脱贫攻坚，为青少年办好事、做实事、解难事。为助力脱贫攻坚和社会治理，为青少年办实事、做好事、解难事。镇关工委通过深入开展"'五老'进万家"和"一帮一"活动和各下属关工委的解困助学活动，做好青少年和困难大学新生的资金帮扶工作，继续做好参与社会治理创新工作，进一步净化青少年成长环境；持续开展"党建+'五老'进万家"活动，提升"五好"基层关工委创建水平，深入广泛组织发动"五老"开展"进万家门、知万家事、排万家忧、暖万家心"活动。

妇女联合会

【妇女联合会领导名录】

党组书记、主席　杨利娟（女）

【概况】　2019年区妇联以习近平新时代中国特色社会主义思想为指导，深入贯彻落实党的十九大精神和习近平总书记关于妇女和妇女事业的重要论述，特别是习近平总书记同全国妇联新一届领导班子成员集体谈话时的重要讲话精神，贯彻落实中国妇女十二大和全国妇联、自治区妇联、市妇联会议精神，聚焦保持和增强政治性、先进性、群众性，切实做好引领、服务、联系妇女工作，在深入推进妇联改革、基层组织建设、家庭家教家风建设、妇女儿童权益维护等方面扎实工作。

【党建带妇建】　深入学习贯彻习近平新时代中国特色社会主义思想，始终把增强"四个意识"，坚定"四个自信"，做到"两个维护"作为区妇联工作的重中之重来抓。把广大妇女紧紧团结凝聚在党的周围。高标准、严要求开展好"不忘初心、牢记使命"主题教育活动，强初心、担使命，深入村（社区）、机关、学校广泛调研，开门纳谏与推门纳谏、线上征求意见与线下征求意见相结合，共搜集整理4个方面28个问题，立行立改22个，6个问题作为下一阶段妇联工作整改重点。

重点做好5个方面的引领工作。把思想引领、政治引领贯穿于妇联工作全过程各方面，引导妇女感党恩、跟党走，增强她们对党的政治认同、思想认同和情感认同。2019年共开展各类培训12场，培训妇女干部、村、社区妇联主席、执委、巾帼带头人近700人。做好精神引领、价值引领，坚持用社会主义核心价值观滋养人心，发挥妇联组织阵地作用，把握所在单位部门、所在行业妇女的思想状态，把握妇女知识分子、农村妈妈、全职妈妈等不同妇女群体的思想状态、心理动态、价值取向，有针对性地开展形式多样的活动和座谈等。做好网上引领，坚持正面宣传，用好网言网语，加强网络舆情思想引领，营造风清气正的网络空间。依托玉泉区妇联微信公众号和《玉泉女性》专刊，定期发布（每周4次）关于妇女政策、维权服务、基层动态等正能量导向性文章，夯实妇女群众的坚强阵地，树立正确的价值观和意识形态。2019年编辑微信公众号信息423条，《玉泉女性》86期。

【组织实施“1+5”工程】 组织开展了“巾帼心向党　礼赞新中国”群众性宣传教育活动。4月13日，富丽社区作为全国千家启动社区之一，开展了“巾帼心向党、礼赞新中国”群众性宣传教育活动全国启动仪式，在为期半年的活动中，区各级妇联通过“唱响祖国颂歌、讲好中国故事、写出家国情怀、献礼祖国华诞”的形式，开展活动200余场。国庆前夕，由区妇联联合机关妇委会、镇办妇女之家、社会组织妇女之家录制了《玉泉区各界妇女儿童向祖国深情表白》微视频。

组织开展了我和我的祖国主题宣传教育等5个主题活动。为充分发挥好典型模范作用，建立了“玉泉巾帼库”，把玉泉区各行各业的先进典型女性聘为巾帼宣讲团成员，广泛开展宣讲活动。组织各级“三八”红旗集体、“三八”红旗手、巾帼建功标兵等，以我和我的祖国为主题，宣传新中国成立70年的光辉成就和十九届四中全会精神。同时，依托妇女之家，广泛开展“70年，我的家与国”女性恳谈活动，2019年累计组织120余场，参与人数3000余人，实现了恳谈会在妇女之家的全覆盖。开展了争做新时代玉泉靓丽女性和女性手工艺作品展示。

【服务全区大局】 大力推进巾帼脱贫行动，提高了贫困妇女脱贫能力。实施布丝瑰行动计划，带动辖区妇女创业增收，累计组织500余名妇女参加各级妇联举办的巾帼脱贫技能培训。年内创建巾帼创业示范基地3个、创业培训基地2个。深入实施乡村振兴巾帼行动，结合“千村示范　万村行动——十进村”、新时代文明实践、“弘扬乌兰牧骑精神，到人民中间去”基层综合志愿服务等活动，累计为50余个村（社区）宣传妇女创业就业新举措、新政策，组织动员更多妇女在不同行业建功立业。

联合区就业指导中心，组织辖区妇女参加职业技能培训，按需设置培训类别，如月嫂培训等，提高妇女就业能力。继续实施金融支持妇女发展行动计划，与驻区金谷信用合作社联系，在农村开展女性金融信用体系建设方面的宣传活动。为更好地帮助高校女大学生就业，分别于4月和6月与内蒙古大学创业学院共同举办女大学生专场人才招聘会和2019届毕业生夏季名优企业校园就业洽谈会暨2020届实习生专场双选会。此外，在助力“三城同创”、助力脱贫攻坚和“三联三帮三促”方面也开展了大量卓有成效的工作。

【落实习近平总书记“三注重”要求】 以“最美”促“文明”，推动家庭文明建设新发展。启动家家幸福安康工程，以寻找“最美家庭”“绿色家庭”“美丽庭院”为抓手，丰富内涵、创新方式，努力在树新风促和谐上有所作为。举办区级最美家庭揭晓仪式，对最美家庭进行广泛宣传，提高对“最美家庭”的礼遇。年内评选区级“最美家庭”30户、市级“最美家庭”6户、“最美家庭”标兵户1户、文明家庭1户、市级“美丽庭院示范户”65户。清泉街社区获得自治区、市级最美民族团结大家庭称号。广泛开展家风家训宣讲活动，选送的南茶坊小学教师苏丽荣获全市好家风好家训故事分享会冠军。积极争取国家儿童基金会和自治区妇联项目，投入16万元在三里营东社区打造以“家”为主题的全区家庭儿童工作示范点，推选三里营东社区妇女之家评选自治区妇女之家优秀案例。在第四届稍麦美食文化节期间举办了“好媳妇、好邻里、好家风，邻里百家宴”美食展示大赛。

深度推进家庭教育服务工作。在村、社区妇女之家、儿童家园广泛开展家庭阅读活动50余场，通过亲子阅读、童心童画、垃圾分类等活动，走进儿童、走进家庭，营造传承优良家风、家训的浓厚氛围。加大对玉泉区儿童之家等家庭教育阵地的建设指导使用力度，协助社会组织通过购买服务的方式开展活动，铭印心理工作室、社工宝、小小书桥等社会组织发挥明显作用。

【维权和服务工作】 切实增强维护妇女儿童合法权益的责任。与区司法局建立了区级家庭婚姻调解委员会，在区法律援助中心挂牌工作。镇、办妇联均成立了本级家庭婚姻调解委员会，依托驻地司法所开展服务。与区人民法院联合下发《关于加强婚姻家庭纠纷案件诉调对接工作的实施意见》，并就反家庭暴力保护令形成共商共办机制。与区人民检察院就未成年人保护工作进行联动，2019年开展模拟法庭8次、防止校园欺凌讲座6次。与统战部（宗教局）、教育局共同就未成年人信教工作深入探讨研究，发放致家长的一封信3万余份，多方发力解决未成年人信教问题。2019年共开展男女平等、《中华人民共和国宪法》《中华人民共和国反家庭暴力法》《中华人民共和国妇女权益保障法》等宣传活动30余场。11月25日，联合区人民法院、司法局大召广场共同开展了国际反家庭暴力日普法宣传。

加大保护妇女儿童权益力度，推动维权工作规范化、专业化。2019年累计接待来访80余起，结案率98%。积极发挥铭印心理工作室志愿者在婚姻调解、心理咨询方面的优势，与区婚姻登记站密切配合，2019年开展婚姻家庭、幸福课讲座17次，婚姻调解成功案例50余起。

【做好妇儿工作】 召开了玉泉区妇女儿童发展纲要统计监测工作培训会和妇儿工委委员会议，布置妇女儿童“两纲”重点工作，全力推动玉泉区“两纲”指标顺利达标。继续开展了送医、送药、送健康活动，利用“母亲健康快车”，抓好农村妇女两癌免费筛查工作，为贫困患病妇女早诊、早治提供帮助。与区妇幼保健院一道深入非公组织、农民工等群体开展“两癌”筛查工作。开展两癌知识专题讲座2场，受众380余人。在六一、元旦等重大节日，积极争取各级各类资金10.8万元，全力组织各级各界爱心人士深入村、社区、学校进行慰问，对134名贫困妇女、儿童进行走访，将党的关怀和慰问带到贫困家庭。其中，为11位农村贫困母亲争取到了中央和市妇联全国妇联、农村贫困母亲两癌救助、中央专项彩票公益金57842元。举办了玉泉区妇女儿童工作能力建设培训班，培训人员100余人，服务妇女儿童的能力和水平显著提升。

【深化妇联改革】 继续在非公企业、社会组织、流动妇女、广场文体活动队伍等新领域、新阶层、新业态、新群体中建立妇女组织，扩大组织覆盖，织密组织网络。在区党群活动中心建设区级妇女儿童之家，打造服务妇女儿童的

“暖·空间”品牌。打造了蒙古风情园和牧勒工坊妇女之家，新建儿童之家5个。进一步加大基层妇联干部培训力度，组织基层妇联干部参加各级各类培训10余次。开展了2019年度基层妇联干部培训班，村、社区妇联主席、副主席、执委80多人参加了培训，妇干履职能力不断提高。

【机关党建工作】 加强党支部政治建设。把讲政治的要求贯穿于党建、业务工作全过程。要求党员干部牢固树立“四个意识”，坚定“四个自信”，切实做到“两个维护”。严肃党内政治生活，规范党内组织生活。坚持“三会一课”制度，坚持党支部集中学习制度。2019年开展我的初心使命、向榜样致敬等主题党日活动12次，组织支部学习36次，讲党课4次。认真组织“不忘初心、牢记使命”专题组织生活会，谈心谈话，民主评议党员工作有效落实。按月足额缴纳党费并予以公示，规定每月10日为党费收缴日。打造“巾帼党建”品牌。以“巾帼心向党”为发展主线，“建功新时代”为工作目标，突出“融入式”党建，采用“五心”工作法（即以强化思想政治引领唤初心，以巾帼创业创新铸匠心，以女性素质提升强慧心，以助力“三城同创”育美心，以服务维权救助聚暖心的工作方法），实现党建工作和妇联工作的深度融合，无缝对接。年内打造党建文化墙6块，营造了浓厚的党建工作氛围。全面配合完成巡察相关工作。高度重视巡察工作，积极配合巡察组做好巡察相关工作。巡察结束后，高标准、严要求完成整改事项。制定整改时间表，明确整改时限和责任人，能够当时解决的，立行立改；不能及时解决的，明确解决时限，倒逼责任落实。强化制度建设。立足妇联实际，建立健全党建工作各项制度，制定了《玉泉区妇联党支部三项制度》《党员履责制度》《党员管理制度》《考勤制度》《“三重一大”议事制度》《信访接待制度》和《学习制度》等。通过制度的建立、完善和落实，党支部的纪律性和约束力得到增强，工作进一步规范。认真抓好党风廉政建设工作。全面落实从严治党要求，强化抓党风廉政建设责任。通过认真学习《中国共产党纪律处分条例》、召开恳谈会、观看警示教育片和参观警示教育基地等形式开展廉政教育。严格执行党的纪律，切实抓好廉洁自律各项规定的落实。

【加强队伍建设】 加强能力建设，练就过硬本领。将学习作为转变工作作风的基石和突破口，全面加强理论武装、党性教育、能力培训和知识更新，努力成为做好妇联和妇女工作的行家里手。认真组织开展调查研究，深入了解妇情民意，准确把脉妇女需求，按照“服务妇女有温度，维护权益有力量，引领发展有作为”的工作目标，大力推进创新实践项目，实现工作与学习合二为一。深化改革攻坚，落实做细工作任务。主动顺应妇女对美好生活的新期待，建立全局性视角，运用系统化思维，以“家家幸福安康工程”为抓手，推进家庭文明、家庭教育、家庭服务工作落地，继续做好关爱农村留守儿童、特殊困境儿童等项目，真正为妇女群众办实事、办好事。强化责任担当，促进作风建设。常态化开展“下基层、访妇情、办实事”活动，推动妇联干部“去四化”，走出机关，深入基层，贴近妇女。力戒形式主义、官僚主义，持之以恒正风肃纪，做到“忠诚、干净、担当”，打造妇联队伍良好形象。

深入推进妇联改革，为坚持和完善中国特

色社会主义制度、推进国家治理体系和治理能力现代化担起妇联责任、贡献巾帼力量。实施县级妇联改革破难行动，增强以改革促进妇联参与国家治理体系和治理能力现代化的自觉性和主动性。对照改革方案，梳理总结改革任务完成情况，已经完成的巩固深化，尚未完成的继续推进。坚持问题导向，重点解决力量薄弱、资源有限、带动基层不够的难题。大力倡导求真务实、真抓实干的工作作风，使深化妇联改革工作实起来、细下去、能落地。

工商业联合会

【工商业联合会领导名录】

主　席　栗永成（蒙古族）

【概况】 玉泉区工商业联合会有行政编制2个、其中主席1人，主任科员1人。下设玉泉区非公有制企业法律咨询维权服务站，有事业编制4个、工作人员4人。

2019年，玉泉区工商联在区委、区政府的正确领导和市工商联、市委统战部的热情指导、大力支持下，坚持以习近平新时代中国特色社会主义思想为指导，以科学发展观为统领，围绕中心，突出重点，积极发挥工商联的职能作用，促进非公经济健康发展，引导非公经济人士健康成长，紧紧围绕玉泉区的中心工作尽职履责，圆满完成了年初目标任务，完成了区委、区政府及市工商联和区委统战部布置交办的各项工作，为玉泉区的改革、发展、稳定做出了新的贡献。

【加强理想信念教育】 为深入贯彻落实党的十九大精神和习近平新时代中国特色社会主义思想，引导和激励玉泉区广大非公经济人士和民营企业员工不忘初心、听党话、跟党走，坚定理想信念，为实现中华民族伟大复兴的中国梦不懈奋斗，为玉泉区经济社会发展贡献力量。玉泉区工商联联合呼市老年书画协会及墨林书院开展了送文化进内蒙古大盛业羊绒制品有限公司理想信念教育实践活动。

【推进“双微”建设】 为进一步扩大辖区企业的沟通交流，实现资源共享，进一步管好用好玉泉区非公经济微信信息群。辖区企业借助这一平台发布招商、招租、招聘等信息，共同组织举办了商业活动，实现了各领域、各层面，不同行业、不同规模之间企业的零距离交流和多角度对接，为发展壮大玉泉区非公经济提供了一个良好的沟通平台。利用玉泉区工商联新浪官方微博，广泛发布学习讲堂及非公政策信息。

【开展各项培训工作】 为贯彻落实党的十九大精神，加快民营经济发展，促进中小企业创新发展，推动《中华人民共和国中小企业促进法》落实，全面提升玉泉区中小企业政策法律风险防范水平，提高非公经济人士的法律意识，增强非公经济人士的法制观念，玉泉区工商联派构建和谐劳动关系的负责同志参加了在呼和浩特市赛罕区锦和大厦三楼中教一会议室举办的呼和浩特市协调劳动关系三方委员会工作会议。此次会议重点学习了内蒙古自治区《2019年度党政领导班子构建和谐劳动关系工作任务指标及考核评价办法（草稿）》、解读构建和谐劳动关系协调机制和对照考核指标，梳理工作进度，部署第四季度重点工作。

【正确引导参政议政】 为进一步健全完善玉泉区民营企业党建工作，全面落实新时代党的建设总要求，深入贯彻落实习近平总书记在民营企业座谈会上的讲话精神，努力推进玉泉区民营企业党建阵地建设工作，2019年3月30日，玉泉区工商联组织辖区民营企业参加了由自治区非公企业党建办公室主办，呼和浩特市赛罕区工商联、内蒙古山西商会党支部承办的民营企业党建工作大讲堂培训会。

2019年7月4日，玉泉区工商联赴辖区民营企业开展了民营企业党建调研指导工作。调研覆盖了金宇保灵生物药品有限公司、内蒙古红太阳食品有限公司、呼和浩特市蒙谷香生物科技有限公司、内蒙古开泰海产品肉类批发市场有限公司、内蒙古金源康生物工程有限公司五5家民营企业。通过实地调研走访，向企业负责人详细了解了企业党建工作的开展情况，并到民营企业党建阵地检查指导了党建工作，为进一步建优建强辖区民营企业党建阵地打下了坚实的基础。

2019年7月10日，玉泉区工商联赴内蒙古旅游行业协会开展了党建调研工作。

【营造良好营商环境】 为营造良好营商环境，促进玉泉区民营企业健康快速发展出台了一系列政策措施：围绕行政效能提升优化了营商环境，健全完善了政策制度；畅通了企业与政府沟通的渠道，充分发挥了工商联的助手作用；大力推进“放管服”改革，做好了联系服务企业最后一千米。切实优化了玉泉区的营商环境，为助力玉泉区民营经济高质量发展做出了贡献。

【优化营商环境】 为贯彻落实习近平总书记在民营企业座谈会上的讲话精神，不断优化营商环境，帮助民营企业破解发展难题，为民营经济高质量发展创造更好的条件，玉泉区工商联召开了优化营商环境，发展壮大民营经济调研座谈会。呼和浩特市工商联主席王国华及呼和浩特市贸促会党组副书记莫燕一行赴玉泉区民营企业开展了调研工作。

调研分别走访了美通农产品批发市场及内蒙古软通动力信息技术有限公司，对企业的发展情况进行了深入了解。随后，参加了优化营商环境，发展壮大民营经济座谈会，玉泉区政府副区长刘照江、民营企业代表及相关单位出席了此次会议。会上玉泉区工商联主席栗永成汇报了玉泉区民营企业发展的情况，各民营企业代表汇报了相关政策在企业的落实情况与企业发展面临的困难，各级领导认真听取了汇报，会上大家积极讨论，为优化营商环境，发展壮大民营经济建言献策。

【助力解决融资难、融资贵问题】 为贯彻落实党的十九大及习近平总书记在民营企业座谈会上的讲话精神，助力民营企业解决融资难、融资贵问题，促进民营企业高质量发展。玉泉区工商联组织辖区企业参加了由呼市工商联与邮政银行呼和浩特分行联合举办的银企对接会。坚定玉泉区民营企业发展的信心，弘扬企业家精神，助力玉泉区民营企业将企业做优做强，为玉泉区经济社会高质量发展做出新的、更大的贡献。

归国华侨联合会

【归国华侨联合会人员名录】
侨　联　王彩虹（主持工作）

【概况】 归国华侨联合会（以下简称侨联）是由归侨、侨眷组成的人民团体，为侨服务是宗旨，群众工作、参政议政、维护侨益、海外联谊是基本职能。2019年，玉泉区侨联始终坚持以侨为本，围绕中心，履职尽责，玉泉区侨联各项工作取得积极的成效。2019年，玉泉区侨联有归侨14人、侨眷69人、留学生22人。

【贯彻落实侨联工作】 2019年来，玉泉区侨联坚持用中国特色社会主义和中国梦凝聚侨心。认真学习贯彻中央关于加强侨联工作和改进党的群团工作意见，深入学习党的十九大，十九届二中，三中、四中全会精神，习近平新时代中国特色社会主义思想。玉泉区侨联积极向辖区内广大归侨、侨眷传达“不忘初心、牢记使命”主题教育的精神要义，指导玉泉区侨联工作实际。同时结合玉泉区归侨、侨眷的思想，运用符合归侨、侨眷特点的方式方法，激励归侨、侨眷为实现玉泉区经济建设贡献智慧和力量。

【做好侨联宣传工作】 一年来，侨联通过多种形式认真做好工作，多次组织活动，推动侨务工作的有序开展，侨联通过在社区制作展板宣传《中华人民共和国归侨侨眷权益保护法》等法律法规，4月份历时一个月，进社区做侨法宣传活动，发放了侨法宣传的彩页及书籍。在清泉街社区建立了侨胞之家活动室，活动室还配备了大量健身、娱乐器材。归侨、侨眷是中国不可割舍的重要部分。倡导身边的归侨侨眷积极参与家乡的建设。春节来临之际，玉泉区侨联与市侨联领导一同看望了玉泉区归侨、侨眷，为9名贫困归侨、侨眷送去慰问金10000元。玉泉区侨联多次组织丰富多彩的集体活动活跃归侨、侨眷生活，如新春座谈会、庆中秋茶话会等活动起到了凝聚侨心，团结侨力的作用。

【搭建侨联交流平台】 玉泉区侨联进一步建立健全了侨联内部信息交流制度，完善和创新侨联工作。2019年，制作电子新年贺卡，为辖区内归侨、侨眷及留学生寄去新年的愿望。此外，借助微信、QQ、电子邮箱、电话等方便快捷的方式，与海外侨界人士保持联系，做到问候不停、联谊不断，增进彼此的感情，加强了与海外侨胞的联络联谊，拓展了海外侨务工作新领域。

【增强归侨、侨眷队伍】 汇聚侨界信息，夯实服务基础。为更好地调动侨胞、侨眷力量，推进招商引资工作，积极开展各类调研活动，继续完善归侨、侨眷电子档案和侨情信息库，进一步摸清玉泉区新归侨、侨眷的情况，认真做好留学生和流动归侨、侨眷的调查情况、跟踪服务工作。发现和培养侨胞中的新生代力量，团结可以团结的新侨人才，结交“新面孔”，吸收“新生代”、扩大侨联“朋友圈”，进一步激发、提升玉泉区侨联在新侨群体中的号召力和影响力。加大宣传力度，扩展外延空间。面对乡情热切的海外侨胞，玉泉区侨联充分发挥沟通和桥梁优势，充分利用网站、刊物宣传玉泉区创业投资环境。发挥侨“联”作用。搭建服务平台。建立侨

“联”天下公众微信平台，全方位开展海外联谊活动，加强与海外侨团联系，做好国内国外两个平台之间的联系。

【不断壮大侨胞力量】 玉泉区侨联积极适应新形势下侨情的发展变化，大力加强学习型组织建设，坚持在学习中创新，在创新中发展，在发展中突破，在做好玉泉区工作的基础上，树立长远眼光，不断拓展侨务工作空间，以侨联为纽带，加强与海外侨胞、港澳地区各界人士和相关社区的广泛联谊渠道，多掌握侨情新动向，做好新一代华侨华人工作，切实做到国内、海外工作并重，老侨、新侨工作并重，在做好老侨工作的同时把新侨工作摆在更加重要的位置，注重加强对侨务资源的保护，主动帮助新侨在玉泉区发展和创新创业。

【积极筹备侨联换届工作】 玉泉区成立于2011年12月1日，到2019年，玉泉区侨联不断完善了侨联的各项规章制度，建立健全了辖区内广大归侨、侨眷的信息数据库。2019年，玉泉区侨联筹备换届工作。统战部与侨联前期将召开换届筹备会议，在会上将对换届工作方案的内容讨论审议。通过后，玉泉区侨联将上报市侨联关于召开玉泉区第二次归侨、眷代表大会的请示。

残疾人联合会

【残疾人联合会领导名录】

党支部书记、理事长　孙吉善

副理事长　闫　琨

【概况】 玉泉区残疾人联合会下设办公室、组联部、教救部、康复部、宣文部、维权部6个部室及残疾人就业服务所，分别负责残疾人的劳动就业、教育、救助、职业培训、康复、宣传、文化体育、无障碍改造、维权等工作。区残联实有7名正式工作人员，其中参公编制人员4名，事业编制人员1名，机关工人1名（退伍军人），合同制工作人员1名。其中1名参公编制人员孟庆国同志于2018年任南源村驻村第一书记。

【党建工作】 深入贯彻习近平新时代中国特色社会主义思想和十九大精神，区残联年初制定了区残联“三项制度”，并严格按照学习计划安排每周周五上午的学习内容，开展主题党日活动，领导干部带头讲党课，邀请纪委监委学习扫黑除恶专项知识，开展反腐倡廉专题教育等，加强党员廉政教育，营造风清气正的机关氛围。

区残联打造“书香机关　书香支部”，开展“书香机关　书香支部”读书活动。观摩石东路党建示范社区，开展“不忘初心、牢记使命”主题教育——2019我的电影党课活动，认真开展“不忘初心、牢记使命”主题教育活动。扎实开展“三联三帮三促”结对帮扶工作，区残联党支部联合前八里庄村党支部、蒙谷香、牧科社区负责人定“三项清单”，引导广大党员干部联组织、帮建设、促规范，联党员、帮学习、促提升，联产业、帮发展、促增收，在玉泉区形成以城带乡、资源共享、优势互补、协调发展的统筹基层党建新格局而努力。

【残疾人康复】 按照《呼和浩特市残疾人精准康复服务行动实施方案》要求，到2020年底，有需求的残疾儿童和持证残疾人接受基本康复服务的比例达到80%以上。玉泉区残联与卫健委联合，将鄂尔多斯路社区卫生服务中心、西菜园社区卫生服务中心、小召前街办事处社区卫生服务中心、兴隆巷社区卫生服务中心、昭君路社区卫生服务中心、小黑河镇卫生院、桃花乡卫生院、小黑河社区卫生服务中心等8家乡镇卫生中心卫生院确定为残疾人精准康复服务机构。2019年有康复需求的残疾儿童和持证残疾人有2090余人，共服务残疾人2080人，康复服务率99.52%。

做好关爱特殊群体未成年人的工作，玉泉区已筛查救助0～7岁残疾儿童31例，其中持证23人，已接受康复服务28人；包括外地在玉泉区居住的残疾儿童共56人，已完成残疾儿童康复系统的录入和审核工作。

依据内蒙古残联《关于下发2019年斯达克“世界从此欢声笑语”中国（内蒙古）项目实施方案的通知》要求，结合玉泉区实际，完成预筛工作350例，初筛工作完成210例，其中符合标准可以验配的203人，合计适配助听器393台，资助金额近2700000元（6800元/台），社会反响良好，解决了助听问题。

完成残疾人辅具适配255件。分别为残疾人发放轮椅（含坐便轮椅等）112件，助听器23件，坐便椅23件，手杖26件，盲杖5件，沐浴凳6件，手杖椅9件，双拐13件，四脚手杖9件，助行器7件，盲人手机9件，盲人收音机6件，褥疮床垫、电子血压计、防滑垫等辅助生活用品7件。

【教育就业】 资助残疾大学生6人，共资助资金10500元，其中专科3人、本科3人（专科1500元/人、本科2000元/人）。泛海计划资助残疾大学生36名（5000元/人），共计18万元。

协调人社部门为1名残疾人安排到公益性岗位，在玉泉区残疾人就业服务所工作。2019年7月康师傅集团在内蒙古招聘残疾人，区残联推荐了17名残疾人参加招聘，参加面试的8人，录取了4名。

大病救助共救助58人，共补助资金25000元，按住院费用和贫困程度分配补助资金。

【脱贫攻坚工作】 区残联帮扶的2户建档立卡贫困残疾人户2018年已全部脱贫，2019年区残联干部定时入户调查贫困户情况，防止出现返贫情况。

【两项补贴】 做好残疾人两项补贴和阳光家园补贴发放工作。11月份，发放一二级重度护理补贴1947人（1300元/人），困难生活补贴1286人（1300元/人），两项补贴金额共计420.29万元，三四级精神智力补贴307人（600元/人），补贴金额共计18.42万元。

【温馨家园】 开展好残疾人温馨家园的活动，在兴隆巷四里营社区和石东路富丽社区温馨家园开展集日间照料、康复训练、文体活动、盲人读物、手工艺术品制作、心理咨询等一系列丰富多样的活动。

【宣传文体】 做好残疾人宣传工作，报送简报信息，通过微信公众号、微博推送扶残助残信息。

开展第二十九次全国助残日活动。助残日期间，5月17日上午，4名残疾人参加了由呼市残联、呼市图书馆、呼和浩特广播电视台城市生活广播共同主办的主题为“壮丽70年　奋斗新时代”的呼和浩特市残疾人文化周暨第四届残疾人阅读比赛。5月24日上午，玉泉区残联在兴兴社区免费为玉泉区残疾人发放轮椅、坐便椅、助行器、四角手架、手杖凳、双拐等辅具器材40多件，助残企业鸿威律师事务所资助了15台电风扇给辖区残疾人专职委员。

组织选拔32名辖区残疾人参加呼和浩特市第六届残疾人运动会，参加的项目有田径、羽毛球、中国象棋，乒乓球、射箭、举重、飞镖、地滚球、特奥乒乓球9大项比赛。玉泉区代表队共取得11枚金牌、12枚银牌、4枚铜牌的好成绩。

8月24日，呼和浩特市残疾人联合会联合玉泉区残疾人联合会开展了“残疾预防，从生命源头做起”第三次全国残疾预防日宣传活动。呼和浩特市残疾人联合会向玉泉区残疾人联合会捐赠了价值4.5万元的包括轮椅、拐杖、盲杖、助行器等在内的残疾人辅助器具，区残联向残疾人发放100袋大米。

为落实残疾人文化体育进社区，9月10日，区残联、兴兴社区开展了以“守初心，共筑梦，暖情中秋，喜迎华诞”主题的残疾人文化体育进社区活动，参加人数70多人。9月27日上午，区残联在四里营西开展了《守初心，担使命，砥砺奋进新时代暨庆祝中华人民共和国成立70周年残健融合》文艺会演。

10月28日上午，组织辖区30多名盲人朋友参加由呼市图书馆、玉泉区图书馆、玉泉区残联等举办的共享芬芳，文化助残，庆祝新中国成立70周年，心之光——为盲人朋友讲电影关注弱势群体活动。活动邀请到内蒙古电视台主持人苏日娜老师为大家讲解电影《嗝嗝老师》。

11月8日下午，玉泉区残联组织辖区40多名专职委员观看了呼和浩特市第四届残疾人文艺会演，玉泉区残疾人刘宏燕表演的舞蹈《天边》获得了优秀奖。

【基层组织】 2019年底，玉泉区持有第二代残疾证的残疾人5330人。其中听力残疾493人、视力残疾637人、肢体残疾2789、智力残疾434人、精神残疾578人、言语残疾63人、多重残疾336人。2019年度办理残疾人证1958人/次。

对残联全体干部职工、专门协会成员、专职委员在区政府进行了全国残疾人基本服务状况和需求信息数据动态更新工作的培训，并认真做好残疾人基本服务状况和需求信息数据动态更新工作，确保按时保质保量地完成入户登记工作，信息数据准确无误。参与动态更新人数共6574人，其中入户登记6136人、已搬迁137人、空挂户125人、外出28人、注销142人、迁移6人。

玉泉区残疾人办理了公交卡充值业务从10月28日开始至11月29日结束，已为2799名残疾人办理公交卡。其中充值2473人、新办210人、补办55人、军残22人、旗县39人。

持续做好志愿者助残工作。2019年玉泉区助残志愿者参加了助残换证、公交卡年检、残疾人观影、普法宣传、斯达克助听器项目、“三城同创”等20余次助残公益活动。

【维权保障】 2019年共接待来信来访50余次，均已妥善解决。组织落实好配套资金的使用，按照上级要求，做好机动轮椅车燃油补贴审核工作，已审核并录入16名残疾人的信息，确保及时足额发放到残疾人手中。

对其中56户进行无障碍改造，其中改造卫生间、楼道门口扶手9户，改造坐便椅、扶手3户，改造了坡道、扶手14户，燃气报警器19户，闪光门铃11户。

【就业培训】 持续做好残疾人职业技能培训。玉泉区2019年度残疾人职业培训选择了网络创业、茶艺和理疗3个培训项目，共培训150人次，其中网络创业培训48人、茶艺培训51人、康复理疗培训51人。

全力推动残疾人就业创业网络服务平台的应用，积极向残疾人介绍残疾人就业创业网络服务平台，并通过微信、朋友圈转发等手段，使更多的残疾人了解、认识和使用平台。

【就业保障金征收】 大力推行按比例安排残疾人就业工作。认真贯彻落实《内蒙古自治区残疾人就业保障金征收使用管理实施办法》文件精神，已有1779家单位进行了残保金网上申报并审核通过，审核率达到23.57%，18家单位安排残疾人达到单位总职工数1.5%的比例，64名残疾人符合残保金政策规定即为残疾员工足额缴纳社保。11月底核定的残保金共计862.8万元，入库金额共计857.3万元，入库率达99.36%。

【亮点工作】 区残联为重度残疾人以及三、四级精神和智力残疾人在锡林郭勒南路的青城驿站和兴隆巷四里营社区开展了辅助性就业活动，共计25人，其中20人每天参加基地花艺、包纸、包水，4人在花店就业，负责花店工作，1人做卫生保洁。

换证期间，玉泉区协调内蒙古自治区第三医院派出专家组，分2次为玉泉区50多名不方便出门的精神智力残疾人集中做了鉴定，此项工作还在进行中。协调玉泉区红十字医院的医生每周三上门为家中无直系亲属、行动不便的重度残疾人进行残疾等级鉴定工作，已完成7人次。

红十字会

【红十字会领导名录】

会　长　　　娜　仁（女　蒙古族）
常务副会长　刘瑞刚
副会长　　　崔智玲（女）

【概况】 玉泉区红十字会于2005年单独设置，是参照公务员管理的正科级事业单位，核定编制5人，其中领导职数2人（一正一副），实有工作人员8人（含不占编1人、合同工1人）。

【职责】 红十字会是从事人道主义工作的社会救助团体，主要履行下列职责：开展救援、救灾的相关工作，建立红十字应急救援体系，在战争、武装冲突和自然灾害、事故灾难、公共卫生事件等突发事件中对伤病人员和其他受害者提供紧急救援和人道救助，开展应急救护培训，普及应急救护、防灾避险和卫生健康知识，组织志愿者参与现场救护，参与、推动无偿献血、遗体和人体器官捐献工作，参与开展造血干细胞捐献的相关工作，组织开展红十字志愿服务、红十字青少年工作，参与国际人道主义救援工作，协助政府开展与其职责相关的其他人道主义服务工作。

【助力精准扶贫、精准脱贫】 以“博爱一日捐”“博爱送万家”等公益活动，全力参与精准扶贫工作。2019年，对玉泉区贫困边缘户、大病患者、残疾失能家庭、孤寡老人、留守儿童等实施精准救助，守住民生底线，坚决防止因病、因灾返贫致贫。2019年累计投入款物价值15.8万元，玉泉区受益512户1240人。对小黑河镇中心校50名单亲贫困学生，连续5年开展“博爱寸草心”助学活动，共发放资助金、衣服、学习用品价值约50万元；举办“博爱周末学堂”，进行励志引导、心理疏导和学业辅导。同时，认真做好2019年“博爱一日捐”工作。玉泉区90个行政事业单位，共募集资金421275元。近几年，由于玉泉区筹资任务完成较好，2019年被呼市红十字会评为“博爱一日捐”工作先进集体。

实施中国红十字基金会小天使和天使阳光基金项目，认真做好审核呈报工作，对14岁以下贫困白血病儿童和先心病儿童进行救助。继续开展光明行社会公益活动。2019年玉泉区共筛查眼疾患者150人，免费实施白内障复明手术34例，对全部患者进行了回访，实现“复明一人、幸福一家、影响一方”的社会效果。

2019年以来，组织实施“博爱家园”项目，建设自来水维修配套、节水灌溉等惠民工程，累计投入资金约10万元，帮助发展生产，实现增产增收，为民解难事、办实事，助力打赢脱贫攻坚战和全面建成小康社会。2019年筹措资金约7000元，扎实做好包村包户定点帮扶工作。

【应急救护培训“五进”工作】 在镇（办）、村（居）、学校、企业、机关积极开展应急救护培训。2019年投资约4万元，在五里营社区、沟子板校园驿站新建2个救护点；在建华北街、三里营东、清泉街、观音庙、康居社区设置5个智能急救站。为玉泉区12所学校配备42套培训教具。在呼和浩特市第六中学实施老牛生命学堂项目，联合消防、应急等部门，9月份组织600名中学生参加了应急救护培训进校园活动。按照“四统一”要求，年内45人参加自治区应急救护师资培训，完成红十字救护员培训200人、普及性培训2000人，对提高玉泉区居民防灾避灾意识和自救互救能力起到了很好的推动作用。同时在红十字青少年中开展“红十字急救掌上学堂”宣传推广活动。

【推进应急救援体系建设】 在红十字日等大型主题宣传活动期间，举行“践行文明风尚、打造靓丽北疆”，“我是红十字人”、红十字“救”在身边等心肺复苏、创伤搬运、逃生表演为内容的应急救护演练、主题宣誓活动。积极参与2019年在呼和浩特举办的第五届全国红十字应急救护大赛。

提升防灾减灾应急救援能力，努力实现应急救援工作人、财、物的储备。2019年，在学校、社区组织开展3次救援演练活动，参加人数1000人。10月份，派干部参加内蒙古红十字会赈济救援演练活动。严格执行“235”资金管理使用制度规定，玉泉区红十字备灾储备资金累计达到40余万元，备灾救灾能力逐步增强，实现灾害报送网络化。

【加强红十字会公信力建设】 在“5.8”世界红十字日等重大纪念日，开展慰问、救助、应急救护演练、医疗咨询义诊、无偿献血等主题宣传活动。2019年，积极参加寇家营科技三下乡、南台什首届农民丰收节活动，宣传红十字文化，传播人道理念，普及卫生健康知识，推进“健康玉泉”建设。在社区、农村、学校和公共场所建立9个人道文化传播点。2019年上报红十字信息50篇。

加强公信力建设，打造“网上红十字会”。对捐赠善款的支出使用全部在玉泉区政府网站进行公布。对核心业务建设、重点项目、捐赠款项做到“两公开、两透明”（即捐赠款物公开，财务管理透明；招标采购公开，分配使用透明），扎实推进工作规范标准化、运行公开透明化、项目实施品牌化、筹资拓展多元化、队伍专业职业化，进一步提高了区红十字会治理体系和治理能力现代化水平。

【扎实推进组织建设】 全面推进红十字会基层组织建设，不断激发基层红十字组织活力。玉泉区累计发展镇（办）、社区（村）基层组织94个，学校红十字会23个，团体会员1个，红十字志愿服务队25支，发展会员1800人、志愿者2500人。基层红十字会积极开展红十字特色活动，如红十字知识宣传、应急救护培训、交通安全、地震逃生、敬老助残、扶危济困等。2019年，大力开展“爱我青城、奉献首府”——红十字志愿者在行动的社会公益活动，发挥生力军作用，积极参与“三城同创”。共打造呼和浩特市第六中学等4所自治区级红十字示范学校。2019年，在呼和浩特市基层组织建设评比活动中，通顺街小学被评为先进集体，清泉街社区书记武荷香被评为先进个人。

【依法做好“三献”工作】 积极参与无偿献血、造血干细胞捐献、遗体和人体器官捐献工作。加强与血液中心、献血屋（点）的沟通协调，完成志愿者招募、宣传动员、血样采集工作流程与环节。2019年，参与玉泉区无偿献血活动2次，献血人数178人，献血量5.79万毫升；组织干细胞采集活动2次，采集造血干细胞血样17人份。累计登记遗体器官捐献志愿者9人。每年清明节期间，参加呼市遗体器官捐献纪念馆举办的遗体器官捐献者追思缅怀活动。举办“爱生命、讲奉献、做文明市民”演讲竞赛、“世界骨髓捐献者日”演讲宣誓活动，营造“人人为我、我为人人”的良好社会风尚。

公安工作

【公安局玉泉区分局领导名录】

书记、局长　许金刚

副局长　纳　胜（蒙古族）

林　瑞（蒙古族）

郭月旺

李贵忠

王国良

丁利民（蒙古族）

纪委书记　郭震乾

政工办主任　苏　慧

刑警大队长　刘占彪

【概况】　呼和浩特市公安局玉泉分局成立于1959年，内设6个科室（纪检、政工、信访、指挥中心、情报中心、警务保障）、13个大队（督察、法制、刑警、国保、经侦、治安、禁毒、户政、出入境、网安、食药环、巡特警、消防），下辖11个派出所（石东路、昭君路、小召前街、大南街、西菜园、鄂尔多斯路、兴隆巷、长和廊、小黑河、小黑河南、景区治安）。共有民警368人（行政编310人、事业编58人）、辅警362人，辖区总面积258平方千米，共建立58个警务室，常住人口42.35万人。

【维护稳定工作】　2019年，分局深入开展了九个维护政治稳定专项行动和攻坚战。取缔各类团体聚会点10处，教育训诫54人。破获“法轮功”案件3起，核查涉疆关注重点人5名，核查一般涉疆关注人员102人，根据属地稳控、谁列管谁负责的原则，按照“稳、控、劝、返”四字方针和“排查梳理到位、稳控措施落实到位、工作责任落实到位”的总体要求，在国保、治安、情报、网安、基层基础和指挥中心等相关单位的协助下，全面掌握各类重点群体、个人的信息动态，积极主动做好维稳工作，确保万无一失。

【扫黑除恶】　2019年，玉泉分局针对本地区扫黑除恶形势，加快线索核查进度，强化专案攻坚力度，深挖深层黑恶势力，多次召开会议进行安排部署，抽调150余名精干警力参战。建设分局扫黑除恶“四室一中心”，组织一期专项斗争业务培训班，印发扫黑除恶知识手册5000余册，投入专项经费140万元。核查的531条线索中转化为刑事案件的线索33条，共计破案48起，采取强制措施人数137人。

扫黑除恶专项斗争开展以来，累积打掉涉恶犯罪团伙13个，采取强制措施72人，移送起诉65人，团伙人员情况全部移交纪委监委。12月底，法院判决团伙6个，判决人数39人。从扫黑除恶专项斗争开展以来累计破获涉恶9类案件43起，抓获犯罪嫌疑人121人。

【安全保卫工作】 在全国、自治区“两会”和新中国成立70周年以及其他重要活动和事件期间，为全面加强辖区的社会治安稳定，坚决防止和妥善处置玉泉辖区重点人员进京、到领导驻地非访滋事，最大限度地将涉访重点人员稳控在当地，维护玉泉区正常的信访秩序。分局按照上级部门的要求，配合相关部门在呼市、北京两地开展呼和浩特市涉访重点人员的排查稳控和处置劝返工作。2019年圆满完成了重大活动的安全保卫和一系列警卫任务共400余次，处置群体性、上访事件300余起，进京接访40余人次，共出动维稳警力1800余人次。

【案件侦破工作】 2019年以来，共破获7起命案。玉泉分局刑事案件立案1126起，同比（1097起）上升2%，其中危害公共安全类案件4起，侵犯公民人身权利案49起，侵财类案件675起，妨害社会管理秩序类案件17起，破坏军事通信案1起，其他刑事案件354起。破获刑事案件共计232起，同比（188起）上升23%。刑事拘留288人、取保候审88人、监视居住37人，提请逮捕284人（批准逮捕280人）报捕批捕率为98.6%、移送起诉247案/268人、直诉17案/27人。抓获各类逃犯51人，其中历年逃犯5人。

【基层民生服务】 2019年，玉泉分局基层基础工作以提升派出所基础工作成效为主线，坚持深化改革和社会管理创新，进一步做好服务群众各项工作。

12月底，新增实有单位1111个，新增录入流动人口35888人，新增录入出租房屋4043户。通过“两口一屋”排查整治工作抓获网上在逃人员5人。办理全国居民身份证746张、玉泉区居民身份证异地3945张、临时身份证1127张，居民身份证挂失申报、丢失招领856件，办理居住证15847张。

12月底，共受理出入境证件11759本。护照5681本；港澳通行证4901本；台湾通行证1177本。

【打击毒品犯罪行动】 分局一直以“最高标准、最实基础、最严措施、最佳形象”为总目标，将“端窝点、打组织、斩路线、破网络、抓主犯”作为打击重点，针对辖区内可能涉黄、涉赌、涉毒的洗浴、按摩、KTV等场所进行了全面摸排，结合打击“黄赌毒”专项行动，共查获吸毒人员2人，强制隔离戒毒2人次；破获涉毒目标案件1起，抓获犯罪嫌疑人12人，缴获毒品芬太尼9229.51克。经过15个月的艰苦工作，分局于2019年上半年成功侦破公安部目标2018-548案件。

【社会治安重点整治】 分局积极开展社会管理

创新，屯警街头，武装巡逻，倾力排查玉泉辖区治安隐患死角，整治重点难点，全力维护社会稳定，打造和谐玉泉，扎实开展反恐防暴机动处突工作，强化日常检查管理和严打整治斗争，积极深入开展各项公安业务工作。

2019年，通过检查整治，辖区旅店183家入网覆盖率达到100%，上传率平均达到99.9%。2019年共清查特种行业场所120余次，其中娱乐场所40余次，警告、罚款限期整改10家，停业整顿1家，关停25家，旅馆业60余次，刻章业20余次。办理犬证43个，收缴流浪犬508余只。11月底，分局共受理行政案件4285起，与2018年同期4652起相比减少367起，下降7%；行政拘留627人，与2018年同期795人减少168人，下降21%；行政罚款181人，警告22人。

【党风廉政建设】 分局建立《玉泉区公安分局党委2019年落实党风廉政建设“一岗双责”工作实施方案》《2019年玉泉区公安分局党风廉政建设和反腐败工作实施意见》《2019年玉泉区公安分局党风廉政建设和反腐败工作分解意见》等党风廉政规章制度，履行“一岗双责”，把党风廉政建设工作与公安业务工作同部署、同推进、同落实。适时开展廉政风险排查和防控，建立健全重点领域廉政风险防控管理长效机制。

【公安队伍建设】 2019年以来，在上级党委及部门的具体指导下，分局党委全面贯彻落实党的十九大和全国公安工作会议精神，认真落实理论学习计划和党建工作要点，切实加强领导班子和干部队伍建设，以党建项目化为抓手，以“大学习、大提升”和“大调研”“大排查”活动为契机，全面推进“不忘初心、牢记使命”主题教育活动，加强思想建设、组织建设、作风建设、党风廉政建设，坚持稳中求进的工作总基调，团结带领广大民警、辅警，紧盯目标、努力拼搏，着力打造一支信念坚定、执法为民、敢于担当、清正廉洁的公安铁军，为圆满完成各项公安工作提供坚强思想组织保证。

检察工作

【人民检察院领导名录】

党组书记、检察长	郭建华
党组成员、副检察长	杨　军（蒙古族）
	武　强
	张永军（10月18日任职）
副检察长	张鹏翔（1月31日退休）
	李　尚（女　12月任职）
党组成员、纪委派驻检察院纪检组组长	李林侠（女）
政治部主任	崔淑芝（女　蒙古族）
检察委员会专职委员	李慧茹（女　蒙古族）
	高　荣（女）

【概况】 优化内设机构调整，区检察院内设机构总数从13个精简到6个，减少53.8%，精简后机构分别为办公室、政治部、第一检察部、第二检察部、第三检察部、法警队。业务部门正副职人数减少58%，现有员额检察官18人、检察官助理

13人、司法行政人员10人、书记员17人、技术人员1人、法警2人、事业编制人员12人。全面推行“捕诉一体”办案模式，一个案件由同一办案组织和同一检察官负责到底。2019年审结批捕起诉案件686件862人（到2019年12月10日，下同），同比分别增加43.5%和49.9%，办案效率提高43.5%。优化检察官办案团队，组建以检察官为核心的基本办案组16个、专业办案组5个。孙强等6人恶势力团伙犯罪专案组被评为呼和浩特市检察机关扫黑除恶专项斗争优秀办案组。刑事、民事、行政、公益诉讼“四大检察”法律监督有力推进。检察人员分类管理、检察官办案责任制不断完善，检察人员职业保障逐步落实。

【开展“不忘初心、牢记使命”主题教育】 成立领导小组，印发实施方案，有序推进主题教育。通过党组理论学习中心组、主题教育专题读书班、专家讲座、专题研讨等方式，组织区检察院干警开展集中学习6次、专题研讨8次、专家讲座4次、党支部专题学习36次、主题党日活动5次、观看红色经典党性教育片3次。在微信公众号开设《初心使命检察说》栏目，刊发党员干部的体会文章。以问题为导向，查摆出8个方面131个问题，坚持边学边查边改，已集中整改问题120个。在学习教育和督促整改过程中，各项检察工作质效不断提升。

【推进扫黑除恶专项斗争】 始终保持严打高压态势，重拳出击，形成震慑。批准和决定逮捕涉恶犯罪案件3件3人，提起公诉8件27人。落实院领导包案制度，检察长、副检察长带头办理涉黑恶案件8件17人。紧盯人民群众关注的大案要案，抽调精干力量，组织专案攻坚，成功办理韩忠平、孙强、李天贵等人涉嫌寻衅滋事、聚众斗殴、故意伤害等犯罪案件，严惩了一批欺行霸市、横行乡里、群众深恶痛绝的恶势力团伙。强化协调会商机制，实现涉黑恶案件提前介入全覆盖，对重大案件召开“大三长”“小三长”会议8次，检察长列席审委会4次。坚持“打伞破网”同步推进，发现并移送线索13件，针对重点行业、重点领域监管提出检察建议6份。围绕中央扫黑除恶督导组督导反馈和“回头看”指出的问题，制定整改方案，细化整改举措70项，全部立行立改并长期坚持。

【精准服务打赢“三大攻坚战”】 积极投入重大社会稳定风险防范化解专项行动，审查逮捕破坏市场经济秩序犯罪8件22人，审查起诉7件7人。积极参与房地产乱象综合整治，依法批准逮捕内蒙古华秀房地产有限责任公司合同诈骗案1件1人，蒙苑集团有限责任公司拒不执行生效判决裁定案1件2人。坚决打好污染防治攻坚战，深化破坏环境资源犯罪立案监督，提起公诉破坏环境资源犯罪1件2人。发挥公益诉讼检察职能，立案审查生态环境领域公益诉讼案件44件。高度重视保护民营企业合法权益，依法对1起犯罪情节轻微的民营企业负责人信用卡诈骗案做出不批准逮捕决定。邀请企业家代表走进检察机关调研座谈，搭建检企沟通平台。把精准脱贫与司法救助相结合，为因案致贫返贫的被害人提供司法救助4件，依法发放救助金5.7万元。

【立足办案参与社会治理】 打造一站式12309检察服务中心，践行新时代“枫桥经验”，将心比心对待群众信访。坚持检察长接待制度，严格做到“7日内程序回复，3个月内办理结果或过程答复”。统一归口办理信访事项32件，接待来访群众110人次，远程视频接访群众诉求5次，实现“让数据多跑路，群众少跑腿”。落实“谁执法、谁普法”责任制，开展法治宣传7次，做实以案释法。尊重和保障律师执业权利，全面推行电子卷宗，接待辩护与代理律师预约阅卷申请76件。邀请2名值班律师驻点检察院，参与化解涉法涉诉信访案件。

【严厉打击各类刑事犯罪】 共受理提请批准逮捕177件264人，移送审查起诉477件587人。经审查，批准和决定逮捕166件241人，同比分别增加5%和22.3%，提起公诉496件585人，同比分别增加67%和71%。其中故意杀人、抢劫、强奸等严重暴力犯罪63件80人，信用卡诈骗、非法吸收公众存款等金融类犯罪6件20人，涉案金额13亿余元。开展“黄赌毒”专项整治行动，办理容留、介绍卖淫、开设赌场、贩卖毒品等犯罪15件28人。贯彻宽严相济刑事司法政策，严把案件事实、证据、程序和法律适用关，不批准逮捕16件25人，不起诉6件10人。认真推进认罪认罚从宽制度落实，对认罪态度好的86名被告人适用认罪认罚从宽制度，“两高三部”发布《关于适用认罪认罚从宽制度的指导意见》以来，适用率达74.8%。积极发挥在反腐败斗争中职能作用，依法受理监委移送审查起诉职务犯罪案件4件5人，起诉4件5人。

【深入推进诉讼检察监督】 加强刑事侦查和审判监督，对应当立案而不立案的，监督立案并判处有期徒刑6人。对不应当立案而立案的，督促撤案2件。依法追捕追诉37人。监督纠正侦查活动违法情形10件。对认为确有错误的刑事裁判提出抗诉6件。加强刑事执行监督，开展羁押必要性审查，发出变更强制措施建议书10份，建议被采纳变更强制措施7人。发出特赦检察意见书12份，协助呼市检察院初查司法工作人员职务犯罪案件1件。强化民事行政审判和执行监督，办理民事行政检察监督案件54件，提出各类检察建议32份，法院采纳率100%。对37件民事行政执行案件开展监督，协助推动执行难问题解决。深入开展虚假诉讼领域深层次违法行为监督工作，向公安机关移送涉嫌虚假诉讼犯罪案件1件，向法院提出再审检察建议1件。

【做好未成年人检察工作】 打造专业、温馨的未检办案工作区，探索实行“捕诉监防帮”一体化工作模式。批准逮捕未成年人犯罪6件13人，不批准逮捕4件4人，提起公诉9件24人，不起诉1件3人。严厉打击侵害未成年人犯罪，批准逮捕侵害未成年人权益犯罪10件18人，提起公诉12件24人。联合教育局下发落实“1号检察建议”实施方案，开展预防性侵害专项整治，切实加强校园安全建设。落实“法治教育从娃娃抓起”，检察长带头兼任中小学法治副校长，针对社会关注的校园欺凌、性侵等热点问题，开展法治进校园宣讲22场，玉泉区17所中小学1万余名教师和学生接受法治教育。

【紧扣公益保护全面履职】 向玉泉区人大常委会做专项工作报告，开展专题讲座，邀请60余名人大代表现场观摩公益诉讼庭审2次。成立公益诉讼检察办案组，聚焦法定领域，与河长办联合开展“携手清四乱，打好水污染防治战”专项活动，开展“保障千家万户舌尖上的安全”专项监督活动，注重深化拓展，探索未成年人保护领域公益诉讼，共办理各类公益诉讼案件55件。针对环保督查提出的商砼、洗沙场等企业污染问题，积极配合区委、区政府工作，第一时间启动公益诉讼程序，发出诉前检察建议24份，环保、国土等相关部门积极整改，拆除搅拌站13个、废品收购站3个、沙场11个、违建约10000平方米。综合运用民事公益诉讼检察职能，将依法追究涉事企业民事责任线索移交呼市检察院，督促涉事企业对非法占用的土地进行修复。违法者必须为恢复受损公益“买单”。

【严格诉前程序智慧履职】 行政公益诉讼涉及政府履职，本质是助力政府依法行政，共同维护人民根本利益。区检察院树立“双赢、多赢、共赢”理念，把诉前实现维护公益目的作为最佳状态，向行政机关提出检察建议50件，督促自行纠正违法、履职尽责，有效整改落实41件，占82%，督促修复被毁耕地100亩，督促拆除河道内违建2000平方米，督促清理砂场1家、环境脏乱差厂区1家。监督整治辖区内秸秆焚烧和原煤燃烧环境污染问题。发出呼市首例未成年人保护行政公益诉讼诉前检察建议，督促查处学校周边违规经营烟草制品商户41户。

【用好诉讼手段依法履职】 对诉前检察建议不能有效落实，行政机关没有及时整改的，就以诉讼、庭审接力推动问题解决，警示一片，教育社会面。针对新胜村玉米地污染问题，依法对赛罕区环保局提起怠于履行环保监管职责行政公益诉讼，针对班定营村被破坏耕地未修复的问题，依法对国土局提起未完全履行监管治理职责行政公益诉讼。针对云某等人非法占用农用地案提起刑事附带民事公益诉讼，要求其以恢复耕种条件的方式承担环境修复责任。组织内蒙古自治区6盟市80余名干警对区检察院办理的公益诉讼案件进行庭审观摩和评议，起到了良好效果。

【主动深化检务公开】 发挥12309检察网、手机客户端、微信公众号、热线电话“四位一体”的检察为民服务平台效能，为群众提供案件信息公开、控告申诉、信访举报、法律咨询、监督违法等全方位服务。2019年向社会公布案件程序性信息557条、法律文书344份，对外发布微博1339条、微信1062条，在各级媒体刊登宣传报道和调研论文233篇，其中被国家级媒体采用215篇、自治区和市级媒体采用18篇。区检察院被评为2019年度全国检察宣传先进单位，1名干警荣获全国检察宣传先进个人荣誉称号。

【自觉接受外部监督】 认真接受人大法律监督和政协民主监督，完善代表委员联络机制，邀请人大代表、政协委员、人民监督员、企业家代表视察检察工作，分别开展以“我将无我奋斗，不负人民重托——共和国建设者走进检察机关”“检察护航民企发展”“携手关爱，共护明天”为主题的检察开放日活动，主动向人大常委会报告检察工作开展情况，充分听取代表委员的意见建议。自觉接受人民群众监督和新闻舆论监督，努力增强人民群众对检察工作的获得感。

【着力加强智慧检务建设】 把信息化、智能化作为推动检察工作高质量发展的新动能，通过构建“网上检察院、掌上检察院、实体检察院”三位一体的模式，实现办案指挥、案件信息查询、律师预约、控告申诉、法治宣传等检察服务智能化。依托统一业务应用系统、智能审讯平台、指挥调度平台、语音识别平台等，助推检察办案智能化。依托案件管理平台、检务公开平台对案件进行全流程实时动态监管，实现监督管理和服务智能化。依托协同办公系统和钉钉考勤系统，实现了机关管理、公文流转、考勤等检务办公智能化。

【扎实推进基层党组织建设】 大力推进党支部标准化规范化信息化建设，筑牢战斗堡垒。完成党总支及3个党支部的换届选举工作。以开展党建品牌创建、党员示范岗创建、主题党日、特色党建4项活动为抓手，推进党建工作创新发展。打造集检察内网、官方网站、微博、微信、手机客户端五大信息化平台和党群教育培训活动中心等六大党建平台，提炼形成了“守赤诚公正，铸泉韵检察”机关党建品牌名称和品牌标识。第二党支部荣获先进基层党组织荣誉称号。

【坚持不懈提升综合素能】 着眼于法律实践运用能力，分级分类开展扫黑除恶、出庭公诉、文书制作、信息写作等各类业务技能培训1000余人次。通过组织参加技能竞赛、演讲比赛、学术研讨、业务骨干“传帮带”等形式，充分提升干警业务水平和司法办案技能。11名干警分别获得国家级、市级、区级表彰奖励。1件公益诉讼案件入选呼和浩特市检察机关公益诉讼典型案例。

【持之以恒强化正风肃纪】 压紧压实检察长、班子成员、部门负责人三层党风廉政建设主体责任，带头落实“一岗双责”。深入开展纪律作风专项整治，区检察院干警签订《纪律作风承诺书》，开展任前廉政谈话、岗位调整谈话、苗头性问题诫勉谈话33（人）次。加强对“三个规定”执行情况监督检查，严格落实监督执纪“四种形态”，加强警示教育、约谈提醒、问责追责，共约谈部门负责人18人，发出检务督察通报33份。

审判工作

【人民法院领导名录】

院　长　李建军（蒙古族）

副院长　苏　和（蒙古族）

【概况】 2019年玉泉区人民法院共有干警164名，政法专项编制83名、事业编制10名、工勤编制8名、通过书记员过渡考试37名、其他聘用人员26名。选任人民陪审员120名，研究生学历以上的干警14名，44名法官，其中员额制法官35人，员额法官中研究生学历6人，本科25人，专科4人。2019年3月完成内设机构改革，设置综合办公室、政治部、审判管理办公室、立案庭、刑庭、民庭、行政厅、执行局和法警大队9个部门。

【业务】 始终把执法办案作为第一要务，全力维护社会公平正义。2019年受理各类案件9150件，较2018年同期增长28.19%，审执结7895件，审限内结案率100%，结案率90.23%，同比上升7.81%。

以深化扫黑除恶为着力点，从严惩处刑事犯罪。2019年以来共受理涉恶案件13件45人，全部审结，认定恶势力犯罪7件20人。根据扫黑除恶专项斗争的安排，成立了法院扫黑除恶领导小组，抽调刑事审判经验丰富的员额法官组成专门合议庭审理涉黑涉恶案件，建立“快立快审”机制，助力涉黑涉恶案件审理“提速”，实行案件报告、督办制度，落实第一责任人和直接责任人职责。加强与公安机关、检察机关协调配合，努力做到案件信息共享。主动向党委政法委汇报相关工作进展，确保扫黑除恶专项斗争政治效果、法律效果和社会效果的统一。与市场监管、税务、住建、审计、银行等部门密切配合，准确查明涉案财产，发力“打财断血”，已经认定涉恶案件且涉及财产刑的案件，判处财产刑金额共计7136万元。精准有力推进线索督办，定期召开扫黑除恶专项斗争线索摸排专题会，梳理督办案件办理情况，加强对房地产领域涉众案件线索摸排，对各个线索核查进展工作进行汇报，集中讨论督办案件办理中遇到的具体问题。共接收上级法院、区扫黑办、纪委监委各类督办案件27件，均已在规定时限内回复完毕。在审理涉黑涉恶案件中针对相关部门工作中存在的问题发送4份司法建议，全部收到回复。围绕督导反馈意见，扎实部署督导整改工作，全面落实整改要求。组织相关业务部门集中学习扫黑除恶工作指导性文件和涉黑涉恶典型案例，不断提高法官的业务能力。对扫黑除恶的系列案件，适时组织开展集中宣判，对典型案件通过新闻发布会、法院门户网站、法院官方微博、微信等形式进行宣传，震慑犯罪分子，警示干部群众，营造强大声势，为专项斗争深入开展营造良好的舆论环境。

以完善长效机制为突破点，巩固提升执行质效。探索建立切实解决执行难长效机制，巩固并不断扩大执行攻坚战成果。2019年以来受理各类执行案件2342件，同比增加1079件，结案2190件，结案率90.35%，执行到位金额9000余万元，强制腾房5300平方米，被执行人迫于执行压力主动腾房39间，通过网络拍卖62次，成功处置财产率达90%，拘传523人，拘留120人，发布失信被执行人名单、限制高消费达千余人次，主动履行义务153人，履行金额255万。

以调处民商纷争为落脚点，积极促进社会和谐。畅通民生维权通道，妥善办理交通事故赔偿、劳动争议、医疗纠纷等案件478件；认真贯彻家庭本位裁判理念，开展巡回审判，共审结婚姻、继承、赡养等家事案件758件，大力维护妇女、儿童、老人等弱势群体的合法权益；强化司法服务的前瞻性、针对性和主动性，依法保障区委重大决策部署有序推进，审理行政类案件58件，监督支持依法行政；审理房屋买卖纠纷案件467件，有效规范房产交易市场；审理金融借款类案件1623件，依法规范金融借款和民间借贷。同时，完善破产审判机制，促进化解过剩产能，努力营造安定有序的营商环境。

【创新大事记】 以践行为民理念为切入点，优化便民利民举措。完成了诉讼服务中心升级改造，设置服务窗17个，涵盖案件受理、法律咨询、缴费退费等30余项功能，着力打造一站式诉讼服务平台，方便群众诉讼。配备智能化诉讼辅助设备，实现诉状辅助生成、诉讼风险评估、执行风险评估和自助查询功能。建设审判执行电子卷宗随案生成扫描中心，启用云柜，为法官、审判辅助人员、当事人提供更多的便利。启动历史诉讼档案数字化工作，为实现网上调卷阅卷夯实基础。设置专门的送达窗口，成立统一的公证部门参与的送达中心，实现送达工作集约化、专业化。将审判法庭升级为智慧法庭，引入庭审语音识别系统，庭审一键直播系统。组织新任命人民陪审员120名，在案件审理中充分发挥人民陪审员的作用，进一步提高群众司法获得感；完成跨域立案诉讼服务改革，以实现跨域立案为突破口，推动实现诉讼事项跨区域远程办理、跨层级联动办理，切实解决好异地诉讼不便问题；积极开展特困当事人诉讼费缓、减、免工作，有效减轻当事人的诉讼负担；积极开展诉源治理试点工作，探索诉调对接工作机制，拓展多元化解纠纷途径，打造一站式调解平台，成立律师参与调解工作室，形成了内外联动的多元解纷格局，在受理的民商事案件中，委托调解522件，达成调解协议316件。

以加强自身建设为结合点，锻造清廉为民队伍。始终坚持从严治院、从严治警，深入学习贯彻习近平新时代中国特色社会主义思想，扎实开展“不忘初心、牢记使命”主题教育，坚持抓党建、带队建、促审判，时刻将党风廉政建设“两个责任”抓在手上、扛在肩上，落实在行动上，开展纪律作风整顿行动，加强内部管理，构筑廉洁防火墙，以零容忍的态度严惩司法腐败，以廉洁司法确保公正司法；坚持以改革创新作为发展动力，全面落实司法责任制，深化综合配套改革，积极推进新型速裁团队建设，坚持“速立、速送、速调、速审、速判”的审判方式，强化繁简分流，实行快慢分道、轻重分离，打造审判“快车道”。

狠抓中心工作，实现审判执行工作提质增效。成立“提质增效年”活动领导小组，制定“提质增效年”活动方案，明确思路，落实责任。严格审限管理，杜绝超审限案件，加强审判运行态势分析，科学测算法官任务量，促进均衡结案。大力推进“分调裁审”机制改革，组建了小额诉讼团队和民事简易速裁团队，负责小额诉讼简易程序案件的快审快结和诉讼咨询、诉前调解等工作。同时，综合考虑不同类型案件的数量、难易程度等因素，优化法官配置，建立速裁案件甄别、分流和退出机制，实现“简案快办，繁案精审”。大力推进电子卷宗随案生成及深度应用，辅助法官办案，为法官和当事人查阅案卷提供便利。建立常态化案件质量评查机制，将作风建设同审判执行工作紧密结合，强化责任意识，提升审判质效。案件质效核心指标持续向好，均衡发展，一审服判息诉率92.76%，一审案件改判发回重审率6.81%，审判质量和效率呈现良好发展态势，案件质效进一步提升。

【党建工作】 扎实开展“不忘初心、牢记使命”主题教育。深入学习贯彻党的十九大精神和习近平新时代中国特色社会主义思想，扎实开展“不忘初心、牢记使命”主题教育，牢牢把握“守初心、担使命，找差距、抓落实”的总要求，确保主题教育取得扎扎实实的成效。深入学习习近平总书记系列重要讲话精神，充分利用学习强国等学习平台开展自学和交流研讨。创新形式，将活动引向深入，区法院干警集体前往老牛坡红色教育基地开展主题党日活动，重温入党誓词。组织干警专看专题片、迎接国庆内蒙古彩车回家、党群活动中心宣讲、开展党建知识竞赛等多形式开展学习教育活动，在调研交流中深化了学习效果。班子成员讲授主题党课，对照党章党规、准则、条例查找存在的问题和差距，建立问题清单，剖析问题原因，制定整改落实措施，为法院审判执行工作不断注入新的能量和动力。

全面落实党风廉政建设责任制。落实全面从严治党“两个责任”，细化分解落实党风廉政建设主体责任，把党性教育和警示教育融合一体，组织干警到呼市第二监狱开展警示教育，筑牢拒腐防变的思想防线。坚持从增强理想信念、加强队伍建设、勇于担当尽责、重视司法廉洁等方面狠抓纪律作风建设。严格落实党风廉政建设各项制度，举行纪律作风建设专项行动承诺宣誓仪式，转变作风，树立公正廉洁的良好法院形象，营造风清气正的司法环境。定期开展纪律作风建设自查，结合扫黑除恶专项斗争，集中整治“四官”问题，杜绝办案中的“吃拿卡要、冷硬横推”行为，确保审判执行业务不出事、队伍不出轨，打造让党放心、人民满意的法院队伍。

加强司法能力建设，提升业务水平。完善青年干警培养机制，通过审判团队制、法官、法官助理，发挥传、帮、带作用，定期开展庭审观摩、文书评比等活动，不断提升法官驾驭庭审、法律适用、文书制作等司法能力。加强业务培训，定期参加法律实务论坛，组织参加新型、疑难、典型案件分析研讨会，不断提高区法院干警的法律素养和解决法律问题的能力。

司法行政

【司法局领导名录】

党组书记、局长　巴特尔（蒙古族）
副局长　杨文志
李二平（蒙古族　7月1日任职）

【概况】 玉泉区司法局成立于1983年，经2019年3月机构改革，区司法局与区法制办合并，重组后的司法局内设10个股室，分别为综合办公室、法治综合股、行政复议与应诉股、普法与依法治理股、社区矫正管理股、人民参与和促进法制股、公共法律服务管理股、科技信息化股、政工股、纪检监察室。基层还设有派出机构司法所9个，分别设在一镇八办。同时在司法局注册的有148法律服务中心1个、律师事务所5个。现共有工作人员46人，行政编25人、事业编19人、机关工勤编2人。另聘用合同制工作人员4名。

【扫黑除恶专项斗争工作】 成立以党支部书记、局长为组长的扫黑除恶专项斗争领导小组，制定《玉泉区司法局扫黑除恶专项斗争实施方案》，组织干部学习中央、自治区、市、区扫黑除恶专项斗争会议精神。印发《关于开展扫黑除恶专项斗争法治宣传工作任务分配的通知》，安排布置扫黑除恶法治宣传工作。充分发挥人民调解“第一道防线”的作用，集中司法所、人民调解委员会深入基层，把矛盾纠纷化解在基层、消除在萌芽状态。聚焦矛盾纠纷易发、多发等行业领域，开展矛盾纠纷扫黑除恶“大排查、大调处”活动，加大对社会面涉黑涉恶高危人群的摸排力度，及时发现并报告黑恶势力犯罪案件线索，进一步维护基层社会和谐稳定的大环境。积极发挥社区矫正职能作用，将扫黑除恶工作向纵深推进。在社区服刑人员当中开展扫黑除恶集中攻坚、深挖余罪专项活动，深挖彻查社区服刑人员当中的黑恶势力，打击背后保护伞，严格社区服刑人员审前评估、外出审批和实施奖惩，有效运用警告、撤销缓刑、假释、收监执行等惩罚措施，充分调动社区服刑人员的改造积极性。对刑满释放人员通过电话排查做到底数清、情况明并建立台账，掌握刑满释放人员数据。

【社区矫正工作】 以完善制度为切入点，大力提升社区矫正执法水平。制定《玉泉区社区矫正工作职责》，出台《玉泉区社区矫正突发事件应急预案》，同时建立完善社区矫正对象集中学习、公益劳动、思想汇报、请假销假、档案管理等一系列规章制度，使社区矫正工作不断规范。以强化监管为“着力点”，全力确保矫正人员在管在控。加强监督管理，坚持科学矫正，确保无脱管、漏管、虚管。严格开展刑罚执行工作。依据《社区矫正实施办法》要求，严格规范接收宣告、管理教育、考核奖惩、解除终止等各个环节。完善审前调查、假释评价、风险评估的工作内容和程序，把好社区矫正“入矫关”，降低社区矫正适用风险，增强管控针对性。2019年，累计完成审前调查评估87例，采信率达到95%。强化安全监管力度。对在矫人员实施分级管理，对191名严管级社区矫正人员100%电子定位，定期与检察院通报社区服刑人员报到、日常规范执行、奖惩、迁居等情况，发现问题，及时制定方案，积极整改，杜绝重大安全隐患。2019年以来共提请撤销缓刑5人，其中，再犯罪2人、警告23人次、训诫谈话27人次。加强请假人员外出管理。严格按照矫正对象外出请假的两项事由强化人员管理，尤其在“两会”、节假日等重要时段，从严审批矫正对象外出请假，对请假外出人员进行电话抽查，了解真实请假目的，及时对不假外出的行为进行取证并依法予以警告处理。以修复关系为落脚点，促进社区服刑人员回归社会。加强帮扶指导，全盘掌握服刑人员家庭、工作生活情况，落实就业指导、困难救助等帮扶措施，促使其顺利回归。依照《社区矫正实施办法》，在教育学习、心理矫治、社区服务、适应性帮扶等各个环节开展了有效矫正。全面开展风险评估，科学评测社区服刑人员的再犯罪风险，实施分级分类管理。2019年，累计组织公益劳动700余人次，组织集中教育活动50场，进行个别、集中心理辅导100余人次。社区矫正人员的社会补偿意识通过自身劳动得以体现，实现了社会对社区矫正人员接纳度、社区矫正人员对社会责任感的双提高。

【党风廉政建设】 对照《玉泉区党风廉政建设工作要点》的要求，认真落实党风廉政建设责任制，以深化党风廉政教育作为党风廉政工作和反腐败工作的重点日常工作，常抓不懈，坚持教育为先，预防为主，开展党风廉政警示教育活动，签订《工作人员八小时外行为禁令承诺书》，同时根据工作要点把工作目标细化并落实到每个党组成员、股室负责人和各司法所所长，督促干警严把思想关和行为关，做到自身清、责任明、同监督、共抵制。认真贯彻落实区委、区政府、市司法局关于加强干部队伍纪律作风建设工作要求，召开纪律作风建设专项行动动员部署会议，制定《玉泉区司法局纪律作风建设专项行动实施方案》，进一步强化纪律教育，加强监督管理，切实解决玉泉区司法行政系统党员干部纪律作风方面存在的突出问题。

【党的建设】 制定《党员履责制度》《党支部工作目标制度》《党员专题学习制度》，印发《关于开展“司法为民”党建工作品牌创建活动的实施方案》。通过组织党员干部集中学习、专题讨论、理论测试等形式，深入领会十九大精神和习近平新时代中国特色社会主义思想，不断提升党员干部队伍的思想觉悟、政治素质，切实在武装头脑、指导实践、推动工作上取得实效。2019年，组织党员集中学习19次、集中讨论5次、理论测试3次，开展党日活动9次。

【法治宣传工作】 充分发挥基层普法成员单位的职能作用，全面做好法治宣传教育和普法工作。扎实开展“法律六进”宣传活动，重点抓好普法对象的法治教育。积极开展法治宣传进校园、进村（社区）活动，在玉泉区内大力倡导崇德守法、积极向上的新风尚。在各个法定节点配合相关部门开展3.15国际消费者权益日、全民安全教育日、综合治理宣传月等专项法治宣传活动。共开展法治宣传活动34次，发放各类宣传资料20000余份、发放法制宣传袋3000余份、接受法律咨询650余人次。

【人民调解工作】 成立诉前调解、道路交通事故调解等专业性、行业性调解委员会。推出武荷香个人调解室，依法及时就地化解矛盾纠纷，做到“小事不出村（社区）、大事不出镇、矛盾不上交”。共开展矛盾纠纷大排查46次，调解各类矛盾纠纷363件，其中邻里纠纷、家庭纠纷、道路交通纠纷、合同纠纷较多，调解成功353件，调解成功率达到97%，为建设平安玉泉做出了重大贡献。

【信息化建设】 成立独立的信息指挥中心，并接入政法网，实现与司法厅、市司法局、司法所四级联网，节省了大量时间，有效提高了工作效率。局机关、公共法律服务中心、9个司法所及辖区社区和各调委会4K机顶盒全部安装并使用，共26个点，达到互联互通，沟通及时。依托“互联网+”技术，本着边使用边完善的原则，打造玉泉区司法局行政掌上通平台，统一智能移动办公入口，实现线上便捷办公、线上实时学习、实时更新会议内容等服务功能，将逐步实现司法、政务、业务、队伍“四位一体”的司法管理新模式。

【法律服务工作】 设立法律援助值班律师办公室，派驻值班律师，依法依规为没有辩护人的犯罪嫌疑人、刑事被告人提供法律帮助。并充分发挥法律援助在服务好扫黑除恶专项斗争工作中的职能作用，严格把握涉黑案件受理指派的有关政策规定，科学指导法律援助律师的辩护工作，有力地促进了涉黑案件庭审的顺利进行。2019年，共代理民事案件11件，担任刑事辩护112件，非诉讼案件267件，代书23件，开展法律宣传12次，接待咨询974人次。全面推进公共法律服务体系建设，在乡镇（街道）、村（社区）分别设立了公共法律服务工作站点，及时满足群众的法律服务需求。创新工作模式，为群众提供一站式法律服务。为全面推进公共法律服务体系建设，按照自治区、市统一部署，坚持以服务民生、服务发展为根本，整合法律资源，在区委、区政府的大力支持和市司法局的精心指导下，创建“四为一体”的工作模式，为群众提供法律咨询、法律宣传、法律援助、人民调解等一站式的法律服务。共解答法律咨询2000多人次、办理人民调解案件60余件，开展法律宣传10多场次。

【基层司法所建设】 按照《内蒙古自治区司法厅司法所达标创建三年行动计划》和《内蒙古自治区司法厅司法所建设标准》完善司法所业务用房标准，健全司法所各项管理制度、规范工作流程和档案等，提升司法所信息化应用水平，加强和巩固一级司法所建设。

【法制办工作】 不断强化行政复议工作。充分发挥行政复议化解行政争议的主要渠道作用，坚持严格依法办理行政复案件，坚决纠正违法和不正当的行政行为，切实维护了人民群众的合法权益。强化规范性文件制定、发布、备案审查的实体意识和程序意识，严格按照《玉泉区人民政府办公室关于对行政规范性文件实行“三统一”管理的通知》，进行审查和处理。不定期对玉政发、玉政办发文件目录进行梳理，以确保规范性文件的报备率和报备及时率，防止漏报现象的发生，并建立规范性文件清理长效机制。加强政府法律顾问工作，规范工作档案。对政府法律顾问工作实行台账管理，规范和监督法律顾问的日常业务。政府法律顾问参与区政府重大决策部署，协助处理重大涉法事务，为区政府依法决策提供法律保障。

消防工作

【消防救援大队领导名录】

政治教导员、党委书记	白田明（蒙古族）
大队长	王明涛
副大队长	庞玉强

【概况】 玉泉区消防救援大队下辖1个大队机关、3个消防中队，人员共有65人。玉泉区消防救援大队机关现有人员18名。

玉泉区消防救援一中队现有人员24名，6辆车，个人防护装备1549件，抢险救援器材212件。

玉泉区消防救援二中队现有人员14名，5辆车，个人防护装备336件，抢险救援器材48件。

玉泉区消防救援三中队现有人员9名，2辆消防车，1辆执勤车，个人防护装备374件，抢险救援器材64件。

【灭火救援情况】 2019年1月1日—12月31日，玉泉区消防救援大队共接警出动1178次，出动消防车3293辆次，出动消防员23095人次，抢救、疏散被困人员360人，保护财产价值1509.7万元。成功处置了“3.20”光彩市场火灾事故。

【队伍工作】 改革转隶以来，面对诸多工作难题，大队党委团结一心，想方设法推行党委常委“蹲点联系、层级管理、责任捆绑”制度，积极开展为基层办实事活动，帮助指战员解决困难问题28个，指导各单位为辖区群众解决困难17个，在执勤训练、队伍建设、经费争取和营区建设等方面取得明显的进步，也得到各级领导的赞扬和肯定。实行“三重一大”事项上调一级审批制度，确保党委民主决策、科学决策。2019年，共召开党委会12次，每次决议都坚持立行立改，确保每一个重大事项都经集体研究，每一个集体决议都得到有效执行。严格落实百日安全创建活动和“两严两准”的工作要求，建立全勤指挥部每日巡查机制，对车辆管理、执勤训练等一日生活制度进行常态化视频督察，实现了对人、车、酒、网、密等重点环节的全面安全管控，确保了队伍整体正规有序和安全稳定。

【党风廉政建设】 大队持续发力推进党风廉政建设，与区纪委监委建立了警示教育互助机制，定期组织警示片借阅、教育授课、参观见学活动。签订家庭助廉承诺书19份，连续在工作微信群推送廉政提醒38期，教育力度不断增强。扎实开展从严管酒治酒、消防执法领域腐败问题专项整治等专项工作，对83起96119火灾隐患举报核查情况进行回访；对指战员履职尽责不到位和违纪违规等问题，召开2次专题会议对违纪问题进行研究，给予2人行政警告处分，筑牢广大指战员遵规守纪意识。大队以刚性执纪问责倒逼责任落实，不断强化改革期间纪律作风建设。

【思想政治工作】 大队始终以“学训词、铸忠魂、创新业、立新功”和“不忘初心、牢记使命”2项主题教育为牵引，引导各级党组织自觉看齐追随，党委会议2次专门研究主题教育，大队党委依托驻地红色资源，开展形式多样的主题党日活动，推动“不忘初心、牢记使命”主题教育向岗位拓展、向中心聚焦，取得明显成效。加深学习教育效果，切实在组织指导、思想引导、文化熏陶中，不断增强践行训词精神的自觉性和坚定性，不断把改制转隶工作引向深入。除教育引导，大队以授旗训词精神为引领，狠抓“服务基层、关爱优待”工程，推动落实消防救援人员优待政策，协调指战员子女入学入托2人，帮助队员解决重大医疗2人，传递了组织的温暖。一年来，广大指战员热情高涨，积极投身改革实践，南二环路消防站在半年训练考核中取得好成绩，裕隆路消防站在呼和浩特市火焰蓝篮球比赛中取得冠军，大队团委和3名个人受到区委的表彰，用身边榜样教育身边人，营造了学习宣贯训词的浓厚氛围。

【岗位练兵工作】 大队以大练兵工作为抓手，促进战斗力生成，坚持每周两测试、每月一考核、季度一比武，参与人员延伸至大中队、专职消防队、微型消防站人员，大队在参加支队岗位练兵比武竞赛中获得第五名，指战员体能达标率达90%，大队为备战应急管理部消防救援局考核，承担了楼层救人的迎考重任；抓专业队伍建设促战斗力生成，组建1支水域救援分队，5名队员全部经过专业机构培训并获得资质；抓信息化建设促战斗力生成，配齐控制球、卫星电话，建立了一支6人的应急通信保障分队；秉持“优势互补、协同参战”作战理念，持续发动社会救援力量积极参与应急救援工作，与蓝天救援队建立水上互助合作支援机制，处理水上救援2次，为开展水上应急救援行动提供了有力支持。顺应时代发展要求，坚持在改革中推进、在创新中发展，消防救援队伍作为同老百姓贴得最近、联系最紧的队伍，始终奋战在人民群众最需要的地方。

【监督执法工作】 2019年以来，大队以推动各级政府、行业部门落实消防安全责任制为抓手，创新举措，补缺盲点，多措并举，构建“市场自律、政府监管、社会监督、群众参与”新格局，提升社会面火灾防控治理能力。年内，坚决落实消防执法改革任务，全面推行“双随机、一公开”消防监管工作，协调公安部门取消了特种行业经营许可证年检消防安全前置的环节，让群众办事更方便、更踏实。联合教育、公安、住建等开展电动车专项治理、电气火灾专项治理等各项专项治理12个，召开行业部门消防工作座谈会6次，组织辖区单位召开约谈会11次，开展联合检查28次，挂牌督办重大火灾隐患单位1家，2019年检查单位1819家，发现隐患2439处，整改隐患2419处，临时查封1家，罚款7万元，保持了火灾形势持续稳定。

【后勤保障工作】 2019年在当地财政全面收紧的情况下，大队积极争取消防经费，全面增强经费保障能力，共计争取各类经费186万元，其中，支付购置器材款35万元；争取自治区消防总队匹配资金购置54米居高平台消防车和大吨位水罐车各1辆。大队协调区政府配套960万元分3年内支付，为基层单位办实事、解难题，配备特种车辆3台；投入13万元为全部车辆进行投保和所有消防员体检工作。投入资金为南二环消防站更换燃气供暖设施、为裕隆路消防站更换车库门、为大召消防站改善生活设施，极大地改善了营区环境。大力推动社会化保障工作，通过配齐厨师、文员等社会化保障，最大限度置换一线执勤力量，全力保障了灭火和应急救援工作的有序开展。

【消防宣传工作】 大队投资2万元，建成科普教育基地，并于9月对外开放。2019年在国家级媒体、网站刊稿14篇，自治区级媒体刊稿10篇，其他媒体13条，利用官方微博、微信、抖音等发布宣传信息160余条。开展消防宣传“八进”“十清理”活动40余次，设置宣传挂图2000余块，发放宣传手册1.8万份，培训党政领导、行业部门、消防安全经理人等重点人群8000余人次。

交通管理

【交管大队领导名录】

党委书记、大队长　白振伟
党委副书记、教导员　郝　光
党委委员、副大队长　马黎鸣（回族）
张永宏
王耀东（蒙古族）
继　明
党委委员、办公室主任　王　志

【概况】 1953年1月，归绥市人民政府公安局、人民警察大队交通中队成立，共有干警32人，下设3个班，其中第三班是玉泉交警大队的雏形。1992年2月，市公安局交通大队升格为准处级，原三中队（玉泉管辖中队）升格为科级，同时正式改为玉泉区交警大队。

大队下设机关业务部门5个，分别为政秘股、事故股、法制股、车管所、宣传股；市区中队5个，分别为一中队、二中队、三中队、四中队、景区中队；公路中队4个，分别为103公路中队、209公路中队、五中队、八中队。

大队民警、辅警485人（国家编制民警78人、地方事业编制民警25人、支队统招辅警272人、区政府招聘辅警75人、地铁招聘辅警35人）其中党员民警83人、党员辅警11人。协管员53人、工勤8人。

2019年以来，玉泉交管大队始终以党的十九大精神及习近平总书记新时代中国特色社会主义思想为指导，紧紧围绕服务保障辖区社会经济发展这条主线，全面贯彻落实交管支队党委的各项决策部署，始终秉持以人民为中心的发展思想，坚持统筹谋划，聚焦服务发展，突出科技支撑，紧扣改革驱动，努力打造最智慧的交通管理体系、最人性的交通服务体系、最规范的交通执法体系、最科学的交通保障体系、最过硬的交管队伍体系，全力稳定道路交通安全形势，为区委区政府分忧解难，为公安交管队伍添彩增色。

【党的建设】 加强组织领导，精心谋划部署落实工作责任。在增强“四个意识”，坚定“四个自信”、做到“两个维护”上更加坚定笃行。

按照支队党委要求，大队党委坚决把党建主体责任扛起来，强化组织领导，认真谋划部署。借助党建品牌创建，结合年底“不忘初心、牢记使命”主题教育将党建工作融入交管工作实际，进一步提升管理服务效能。以《习近平关于“不忘初心、牢记使命”重要论述选编》、党章、《习近平新时代中国特色社会主义思想三十讲》等为主要学习内容，强化党建工作教育引领作用。

扎实开展集中学习研讨，坚持真学真信真用，在学习贯彻习近平新时代中国特色社会主义思想上更加清醒自觉。

坚持学习教育全覆盖，争取做到“不落一项、不少一人”。组织集中学习12次，参加学习220人（次）。认真组织开展9次专题研讨交流。通过结合自身问题，谈体会、谈认识，使党员队伍政治立场更加坚定。

检视问题找差距。在勇担职责使命、勇于自我革命上更加自觉有力。

年底召开对照党章、党规找差距专题会议、检视整改专题会议、专题民主生活会，找准班子问题4条，班子个人问题28条，找出差距并整改落实。会前广泛征求意见建议40条，并将查摆情况在检视剖析专题会议上进行说明。通过检视剖析，切实拧紧全体民警、辅警理想信念“总开关”。

【队伍建设】 强化队伍教育培训。深入推进领导干部素质提升行动，深化“大学习、大提升”活动，持续开展民警、辅警全员素质能力“大教育、大培训”活动。按照支队每月政治理论学习计划，大队每月开展4次政治理论学习，撰写心得体会6000余篇并全部落实在个人笔记内。引导广大民警进一步树立正确的价值观，强化职业精神，增强职业荣誉感。同时深入开展“交警网校”，组织一线民警和辅警开展安全防护实战培训网上培训，400余人全员参训。同时，各中队每周组织开展安全防护培训学习，切实提升安全防护技能。

强化队伍纪律建设。围绕《公安机关人民警察纪律条令》《中国共产党廉洁自律准则》《中国共产党纪律处分条例》等内容开展学习教育，先后3次组织民警观看纪律教育警示片，引导民警牢固树立“自律”意识，恪守道德防线、纪律红线和法律底线。

加强先进典型的培养。营造弘扬队伍正能量、推动队伍正规化、专业化、职业化建设的良好氛围，向上级部门推荐了感动北疆最美警察付强、王健，五四青年都楞，最美青城人张立强、王海波，青城卫士段小虎等一大批先进人物，树立了标杆典范。

落实从优待警爱警措施。落实好对民警、辅警优抚关爱措施。2019年处理辱警、袭警事件14起，有效维护执勤执法权益；按照支队《执法执勤安全防护大排查大整改大提升工作要求》完善安全防护装备配置，全力提高执勤执法安全防护水平。

【交通秩序管控】 全面推进勤务机制改革，加强辖区动态交通管理。率先推出并应运“四班三运转”岗勤模式，实现警力精准定位。同时，通过对出勤时间的调整，每日早晚高峰出现在拥堵路口、路段的警力配置分别提高了50%和25%，切实做到最大限度的警力覆盖，大大提升路段机动车通行能力。全年查处酒驾200起，无证、二次饮酒、准驾不符24起，处罚闯信号灯违法行为11087起，涉牌涉证违法行为5610起，机动车不礼让斑马线22950起。

以“三城同创”工作为契机，提升辖区静态管理秩序。主动向上级部门请示汇报。全面优化提升辖区交通管理水平。下大力气整治不规范停车占用道路资源现象。全面处置机动车乱停乱放260850辆次，整治非机动车及行人违法行为275540余起。规范停车场秩序和校园周边秩序7200多起，确保道路静态交通秩序井然有序。

扩展交通管理思路创新校园安全防护。一方面，利用28处“护学岗”采取登记备案并抄送至各学校的方式，加强家长的交通安全意识。另一方面，利用学生公交线路，配合教育部门无缝对接学生出入学校，确保上下午到校时段没有学生在校门口聚集，让家长放心的同时减少交通拥堵。

立足防范、主动作为，全面加强市区外围重点车辆管控。按照支队对大型货车封控管理的要求，合理布控警力，与城管、环保职能部门联合行动。充分发挥辖区公路机动巡查及固定设点检查作用，时刻保持严管重压态势，有效净化市区外围公路交通环境。全年查处闯禁行违法行为16000余起，重心货车违法行为8200余起，危化品车辆违法行为502起。

【交通隐患防控】 突出重点，狠抓源头监管。联合运管、安监等部门深入辖区客运场站、旅游公司、危化运输企业开展交通安全检查，每月向卫通公司调取辖区重点车辆动态监控数据，2019全年共办理各类业务874笔。

协调督促落实安全隐患整改，做好隐患歼灭工作。大队领导班子成员深入一线，全面落实“三级承包”责任制及“四个一”排查要求。在原有“四类”重点车辆及驾驶员隐患排查的基础上，组织专人重新进行集中筛查、治理。2019年督促企业报废、拆解隐患车辆26辆，同比增长185%，隐患清零工作取得良好效果。

排查整改隐患点段，切实做到一个隐患一个措施。强化重点路段、事故多发路段交通安全隐患的排查，集中排查交通标志标线是否健全、规范，是否加装安全防护设施。自百日安全大检查工作开展以来，共修改标志标线41处、各类防护栏15处。2019年共排查事故隐患黑点6处并全部上报整改。

强化“两站两员”建设，构筑农村安全防护网。依托2个乡镇交管站及36个农村劝导站，配备交通安全员及劝导员共76人，建成率达100%。其中农村交通安全管理信息系统软件注册激活人数已达到100%。同时要求劝导员每周至少一次深入本村群众家中，详细排查机动车、驾驶员底数。现已排查建档机动车驾驶员570余人，机动车687余辆。

【交通事故处理情况】 受理各类交通事故305起，其中重大事故21起，死亡21人，同比上升10起，同比上升90.21%；一般事故69起，同比上升5起，同比上升7.81%，受伤61人，同比下降1人，同比下降1.61%，财产损失286600元，同比上升202940元；其中简易事故215起，同比下降238起，同比下降52.54%，受伤131人，同比下降105人，同比减少44.49%，财产损失456400元，同比下降544050元，同比减少54.28%；醉酒驾驶34起，同比增加8起，同比增长36%。刑事拘留21人，取保候审7人，行政拘留45人。

结重大事故21起，结案率100%，驾驶员负主要责任以上15起，驾驶员负全部责任6起，刑拘21人，移送起诉21人；结危险驾驶罪34起，刑事拘留27人。

结一般事故69起，结案率98%，驾驶员负全部责任24起，驾驶员负主要责任27起，驾驶员负同等责任18起。

结简易事故215起，结案率100%。

受理逃逸各类案件256起，其中重大逃逸事故5起，死亡4人（重伤1人），侦破4起，侦破率80%；一般逃逸事故251起，侦破202起，侦破率80.4%。刑事拘留4人（重伤害1起刑拘1人），行政拘留59人。

【交通安全宣传】 以各大主题宣传日活动为主要战场，营造浓厚的宣传氛围。以实施文明交通行动计划为契机，以春运、学雷锋志愿服务我先行、安全生产月等主题活动为战场，通过摆放交通宣传展板、发放宣传资料、设立交通安全咨询台等方式开展宣传活动。全年发放宣传材料10930多份，摆放宣传展板60块，播放交通安全警示教育片55场次，在各级新闻媒体刊稿451篇。

深入推进中小学校交通安全宣传教育工作，筑牢校园安全防线。以推动文明交通行动计划为载体，深入辖区58所中小学校、幼儿园签订2019年交通安全责任状。同时在开学之际，积极开展交通安全进校园等一系列丰富多彩的宣传活动。通过一系列活动，进一步强化中小学生交通安全养成教育，发挥“小手拉大手”的作用，达到教育一名学生，带动一个家庭，影响整个社会。

充分运用互联网平台加强宣传攻势。为提高道路交通管理信息服务水平，进一步贴近广大交通参与者信息获取的需求，让群众随时随地了解身边的警务、警情和路况提示，通过今日头条直播平台，现场直播执勤执法36次，抖音短视频32条。“双微”平台共发布各类道路交通安全提示、路况提示、法律法规、以案说法、恶劣天气紧急提示等248条次，关注人数984人。利用短信平台发送交通安全提示信息30万余条。

【科技信息化应用】 以科技信息化应用为支撑，步入提质增效“快车道”。利用上海钧正网络科技有限公司开发的“公务版”智能助力车的技术优势与行业领先经验，结合一线交警在道路交通管理中的实际需求，共同研究推出智慧警务电动车辆系统，即哈啰智巡系统。通过哈啰单车的定位功能实现终端警情上报、警情处置、考勤管理全流程监控，使哈啰智巡系统作为保障警务用车出行、提升执法效率、减轻公车出行财政负担的有力支撑。自5月21日投入运行以来，早晚高峰平均时间缩减20~30分钟，事故出警时间缩减10~15分钟，派警2000余起，6个月节约燃油经费24万元。同时民警、辅警在工作总量不变的情况下缩减每日的工作时间3小时，结束了“人海战术、汗水勤务”的旧模式。

地方军事

人民武装部

【人民武装部领导名录】

部　长　王从谦（2月离任）

　　　　朝　克（蒙古族　9月任职）

政　委　朝　克（蒙古族　9月离任）

　　　　白利征（9月任职）

副部长　王忠辉

【概况】　2019年，部党委坚持以习近平强军思想为指导，聚焦主责主业、聚力中心工作、聚合各种力量，在警备区党委和区委、区政府的指导帮助下，按照“政治建军铸军魂、瞄准任务强战备、军民融合促发展、从严治军保稳定”的工作思路，着眼改革实际，聚焦职能使命，突出强班子带队伍、补短板提层次、抓安全守底线，持续接力打基础，主动作为创先进，各项工作稳步推进、全面建设向上向好。

人武部下设3个科室：军事科、政治工作科和保障科，文职人员5人，均为军队文职人员编制。

【思想政治建设】　始终把思想政治建设作为铸魂工程来抓，扎实开展“不忘初心、牢记使命”主题教育，常态化利用中心组带机关理论学习、党日活动等时机，学习掌握习主席系列最新讲话精神，搞好丰富多彩的配合活动，引导干部、文职人员、民兵不断坚定强军信念，打牢了党员干部坚守初心、担当使命的思想基础。5月份，迎接了军委巡视检查，效果较好；结合内蒙古军区巡视问题整改清单和主题教育查找的问题建立问题整改台账，逐一认真对照解决，认真开好2个专题民主生活会，深入基层进行调研，形成5篇成果指导实践，班子成员带头讲党课3次，外请教员为辖区企事业单位进行国防教育1次，部领导深入石东路街道为民兵骨干和街道干部宣讲十九届四中全会精神和国防教育1次，深化了教育效果；扎实开展“传承红色基因、担当强军重任”主题教育，围绕4个专题深化授课辅导效果、聆听事迹报告会，撰写心得体会30余篇，进一步提高了思想认识。认真抓好经常性思想教育，广泛开展谈心谈话活动，持续开展形势政策教育、案例警示教育，保持了部队高度集中统一和安全稳定。主动靠前推进党管武装工作，在市党管武装工作联合考评后，及时组织军地联合对9个镇、街道进行了党管武装工作考评，有力推动了党管武装工作的落实。协调召开区委议军会暨镇、街道教导员述职报告会，研究解决制约武装工作发展的问题困难，推动了国防和后备力量建设向更高水平发展。

【应急应战能力建设】 扎实开展了2019年度开训动员和党委议战议训会议，圆满完成了冬季适应性训练，提升了组织指挥和综合保障能力。严格落实日常值班和节日战备值班以及民武库领导带班任务，保持了良好的战备秩序。认真完成了首长机关的“两实”训练和年度训练任务。组织完成了基干民兵的点验和应急力量基地化轮训任务以及专业分队的在岗训练，民兵训练水平有了新提升。保障完成了100人的军区“八一”军事日警棍盾牌操训练表演任务。广泛开展了本级的群众性比武并推荐12人参加了警备区的比武集训，3人参加军区的大比武并取得了防化救援专业第二名的好成绩。修订完善17种应急预案和行动计划，结合节日战备突出反恐维稳、抗洪抢险、灭火救援等课题，组织综合演练3批次300余人，应急能力进一步提高。组织专人对城市道路设卡堵截的组织与实施课题进行了研究并形成成果上报军区。投入9.8万元建立了军事职业教育场所并完成了试点任务，完善了基础设施。

【国防动员和后备力量建设】 认真落实鄂尔多斯会议精神和土左旗现场会精神，人武部领导先后深入辖区20余家企事业单位进行摸底调研，认真核实收集辖区编兵单位、人员、装备等潜力的信息收集录入，并先后3次组织业务培训24人次，圆满完成了上级赋予玉泉区的基干民兵编组任务，建立了个人档案。按照全区基层武装部建设要求，全年为基层武装部累计投入22.1万元，先后5次深入基层武装部进行调研、督导并组织1次基层武装部建设现场会，对“三室一库”建设进行了规范，基层武装部建设水平有了明显提高，大南街街道人民武装部被警备区表彰为先进基层人民武装部，石东路街道郭振新部长被警备区表彰为优秀专武干部。严密组织征兵工作，广泛开展征兵宣传活动，通过网络、融媒体等拓宽宣传渠道，全年共发放征兵宣传单30000余份，制作征兵宣传标语50余条，悬挂征兵宣传横幅100余条，特别是元宵节的征兵宣传活动，警备区首长和玉泉区领导亲临征兵宣传现场，当日的活动新闻被《中国民兵》和《中国国防报》等新闻媒体刊发，圆满完成72人年度征集任务，大学生征集比例达到87%。扎实开展国防动员潜力统计调查，先后6次组织集中办公、数据会审，完成了综合、人民武装、经济、人民防空、交通战备、信息、政治和科技动员等8类重点潜力数据的收集上报和整改会审工作。

【双拥工作】 积极参与驻地生态建设、“三城同创”、脱贫攻坚等活动，出动干部、职工和民兵共60余人次，对扎达盖河沿河绿化带进行了义务植树，新种树苗200余株，美化绿化了驻地环境。5月份区人武部给玉泉区达赖庄小学投入扶贫经费10.6万元，为学校配套了广播系统和100套被褥，给学校解决了实际困难。人武部领导先后多次深入帮扶对象家中，了解情况解决困难并送去慰问品，投入5000元为帮扶对象新建了围墙，解决了实际困难。协调区委、区政府为147名义务兵发放优待金517.87万元，为81名退役人员发放退役补助金750.25万元，安置随军随调家属8人，安排退役军人11人。区委、区政府对武装工作非常支持，吴书记、云区长多次过问、亲临人武部解决实际困难。

农林牧水

农牧和科技局

【农牧和科技局领导名录】

党组书记、局长	贺瑞军（3月任职）
局　长	赵德玉（3月离任）
党组成员、副局长	王林平
	闫晓枫（女）
	曙　光（女　蒙古族）
	姜丞曜（蒙古族）
	王乐虎（3月任职）
副局长	杨保珍（女）
总工程师	屠灵洁（女）
农业经营管理站站	连俊林（女　蒙古族）
农牧业综合行政执法大队队长	侯建国

【概况】 玉泉区农牧和科技局前身为玉泉区农牧林业水利局，玉泉区人民政府2019年机构改革后重组为玉泉区农牧和科技局，属玉泉区政府序列行政单位，加挂玉泉区扶贫开发领导小组办公室、玉泉区委农村牧区工作领导小组办公室。下属9个二级单位，4个参照公务员法管理单位（动物卫生监督所、动物疫病防控中心、农牧业综合行政执法大队、农业经营管理站）和5个事业单位（兽医站、扶贫开发培训中心、生产力促进中心、林业工作站、国营西苗圃）。全局共有在职职工75人，其中正式在编职工63人、合同制工作人员12人，退休人员19+20（国营西苗圃）人。

统筹实施乡村振兴战略，推进农村经济体制改革，指导农村特色产业、农畜产品加工业、休闲农牧业以及农牧业产业化服务体系建设，指导农村产业扶贫工作和贫困村的扶贫开发工作，培育保护农牧业品牌，指导农牧业和农村信息化有关工作，负责种植业、畜牧业、渔业、农牧业机械化等各产业的指导服务和监督管理，负责农畜产品质量安全监督管理，负责有关农牧业生产资料的行政许可及监督管理，指导动植物防疫和检疫体系建设，组织和监督全区动植物防疫检疫工作，负责农牧业行业防灾减灾和安全生产工作，负责农牧业投资管理，贯彻落实科技创新驱动发展战略及各项政策法规，组织重大技术攻关和成果应用示范，推动科技创新创业人才队伍建设，指导区创新发展、科技资源合理布局和协同创新能力建设。

【调整农业种植结构】 为推动玉泉区农业高质量发展，积极探索由单一种植业为主的传统农业向农业产业化发展的现代农业转变。持续推进农业规模化种植示范基地项目，在连家营村种植绿芯蚕豆及鲜食豆类共计200亩、芦笋260亩、旱稻100亩。积极开展乌兰巴图村无公害食用菌培育项目，启用3栋玻璃温室进行培育生产，年产值约500万元。在东甲兰村现代农业示范园开展西红柿种植，2019年底，已建成17栋温室大棚用于西红柿种植，年产值达700余万元。在密密板村和乌兰巴图村种植137亩草莓，形成玉泉区密密板和乌兰巴图草莓种植基地，现已实现采摘及售卖。

【持续推进农业农村改革】 以培养新农民、推广新技术、打造新平台为重点，进一步深化农村改革，打造创新创业平台，激发农业农村发展新动能。推进农村产权制度改革，完成了全区43个行政村的土地确权登记颁证工作，共签订合同5807份、颁证5807份，现土地承包经营权证已经发放到农户手中，同时完成了54个行政村的清产核资数据登记、录入、上传工作。现正在开展农村集体产权制度改革工作农村集体经济组织成员身份确认工作，2019年12月底，玉泉区已有9个行政村完成了集体经济组织成员身份确认工作，其余行政村正在组织实施确认工作中。新型农牧业经营主体能力提升明显，全区现有国家级农牧业产业化龙头企业1家，自治区级农牧业产业化龙头企业7家，市级农牧业产业化龙头企业11家，第一批自治区级农牧业产业化示范联合体1家。区农牧科技局已登记备案的农民专业合作社17家，区农牧科技局认定并发证的家庭农牧场25家，其中被评为自治区农牧民专业合作社示范社2家，被评定为自治区级示范家庭农牧场3家。积极争取自治区科技项目5 五大类17项，呼和浩特市科技项目6大类28个项目。共举办玉泉区新型职业农民培训14场次，对160人次进行新型农牧业经营主体带头人培训。

【扎实推进农牧业重点工作】 2019年有效开展扫黑除恶工作，重点对区农牧科技局监管的36家农资经销部、5个蔬菜基地、8家宠物门诊、14家饲料生产企业、10家兽药经销部、1家屠宰场、5个养殖场、39家农业合作社和15家木材经营市场等行业领域场所，进行大力宣传、全面排查。畜牧方面工作圆满完成，组织基层防疫员完成动物疫病防控工作。全年共检查动物诊所10次，市四区联合执法检查2次，出动人员36人次、车辆12余次。查处并办结私屠乱宰案件8起，共处罚金8万元。“三品一标”农产品认证工作有序开展，围绕玉泉区优质农畜产品，积极培育申报名特优新农产品、绿色食品、有机农产品，积极推进农产品地理标志的认证和原产地保护工作。东甲兰现代农业示范园的西红柿成功获得绿色蔬菜认证，乌兰巴图食用菌正在申报绿色蔬菜认证中。强化农畜产品质量安全监管，重点开展了农产品质量安全认证、大田种植玉米转基因抽样检测、投入品安全隐患排查、种植蔬菜农药残留检测、“瘦肉精”抽检和饲料抽样，全年针对所辖兽药生产、经营企业开展业务检查及安全生产经营检查14次，产品质量抽样检查1次；累计查处各类涉及农牧业生产违法经营案件15起；积极推动建立农产品可追溯体系建设。人居环境整治工作迈向新台阶，共计完成“一户一水厕”改造建设584户，实现农户足不出户如厕，改善提升农村生活环境。加强落实安全生产工作，2019年对辖区内12家饲料生产企业、15家木材经销市场和5个蔬菜基地进行了全面检查，发放宣传彩旗200面、条幅48条、宣传彩页2万份，悬挂防火警示旗、标语，宣传安全生产政策法规、安全科普常识、职业健康知识、应急处置、自救互救方法宣传资料，并利用微信公众号等新媒体平台向社会公众传播安全生产的必要性和行为规范。

【科技工作迈向新台阶】 推荐争取自治区科技项目5大类17个项目，争取申请自治区科技财政资金3100多万元，推荐争取呼和浩特市科技项目6大类28个项目，申请自治区科技财政资金3575万元。就原玉泉区科技局承担的2个项目新农村科技示范村建设——玉泉区西地村新农村科技示范（2015–农–重–7–5）和玉泉区科技服务体系建设（2017–计–5），进行验收前的准备工作，编写了科技计划项目申请书，并与呼市科技局相关科室进行了对接。在玉泉大厦举办呼和浩特玉泉区科技创新精准化服务平台上线运行培训会，邀请区内各企事业单位科研人员参加会议，特邀北京脉点公司内蒙古区域经理包浩瑞为企业代表做平台内容的讲解和操作运行的演示，并进行了广泛交流，结合玉泉区特点和产业实际对各方所提建议和意见现场进行了技术需求征集，经区农牧科技局研究上报市科技局23项。积极组织玉泉区科技特派员参加了呼市科技局举办的专业技术培训班。在呼和浩特市科技创新创业服务中心和呼和浩特市科技创新创业协会承办的第二届呼和浩特市科技特派员创新创业大赛中玉泉区科技特派员26人全部参加比赛，获得团体赛三等奖、个人优秀奖10个，其中创业组3个、种植组6个、畜牧组1个。

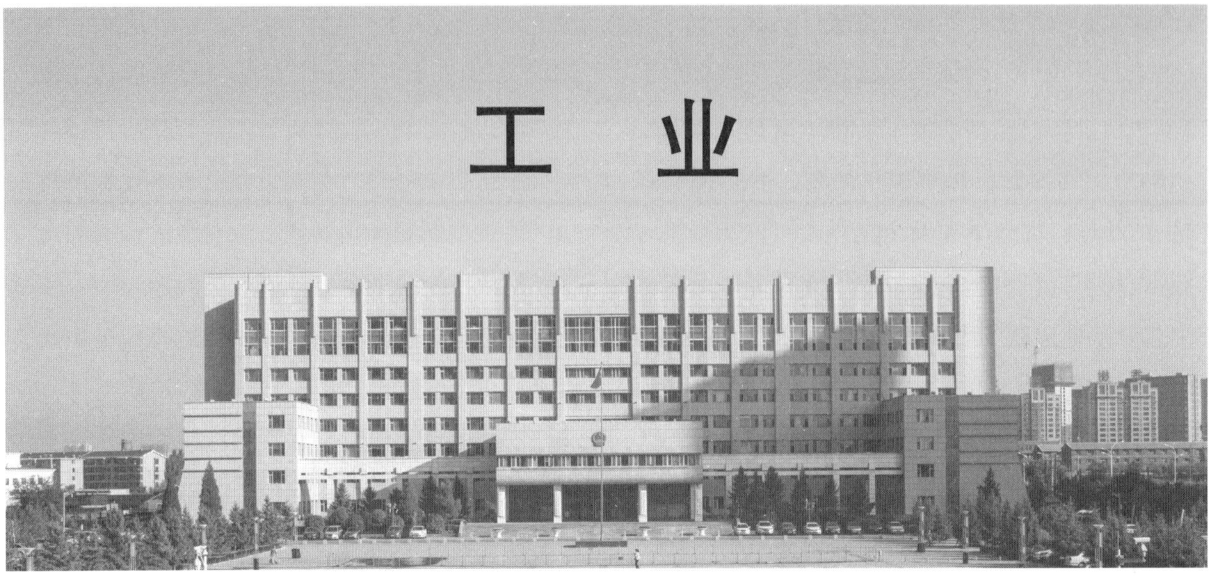

工 业

裕隆工业园区

【裕隆工业园区领导名录】

党工委书记	云高贵（蒙古族）
管委会副主任	董国文
区纪委派驻园区纪检组组长	张志明

【概况】 裕隆工业园区党工委和管委会机关内设综合办公室、人事劳动和社会保障局、经济发展局、招商局、建设环保局、财政审计局6个工作部门，机关事务管理中心、综合行政执法大队2个事业单位。核定事业编制15名，包括副处级领导职数1名、科级领导职数14名。事务管理中心核定科级领导职数3名、事业编制15名，综合行政执法大队核定科级领导职数2名、事业编制10名。

【主要经济指标完成情况】 园区现有工业企业66家，其中规模以上11家，规模以下33家，其余为停产企业和物流企业。

2019年园区工业总产值累计完成32.91亿元，较2018年同期相比增长4.4%。其中规模以上企业完成工业产值28.55亿元，规模以下企业完成工业产值1.69亿元。固定资产完成15778万元。

【重点项目情况】 内蒙古红太阳食品有限公司3号车间技术改造项目。占地面积19927平方米，建筑面积18982平方米，总投资19149万元，主体工程已完工，累计完成6015万元。

内蒙古美好家园仓储物流有限公司仓储物流项目。项目总投资3950万元，建筑面积23000平方米，年底已完工。

内蒙古傲瑞餐具清洗消毒有限公司餐具清洗项目。项目总投资1500万元，于2018年8月开工建设，2019年6月复工，购置新餐具投资25万元，2019年底已投入生产。

呼和浩特新伟门窗有限责任公司年产3万套防火防盗门系列产品建设项目。总投资6239.77万元，总建筑面积28004平方米，5月16日开工建设，累计完成2989万元。

内蒙古瑞泰医疗用品有限公司扩建项目。建设仓库11700平方米，投资500万元。4月底开工建设，7月竣工，累计完成投资511万元。

内蒙古绒兴毛纺织制品有限公司成品检验包装车间项目。投资560万元，4月初开工建设，7月投产，累计投资430万元。

【园区服务管理工作情况】 安全生产。按照年初工作安排，通过企业实地排查、邀请相关职能部门配合检查、举办培训讲座等，开展安全生产工作学习宣传。严格落实安全生产责任制，及时传达重要时点时段区委区政府关于安全生产及应急管理工作会议精神，协调各方、动员包企干部，积极落实安全生产大排查、轮流值守值班制度，守好安全生产红线。

环境保护。园区建成公厕1处，青城驿站2处，年度清理垃圾千余吨、“三乱”小广告420条。路长制管理制度长效落实。企业、商户签订“门前三包”责任书。“三城同创”工作有效推进，组织动员干部职工多次深入东二道河社区开展创卫协同劳作。根据2018年中央环保督查反馈意见要求，投资100万元推动园区410M道路工程建设，启动跟踪环境影响评价工作，预计2020年上半年完成。

职工权益保障。2019年5月17日挂牌成立了玉泉区裕隆工业园管理委员会人事调解中心，该调解组织的成立，将有效提高园区劳动纠纷信访案件调解工作效率，切实维护保障园区劳动者和用人单位的合法权益。

招商引资。2019年累计完成招商引资近8000万元，因为土地面积因素的制约，2019年招商引资工作重点放在淘汰落后产能，清退僵尸企业上，16家僵尸企业已转型9家，投产1家，建设中2家，办理手续中1家，强制清退3家，年度目标全部完成。

规范食品生产仓储企业。成立领导小组，召开专题会议，研究部署治理食品生产仓储企业管理工作。拉网式排查摸底，多方面宣传教育，同时深入市场摸排，对不规范食品经营区域场所的行为进行监督检查。持续一个多月的专项治理，成效显著，顺利完成预期目标。

【自身建设及党建工作情况】 党组织建设情况。裕隆党工委现辖基层党组织9个，根据自治区党委第一巡视组巡视中指出的园区33家企业只建立了1个联合党支部的意见反馈，园区党工委按照地域相邻、产业相近和不多于5个企业组建一个非建制临时联合党支部的原则，对园区联合党支部进行科学合理的重新组建，成立了6个非建制临时联合党支部。2019年新成立了天豆公司党支部，取消了泰尔力图非建制党支部。

思想建设情况。党工委班子成员按照中心组学习制度，每月1次学习，2019年累计安排学习12次。严格执行民主集中制及“三重一大”制度，充分依托学习讲堂，对全年的政治理论学习进行常规部署。在组织开展以“思想大解放、转型谋发展、推动园区经济高质量发展”为主题的大学习大讨论大调研活动期间以及在“不忘初心、牢记使命”主题教育开展期间，对理论知识进行了集中巩固、常态化交流研讨。中心组成员以普通党员身份，和其他机关党员一起以“三会一课”“主题党日”等为基本形式，定期开展学习，全年累计开展主题党日活动12次，其中组织百余人到玉泉区党群中心开展主题教育党日活动1次。邀请党培中心任拴柱老师讲党课2次，政府副区长刘照江讲党课1次，区十九届四中全会精神宣讲员张红霞同志讲党课1次，区纪委监察组组长马艳青讲党课1次。园区党工委领导班子成员依次做专题党课1次，共3次。党工委书记个人年度累计讲党课4次，其中深入基层宣讲十九届四中全会精神党课1次。

组织生活开展情况。2019年裕隆党工委聚焦“不忘初心、牢记使命”这一主题召开民主生活会，所辖支部召开专题组织生活会，党工委党员、领导干部以普通党员身份参加机关支部的组织生活，围绕理论学习有收获、思想政治受洗礼、干事创业敢担当、为民服务解难题、清正廉洁作表率的目标，按照“四个对照”“四个找一找”的要求，盘点收获、检视问题、深刻剖析，严肃开展批评和自我批评，以钉钉子精神抓好整改，推动党工委党员干部履职尽责、团结奋进，牢记初心使命。主题教育以来，班子集中查找问题12条，立行立改4条，正在落实整改3条，长期完善解决5条。

党员管理及党费收缴情况。党工委2019年共发展党员4名，全部为企业一线骨干或管理层，党员的质量提升，结构较为优化。党费按期上缴，年度累计上缴党费78349.4元。2019年共组织10名入党积极分子参加了区委组织部的培训班，培训成绩全部合格。

阵地建设。园区按照规范化建设党群活动服务中心“六室一阵地两统一”要求，建立了呼和浩特市首家标准化党群活动服务中心，引领园区党建工作顺利开展，解决了园区非公党支部党建工作弱化、党建阵地不足、党员模范作用退化等党建工作难题。

廉政建设。构建教育、制度、监督三位一体的廉政工作体系，以深化党风廉政教育，作为党风廉政建设和反腐败工作的重点工作常抓不懈，通过制定贯彻落实《‘两个责任’实施办法》以及《‘两个责任’任务分解表》，明确分工、划定职责。年度开展廉政教育学习2次，廉政教育活动1次，廉政谈话1次，廉政专题党课1次。

意识形态责任制落实情况。根据“职责清晰，统筹协调，分工合作，守土有责”的思路，认真执行谁主管谁负责和属地管理原则。制定了意识形态全年工作计划，完善了宗教管理等相关制度，详细梳理了意识形态风险，定期排查上报区委宣传部。

“三务”公开平台应用。为落实广大群众的知情权，加大干部群众对机关工作的监督力度，2019年度，裕隆工业园区机关工作累计上传“三务”公开网站175篇信息。

全面打好扫黑除恶专项斗争。自专项斗争开展以来，园区累计发放宣传手册500余本，通过LED显示屏、广播、橱窗等途径，统筹发布宣传信息400余条（次），悬挂横幅标语、张贴宣传海报22条，积极为专项斗争营造强大声势和浓厚氛围。

多措并举，做好精准扶贫工作。园区党工委在精准扶贫工作中，承担小黑河镇郭家营村贫困边缘户郭月贵一家，党工委组织园区相关部门领导按照“两不愁，三保障”的原则，就郭月贵一家危房改造工作与区民政局、区住建局干部及驻村书记、村委干部多次入户走访协调，已将其居住的房屋改造完毕。党工委发动园区部分企业为郭月贵一家凑集捐款5万元，为其翻盖了南房并进行了装修，院墙修砌、大门安装、院落整修等，彻底改善了郭月贵一家的居住环境。党工委携米、面、油等物资多次组织开展了慰问，年度累计走访郭月贵家16次，全部纳入扶贫台账。

电力工作

【供电分局领导名录】

党支部书记　祁广业

局　长　　　云茂兴（蒙古族）

副局长　　　鲁建勋

　　　　　　包红宇（蒙古族）

【概况】 2019年玉泉分局紧密围绕公司、局战略部署和年度重点任务，攻坚克难，真抓实干，生产经营业绩保持平稳增长，各项指标完成良好。

玉泉分局管理线路62条，其中公线58条、专线4条。管理公变736台、专变1252台，管理用户201003户，其中执行居民电价用户180763户、一般工商业电价用户19862户、大工业电价用户78户、农业生产电价用户300户。

玉泉供电分局内设部门：技术室、综合室、配网办公室、计量班、用电检查班、运检班、电缆班、急修班、昭君供电所、满都拉客服中心、滨河客服中心、金川客服中心、北门客服中心、城南客服中心，分局共有人员161人，其中国营合同制员工129人、农电工32人，男职工115人、女职工46人，分局科级职数4人，其中正科职数2人、副科职数2人。

【完成营销指标及各项工作】 至10月底，累计完成供电量8.26亿千瓦时，售电量完成7.65亿千瓦时，售电量完成全年计划的87.13%。综合线损完成7.43%，比责任目标7.86%下降0.43%。10千伏公用线线损完成8.31%，比责任目标8.60%降低0.29%。

10月31日累计电费回收完成97.28%，无陈欠电费。完成上缴电费36413.58万元，上缴率99.02%，完成平均电价393.75元/千千瓦时，完成销售收入29662.79万元。

2019年共产生12398投诉5件，较2018年同期下降7件，且均为不属实投诉。95598投诉20件，较2018年同期下降61件，客户投诉量呈大幅下降趋势。2019年已杜绝关于频繁停电的12398投诉，客户满意度逐步上升。2019年10月共接到客户表扬工单42张、锦旗4面。

2019年11月1日，区分局共运行电能表204851块，其中智能（费控）电能表133667块，智能电能表覆盖率65.2%。按照2019年计量重点工作安排要求，分局远程开通率为88.41%，居民日抄表成功率为95%。领用故障电能表共计1322块，待装待退资产按月清理。

11月分局年电压合格率：综合电压合格率98.536%，B类电压合格率99.117%，C类电压合格率99.963%，D类电压合格率96.528%。11月共计检查问题用户730户，追补电量1225.27万千瓦时。

玉泉分局重点开展对执行居民电价的非居民用户、农业生产用户进行检查，对在检查中发现的电价执行错误及时启票更正并追退差价电费；对管辖大工业用户电价逐户进行现场核查，对未执行提比提量以及漏收容量电费用户已全部启票更正并追收基本电费。

【完成安全生产各项工作】 开展巡视、测温、测负荷等工作，发现问题及时处理，有效降低了线路故障跳闸率。10月底，巡视10千伏配电线路560条次6665千米，发现各类缺陷230处，已处理230处，消缺率100%。针对树电矛盾严重的问题，进行了专项整治，先后对石羊桥线、塞外线等17条线路沿线树木进行修剪，清理线路通道，共计修剪1800余株，缓解了树电矛盾严重区域的线路隐患。2019年线路跳闸85次，较2018年119次下降了34次，下降率为28.5%。

圆满完成春节、中高考、“两会”、国庆等25项保电任务，全年共计保电776人/次，出动车辆219台/次。

分局全口径供电可靠性99.8364%，城镇供电可靠性ASAI-1为99.8738%，与2018年同期（99.8962%）相比下降了0.0224%。

按计划开展2019年配网工程、老旧计量改造、大修、中小修项目及机场快速路、道路中央电杆改造市政工程施工工作，总投资约计2.4亿元，完成老旧计量改造2万余户，老旧小区低压电缆改造16处，绝缘化改造10千伏线路205000米，0.4千伏线路36000米，新建及改造环网柜7台、变压器90台、断路器21台，并对过负荷线路隆盛线、巧报线进行切改。从提升网架结构、解决线路过负荷、增加线路绝缘化率、更换老旧设备等方面着手，提高了线路的绝缘化率及自动化率，针对投诉率、故障率较高的老旧小区低压电缆及设备进行改造，有效降低了急修工单数量及用户投诉率，改善线路运行质量。

【党务工作】 2019年，玉泉分局认真履行基层党支部工作责任，将业务工作与党风廉政建设工作同部署、同落实、同检查、同考核。认真学习贯彻党的十九大精神，习近平总书记系列讲话精神，按照“不忘初心、牢记使命”主题教育活动方案要求，制定学习教育计划，按时间节点认真开展相关工作，创新学习方式，开展微信微党课活动，结合区分局蒙电示范群体创建、蒙电杯竞赛活动和蒙电先锋工程等重点工作。在团务工作方面，获得2018年度内蒙古电力公司“五四红旗”优秀团支部荣誉。

【工作中存在的问题】 西郊变913清源线49#南支线路为裸导线，约计4千米，此段线路在2018年跳闸8次，线路通道树木繁多，容易引起跳闸，电杆采用35千伏杆型，档距大、绝缘子大，导线对地距离低，存在严重的安全隐患。分局在2018年申请使用应急技改资金将此段线路进行换杆换线，但未批复。2019年分局再次申请利用应急技改资金解决，仍未实施。

住房和城乡建设局

【住房和城乡建设局领导名录】

党支部书记、局长	李慧勇
副局长	张利军
	李同义
	韩　磊
总工程师	王大鲲（蒙古族）

【概况】 住建局下设4个内部机构，分别是综合办公室、住房保障人防股、建筑村镇管理股和市政交通公共事业管理股。下设4个二级事业单位，分别是建筑工程质量监督站、园林绿化管理所、建筑安全监督站和燃气管理办公室。2019年底在职人数100人，其中公务员8人。

【房地产遗留项目】 玉泉区房地产遗留项目实际符合办理条件的123个（住宅总面积1199.5万平方米，住宅套数118769套），2019年底，共办结房地产遗留项目67个（住宅面积约716.653万平方米，住宅套数约72679套），含2018年办结遗留项目12个，2019年办结55个，办结率达到了54.47%。

住建局针对房地产遗留项目中涉及“回迁难，入住难”的项目11个，涉及回迁房2668套，面积共计约26.1万平方米。主要采取协助推进，接盘续建，异地安置等方式，化解“回迁难、入住难”遗留项目共6个，回迁安置房屋1093套，面积约10.7万平方米。

【招投标及建筑工程质量、安全监督】 2019年对14个工程项目的招投标进行了监督，发放施工许可证10项，对历年来未完工建筑工程进行质量监督项目20个，安全监督建筑工程建设项目14项，完成了13个遗留项目资料的审查，并出具78个单位工程质量监督说明。由住建局建筑管理股、质检站、安监站3个重点部门牵头，全面对所监管的项目进行细致的排查治理，共下发整改（停工）通知单、整改意见书约950余条，有效回复826条，配合区劳动局对在建的31个项目开展检查，下达整改通知单46份，对4个存在重大问题的建设项目下达责令停工整改通知单。全年对28家存在严重违规问题的项目上报市住建局给予不良诚信记录处理。

【扫黑除恶】 住建局党组召开专题会议8次，印制建筑领域扫黑除恶专项公告300份，组织建筑工地悬挂条幅55条；下发各办事处设置公告牌18块，发放宣传册375份、宣传通告412份、宣传手提袋1530个、公开信547封。接到涉黑涉恶案件15起，包括群众举报案件3起、区扫黑办转办案件6件、区政法委转办案件3件、其他单位工作协查案件3件。

【云中路连接线工程】 云中路连接线工程（世纪十八路至南二环）全长约3.25千米，工程总投资约36.2亿元。该工程自2018年7月交由玉泉区实施以来，精心选调15名骨干力量长期驻扎指挥部，充分发挥“5+2”“白+黑”的艰苦奋斗精神，上下一心，攻坚克难，完成工程量的75%，桥梁工程已基本完工，地面辅路工程有序推进，工程取得了突破性进展。

2019年以城区主干道为框架，以疏堵保畅为目标，新建市政道路三里营街、碱滩巷及棚户区周边道路湿地公园北路、楠湖郦都西路道路改造建设，预计2020年8月竣工通车。2019年，对辖区堵点开展治理3处，分别是秀水华宸西路南出口拓宽改造、昭君路与南二环交汇处道路改造和巴彦淖尔南路与市医院南路交汇处绿化隔离带改造工程。对112条小街巷、12条市政道路的破损路面、便道、道牙石、检查井等市政设施进行维修养护，总计维修破损路面2360平方米，修复人行便道1800平方米、砌筑道牙石780米、维修检查井并收水口180座。

【园林绿化】 道路绿化新植、补植工作亮点突出，对辖区3条新植道路、5条补植道路进行绿化提升改造工作，为迎接新中国成立70周年重点打造了大南大北街、九久街、塞上老街；庭院、社区绿化水平档次不断提升。按照市委市政府3年绿化提升的要求，通过对庭院、老旧小区现状的分析，结合小区的实际情况，主要对45个小区实施了绿化提升改造，打造绿色校园7所。对检察院区域、区法院、区教育局、区政府食堂进行了绿化提升。游园、绿地提升改造成效显著。新建西二道河游园，打造佳禾游园、阿吉纳游园、落雁公园3处党建主题公园；对云中路大桥西侧约400亩棚改腾退地进行绿化覆盖；对辖区内具备绿化条件的青城驿站周边进行绿化美化及微景观打造。累计新植、补植乔木39243株，灌木1908946（株）丛，摆放铁树150株，非洲茉莉50株，种植花卉5万余株，整理绿化场地约33万平方米，硬化铺装石材3200平方米，砌筑挡土墙180延米，安装围栏5700延米，安装党建雕塑2组，各类文明标识200个。

【保障性住房及棚户区改造项目】 2019年使用国开行、建行贷款资金对小黑河两侧（西二道河村区块）、东源村、南源村、扎达盖河、南营子村、当浪土牧村实施改造，征拆改造家庭384户，拆除房屋建筑面积39095.98平方米，投入各类棚户区改造资金21218.1607万元。

【土坯房、危房改造】 2019年玉泉区土坯房改造审核通过协议共计113户，参加改造的农户的土坯房已经全部消灭，新建房屋主体结构均已建成。2019年“四类重点对象”危房改造13户，12户已全部完工并验收入住，剩余1户因房屋超平方米，不符合验收条件。

【燃气排查】 深入开展燃气管理宣传，多次在大召广场、昭君路办事处相关社区开展天然气、液化石油气使用知识安全宣传，制作展板，向广大市民、居民发放天然气及液化石油气使用手册、宣传单6万余份（册）。燃气公司开展入户安检，对民用户入户安检8万余户，非民用户入户安检1800余户。

【人防】 玉泉区内共有人防电声警报器18台，由市办统一维护管理，警报器覆盖率达80%；有专业分队4队124人。加大宣传教育力度，主要对大召社区、小西街社区、观音庙社区和南八里社区进行人防宣传，协同玉泉区红十字会、玉泉区应急管理局、呼和浩特市第六中学举行了以“人防安全、消防急救”为主题的大型演练活动。

城市管理综合执法局

【城市管理综合执法局领导名录】

党组书记、局长　　侯小平

党组成员、副局长　高　斌

　　　　　　　　　刘　峰（蒙古族）

【概况】 2019年，根据玉泉区委办公室印发的《玉泉区机构改革实施意见》文件规定，玉泉区城市管理综合执法局（以下简称区城管局）作为区人民政府组成部门，为正科级部门。设置行政编制6名，设局长1名、副局长3名（实配2名），内设综合办公室和综合业务股，全面履行法规城市管理职能。干部职工669人，其中城管局、城管大队、综合执法大队590人，环卫局干部职工79人。

2019年，区城管局深入贯彻落实城市管理要像绣花一样精细的理念，以自治区城市精细化管理三年行动为纲领，全力推进城市管理各项工作，着力构建长效化、常态化管理模式。通过全体城管执法人员的不懈努力，辖区环境面貌发生新变化，人居环境得到持续改善，辖区群众幸福感、获得感、安全感得到进一步增强。

【巩固保持“零摊贩”整治成效】 2019年，区城管局进一步加强“三定一包”责任制、错时执法、延时管理等一系列举措的落实，全面巩固主、次干道“零摊贩”整治目标，全面加强乱倒污水、随地便溺等不文明行为的整治力度的同时，向背街小巷延伸，重拳出击，大力整治，并着力解决共享单车、自行车乱停放问题，在呼和浩特市范围内首先约谈共享单车企业并做出行政处罚，沿街环境秩序得到大幅改善。2019年共计清理流动摊贩8540处，罚款5.78万元；整治店外出摊4865处、店外堆物6890处；取缔店外促销18处，违规广告条幅310处；依法查处乱倒污水、随地便溺69处，罚款7220元；规范非机动车乱停放3010处，依规处罚共享单车企业1000元。

【强化户外广告管理】 坚持源头把控与常态监管相结合，继续深化户外广告监管工作。按照“最多跑一次”的改革要求，通过整合许可资源，优化办理环节，达到一窗受理、集成服务、一次办结的效果，不断提高许可审核效率，大力改善城市管理服务水平。2019年共许可审批店招牌匾1865件，依规发放许可安装决定书1706件，审核勘验1400块，整改17块。根据玉泉区户外广告设置情况，全面统筹城乡户外广告监督管理工作，加强城中村、城乡接合部等薄弱区域，违规设置户外广告的规范管理工作，通过逐街逐巷检查，逐一逐户整改，城中村、城乡接合部区域户外广告管理效果大幅提升。2019年依法整治违规户外广告158处，清理LED灯箱广告490块，取缔立式广告牌匾315处。

【扎实推进城市“牛皮癣”治理】 坚持标本兼治，全面加强“三乱”广告整治力度。一方面是按照重点区域2小时以内清理清除完毕，非重点区域4小时清理清除完毕要求，加大对专业公司工作效果的监督，把清除整治效果与经费挂钩，激发专业清理公司工作积极性。另一方面是提高源头治理力度，加大“三乱”广告制作打击力度，多措并举加强对非法印制“三乱”广告的单位和个人的违法追究，切实形成高压态势。2019年以来，共计清理清除“三乱”广告40000余处。

【深化空气污染整治】 统筹兼顾、多措并举，深入推动大气污染防治工作。落实“六个百分百”要求，实行最严格的在建工地监督管理措施，全面加强在建工地扬尘污染整治。根据区级城市管理部门职责规定，全面加大辖区内集体建设用地上施工工地围挡、围墙规范设置，场内道路硬化，车辆冲洗设施安装使用，裸土物料苫盖，湿法作业，车辆密闭运输行为的监管力度，依托扬尘在线监测系统，实现实时监督管理，有效预防在建工地扬尘污染超标问题。实行最严格的渣土监督管理措施，根据渣土偷运乱倒规律，三管齐下，全面加强夜间8：00至次日6：00期间的查处力度。将22名夜查人员分为3组，在大黑河以北区域开展机动巡查，最大限度地发现、查处偷运乱倒行为。在易发生渣土偷倒区域，安排专人蹲点布控，实行便衣执法，依规按照上限标准予以处罚，有效震慑了渣土违规倾倒行为。在运输车辆途径路段等处设置3处警示牌，共54平方米，公布渣土整治举报热线，拓宽群众参与渣土整治渠道。2019年，共计查处违规运输、倾倒渣土行为176起，依法处罚51.35万元。实行最严格的动态监督管理措施，联合交管部门，在建筑垃圾、渣土运输车辆必经要道，设置动态检查点，针对苫盖不严、车身脏污、带泥上路的运输车辆，依法依规予以现场整治，确保道路扬尘污染得到有效防控。全面巩固保持餐饮行业油烟污染防治成效，2018年区城管局以深化中央环保“回头看”整治成效为契机，对辖区1870家餐饮饭店进行了全面检查，责令908家餐饮企业对油烟净化设备进行整改。2019年以来，区城管局进一步深化餐饮行业油烟污染监管力度，针对餐饮饭店油烟净化装置的监测合格报告和正常使用情况，进行突击式检查和抽查，保证油烟污染现象处于有效防控状态。

【加强校园周边环境整治】 全面加强辖区26所中小学周边环境秩序整治工作，严格按照护学岗制度，安排专门力量，实施错时管理机制，于早、中、晚放学时段，提前介入、从严整治、依法取缔，切实强化校园周边200米范围的环境综合整治力度，进一步净化师生工作学习环境。

【数字化城管创新驱动力】 充分发挥监督指挥协调作用，深入推进信息化处置工作，不断提高环境综合品质。提高数字化案件处办质量。2019年共受理数字化城管案件46987件，处置办结43708件，处置率达92.9%；提高12319城管热线案件处置质量，2019年共受理12319热线案件2501件，有效处置2243件，其他案件正在处置当中，处置率达89.68%；提高960116便民服务热线和路长制案件办理效能，2019年共受理960116便民服务热线136件，已办结案件98件，处置率达72.1%，受理路长制案件12525件，自行处置10005件，转办相关职能部门2520件，共处置11521件，处置率达92%；继续强化视频监控巡查工作，通过视频回放取证查处违规行为290起，依法处罚1.95万元。通过视频对比发现3154起违规行为，已处置3147件，办结率达99.7%。继续发挥有奖举报平台作用，2019年受理平台举报案件51件，其中无效案件8件，有效处置81件，办结率达60%。

【“创卫”工作取得关键性进展】 按照呼和浩特市“创卫”工作部署，充分发挥协调作用，坚持多管齐下，着力推进“创卫”工作深入开展。共计有效处置市创卫办下派案件300余件，整改率达90%以上；坚持全域督查，共计下派案件3000余件，处置率90%以上。同时，大力开展病媒生物防治工作，投入约50万元，购置病媒生物防制药械，共计设置毒饵站1.1万余个，无偿发放5.5万余袋杀蟑饵剂、500余个粘鼠板、50多千克灭鼠药剂，并在玉泉区重点区域开展消杀活动，面积达80多万平方米。加快推进无烟单位创建，建立控烟制度，为辖区中、小学、托幼机构，各类机关事业单位发放控烟标识1900余个。加强宣传教育引导，发放各类宣传资料8000余份，张贴、宣传创建国家卫生城市倡议书7000余份，协调LED滚动屏播放宣传标语5700余条次，有力提高群众知晓率、参与度，顺利通过国家“创卫”暗访检查。

【助力房地产领域乱象整治】 按照玉泉区关于房地产领域乱象整治工作安排，区城管局坚持从严整治的原则，针对职责监管范围内的10家集体建设用地上的项目工地进行了全面检查。因10家项目工地均未取得建设许可审批手续，已全部责令停工，有力促进玉泉区房地产领域乱象整治推动，一定程度遏制了各类违规建设行为蔓延。

【强化意识形态阵地建设】 大力开展群众性文化活动和社会宣传，先后在青城眼、连心桥、问政等平台宣传城市管理执法工作，多次在大召广场、建筑工地、住宅小区等人流密集场所开展城市管理宣传及咨询活动。加强日常工作常态化、动态性报道，及时上报市、区有关部门的同时，通过微信、微博、“三务”公开平台发布，更新率达到一日一更新。各类平台发布信息212条，上报组织部约稿12篇，采用11篇，上报信息210篇，多次被今日头条采用。

深化理论宣讲活动，选拔骨干成立宣讲团队，邀请资深讲师，深入学习习近平新时代中国特色社会主义思想、十九届四中全会精神、党内法规及城市管理法律法规等内容。积极开展微课堂大家讲活动，制作推送的学习视频《一枝一叶总关情》获得区委宣传部的表彰。积极组织党员干部下载和学习使用活力玉泉、玉泉学习之窗，全系统使用人数 522 人，使用率达 100%。认真执行《玉泉区城管局网络信息安全事件应急预案》，确定新闻发言人，配备网评员，组建志愿者队伍，及时回复网友关心、关注的问题。2019

年共转发、评论文章约827条、发布微博648条，收到群众反映问题47件，全部及时解决。

【不断拓展基层党建载体和内涵】 以加强基层党的建设为引领，开展“街头党建+”活动，把党建工作与城管工作有机结合。在市医院路口设置便民服务岗，为过往群众提供法规咨询、问路指路、兑换零钱、自行车充气等便民服务项目。以西菜园城管执法中队党支部和长和廊城管中队党支部为试点，以树立榜样，积极发挥模范作用为抓手，党员亮明身份，带头开展延时管理，下班不收工，有效弥补执法空档，发扬了吃苦在前，甘于奉献的精神，推动党建工作与业务工作互促共进。

积极开展主题党日活动，通过重温入党誓词、参观红色教育基地和党群服务中心、集中听党课、慰问老党员和困难群众、清明节祭祀革命先烈、公益宣传、义务植树等方式，进一步激发党员的爱党情怀。建立领导干部包联机制，及时了解掌握执法队员及管理对象的思想动态，解决问题，化解矛盾。积极开展文化阵地建设，制作党建文化墙，制作社会主义核心价值观宣传展板，LED大屏全天候滚动播放习近平新时代中国特色社会主义思想、意识形态、扫黑除恶、十九届四中全会等内容。举办城管文明大讲堂活动，在日常巡查执法过程中，党员干部多次帮助走失老人回家，带领迷路的孩子找家长、数次捡到钱物后积极通过各种方法联系失主，护送受伤群众及时就医，发现火情及时扑灭，为福利院的儿童送温暖，系统干部为青城驿站捐赠图书500余册等。在七一前后，各支部的党员干部们个人出资出力，慰问包联碱滩社区的困难老党员、辖区内抗美援朝老战士、长年卧病在床的老党员和班定营村老妇联主任，聆听老党员、老战士当年参加战斗和祖国建设的感人事迹，进一步激发干事创业的激情和信心。

【扎实推进“不忘初心、牢记使命”主题教育】 结合城管系统实际，制定工作方案和工作安排，成立领导小组，抽调骨干力量，成立多个工作组和指导组，研究方法措施，精心组织实施。组织召开动员大会，先后召开工作推进会4次。制定学习安排，下发学习资料，明确学习内容和学习专题，建立主题教育工作微信群，在微信平台开设相关学习专栏，全体党员制定自学计划并撰写心得体会。围绕8个方面开展集中学习研讨。局领导为党员干部上专题党课6次，支部书记为支部党员讲党课14次。在开门纳谏工作方面，通过微信平台、窗口部门和各执法中队张贴《致群众的一封信》，设立意见箱，发放征求意见表和民意调查表等方式广泛征求意见，收到各类问题232条，制定检视问题台账，对群众反映的问题及时跟进和整理，及时下发相关股室及中队。确定全面加强城管队伍建设等6个调研课题，多次前往一线执法中队开展调研，以现场办公、召开座谈会、谈心谈话等方式，面对面听取一线执法队员摆问题、提建议。共收集汇总各类问题92个，归纳梳理29条，建立调研台账、填写调研问卷、形成调研报告。成立整改落实工作组，与开门纳谏组形成联动，制定整改落实台账和督办单，发现问题及时整改，整改落实各类问题51项，全部整改完成。

【深入开展“扫黑除恶”专项斗争】 全力开展问题线索协办工作，2019年共计收到区扫黑办、各级函询问题线索6条，已办结3条，其余3条待核审。深入推进城市管理行业涉黑涉恶问题线索摸排工作，共摸排出问题线索4条，均已上报区扫黑办。利用城管局“双微平台”，转发宣传内容和城管摸排工作情况；协调LED广告大屏企业，滚动播放扫黑除恶宣传内容及线索举报方式；在重要路段，设置扫黑除恶大型宣传广告11幅；组织开展进社区、进商户、进市场、进工地“四进”活动，宣传扫黑除恶专项斗争相关内容；组织执法人员深入辖区2000余家商户开展宣传活动，逐家逐户发放宣传资料，告知商户涉黑涉恶具体表现形式，并随机选取1000名商户进行扫黑除恶专项斗争知晓率、满意度问卷调查。

城市管理行政执法监察大队

【城市管理行政执法监察大队领导名录】

大队长　任宝亮

副大队长　郑晓东（蒙古族）

　　李俊峰

　　乔桦楠

【概况】 玉泉区城市管理行政执法监察大队（以下简称城管大队）现有在职人员244人，其中监察员143人、助管员95人、合同制退役士兵6人，下设综合办公室1个、执法中队7个。

【提高队伍素质】 结合学习型队伍建设工作实际，认真参与市局、法制科组织的学习培训活动，督促执法队伍苦练内功、强化素质，进一步提高执法队伍整体业务水平和工作能力。

【完善各项制度】 始终强化领导班子建设，弘扬正气，促进班子团结，以领导班子带动整个队伍建设，有效推动各项工作。工作中要求各级干部发挥表率作用，针对自身问题，带头自查自纠，针对薄弱环节，狠抓制度建设，注重制度的有效执行和落实，取得了较好的效果。

【加强党建工作】 2019年，城管大队以“不忘初心、牢记使命”教育活动为契机，狠抓强基工程。加强党课教育。学习有关文件，深刻领会精神，把握精神实质，做到一手抓党建，一手抓队伍，以党建带队伍，通过抓队伍，促进工作开展，增强了党员干部的党性观念、奉献意识。加强支部建设。各支部定期与入党积极分子谈话，切实做好新党员的培养发展工作，党员队伍不断壮大。

【市容环境管理】 2019年是中华人民共和国成立70周年，以助力“三城同创”为目标，城管大队结合2019年计划，以市容市貌、市场秩序整治为重点工作，着重改善市容市貌，努力实现城市管理规范化、精细化、长效化，不断提升人居环境质量。执法队员严格按照《呼和浩特市市容环境卫生管理条例》及市容市貌道路管理标准等相关规定，坚持以日常市容监管与长效管理相结合的原则，重拳治理热难点问题，从最关键的问题突破，从市民最关注的地方入手，突出重点区域、重点地段、重点部位，统筹兼顾，多管齐下，疏堵结合，以“劝导为主，处罚为辅”为整治前提，严格落实岗位责任制，全天候不间断进行巡查和整治，采取徒步往返、机动巡查等方式强化市容巡查频率，始终保持高压态势，对辖区内主次干道、背街小巷等道路两侧的流动摊贩、店外出摊等违规行为进行规范管理，做到发现一处，清理一处、巩固一处坚决遏制各类违规行为出现反弹。2019年共计清理流动摊贩8840处、店外店10508处、店外堆物23982处、玻璃贴字2139处、LED广告牌1639处、违规悬挂条幅290处、三乱小广告464处。

【联合执法保障景区市容环境秩序】 为保障景区市容环境秩序整洁有序，切实实现景区网格化、精细化管理，2019年6月底开始，城管大队特勤中队开始配合景区办对大召、席力图召、观音庙、宝尔汗佛塔、塞上老街、通顺大巷、大盛魁等景区进行市容环境整治。7月开始正式负责承担大召景区内的市容环境管理工作，执法人员采取徒步巡查的方式从早8：30—晚22：00对景区店外堆物、店外出摊、流动摊贩、玻璃贴纸、牌匾设置等违规问题进行巡查，确保市民、游客有一个良好的游览、休闲环境。

【错时工作管理专项整治】 为有效遏制违规市容现象的发生，城管大队抽调精干执法力量组成市容环境综合整顿组，延长执法时间，重点在早7：00—9：00、午11：00—14：00、晚18：00—22：00，对玉泉区内占道经营的、店外出摊等违规市容行为进行无空挡管理。2019年共计清理流动摊贩3281处、店外出摊3086处、店外堆物3460处、占道经营2303处、LED广告牌1040处、玻璃贴纸24处、违规悬挂条幅10处、户外广告117处、暂扣电子秤53台、占道经营车辆19台，处理暂扣车辆12台，罚款12100元，暂扣渣土车5台。

【工地扬尘管理专项整治】 为巩固市容环境综合整治成果，进一步改善城区空气质量，不断提高城市宜居水平，城管大队在强化市容环境日常巡查的同时，加大对管区工地文明施工落实情况的巡查监管。执法人员严格按照现场封闭管理100%、场区道路硬化100%、渣土物料覆盖100%、洒水清扫保洁100%、物料密闭运输100%、出入车辆清洗100%对工地“六个百分百”落实情况进行监管，未达标的工地严禁开工，最大限度地抑制扬尘污染，确保文明施工作业，保障空气清洁、居住环境舒适。2019年，城区14家工地中，除5家未开工工地，其余9家工地中，7家达到“六个百分百”标准正在施工，1家已基本完工正在进行收尾工作，1家已全部完工。

同时，对道路各类施工围挡进行检查，对破损的施工围挡要求施工方尽快进行整改，对未设立围挡进行施工的勒令其暂停施工直到围挡设立完成。

【校园周边市容环境专项整治】 以保证辖区内校园周边市容环境的干净整洁，保障学校周边道路通畅为宗旨，按照大队工作部署，各执法中队根据辖区内学校分布，合理布置执法力量，落实错时管理制度，重点对校园周边店外出摊、流动摊贩、噪音扰民等违规行为展开集中清理整治，特别是对上下学高峰时段影响道路通行的占道经营行为加大清理力度。执法队员通过提高巡查频率、落实错时管理制度等方式对校园周边实施无空挡管理，形成长效机制，切实保障了校园周边道路的通畅及市容环境的整洁。

【防治餐饮业油烟、噪声污染专项整治】 城管大队紧紧围绕以创造优良人居环境为目标要求，建立健全长效化管理工作机制，按照属地管理原则，采取联合执法、严管重罚的方法，开展餐饮业油烟污染突出问题专项整治。通过接受群众举报、来信来访，确定重点清查商户，组织精干力量现场督办，对未安装油烟净化设备的商户，要求安装高效油烟净化设施，对设备进行降噪处理，并请专业检测机构出具环评报告；对不正常运行、未进行降噪处理、环评报告已过期、安装不符合要求或达不到排放标准的，要求限期整改。

【防治倾倒污水专项整治】 为进一步细化环境卫生整治工作，按照区委、区政府的工作部署，城管大队对管区内商户随意倾倒污水现象的监管常抓不懈，积极进行排查、劝导、整顿，在监督商户做好“门前三包”的同时，明确要求禁止乱倒污水，并对不听劝阻倾倒污水的商户按要求进行上限处罚。2019年共计对19613家餐饮店铺开展执法检查，对29家商户进行处罚（处罚金额7450元），对31家商户下达《行政处罚先行告知书》，对29家商户下达《行政处罚决定书》，对19479家店铺提出警告。

【户外广告专项整治】 以巩固保持户外广告整治成效为目标，城管大队把对违规牌匾的检查纳入日常巡查的工作中，进一步强化户外广告整治力度，切实提升主城区市容环境整体质量，对商户违规设置的门头牌匾严格按照要求进行清理取缔。根据辖区主次干道户外广告设置情况，执法队员按照宣传教育、集中整治、长效化监管的工作步骤，对管区主次干道未经批准擅自设置的违法户外广告设施、虽经审批设置但超过批准使用期限的户外广告设施、仍在批准设置期限内但不符合城市管理规范要求的户外广告设施展开常态化清理整治。2019年共计拆除违规广告牌匾47处，面积约322平方米；拆除LED广告牌3处，面积约5平方米；拆除广告牌11处，面积约40.7平方米。

【违章建设专项整治】 高压态势抓违建，有效遏制违法建设的蔓延，维护法律严肃性，违法建设的监管、拆除工作已经成为城管大队常抓不懈的一项日常工作。执法人员本着“以人为本，文明执法”的原则，从关心人民群众的根本利益出发，不断加强“控违”宣传，深入细致地做群众的思想工作，加大执法力度，大力推进“控违、拆违”工作，保证了拆除工作的顺利完成，为广大市民提供了安全、舒适的生活环境。2019年共计拆除各类违建6处，总面积约320平方米；拆除违建信号塔4处。

【违规夜间市容环境专项整治】 为切实加强夜间市容环境的规范管理，提升空气质量，优化生活环境，杜绝各类扰民、污染现象发生，各执法中队按照属地管理原则，延长工作时间，坚持最严格、最精细、最到位的城市管理工作要求，不断加大市容环境卫生整治力度和街面动态巡查管控频次，将集中整治与长效管理相结合，从源头上遏制各类违规市容乱象的发生，着力解决夜市烧烤经营不规范、店外出摊、店外堆物、流动摊贩等违规市容行为，确保夜间城区市容环境秩序良好，全力保障市民休闲、娱乐、出行安全有序进行，切实营造和维护良好的市容环境秩序，树立良好玉泉形象。2019年共计清理流动摊贩1063处、店外出摊1103处、店外堆物828处、LED广告牌708处、三乱小广告29处、立式广告牌20处，暂扣电子秤3台、流动摊贩占道经营手推车1辆。

【数字化案件处置工作情况】 以提高数字化城管各类派遣案件处办质量为突破口，建立健全城管大队数字化案件管理机制，各执法中队通过指定专人处置数字化平台派遣案件，提高复查频次、强化处置后的监管，着力提升派遣案件的处置效率，强化城管大队管理服务能力。应处置33089件，处置33086件，按期处置33002件，按期结案率98.93%，按期处置率99.99%，结案率99.18%。

房屋征收管理办公室

【房屋征收管理办公室领导名录】

党支部书记、主任　薛　伟
党支部成员　张晓东
　谭　菲（女）
副主任　贺　强

【概况】 玉泉区房屋征收管理办公室依据相关文件精神及玉泉区人民政府区长办公会议精神，成立玉泉区房屋征收管理办公室。

房屋征收管理办公室下设办公室、法制科、拆除科、协议科、财务科、征收一至五科共10个科室。

现有工作人员29人，其中在编职工12人、借调15人、聘用2人。

【拆除安全监管】 2019年区征收办完成了扎达盖河两侧棚户区、城区棚户区（边死角）、南营子村改造项目、范家营村改造项目、范家营学校建设项目、东二道河小学建设项目共计约4.3万平方米拆除及29.3万立方米的清运工作。除小黑河河道改造、青城一号公馆、小黑河村整村改造项目未启动，其他项目已征收房屋全部拆除并已清运完毕。为保证各个项目的拆除及清运工作顺利进行，区征收办积极配合各施工企业履行审计手续。

【依法履行房屋强制征收程序】 举办了法律宣传宣讲工作，结合“不忘初心、牢记使命”主题教育，为广大市民和被拆迁户提供了有效的法律援助。先后共做入户征收政策讲解35户，做调查询问笔录12份，召开调解会3次，送达相关法律文书6份。另对网民留言、市长信箱及群众上门提出的关于征收的遗留问题进行了及时答复和解决，对人大、政协的议案进行了调研答复。

【评估工作】 为了工作流程顺畅、标准执行清晰、选用中介机构合法合规，2019年区征收办对工作中所需委托的资产评估、房地产评估、土方测绘等工作相关的第三方中介机构进行公开招投标入围，确定入围企业，以便区征收办顺利开展相关工作，评估过程由区征收办办公室专人跟踪、督促、把关。配合项目征收指挥部完成了南三环遗留项目、机场连接线等重点项目的评估工作。完成了S43机场高速公路项目、东二道河村、西菜园路等市政道路、鄂尔多斯西路、扎达盖河河道改造、玉泉区化纤厂宿舍平房、石头巷小学改扩建项目、二十七中南巷改扩建项目和运动衣厂项目的征收方案拟定工作。

【加强对建设项目房屋征收行为监督、指导和把关】 为确保辖区项目房屋征收工作规范、快速地推进，区征收办抽调工作人员长期进驻各征收工地，通过协助、指导各单位开展征收工作，规范、监督征收行为，把关征收补偿协议内容，全力保障征收工作的顺利进行。

【学习教育】 第二批“不忘初心、牢记使命”主题教育开展以来，区征收办在区委第九督导组的有力指导下，认真贯彻“守初心、担使命，找差距、抓落实”的总要求，建立了征收办党员学习制度，结合自身实际，合理安排每周的学习内容，确保学习的针对性。学习小组不断明确学习重点，采取个人学习、集中学习等方式开展学习教育，严格落实中央规定的学习内容，重点学习《中国共产党章程》、习近平“不忘初心、牢记使命”重要论述摘编、党史及新党史等，做到学得更多更深、要求更高更严。在本职工作中，所有工作人员严格执行国家、政府法规政策，坚持以人为本谋发展，以法为依促建设，扎实有序地开展各项征拆工作。侧重引导全体职员将学习教育的成果转化到日常工作中来，使全体职员能够深刻地认识到“不忘初心、牢记使命”主题教育意义重大。

环境保护

环境卫生

【环境卫生管理局领导名录】
党支部书记、局长　刘红伟
副局长　　　　　　牛东方

【概况】 玉泉区环卫局现有编制数77人，在编在岗人员77人，一线环卫工人2828人。机关下设办公室、业务科、基建科、数字化办公室、清运队、机动队及6个环卫所（西菜园环卫所、城中村环卫所、农村环卫所、大南街环卫所、兴隆巷环卫所、石东路环卫所）。玉泉区环卫局承担道路清扫保洁面积1176万平方米，主要负责道路清扫保洁、垃圾清运、公厕、青城驿站及转运站建设和管理等内容的监督、检查和指导工作。

【开展城乡环境卫生综合整治】 坚持问题导向，按照发现一处、清理一处的工作模式，对辖区范围内周边卫生死角、路面积冰、雨水篦子乱倒污水以及便溺点进行督查并及时进行清理，同时采取人工拾取与机械清理相结合的方式，着重对道路两侧绿化带及空地内废纸、软包装、枯枝落叶等各类积存垃圾、生活垃圾及遗弃物进行全方位、深层次的清理，确保城乡环境总体质量有效提高。2019年城管数字化平台共处理案件8244件，出动保洁人员151672余人次、环卫作业车辆20250余台次，清理雨水篦子13767个、树坑139689个、尿点12517个。

以“雪”为令，迅速启动应急预案，投入全部机械人力，采取人机结合、清融结合的作业方式，按照先重点部位、后全面铺开的作业顺序，对辖区主次干道、小街巷、十字路口、人行便道、大召广场、公交站牌周边等城区重点区域的积雪进行快速清理。同时，对垃圾转运站、公厕、青城驿站、便民服务站等环卫设施周边积雪进行及时清扫，确保垃圾正常清运、群众如厕方便。另外，为全面高效地做好冬季清融雪工作，有效提升清融雪作业管理与实践操作技能，特安排相关工作人员进行了清融雪业务培训。2019年共计出动保洁人员24000余人次，滚雪车、装载机、自卸车、压缩车等各类清雪除雪设备980余台次，清理积雪3200余立方米。

【有效推进“厕所革命”】 为进一步贯彻落实习近平总书记关于“厕所革命”的重要指示精神，根据呼和浩特市委员办公室《关于对全市学校养老机构旱厕改造情况开展督查的通知》文件要求，迅速对辖区内学校、养老机构旱厕开展细致的摸底排查工作。2019年，结合周边环境、学校及农村旱厕改水冲公厕计划，因地制宜改建60座，2019年共计完成前八里、章盖营村等42座农村、学校旱厕改水冲厕所的建设任务，让学校和农村里的大民生得到快速的发展。

【抓好垃圾清理清运】 保障垃圾不因转运的因素，而影响城市形象，2019年重点对43座转运站的电路、升降、压缩、管道、垃圾压缩箱密闭等情况进行了全面技术检查和调整，并对发现的问题及时维修、保养。同时，按照定期清运、集中清理的城市生活垃圾收运和户投放、村收集、镇处理的农村生活垃圾收运体系将垃圾100%运输到呼和浩特市嘉盛新能源有限公司进行无害化处理，清运率、处理率达到了100%，确保全部垃圾实现日产日清，改善了城区、城中村、城乡接合部、农村垃圾倾倒的短板，做到道路干净整洁、垃圾日产日清、设施完好美观。2019年共计出动垃圾车18960辆，清理垃圾约129844.68吨。

【加强精细化管理力度】 为进一步加强精细化管理，根据《呼和浩特市环境卫生作业质量标准》要求，实施三班倒道路清扫保洁，按照洗扫、机扫、人工清扫相结合的工作模式，采取高压冲洗为主、人工擦拭为辅的作业方式，对辖区内主次干道、小街巷道路两侧的果皮箱、座椅式保洁工具箱、配电箱等环卫及公共设施进行全面清洗，全力确保设施无浮尘、无污物。在强化街面精细化作业的基础上，保洁人员从细微之处入手，对道路两侧的树坑、雨水篦进行深度冲洗，着力做好街边树坑、雨水篦美化净化工作，努力扮靓城区的每个角落。另外，为提升道路洁净度，确保每日机械清洗清扫达到2次、果皮箱每日清掏和清洗2次的洒水降尘工作。针对繁华路段、人员密集场所进行夜间清洗，避免干扰老百姓正常出行，力求达到“尘土搬家”的效果、“路见本色”的作业要求，全方位遏制道路扬尘，实现城乡环卫一体化作业，为呼和浩特市空气质量明显改善提供更加有力的保障。

【推动生活垃圾分类】 由玉泉区环卫局垃圾分类办公室牵头，与22个责任单位签订了生活垃圾分类工作责任状，以“党员+”的方式联合各办事处、环卫作业公司、青年志愿者等，积极开展生活垃圾分类进社区、广场、学校、企业等机构，促使居民、老人、孩子能够积极参与垃圾分类行动，从而实现生活垃圾处理减量化、资源化、无害化，共建绿色城市环境。2019年共计发放学生小礼物400个，《垃圾分类手册》《生活垃圾分类倡议书》《致居民的一封信》等宣传资料60000多册，开展各种宣传共计139次（其中主题宣传31次、学校宣传15次、入户宣传93次），参与志愿者299190人。

对可回收垃圾、不可回收垃圾以及有害垃圾实施源头分类，并对垃圾收集桶、果屑箱等垃圾收集设施进行有效改造，加大了垃圾分类设施设备的投放和建设力度。2019年7月开工建设，完成在祥和苑公租房北侧、云中路南侧建设1座占地约3000平方米的可回收垃圾分拣中心的建设任务，主要用于对可回收垃圾进行二次分拣，于2019年10月投入使用。

2019年共计开展示范小区55个、社区34个、公共机构81个、投放2395个分类垃圾箱、6台智能垃圾箱、14台可回收垃圾车、10台有害垃圾车、1台餐余垃圾车。

【筑牢安全生产防线】 为切实做好2019年安全生产工作，将安全生产工作与环卫工作并重，坚持安全第一、预防为主、综合治理的方针，围绕防风险、除隐患、遏事故的目标，2019年玉泉区环卫局共组织全体党员干部，车辆驾驶员，转运站、公厕、青城驿站管理人员，在安全常识、消防安全知识、交通安全知识、安全作业规范等方面集中培训5次，每次培训2小时，600余人次参加，有效夯实了全体党员干部及环卫工人的安全生产意识，为环卫工作平稳有序开展奠定了坚实基础。

【落实举措精准扶贫】 按照《关于开展区级领导包联脱贫享受政策边缘户工作的通知》文件精神，落实农村贫困边缘户帮扶脱贫工作，玉泉区环卫局党支部多次深入调研贫困边缘户实际情况，同贫困边缘户、村委会共同探讨研究脱贫办法，帮助种植田地、养殖家禽、畅通销售渠道，并深入小黑河镇达赖庄村，积极对接村支部，详细了解农耕计划，帮扶干部对达赖庄村居民高华、高利平进行了走访慰问，扎实开展精准扶贫送肥料、包销售活动，确保春耕、销售不受影响。另外，玉泉区环卫局党支部一直把扶贫理念融入工作中，通过党支部积极走访和了解周边街道办、社区、村委会及各驿站周边贫困户情况，结合社区街道办、村委会的意见，为部分符合岗位条件的贫困家庭提供了就业机会，有效增加收入，改善生活条件，提高群众生活质量。

【强化扫黑除恶专项斗争】 为深入贯彻落实习近平总书记关于扫黑除恶专项工作重要指示和《中共中央国务院关于开展扫黑除恶专项斗争的通知》精神，切实扫除黑恶势力，巩固党的执政基础，推进平安玉泉建设。2019年，根据区委区政府的安排部署，针对涉黑涉恶问题新动向，各科室、所队、公司积极配合，紧密结合实际工作需要，依靠环卫职工、司机队伍、保洁员等群体，检举揭发，深挖黑恶势力和黄赌毒参与人群，把打击黑恶势力犯罪和反腐败、“打虎”“拍蝇”行动结合起来，坚决做到廉洁自律、扫黑到底、除恶务尽，为优化社会治安环境，推动玉泉区各项工作高质量发展提供有力保障。

【全面开展主题教育活动】 闻令即动，精心筹划部署。组织全体党员、环节干部及公司代表召开“不忘初心、牢记使命”主题教育活动启动大会，成立领导小组，分工明确，抽调专人负责4个环节的工作任务，制定并印发主题教育重点工作安排和工作实施方案。定时召开主题教育推进会议，督促各项工作积极开展，明确党支部主题教育活动的推进方向和步骤，确保主题教育稳妥起步、有序进行。

科学安排，深入学习研讨。党支部打造氛围浓郁的主题教育阵地，设立党员活动室及党小组活动中心。制定党小组晨读计划和党员集体学习计划，党员制定自学计划。组织党员及环节干部直播观看《榜样4》，向优秀同行李萌同志学习。每日30分钟晨读时间，5个党小组1周各1天，由各党小组组长带头领读原文，领悟《摘编》《纲要》及党章的思想原理。以日常重点工作及党的节日为契机，组织党员参加升旗仪式、下田干活帮扶贫困边缘户、在党群活动中心为环卫工人代表讲党课等形式多样的主题党日活动。同时，主动联系党群活动中心为环卫工人开设周末家庭日及电影党课，让辛苦的一线人员能够在优质的条件下感受到党就在身边。玉泉区环卫局还发挥党支部战斗堡垒的作用，帮助贫困边缘户高华家的农田种上了土豆、白菜、心里美萝卜等蔬菜，走访关心、赠送肥料、跟踪种植、包收包运，共帮助销售土豆1000多千克、白菜2.5万余千克，边缘户人均年收入由原来的1000元提升至现在的6000元。

求真务实，开展调研走访。按照主题教育指导组的安排，党支部召开支委会商议确定主题教育调研主题为“多部门智慧联动，助推首府精细化管理”。精细化管理是开展环卫工作的重要举措，部门联动才能使管理提升效果与品质。9月以来，由支部书记牵头，结合重点街巷清扫保洁的细节部分、农村及学校厕所旱改水工程、垃圾分类进社区及冬季安全隐患排查等工作，现已走访调研8次。调研工作深入一线，联合各镇办、城管中队及智慧玉泉平台，边查边学边改，通过面对面的沟通，切实发现问题、协商解决问题，反思工作。在调研时，遇到兴盛苑小区因污水满溢造成暖气管道损坏并无法维修，导致居民家里供不上暖气的问题。党支部立即联合相关部门，调来符合抽排条件的吸污车，抽吸了2天，保障供热人员正常维修，居民顺利采暖过冬。

开门纳谏，广泛征求意见。自开门纳谏工作开展以来，党支部多角度、全方位地打通征求意见渠道。首先，畅通智慧玉泉数字平台，派专人上报案件。其次，在青城驿站、垃圾转运站和机关楼等处发放并张贴征求意见公告100余份，专门设立意见箱，公开微信公众号、电子邮箱及热线电话。最后，向各街道办等23家相关单位发放征求意见表，主动了解民生需求。通过梳理归类整合，2019年共征集到意见167条。组织全体党员及环节干部召开检视问题专项推进会，将问题逐一讨论，合理分配，整改解决。

问题导向，认真落实整改。玉泉区环卫局依照征集到的各类民生问题，把“改”字贯穿始终，解决人民最关切的问题。残疾人商贩王伟由于身体、经济条件等原因，长期推着小车占道摆摊配钥匙、开锁，不仅条件艰苦，而且影响市容形象。环卫局协同玉泉区城管特勤中队和优创公司多次走访沟通，各方协调，将大北街路西鹏德广场公共卫生间休息室作为王伟的固定经营场所，为其简易装修并帮他顺利搬入。之后，王伟将绣有“扶残助残　情暖人间”字样的锦旗亲手送到工作人员手中，以表达感激之情。接到李女士热线反映玉泉区南茶坊垃圾转运站南侧大榆树树枝大面积堆放在道路上，影响通行。环卫局立即派人前往查看，及时派人彻底清理。市民张先生反映三里营南路路南公共卫生间门前便道有路面塌陷的情况。环卫局立即通知驿站管理中心，修复平整路面塌陷区域。同时对其他青城驿站进行问题排查，方便市民安全出行。市政照明处来函反映因工作特殊性，望环卫局能帮助设置1～2处24小时应急抢修指挥场所。驿站管理中心后将锡林公园南侧青城驿站作为应急抢修指挥场所，便于市政应急抢修工作。环卫局还帮助困难家庭刘广恒（残疾人）在家门口找到了适合的工作岗位。

另外，还通过与各级主题教育指导组的沟通学习，帮助3家环卫服务公司分别成立党支部，让党的初心与使命深入环卫基层一线，提升环卫工人党员的归属感。环卫局联合八办一镇及城管部门针对老旧小区的环境卫生推行统一清扫治理，同时对住户、商户的废旧家具和建筑垃圾处置问题进行联合协商，逐步形成需求上报、分类收运、统一处理的模式，不断提升人民的获得感与满意度。为响应乡村振兴的号召，2019年要彻底解决学校厕所尤其是农村学校厕所的改造问题。2019年已完成6座学校公厕的新建、改建项目（沟子板小学、五塔寺东街小学、百什户民族逸夫小学、前八里小学、西菜园小学、东二道河小学），其他学校正在对接具体改建项目内容。

环境保护

【环境保护局领导名录】

党支部书记、局长　张文忠

副局长　刘　军

张　盛

（10月借调呼市环保局）

总工程师　郝应天

【概况】　2019年呼和浩特市生态环境局玉泉区分局在市生态环境局及玉泉区委、区政府的领导下，区环保局上下强化攻坚意识，认真落实呼和浩特市环境保护工作会议精神，通过大力提高环境管理水平及环境执法能力，扎实推进污染物减排和城区大气、水环境治理等重点工作，为打好污染防治攻坚战而共同努力。

呼和浩特市生态环境局玉泉区分局2019年机构设置情况：内设股室有党政办公室、污染控制股、监督管理股、科技法规股和信访办公室；二级单位有环境监察大队和环境监测站。工作人员共82人，其中行政人员6人、参公人员26人、事业编制人员28人、区政府统招合同工14人、局内聘人员8人。

玉泉区纪委监委第六纪检组派驻区环保局，负责区环保局党风廉政和反腐败工作督导检查及纪律检查监督工作。

【居民取暖清洁能源替换工作有序开展】　2019年玉泉区共设立7个清洁能源销售点，按照市、区两级清洁能源替换工作方案，配合属地政府督促辖区洁净煤置换和销售工作的推进和完善。2019年玉泉区累计置换洁净煤19000余吨、销售4000余吨。

【加强对辖区内供热锅炉的监管力度】　玉泉区需要改造燃煤锅炉涉及10家供暖企业，其中敬老院锅炉房拆并入旭泰热力公司热网，现管网已接入旭泰供热公司热网；弘苑热力公司并入晟泰热力，管网连接已完成；其他8家进行限值排放改造，现已全部完成限值排放改造。

玉泉区共有52家94台1吨以上燃气锅炉，其中20蒸吨及以上1家（富泰热力大东园锅炉房，40蒸吨×4台），现富泰热力已安装在线检测设备，正在调试验收。现10家16台已完成治理改造达标，25家54台经监测达标，3家3台锅炉已停用，其他13家17台正在进行治理（富泰热力6家7台未提供监测报告）。

【加大扬尘污染治理力度】　2019年，继续对玉泉区2个空气质量监测站周边环境进行综合整治，重点加强对建筑工地、施工现场、砂厂、商砼搅拌站等主要扬尘产生地点及主干道的监管力度，对主干道进行洒水降尘，加大对产生扬尘的企业的处罚力度，确保玉泉区道路扬尘得到有效控制。同时，联系第三方公司对玉泉区重点路段、施工工地附近开展洒水抑尘作业，并由值班人员负责巡查和监督洒水作业过程，保证子站周边道路扬尘得到有效控制。

【VOCs年度治理工作开展情况】 玉泉区涉VOCs工业企业39家、汽修业48家、加油站7家、大型餐饮企业46家、第二批餐饮业28家。39家工业企业中，24家停产搬迁、改为库房或停业整改；5家不涉及VOCs。其余10家企业有5家印刷企业规模较小，VOCs排放量小于2千克/小时（均已安装治理设施），5家印染企业已安装治理设施及工况在线监控设施。48家汽修企业中28家已安装了VOCs治理设施，其中18家加装工况视频监控设备，其他20家已停用或拆除喷烤漆房。7家加油站中有5家已安装在线监测设备，2家已签合同，现正在施工安装。玉泉区有46家大型餐饮企业，2019年，45家已安装在线监测设备，1家已签订安装协议。玉泉区已建立油烟在线监控平台，现各安装厂商已与市局油烟在线监控平台进行联网上传数据。

【全面加强秸秆焚烧管控力度】 进一步加强对辖区内城中村秸秆焚烧开展监督管理，在开春和入秋时节积极开展秸秆禁烧宣传工作，同时加强对秸秆焚烧的监控，利用无人机开展巡查，发现焚烧情况，第一时间通知属地镇（办）进行处置。

【加强对辖区内黑臭水体整治工作】 对小黑河、大黑河、扎达盖河黑臭水体加大巡查频次，监督3个污水处理厂日常运行，协调监督西郊垃圾场渗滤液处理达标后排往班定营污水处理厂。配合属地政府对辖区大黑河、小黑河、乌素图泄洪沟进行了全面排查，排污口全部封堵。

【加强对属地污水处理厂的监管】 继续加强对属地章盖营、辛辛板和班定营3个污水处理厂的监管，对安装的在线监测设备的运行、台账记录情况进行定期严格检查或不定期抽查。同时，监测站定期对3家污水处理厂出水口水质进行取样监测，加大处罚力度，确保达标排放。

【加强水源井保护力度】 对辖区26口（城区9口，城中村、棚户区17口）饮用水源井一级保护区环境进行整治，悬挂标识牌。2019年完成水源井周边违章建筑拆除6056平方米。

【散乱污企业整治及行业乱象排查治理情况】 辖区2019年累计排查出散乱污企业138家，2019年共取缔或整改完成134家（取缔91家、整改43家），其余4家正在落实整改。行业乱象排查整治方面，区环保局排查企业28家，已全部完成整治（整改13家、取缔15家）。下一步将继续加大工作力度，积极联合属地镇、办及相关职能部门对辖区内的“散乱污”企业进行长效整治工作。

【环境执法工作得到大幅度提升】 按照机构改革方案要求，加强网格化监管。按照网格化环境监管要求，建立辖区环境监管全方位、全覆盖、无盲区的环境保护网格化管理体系。加大执法力度，严查环境违法行为。2019年共立案29起，其中听证5件、复议1件，共罚款148.2万元，对2018年度未结案案件共19件已送法院，申请强制执行。对辖区内2家污水处理厂的行政处罚举行公开听证，并邀请区检察院和司法局工作人员参加听证，体现公开、公平、公正的执法理念。加强对工业固体废物、工业危险废物、危险化学品、医疗废弃物的监管力度。与重点单位签订了环境安全管理责任书，每月例行检查，确保环境安全。重视环境信访案件办理。2019年区环保局12369环保热线共接待群众投诉案件236件。其中，本级接访案件173件、市支队转办案件40件、市长热线23件。2019年度接到的信访案件已全部办结，2019年玉泉区未发生重大环境污染事件。做好2019年生态环境执法“双随机”工作。对玉泉区“双随机”系统中的70家被监管单位进行75次随机抽查，其中重点污染企业2家进行4次抽查。2019年区环保局执法人员参加全国生态环境系统“2+26”环境督导工作共16人次。依法履职认真答复检察建议书8份，并收到检察院的认可。

【环境监测水平稳步提升】 2019年共对18台燃煤锅炉和9家涉水企业进行监督性监测工作，共出具数据160多个，对辖区内19个地下饮用水水源地的23项常规项目检测工作，共出具数据437个，为环境监察及管理提供了准确的执法依据。9月下旬共计出动检测人员20余人次对玉泉区12个交通噪声和15个区域环境网格点的噪声监测及数据监测；对发放了企业排污许可证的18家企业的自行监测平台，定期核查其完成率和公布率。

【思想理论建设】 2019年区环保局在市生态环境局及玉泉区委、区政府的领导下，高举中国特色社会主义伟大旗帜，以习近平新时代中国特色社会主义思想为指导，全面贯彻党的十九大，十九届二中、三中、四中全会精神，深入贯彻习近平总书记考察内蒙古重要讲话精神，按照新时代党的建设总要求抓党建、促工作，各项工作的开展始终以党的政治建设为统领，加强对党十九大，十九届二中、三中、四中全会精神的学习贯彻落实，推动全局党员干部牢固树立“四个意识”，坚定“四个自信”，做到“两个维护”，保证党的基本理论、基本路线、基本方略在区环保局贯彻落实。2019年区环保局认真贯彻新形势下党内政治生活的若干准则，加强对党内政治生活的管理，严格按照党章要求定期召开“三会一课”，认真落实民主评议党员制度以及“三重一大”集体事项决议制度。区环保局2019年认真贯彻落实中央、自治区党委、呼和浩特市委、市生态环境局党组及玉泉区委关于第二批“不忘初心、牢记使命”主题教育工作，通过集中学习、现场参观、警示教育等形式开展对全体党员干部的“初心”和“使命”教育；按照习近平总书记关于“不忘初心、牢记使命”主题教育重要讲话和重要指示批示精神，区环保局认真学习领会了习近平新时代中国特色社会主义思想，围绕“守初心、担使命，找差距、抓落实”的目标要求，于年底前成功召开了“不忘初心、牢记使命”专题组织生活会。通过召开专题组织生活会，使区环保局广大党员更进一步深入理解“不忘初心、牢记使命”主题教育的意义，也对自身的“初心”和“使命”有了更明确的认识，为今后的工作指明了方向。

【党风廉政建设】 2019年区环保局调整了党风廉政领导小组，成立了由“一把手”任组长的局党风廉政建设领导小组，明确了“一把手亲自抓，分管领导具体抓”，“一岗双责”的领导体制和工作机制。使党风廉政建设责任制落实工作在组织上得到了保障。

根据业务工作与党风廉政建设工作两手抓、两手都要硬的工作方针，区环保局坚持党风廉政建设工作与业务工作同部署、同落实、同检查、同考核。把党风廉政建设和反腐败各项工作任务分解细化，落实到每位领导班子成员和各科室。

区环保局2019年定期组织全体党员干部召开党风廉政和反腐败工作推进会，组织党员干部认真学习《中国共产党纪律处分条例》、中央八项规定并结合2019年玉泉区典型违纪案例，通过案例教学方式对区环保局全体干部职工进行警示教育。

区环保局2019年认真贯彻落实中央、自治区党委、呼和浩特市委、市生态环境局党组及玉泉区委关于第二批“不忘初心、牢记使命”主题教育工作，对中央八项规定精神、自治区28项规定和市委的30项配套规定能够坚决贯彻、认真执行，带头转变作风，克服形式主义、官僚主义，并严格按照“不忘初心、牢记使命”主题教育的有关部署开展工作，加强对党员干部的思想教育，在年底重点针对违规收受红包礼金方面、违规公款吃喝方面、违规变相公款旅游方面、违规操办婚丧喜庆事宜方面、持续改进工作作风方面等5方面开展自查。通过集中自查，区环保局干部职工在这5方面未发现存在违规违纪问题。

信息产业

工业和信息化局

【工业和信息化局领导名录】

党组书记、局长　邓勇军（2月离任）
　　　　　　　　田胎军（2月任职）
　　　　　　　　杨文波（回族）
　　　　　　　　李季平
　　　　　　　　曹秀艳（女　蒙古族）
商务中心主任　　白边疆（蒙古族）

【概况】　玉泉区经信局成立于2012年，2019年2月机构改革更名为玉泉区工业和信息化局，行政编制为6名。内设综合办公室等科室，负责机关日常运转工作，承担玉泉区工业经济运行监测、分析和相关数据统计工作。负责玉泉区盐业生产、批发、零售的行业监管。指导推进玉泉区信息化工作，协助推进信息化工程建设，协调信息化建设中的相关问题。指导协调企业、农村、服务业信息化和电子商务发展，推进信息化与工业化融合，协调推动跨行业、跨部门的互联互通。指导监督政府部门、重点行业的重要信息系统与基础信息网络的安全保障工作。承担商贸服务业（含餐饮业、住宿业、家政服务业）的行业管理工作，培育大型商贸流通企业，支持商贸中小企业发展，负责规范成品油市场流通秩序，组织实施呼和浩特市商务局对口下达的市场体系建设项目管理工作。

【主要工业经济指标完成情况】　玉泉区2019年前三季度20家规模以上工业企业完成产值58.76亿元，预计2019年完成工业产值87.4亿元。规模以下工业企业完成产值3.89亿元。其中，玉泉区独立统计的15家规模以上工业企业完成产值12.7亿元。2019年续建1000万元以上重点工业项目有1项，是内蒙古红太阳食品有限责任公司3#生产车间技改扩建项目。项目总投资1.9亿元，其中固定资产投资1.2亿元，占地面积约为2万平方米，建筑面积为约1.9万平方米，建设期为2018年3月—2019年7月（由于项目整体技术升级，现已向市政务服务局申请延期至2020年6月完工）。项目全部投产后，年营业收入约3.1亿元，年利税可实现5300多万元。2019年底该项目的立项、环评等手续已经全部办理完毕，基础建设已经完工，正在进行内部装修及购进设备。

【工业经济新增长点情况】 2019年新入规企业1家，内蒙古苂蓉实业有限责任公司，该公司于2017年12月18日正式登记注册，公司股东为内蒙古天睿文化发展有限责任公司，公司注册资本为人民币5000万元。公司主营业务为烟用包装及烟用材料的设计、研发、生产加工及销售，包装装潢印刷品印刷（卷烟商标、纸制品、其他商标印刷），烟用技术的转让、应用、推广及研发，劳务服务，塑料制品、工艺品、日用百货的销售，酒店管理，餐饮服务，汽车租赁、烟用设备租赁、广告业。公司配备2条套先进的卷烟内衬纸生产线，年生产能力1600吨。

该企业2019年1—9月完成工业产值2139.9万元，成为玉泉区工业经济新的增长点。

【对辖区中小企业提供扶持、服务情况】 加强对中小微企业发展的政策支持，组织中小企业积极争取国家、自治区中小企业发展专项资金和金融资金支持。2019年区工信局为金宇保灵生物药品有限公司争取国家工业和信息化部智能制造新模式应用专项项目资金900万元；为呼和浩特市冀东水泥混凝土有限公司、内蒙古天豆食品有限公司2家工业企业争取奖励扶持资金共计80万元；为内蒙古苂蓉实业有限责任公司争取入规奖励资金30万元；为呼阀科技控股有限公司争取自治区技术装备首台（套）专项资金30万元。

【服务业经济工作】 2019年玉泉区限上企业共43家，其中批发零售企业37家、住宿餐饮企业6家。2019年前三季度，玉泉区社会消费品零售总额实现186亿元，增速2.5%，市四区排名第四。从限上以上主要行业来看，批发和零售业实现社会消费品零售总额6.9%，同比增长-47.6%；住宿和餐饮业实现社会消费品零售总额0.46亿元，同比增长-4.5%。

【全力推进“三城同创”工作】 高度重视，落实到位。将创城工作列入重要议事日程，及时成立以单位主要领导为第一责任人，分管领导为直接责任人的创城领导小组。广泛发动，大力宣传。及时召开专题会议，认真传达区创城指挥部会议精神，深入社区，开展“三城同创”宣传，通过设置宣传台、发放宣传页、受理居民咨询等方式，全力提高广大干部职工以及群众对“三城同创”工作的知晓率、支持率。同时，按照责任分工，认真做好资料搜集和整理工作。积极对接，协调推进。对区“三城同创”指挥部下达的5家大型菜市场和超市进行现场指导，实行专人负责、专人进驻，协助市场共同解决创城工作中遇到的困难和存在的问题，确保创城工作的顺利推进。

【加强市场监管】 按照区政府统一部署，坚持“安全第一、预防为主、综合治理”方针，突出重点行业领域、重点时点时段，在综合监管与服务措施上图创新，在排查和消除安全隐患上求突破，有效防范各类事故，通过区工信局上下共同努力，齐抓共管，取得了明显的效果。加强组织领导，重视做好安全工作。成立了以局长为组长，副局长为副组长，其他班子成员为组员安全生产工作领导小组，对全年的安全生产工作进行了安排部署，明确责任，规定目标，安全生产工作列入重要议事日程，同时建立健全了安全生产责任制，签订和实行严格的目标管理。加大宣传力度，提高全局安全意识。根据点多面广、行业复杂的特点，坚持开展全员安全生产教育，充分利用企业LED屏、发放宣传材料等形式进行宣传成品油安全、民爆物品安全、大型超市、商场安全、农贸市场安全等方面的知识，形成人人讲安全、人人要安全的局面，增强安全防范意识。开展联合执法，对辖区内的大型商场、重点企业、涉氨企业等商贸流通领域进行了安全生产大检查，先后深入各街道对辖区内的商场、宾馆、加油站等企业进行督查，有效地对本行业、本系统的安全隐患进行排查，并建立台账。

【双创空间工作】 2017年初，玉泉区政府与玉泉大厦产权单位签订政府购买服务协议，全力打造玉泉区全新的双创基地玉泉众创空间。空间采取大面积开放式工位办公和常规办公相结合的方式，集会议会展、培训、路演、企业文化宣展、VR产品展示为一体。2019年清理运行不良企业23家，1—7月产值1.8亿余元，在玉泉区纳税721万元。2019年底，已吸纳、孵化、服务科技型企业60家，其中高新技术企业2家，已申请各类知识产权38个，主要涉及大数据、软件开发信息化、科研、环保新能源等行业。在孵化、培育的企业中，有首席科学家1人、教授1人、副教授3人、研究员3人、博士6人、专职研发人员11人、研究生或中级以上职称56人。

运营以来已经成为内蒙古师范大学等多所高校就业创业实习实训基地，呼和浩特市经信委认定为小型微型企业创业创新示范基地，内蒙古自治区人社厅认定为四众众创支撑平台，内蒙古自治区科技厅认定的自治区级众创空间，内蒙古自治区级科技企业孵化器。

【深化盐业体制改革】 按照市工业和信息化局、市市场监督管理局、市公安局相关文件要求，由区工信局牵头，区市场监督管理局、区公安局参加，开展玉泉区盐业联合执法监督检查。重点对辖区内非食盐定点批发企业开展食盐批发业务；经营不符合食品安全标准的食盐或将非食用盐作为食盐销售；食品生产、各类食堂和餐饮服务等单位使用不符合食品安全标准的食盐或工业盐等非食用盐加工食品；食盐定点生产批发企业、非食用盐生产企业未按照规定保存生产、采购、销售记录和相关凭证；食盐零售单位从食盐定点批发企业以外的单位和个人购进食盐进行了检查，对检查中发现的问题要求商户进行整改。进一步规范玉泉区盐业市场，打造安全、放心的盐业消费环境。

【积极开展扫黑除恶专项行动】 在商贸流通领域集中进行扫黑除恶宣传及线索摸排工作。2019年5月—12月底，玉泉区工信局积极组织、参与各项宣传10余次，展示条幅40余条、展板30余块，向广大市民发放宣传折页2000余份，向区扫黑办上报线索2条。通过走入辖区市场开展专项斗争宣传、摸排、发放调查问卷、开展宣传培训等方式，全面查摆玉泉区商贸流通领域涉黑涉恶线索，提高广大商贸流通参与者对专项斗争的知晓率及参与度；健全扫黑除恶专项斗争各类制度，建立专项斗争档案，全面做好专项斗争相关工作。

【扎实开展脱贫攻坚工作】 从市工信局、商务局扶贫攻坚任务中积极认领与区本级相关的工作任务，从业务方向寻找脱贫攻坚工作突破。从行业和部门实际出发主动和各涉农乡镇街道研讨、会商、对接，寻找脱贫攻坚有效途径。与所包联的密密板村建立联系，在做好基层党组织相关工作的基础上，深入了解村内贫困户具体情况，关注民生工作，通过多种途径帮助建联村转变观念，要主动送信息、送项目，认真落实各项帮扶政策。

【党建工作】 2019年以来，在玉泉区委、区机关党委正确领导下，区工信局党组、党支部采取各种形式进行学习研究，组织全体党员、干部深入学习习近平考察内蒙古重要讲话精神，结合“不忘初心、牢记使命”主题教育、区委巡察工作，结合自身实际，用讲话精神武装头脑、指导实践，着力加强支部党建工作。加强机关理论学习。采取集中宣讲、个人自学、学习竞赛、讲党课等多种形式，全面学习了《中国共产党章程》、新条例、巡视条例、习总书记考察内蒙古重要讲话精神等，根据学习内容及时进行讨论，使教育学习到达效果。加强党建工作制度化。结合工业和信息化工作实际，先后制定完善了2019年工作目标、学习计划、履职履责制度、支部活动宣传栏等，并按照要求及时上墙，确保责任落到明处，保持制度的严肃性、权威性。加强党风廉政建设。党组、党支部注重加强八项规定和四风内容的教育，特别是在每逢过节前召开专题会议，对八项规定中的要求进行强调和再次要求，要求党员干部遇到婚丧嫁娶，要及时向党组织报备。加强党组织建设。以“不忘初心、牢记使命”主题教育活动为契机，通过党支部书记带头，引导全体干部参与，认真开展学习教育，深入调查研究，积极检视问题，抓好整改落实。

旅游业

景区管理办公室

【景区管理办公室领导名录】
书记、主任　张红旺（蒙古族）
副主任　　　卜　宇

【概况】　景区办共5个科室：办公室、综合执法科、基础建设科、环境卫生科、物业管理科。正式在职干部31名。

【党风廉政工作完成情况】　2019年，景区办党支部按照区委党风廉政工作的部署要求，认真履行职责，按照全面从严治党的总要求，坚持以党的十九大精神和习近平新时代中国特色社会主义思想为指导，紧密结合区景区办党支部实际，开展“不忘初心、牢记使命”主题教育基层调研，认真贯彻守初心、担使命，找差距、抓落实的总要求，突出抓好“学习教育、调查研究、检视问题、整改落实”4个环节，既抓好规定动做落实，又创新开展自选动作，确保达到理论学习有收获、思想政治受洗礼、干事创业敢担当、为民服务解难题、清正廉洁作表率的目标，共查摆问题20个，已解决问题13个，正在解决问题7个。进一步规范组织生活制度。按照区委组织部和区机关工委的工作部署要求，区景区办支部于2019年6月召开支部党员大会进行了支部换届选举工作，产生新一届支委班子，选出委员3名，建立委员责任制专人专职负责党建工作，并于同年10月补选支部统战委员1名，配齐配强了支部班子，进一步明确了支部成员责任分工。其中，组织委员负责党务材料、党务电子信息工作，宣传委员、纪检委员负责组织上级精神学习、纪律意识防范、意识形态工作，统战委员负责宗教工作、扫黑除恶等统一战线工作。坚持强基固本，以提升组织力为重点，突出政治功能，切实加强了支部组织建设，为推动支部党建事务规范化、标准化、精细化管理提供坚强有力的组织保证。强化政治功能，充分发挥基层党组织战斗堡垒作用。积极开展多种形式的主题党日活动，凝聚党员、锤炼党性、激发斗志，从而达到充分调动全体党员积极性和主动性的目的。2019年开展主题党日活动10次，累计向辖区全体商户发放《“三城同创”倡议书》637份。根据区委宣传部关于意识形态工作部署要求，充分利用学习讲堂这个宣讲阵地，开展草原轻骑兵宣讲23次，累计转发新闻信息840条，落实宣传部宣传指令统计上报12次，在微信公众号、微博平台发布信息95条。按照区统一战线工作领导小组宗教事务及“三化”管理工作部署要求，联合统战部、民委、城管局、公安分局、文旅局、市场局等相关部门共出动执法人员800余人次，排查景区周边宗教场所、宗教用品店、清真饭店、旅游产品特产店等900余家，查扣各类非法宗教书籍2000余册，清除香炉、佛像700余处，清理观音庙广场周边封建迷信摊位200余次，有效打击了非法宗教活动，震慑了以宗教搭台经济唱戏的不法行为，获得了市民、商户的一致好评，为“干净”景区打牢基础。建章立制，党建工作有章可循。党支部按照年初制定的“三会一课”工作计划，2019年召开支委会15次，党员大会5次，党小组会13次，党课学习70次；召开民主生活会、组织生活会、民主评议党员会1次。景区办党支部把制度建设作为加强党建工作的重要内容，支部将制度建设作为加强党建工作的重要内容来抓，全面落实基层党建重点责任任务。完善党建工作制度。区景区办支部新修订完善制度7项，积极推进区景区办党建工作制度化建设，各项党建事务性工作做到了有章可循。廉洁自律工作常抓不懈。通过学习条例、准则，进一步践行廉洁奉公、廉洁从政、廉洁工作、廉洁做人的根本要求。

【“三城同创”工作开展情况】 创建卫生城市工作。景区办辖区总占地积14万平方米，主要负责大召广场、席力图召广场、观音寺广场、玉泉公园广场、五塔寺广场、大盛魁南区北广场、塞上老街、通顺大巷、九久街、和合置业商街的管理工作。辖区6个广场、4条商业街共有商铺637户。2019年，区景区办严格按照区委、区政府的统一部署，5名路长完成了辖区6个广场和4条商业街区徒步扫街巡查的全覆盖，每日对责任区域巡查2次，主动查找问题，发现问题及时处理，全力投入工作一线，结合工作实际，制定了景区干部网格化包联制，每位干部包联商户20户，实行干部包联，路长负责的工作机制，严格按照片区分工，细化任务，对照各项任务要求，对景区全体商户进行每日巡查，激发每名干部的创业干事激情，全力以赴冲到“三城同创”第一线。3月，根据景区商户、市民意见并结合景区实际管理，对大召广场、大召前街实行了硬隔离封闭工作，设立回型出入口9处，设立大召广场管理规定指示牌2块，有效解决了2019年以来因电动车、机动车肆意乱穿广场给市民及游客带来的安全隐患问题，同时提升了景区的管理和管理职能方面的探索，将景区这张名片打造得更美更靓丽。12月，在辖区范围内开展规模较大的专项集中治理17次，累计出动9000人次，处理区“三城同创”指挥部及数字化城管案件1800件，清理清理垃圾死角、便溺点、地面油污9300处，雨箅子、树坑垃圾点6300处，铲除小广告12000余处，维修公共设施100余处，清倒垃圾和施工土160吨。同时对月明楼前西夹道破损路面、道牙、便道、阿拉坦汗广场方砖等，进行了重新维修，协调区园林所对大召广场、文化长廊两侧绿地补种绿植30000余株。大召广场、大召前街、通顺大巷摆放花卉550盆。在玉泉区“三城同创”（一镇八办、园区、景区办）每月排名中都名列前茅，得到区领导一致好评。

创建文明城市工作。2019年以来，先后打造了通顺大巷好人街，西夹道社会主义核心价值观文明街。对大召广场、阿拉坦汗广场、席力图召广场、观音寺广场、玉泉公园广场、五塔寺广场安装了“讲文明树新风”“遵德守礼”“社会主义核心价值观”“关爱未成年人”“文明出行、文明旅游”等道旗67面、立地宣传栏13块，积极营造宣传氛围。对照标准，精细化要求，尤其把创城迎检期间承担4个测评点位做到精益求精，以绣花功夫精准精细化管理，高质量打造，顺利地完成了3队测评组的测评。

为提升景区综合管理，打造“靓丽景区、平安景区、洁净景区”总目标。5—10月旅游旺季期间，区景区办特向区政府申请，聘请安保人员30名，重点对大召广场、大召前街、通顺大巷、西夹道进行3班制轮班轮岗值守，延长工作时间，以15小时在岗监管，高标准有效地对大召广场、大召前街、通顺大巷、西夹道摆摊设点、流浪乞讨等违规行为予以管理，累计清理游商散摊800余个，清理流浪乞讨人员500人次。按照区委统战部关于整治玉泉公园非法从事宗教佛事活动的工作部署，区景区办工作人员对玉泉公园宝尔汗塔信众随意摆放佛像、酥油灯，乱挂经幡进行了日常监管并及时清理。2019年共清理佛像、酥油灯700余盏、经幡2000条。

创建食品药品模范城市工作。景区办组织市场局景区所、对辖区餐饮企业进行了梳理，辖区大型餐饮2家、中型餐饮7家、小型餐饮47家，按照市场局景区所食品管理要求，全部下发告知书，要求高质量完成，并结合环保要求，对所有餐饮企业安装了油烟分离器、环评检测报告，覆盖率达100%。对流动作业的食品加工小商贩进行严厉的查扣和管控，发现一起处置一起；对无证经营的商户立即下发整改通知，限期整改，12月，累计下发50余份。通顺大巷美食街的管控是重中之重，实行日日查的工作模式，组织市场局、城管，每天进行巡查，年底累计巡查120余次。

【“三大攻坚战”工作完成情况】 政府债务化解工作。在2019年的债务化解工作中，景区办党支部多次召开专题会议进行讨论并积极核实债务情况，研判分析债务风险，严格制定债务分解方案，2019年共分解债务63.0713万元，并认真制定2020年债务化解方案，今后景区办将严格执行市委、区委债务化解工作，并将债务化解工作严格执行到实处。

脱贫攻坚工作。景区办暂不涉及脱贫攻坚工作任务。在玉泉区开展“三联三帮三促”工作中，景区办党支部积极对接南台什村委会，共召开党建共建学习会5次，集中研讨会2次，同时对照3项任务清单并结合区景区办实际情况，积极协调驻景区女神餐饮集团为村民（18～40周岁）每年免费提供学厨师名额5名；协调塞上老街蒙荣皮艺工作室，在村委会开展了为期20天的皮画、羊毡烫画培训班，为村民解决再就业、创增收难题。今后区景区办将继续对包联村工作进行帮扶。

大气污染防治工作。6—11月，景区办组织市场监督管理局、应急管理局、城管等部门集中摸排景区辖区内大型餐饮2家、中型餐饮7家、小型餐饮47家，按照环保要求，共对上述餐饮安装油烟分离器、环评检测报告，覆盖率达100%，有效地解决了景区内大气污染问题的发生。

【扫黑除恶工作开展情况】 2019年是扫黑除恶专项斗争开展的第二年也是关键的一年，区景区办结合自身实际情况，以广场多、人流量大、群众基础牢、宣传效果好等四大优势，分别在大召广场、观音寺广场、玉泉公园等地域悬挂扫黑除恶宣传牌60块，联合景区治安派出所、长和廊治安派出所、市场局景区所、纪检第七派驻组等职能部门，组成联合扫黑办，积极建立组织机构，有实施方案、有会议记录、有入户摸排、有宣传联络、有工作总结，切实把扫黑除恶专项斗争有效地在景区宣传开。共举行扫黑除恶联合宣传7次，走访摸排637户，发放各类扫黑除恶宣传单2万份，出动人数980人次，各类执法车、宣传车410台次。针对景区内通顺大巷、塞上老街、九久街、合和职业街4条商业街进行行业内部摸排，严厉打击行霸、街霸、市霸。设立扫黑除恶举报信箱，有效地净化了景区市场经营环境，为安全景区奠定了基础。为了进一步加强宣传的时效性，区景区办还制定了2万个印有扫黑除恶线索举报内容的抽纸、折扇、打火机作为"亮点宣传"，得到了区委领导的一致好评。

【安全生产工作开展情况】 2019年，景区办按照区委区政府安全生产工作相关要求，以防范重特大事故为重点，多次召开专题会议，制定日常管理机制、节假日期间安全生产应急预案、重大活动期间安全生产应急预案。严格实行每周1次例行安全检查、每月1次联合排查，每2个月1次消防演练、每季度1次安全培训，切实将例行检查和重点排查相结合，确保景区安全检查常态化、制度化。2019年召开安全生产会议10次，单位办公楼自查2次，景区内多部门联合排查12次，走访排查商铺637户，人员密集场所及商街举行消防演练6次，现场讲解3次。召集景区内大型餐饮、酒店企业负责人、商街户主进行用气用电安全、紧急疏散知识培训会4次。在大召广场、玉泉公园广场举办安全生产宣传活动4次。发放宣传册500份，悬挂警示条幅14条，张贴禁止在燃放烟花爆竹、放孔明灯等发生火灾隐患通告20张，清理堵塞安全通道19处。更换通顺大巷、塞上老街、九久街、合和置业街过期灭火器101个，查扣过期未检煤气罐58个，叫停整改违规用电15户，及时解决安全生产中的各类问题，逐步建立完善的景区安全生产管理制度，不断完善安全生产档案资料，进一步提升安全防范知识普及，确保了景区安全生产意识深入人心。

【全国经济普查工作开展情况】 在第四次全国经济普查工作中，区景区办共抽出4名同志参与普查工作。普查员经过前期培训入户宣讲、摸底清查、正式登记录入、审核、改错等几个环节，对景区片内约700户法人单位和个体进行了核查登记2次，清查和正式登记入户2000余次。通过近1年的努力，高质量地圆满完成第四次全国经济普查工作，为国家合理应用普查结果提供科学依据。

财政税务

财政局

【财政局领导名录】

党组书记、局长	王　英（女　蒙古族）
党支部书记、副局长	赵利平
党组成员、副局长	周晓玲（女）
	李鸿霞（女）

【概况】 2019年是全面贯彻“十三五”规划的重要一年，是决胜全面建成小康社会的关键之年。玉泉区财税工作在区委、区政府的正确领导和区人大的依法监督下，在玉泉区各部门的密切配合下，财政部门积极组织收入，严格管理支出，深化财税体制改革，认真贯彻实施新《中华人民共和国预算法》（以下简称《预算法》），认真执行区十七届人大第二次会议批准的预算，依法加强征管，有效保障重点，财政运行总体平稳，各项指标在合理区间。

玉泉区财政局为行政单位，共设有股室2个，分别是综合办公室、综合业务办公室。下设二级事业单位有信息管理中心和国库集中支付中心。2019年共有干部职工72人，其中在职50人、退休10人、聘用合同制人员12人。

【一般公共预算收入完成情况】 1—12月玉泉区一般公共预算收入累计完成197860万元，比上年同期增加2345万元，完成人代会预算186560万元的101.20%，其中税收收入完成180785万元，占一般公共预算收入的91.37%，非税收入完成17075万元，占一般公共预算收入的8.63%，从该比例看，我区的财政质量较高，结构合理。

【一般公共预算支出完成情况】 1—12月玉泉区一般公共预算累计支出187750万元，同比增长226.95%。其中区本级支出96282万元，完成预算96410万元的99%，转移支付补助支出91468万元。

【深化财税体制改革，提高依法理财水平】 规范预算编制办法，加强预算执行管理。为进一步规范玉泉区预算编制，做好2019年预算编制工作，特制定涵盖公共财政预算、政府性基金预算、社会保险基金预算的《关于编制区本级部门2019—2021年财政规划和2019年预算建议计划的通知》，对准确界定编制部门预算的范围、科学合理编制收入预算、统筹细化编制支出预算、编制政府性基金预算、编制政府性债务收支预算、编报政府采购预算、推进建立预算项目库等工作做出明确要求；为加强预算执行管理，提高预算执行效率，推进预算信息公开，研究制定了《2019年玉泉区预算执行管理办法》，办法中进一步细化了预算指标管理、部门支出预算的审批及执行程序、国库支付管理、预算执行调整的执行程序；按照新《预算法》规定要求，经区人大十七届二次会议审议批准了2019年区本级财政预算，并于2019年1月15日将《关于对玉泉区2018年部门预算指标的批复》制定下发到各区属预算单位，对2019年区本级部门预算审查说明、部门预算执行相关要求、部门预算公开相关要求做了细致部署。

全面推行预算绩效评价管理工作。党的十九大对加快建立现代财政制度做出重要部署，明确提出要建立全面规范透明、标准科学、约束有力的预算制度，全面实施绩效管理。为落实这一要求，玉泉区财政局从以下几个方面来推进预算绩效管理。增加财政资金重点评价项目评价的个数，涉及的评价领域更为广泛。在编制2019年的预算过程中，要求项目资金均编报绩效目标，为下一步的评价做准备，逐步实现绩效评价全覆盖。在绩效评价工作中，通过财政自评、引入第三方机构重点评价相结合的方法进行评价，引入第三方还包括引入专家团队和向社会公开招聘第三方评价公司2种形式，通过多种方式使得绩效评价结果更为公平客观。

持续推进盘活财政存量资金工作。为完善财政资金管理，减少财政存量规模，提高资金使用效益，按照市财政局《呼和浩特市财政局转发自治区财政厅关于进一步开展财政存量资金清理工作的通知》依据文件要求，针对我区财政存量资金形成的具体情况，研究制定《关于开展存量资金清理工作的通知》，并印发到区属各预算单位。内容范围涵盖了财政结余结转资金、各部门结余结转资金、各类账户中无须偿还的暂存资金等连续结转2年及以上资金收回统筹使用。2019年初玉泉区存量资金上年结余1006万元，1—12月盘活存量累计盘活资金16511万元，已拨付8976万元，剩余8541万元。

动态监控工作开展情况。2019年，区本级紧紧围绕上级财政部门的工作部署和要求，以预算执行动态监控为抓手，不断完善机制，夯实基础，规范管理，在强化财政管理和规范资金支付方面取得了显著成效。动态监控管理工作经过近2年的实践探索，区本级动态监控日常管理工作实现了常态化、规范化，进一步提高了财政资金管理水平，违规纠正率达到100%。动态监控管理制度以监控财政资金支付的安全性、规范性、有效性为重点，进一步完善预算执行管理办法、预警规则、操作规程等规章制度，形成了健全的预算执行动态监控体系，促进监控工作管理的规范化、制度化。进一步增添监控内容，对用款计划、资金支付、特定银行账户、违规资金提现、代理银行等进行预警监控，有效防止了违规行为的发生，构建了国库资金安全运转的最后一道屏障。

玉泉区财政局法治财政建设再创佳绩。2019年玉泉区财政局荣获呼和浩特市财政局授予的2017年度法治财政建设先进单位称号，并在呼和浩特市法治财政建设考核中综合得分排名第一。近年来，玉泉区财政局按照上级财政部门工作部署，始终以依法理财为目标，坚持法治财政建设与业务工作实际相结合、与深化财税体制改革相结合，各项工作取得显著成绩。财政管理改革进一步深化，依法理财程序和行为不断规范，财政资金管理和使用的规范性、安全性、有效性明显提高；财政法规制度体系建设取得进步，各项财政管理活动有法可依，有章可循；财政决策更加科学民主，执法行为更加规范；政务公开力度进一步加大，预决算公开更加清晰透明。

认真贯彻落实《中华人民共和国政府采购法》（以下简称《政府采购法》）。区财政局认真贯彻落实《政府采购法》，加强对玉泉区各预算单位政府采购的审批上报工作。转发并下发了《关于转发政府信息系统政府采购管理暂行办法的通知》《关于发布2018—2019年市本级政府集中采购目录及相关政策的通知》，对采购资金组成、采购方式、采购标准、填报采购计划、违规处罚等做出了明确规定。积极推进政府采购财政管理一体化信息系统，进一步完善了采购备案制度，从申请到审批很大程度缩减了时间成本，数据信息统计的准确性也得到了提升。2019年1—12月申请政府采购金额4878.18万元，中标金额4233.78万元，节约资金644.4万元。

开展全区减税降费政策措施实施效果自查工作。为确保减税降费政策落实到位，按照《关于印发<呼和浩特市财政局关于开展呼和浩特市减税降费政策措施实施效果监督检查工作实施方案>的通知》要求，玉泉区财政局成立领导小组对落实减税降费政策情况进行了自查。按照市财政局要求，由预算股牵头，组织局条法税政股、非税股对收费减免政策落实情况及经费保障情况进行自查；积极与区税务局沟通，请区税务局配合开展涉及税收等部分的减免政策落实情况的自查工作；对辖区范围内减税降费政策落实情况开展核实自查。经自查，玉泉区对政策落地之后的工作进行了精心准备，确保按照减税降费时间节点实现政策与业务工作无缝对接，保证了普惠性减税政策落实到位，没有增加企业负担、延期执行政策、有选择性执行政策、实施地方保护政策、违规或变相提高征税标准等问题，不存在对民营企业和国有企业、对普通工薪阶层和高收入阶层区别对待的问题。

进一步加强行政事业单位国有资产管理。按国家统一要求升级玉泉区行政事业单位资产管理系统，玉泉区行政事业单位的资产已全部纳入平台管理，实现与国库总分类账系统的数据共享。进一步加强行政事业单位国有资产管理，2019年开展了玉泉区行政事业单位资产报表工作；组织区属预算单位开展在建工程自查，全面摸清我区在建工程实际情况；组织开展公共基础设施等行政事业性国有资产报表。工作结合内控制度要求，对国有资产正常运行以及保值增值具有重要作用。

开展2018年中央和自治区政法经费使用情况自查工作。根据《关于开展2018年度政法经费保障情况检查的通知》要求，区财政局展开了关于2018年度政法经费保障情况的自查工作，同时组织本区政法部门对资金使用绩效情况进行了考核。通过自查，区财政部门根据财政厅确定的资金结构准确及时地完成了转移支付资金的拨付。区本级按照预算法及相关规定将政法公用经费足额列入财政预算，并根据实际情况基本实现均衡支付。在资金支付过程中，严格执行国库集中支付标准流程，经过财政综合业务系统逐笔审核支付，实现了专款专用，杜绝挤占、挪用现象的发生。各政法部门严格按照有关规定的范围使用办案（业务）经费和业务装备经费，办案（业务）经费主要用于基层一线，均达到80%以上。

坚持管好用好扶贫资金，精准助力脱贫攻坚。立足财政部门职责，聚焦“两不愁三保障”目标任务，聚焦区委、区政府脱贫攻坚部署安排，全力做好扶贫资金保障工作，2019年共投入扶贫资金227.17万元，其中上级财政专项扶贫资金181.77万元，已支付179.68万元，支付率98.85%；区本级支出扶贫资金45.40万元，主要用于办公、劳务费、贫困人员城乡居民医疗保险、雨露计划等。同时，针对往年结余结转的扶贫资金，建立了玉泉区财政扶贫资金未支出情况月报制度，督促各相关部门，强化项目管理，调整支出项目，切实加快支出进度，2019年底往年结余结转扶贫资金已全部清零。

加大“一卡通”财政民生服务平台发放力度。2019年以来，区财政局积极采取措施，不断加大“一卡通”民生服务平台补贴资金发放工作力度，提升“一卡通”系统平台的服务作用。12月31日，通过“一卡通”民生服务平台系统累计发放各类财政惠民补贴资金9766.69万元，涉及补贴项目26类34项，共惠及城乡居民138039人次。涉及的种类主要有农村社会救济补助、农村医疗救助、农村牧区家庭计划生育补助、残疾人补贴、农业保险赔款、地方政府补贴、城镇居民补贴等。该项工作程序复杂，审核难度大，面对困难群体，区财政局认真负责，不断改进工作方法，与涉及“一卡通”资金发放的预算单位、银行、上级财政部门不定期召开工作专题会，局属各业务科室针对资金类项逐项逐条梳理，形成可行性报告并加以完善。

开展扶贫资金动态监控相关工作。区财政局根据上级财政部门要求，积极开展并认真落实扶贫资金动态监控相关工作，扶贫资金动态监控平台日常维护；扶贫资金指标信息与支付信息关联；扶贫资金绩效目标填报；扶贫资金绩效目标自评；25类扶贫资金绩效目标填写问题的核实整改；工作督促类及监控预警类信息处理。补充完善本地区单位属性标识。内蒙古扶贫资金动态监控平台实现了对各级各类财政扶贫资金分配、逐级下达、支出等环节进行统计和精准监控，提高财政扶贫资金使用绩效，实现数据共享，为打通财政扶贫资金监管“最后一公里”提供了有力支持。

加强政府债务管理。2019年以来，为进一步加强我区政府债务管理，防范和化解债务风险，玉泉区核实了各个预算单位债务底数，从而确定全口径债务监测平台数据，并要求各单位制定本单位的债务化解方案，同时实施债务化解月报表制度。玉泉区根据《国务院办公厅关于转发国务院减轻企业负担部际联席会清理拖欠民营企业中小企业账款工作方案的通知》工作要求，结合玉泉区实际，及时梳理拖欠民营企业中小企业账款，制定了清欠拖欠民营企业中小企业账款工作方案。

【完成任务存在的困难】 2019年财政工作在经济下行压力较大、减税降费政策全面实施、各种困难叠加的情况下，通过强化财政职能、科学统筹调度、精准有效施策等有力举措，保持了财政平稳运行。但也更深刻地认识到，财政运行还面临一些困难问题，主要是新增财源不足，财政增收乏力；刚性支出增长较快，收支矛盾更加突出；政府债务化解压力巨大；财政支出结构仍需优化；财政资金引导、放大、撬动、效率作用需充分发挥；绩效预算意识有待增强，责任有待落实；行政事业单位资产管理还需加强。对此，将高度重视、聚焦问题、深挖根源、精准发力，努力改进提高。

税务局

【税务局领导名录】

党委书记、局长	王俊生
党委副书记、副局长	安　懋
党委委员	赵　耀
党委委员、副局长	张　涛（回族）
	刘建平
	苏春茂
	巴　根（蒙古族）
	管伯伟
	刘雪峰
	贾敬芝（女）
	张　霞（女）
党委委员、总会计师	翟俊飚
党委委员、纪检组长	乔海燕（女）

【概况】 玉泉区税务局组建于2018年7月，位于呼和浩特市鄂尔多斯路中段。

玉泉区税务局本届领导班子成员共13人，设党委书记、局长1人，党委副书记、副局长1人，党委委员1人，副局长8人，总会计师1人，专职纪检组长1人。区税务局在职职工313人，其中公务员208人（含提前离岗2人）、事业编2人、工勤编11人、学员31人、协税员10人、临时工51人。

玉泉区税务局设置11个内设机构，即办公室、法制股、税政股、社会保险费和非税收入股、收入核算股、纳税服务股、征收管理股、风险管理股、税源管理一股、税源管理二股、人事教育股；9个派出机构，即第一税务分局、第二税务分局、裕隆工业园区税务分局、昭君路街道税务分局、西菜园街道税务所、鄂尔多斯路街道税务所、长和廊街道税务所、兴隆巷街道税务所、小召前街街道税务所；1个事业单位，即信息中心，另设机关党委（党建工作组）和纪检组，共计23个部门。

2019年，玉泉区税务局以习近平新时代中国特色社会主义思想为指导，深入学习习近平总书记关于税收工作的重要论述，按照党中央、国务院、总局、区局和市局对国税地税征管体制改革、减税降费政策落实等各项工作的部署，锲而不舍开创事合、人合、力合、心合的新税务机构的新局面，持续释放国税地税征管体制改革和减税降费政策的利国、利民、利企、利税新成效。

【党建引领改革路】 在市局党委的正确领导下，玉泉区税务局将建设、推广、运用智慧党建作为头等大事来抓。自智慧党建上线以来，12月31日累计发布各类信息1026余条，注册用户142人，同一时段活跃用户最高人数超140人，党员学习总分1525415分，最高分18646分，平均分10743分，实现了党对税收工作的全面领导和全覆盖，党建工作引领效果显著。

【以税务任务为中心规范细化管理】 2019年，玉泉区税务局全面核查欠税数据，加大欠税清缴力度，加强税收征管，防范新欠产生，严守组织收入原则，确保税收收入实现平稳增长。12月31日，全口径收入共计890416万元，较2018年的717879万元，增长172537万元，增幅达到24.03%；2019年政府公共预算口径完成190704万元，较2018年的185149万元，增长5555万元，增幅达到3%。较好地实现了各项任务目标，为玉泉区乃至呼和浩特市财政的稳定增长发挥了重要作用。

同时，结合实际管户情况，对金三业务进行全量测试和反馈，金三双系统并库数据修正成功清洗数据共14项20余万条；圆满完成税费种登记、疑点数据核查等多项工作，打赢了金三系统并库攻坚战。同年8月，被国家税务总局内蒙古自治区税务局选为税源管理职责优化试点单位。年底前，明确了税源管理事项，取消了税收管理员固定管户关系，实施“固定管户”向“分类管事”转变，取消税收管理员制度。

【减税降费宣传辅导进万家】 按照总局、区局和市局的工作要求，玉泉区税务局开启了“线上+线下”的全新宣传辅导模式，全面落实减税降费政策。向辖区内发放《减税降费宣传册》20000余份，各类宣传资料10000多份。同时安排业务能力强、有责任心的同志成立专业团队进驻办税服务厅，设置疑难问题专窗，指导减税降费工作。举办纳税人学堂，为辖区企业专题解读减税降费优惠政策，12月底，共举办纳税人学堂48期，培训纳税人7000余人次。先后组建多个宣传小分队，通过大走访的形式，深入辖区企业宣传讲解减税降费税收优惠政策，12月底，共走访企业7819户，发送微信19882条，通过微信走访纳税人7819户，通过电话走访纳税人7819户，一对一面对面走访企业纳税人7303户、个体工商户13859户。

【纳税服务见实效】 玉泉区税务局全面落实纳税服务规范和各项服务制度，精简办税服务流程，扎实推进“一厅通办”“一窗通办”“网上办税”等便利办税举措，让“一次办、网上办、马上办、一站办、就近办”落地生根。通过整合“线上+线下”资源，利用“网络+现场”双轨分流，全面推广应用电子税务局，拓展移动端、微信端，实现无障碍在线交流。

针对城乡居民“两险”征缴工作，采取“一个推进”“三个保障”“四个到位”，确保征缴工作圆满高效完成。2019年12月31日，玉泉区各街道城乡居民基本医疗保险参保人数约10万人，已完成征缴人数95858人，其中零散缴费人49466人，学校及幼儿园缴费46392人。

【扫黑除恶见实效】 自扫黑除恶专项斗争工作开展以来，根据市局及玉泉区委、区政府关于开展扫黑除恶专项斗争的部署和要求，玉泉区税务局高度重视，结合自身实际，发挥职能优势，精心谋划，以高度的政治自觉将此项工作作为重大的政治任务扛在肩上、抓在手中，落实到行动中，多措并举，扎实推进扫黑除恶专项斗争，各项具体工作按时间节点有序推进。2019年共召开16次局党委会、4次局长办公会、1次推进会、2次部署会，研究部署扫黑除恶专项斗争工作，学习重要会议精神、文件精神等。对税收领域的黑恶势力线索进行全面摸底排查，建立重点行业排查台账，共排查企业及个体户约1600余户，出动人员3200余人次。

【加强廉政建设】 玉泉区税务局始终把严明

政治纪律和政治规矩摆在首位，突出抓好党支部和党员干部的纪律建设，带动党的各项纪律执行落实。以问题为导向，以纪律为戒尺，加强对党员干部的日常教育管理监督，严格执纪问责，使纪律成为带电的“高压线”，努力把问题解决在萌芽状态，严防小毛病演变成大问题。利用微信工作群开展廉政教育微课堂，通过精心准备的课件，深化干部廉洁从税意识。2019年共推出廉政教育微课堂49期，廉政微课堂在内容上，重点突出“微”字，立足实际，紧扣纪检监察知识热点精选内容，选题丰富；在推送时间上，微课堂每周四8点30分定时推送，实现了廉洁教育常态化；在意义上，话语中的“经常”和“学习并收藏”最能体现其意义所在，大家可以根据自己手头上的工作安排及时间自主选学，跳出时间和空间的限制，从而实现纪检监察知识“随时学”，纪律警钟“常长敲”。

统计局

【统计局领导名录】

党支部书记、局长　张虎平
副局长　刘　军
　　　　刘鹏飞

【概况】 2019年是贯彻党的十九大精神进入新时代的深化之年，我局深入学习贯彻习近平总书记关于统计工作的重要指示批示精神，紧紧围绕区委、区政府的中心工作，持续深化统计改革创新，切实提高统计数据质量，精心组织玉泉区第四次全国经济普查工作，加快统计信息化进程，加强对经济运行和社会发展的统计监测，坚定不移地推进统计工作迈上新台阶，为玉泉区经济社会发展提供优质高效的统计服务，较好地完成了各项工作。

2019年底，玉泉区统计局机关核定为行政编制5个。下设3个二级事业单位（正股级），分别是玉泉区城市社会经济调查队，事业编制3人（参公）；玉泉区统计执法监察大队，事业编制5人（参公）；玉泉区统计普查中心，事业编制8人，合同制工作人员2人。

【统计报表】 按照统计制度要求，狠抓统计数据质量和审核评估，确保了各专业准确、及时地完成了各项年报、季报和月报任务。

地区生产总值（GDP）同比增长5.2%（可比价）。

规模以上工业增加值增速1.2%（可比价）。

固定资产投资同比增长0.8%。

社会消费品零售总额同比增长2.6%。

城镇常住居民人均可支配收入48089元，同比增长6.5%。

农村常住居民人均可支配收入22755元，同比增长10.4%。

【统计服务】 紧紧围绕玉泉区经济社会发展现状，编送统计信息130篇、统计分析40篇、统计专报15篇、专业调研报告1篇、编印《呼和浩特市玉泉区统计月报》10期、编辑完成了《2019年呼和浩特市玉泉区统计年鉴》，每月按时发布《统计预报》《统计快报》《统计专报》《统计信息》和《统计分析》，及时让各相关领导在第一时间了解掌握我区经济社会发展动态，为各项工作决策提供重要依据。

【经济普查】 区统计局强化“三个”力度，全力推进普查各项工作开展。强化镇办组织领导力度；强化各级各部门配合辅助力度；强化统计局统筹协调力度。经过全体普查员的共同努力，共登记法人和产业活动单位7225户、个体工商户1434户。2019年6月，首家代表呼和浩特市接受了国家第四次全国经济普查事后质量抽查，现场抽查结果符合国家第四次经济普查标准要求。圆满完成了任务，总结出不少经验。此次经济普查对指导玉泉区的经济发展方向具有重要的意义。

【专项调查】 按照上级部门的统一部署，结合玉泉区实际情况，认真做好2019年度人口抽样调查工作，玉泉区抽选11个调查小区进行调查，登记人数2000余人；精心组织交通运输统计调查；认真完成玉泉区妇女儿童发展规划“两纲”监测统计工作。

【企业入库】 地区经济指标以企业一套表数据为基础，做好新增企业入库工作是统计工作的重点。区统计局充分运用“四经普”成果，并在“四经普”后深入税务等各相关行政部门，深挖行政部门的行政记录数据，通过比对查找，2019年新增入库“一套表”企业58家。“一套表”企业数量的增加，进一步提升了玉泉区经济发展的潜力。

【提升统计能力】 加强“三账”建设。狠抓镇、办统计，部门统计，企业统计规范化建设，督导统计调查单位做好统计账、会计账、业务账3本账。着力实现“五个转变”，即从硬件过硬向软件升级转变、从统计发力向政府牵头部门联动推进提升转变、从被动规范向主动规范提升转变、从高压防范向源头防范提升转变、从重视数据结果向重视生产过程转变。

【自查治理】 扎实推进统计造假专项整治工作。规范统计行为和方法。加强统计造假源头防控。强化统计数据质量外部监督。建立健全统计违法举报和核查机制，设立受理统计违法举报线索渠道，在玉泉区统计微讯公布统计违法行为举报电话。纠正和查处统计造假问题。

【依法治统】 加强对各类数据的监测、把控、协调，指导各级各部门依法搞好部门和行业统计工作，完善部门互动的责任机制和评审机制。加大统计数据核查力度，继续加强对统计数据采集过程监控，完善联网直报平台数据监管机制，坚持按月通报平台监测结果。及时开展统计执法检查，大力查处数据不真实，达标不入统、入统乱报数等统计违法行为，强化统计执法权威，构建严密的数据质量事前事中事后监控长效机制。严格行政执法人员管理，全面落实行政执法责任制，不断提升法治意识，加大依法行政工作宣传力度，加强法治政府建设信息报送工作，落实推进依法行政保障措施。

【党风廉政建设】 统计局党支部坚持把纪律和

规矩挺在前面，力促党风廉政建设“两个责任”落到实处。坚持“一岗双责”。签订《2019年度玉泉区统计局党风廉政建设一岗双责责任书》，主要领导与分管领导、支部委员签订责任状，明确党风廉政建设一岗双责，局党支部书记为第一责任人，对责任状履行情况进行监督，切实把党风廉政责任制落到实处。强化责任落实。切实履行党风廉政建设主体责任，研究部署2019年党风廉政建设工作，把落实党风廉政建设责任制同统计业务工作紧密结合，一起布置、一起落实、一起检查、一起考核。严格组织生活。开好民主生活会和组织生活会，学习传达党风廉政建设有关会议文件精神，严格执行党的各项纪律制度严明党的纪律。贯彻执行党的政治纪律、组织纪律、工作纪律和生活纪律。始终在政治上、思想上和行动上与党中央保持高度一致。对上级重要工作部署的贯彻落实和局党支部决议决定的执行情况进行监督检查，确保“三重一大”“三公经费”管理制度落到实处。

审计局

【审计局领导名录】

党组书记、局长	胡德龙（3月任职）
局　长	杨庆国（3月离任）
副局长	李秀兰（女　4月离任）
党组成员、总审计师	董必均（蒙古族）

【概况】　玉泉区审计局共有干部职工15人，其中，行政编制5人、事业编制5人、政府招聘合同制工作人员5人。内设综合办公室、审计管理中心职能股室。

【审计成果】　2019年，完成审计项目47项，其中区本级财政预算执行情况审计5项，经济责任审计8项，专项审计9项，委托第三方财务审计项目5项，玉泉区项目跟踪及结算审计项目20项。2019年玉泉区审计局积极参加了审计署、自治区审计厅开展的视频培训会议19余次。审计信息上报上级审计机关、区委、区政府170篇。“三务”公开信息162篇。

【领导干部经济责任审计】　2019年度，按照年初审计工作计划对区教育局局长陈长青同志、昭君路街道党工委书记杨德杰、主任王欣同志、小召前街街道党工委书记马晓、主任马云同志、原民族宗教事务局局长宝音同志、呼和浩特市第二十六中学校长左文同志、民政局局长吴志刚同志、总工会主席托娅同志、党员干部培训中心主任任拴柱同志8个单位的10名领导干部任职期间经济责任履行情况进行了审计，审计查出主要问题金额2301.10万元，其中共查出违规金额6.23万元，管理不规范金额2294.87万元。已上缴财政及归还原渠道资金35.04万元，已调账处理金额118.52万元，提交审计报告和审计结果报告20篇，提出审计建议25条。审计查出问题整改工作已采取措施，加紧落实，部分已整改完毕。

【深入开展财政预算审计】　完成了对2018年度区本级预算执行审计。2019年7月31日在玉泉区第十七届人大常委会五次会议上向区人大常委会做了《关于2018年度玉泉区本级预算执行和其他财政收支的审计工作报告》，得到一致通过。结合领导干部经济责任审计对玉泉区原民族宗教事务局、小召前街街道、昭君路街道、呼市第二十六中学4家单位2018年度预算执行情况的审计，针对审计中发现的预算管理、采购程序、票据报销方面不规范等问题，提出审计建议并责令被审计单位进行整改。

【认真实施政策跟踪审计】 玉泉区审计局按照上级审计机关统一安排部署，加强对国家重大政策措施贯彻落实情况跟踪审计。完成了2019年第一、二、三季度国家和自治区减税降费政策措施在玉泉区内的落实情况审计，对玉泉区小微企业享受税收优惠政策情况进行了审计抽查。出具了审计报告并提出了相应的审计建议，充分发挥审计对推动政策落实的保障作用。按照市审计局要求，完成了第一、三季度重大政策措施落实情况跟踪审计工作，对玉泉区清理拖欠民营企业中小企业账款情况开展了专项审计调查，摸清底数，明确责任，提出审计建议并进行动态跟踪，针对玉泉区政府债务风险化解提出3条审计建议，全面落实对支持民营企业发展的各项政策的推动作用，促进民营经济发展。

【全面提升政府投资项目审计】 为切实加强政府投资采购、重大工程建设等重点领域的监管，把好政府的“钱袋子”，玉泉区审计局于4月份召开了政府投资评审项目审计工作推进会，听取了16家受委托社会机构关于政府投资项目评审工作的进展汇报，明确了对政府投资评审项目审计工作要求，成立了聘用社会中介机构参与政府投资项目工作领导小组，推动该工作高效开展。6月向区政府提出申请，通过新一轮公开招聘的方式，重新组建工程造价和财务会计审计库，参与政府投资项目的审计工作，持续强化政府投资审计力量。年底，玉泉区审计局已抽取社会评审机构开展对水语青城幼儿园建设项目、昭君路街道党群活动服务中心建设项目、玉泉区2019年市政道路建设项目等53个项目进行了审计，其中，工程审计43个，已完成20个；财务审计10个，已完成5个，工程项目报审金额共计2263.28万元，审定金额1705.03万元，核减558.25万元，核减率24.67%。

【切实加强民生项目审计】 按照审计署、自治区审计厅统一部署，由市审计局牵头，抽调人员对接财政局、住建局、项目办、民政局等相关项目单位对玉泉区人民政府2018年度棚改和公共租赁住房的投资、建设、分配、使用和后续管理等情况进行了审计。重点审计了51个棚户区改造项目、4个公共租赁住房项目。对于审计查出的问题，提出相应审计建议。按照市审计局要求，区审计局派出审计组对回民区扶贫资金、“一卡通”惠农补贴资金进行审计。本次审计共查出4个方面8个问题，出具了审计报告。

【严格落实上级交办的审计任务】 根据上级批示，完成了自治区与呼和浩特市下拨玉泉区一镇八办的党建专项经费使用情况的审计，查出扩大支出、固定资产未入账等4个方面的7个问题，涉及金额共计147.47万元，并严格督促被审计单位做好问题整改，真正做到规范化管理和使用专项经费，真正把资金放在服务党员群众的“前台”，把经费用到服务基层的“一线”。完成了玉泉区财政总预算会计借出款项和其他应收款情况审计调查，摸清了玉泉区财政借出款项和其他应收账款规模，分析了形成原因，对调查中发现的财政借出款项数额较大、消化困难的问题提出了相应审计建议。完成了红十字会2016和2017年度“博爱一日捐”捐款收支情况专项审计，查出扩大支出范围、未执行“三重一大”政策2个方面2个问题，涉及金额共计36.15万元，出具审计报告并督促整改，确保资金用到实处。还完成了呼和浩特市审计委员会办公室交办的玉泉区2015—2018年以来政府投资项目工程结算专项审计调查工作。

此外，还开展了扫黑除恶、三城同创、“三大攻坚战”等区委、区政府下达的工作任务，全面履行区委巡察工作协作机制成员单位和反腐败工作协调小组成员单位工作职责，充分发挥审计监督作用，促进反腐倡廉建设。

【主题教育扎实取得成效】 根据《中共中央关于在全党开展“不忘初心、牢记使命”主题教育的意见》和自治区党委、市委、区委的安排部署，紧扣学习贯彻习近平新时代中国特色社会主义思想，牢牢把握“守初心、担使命，找差距、抓落实”的总要求，深入开展主题教育，坚持理论学习有收获、思想政治受洗礼、干事创业敢担当、为民服务解难题、清正廉洁做表率的总目标，统筹推进学习教育、调查研究、检视问题、整改落实4项重点措施贯通融合，以彻底的自我革命精神解决违背初心和使命的各种问题，全体党员干部的党性作风受到深刻洗礼，干事创业的精气神有了进一步提振。主题教育开展以来，区审计局开展集中学习23次、中心组学习4次、现场教育4次，针对8个专题进行4次集中研讨，形成心得体会16篇。通过开门纳谏、走访调研等多种形式，检视查找出问题28个，制定整改方案，明确完成时限，取得了阶段性成效。按“不忘初心、牢记使命”主题教育要求召开专题民主生活会和专题组织生活会，把主题教育成果转化为加强组织建设、加快事业发展的实际成效。

【队伍建设与履职能力】 完成机构改革。按照机构改革工作部署要求，完成审计改革，制定了“三定”方案，进一步优化审计职能，夯实审计工作建设。玉泉区严格按照中央和自治区、市委审计委员会第一次会议精神，成立了中共玉泉区委员会审计委员会和玉泉区委员会审计委员会办公室，并于5月17日召开了玉泉区委审计委员会第一次会议，审议通过了《中共玉泉区委审计委员会工作规则》和《中共玉泉区委审计委员会办公室工作细则》，加强了党对审计的统领。成立了玉泉区审计管理中心，不断构建完善统一高效的审计监督体系。

提升业务素养。参加审计厅组织的审计业务工作培训 3 次，参加培训人员 6 人次，促进审计业务水平的提升。抽调干部 1 名对内蒙古银行防控金融风险情况进行领导干部经济责任审计。

强化队伍建设。局领导班子带头履职尽责，发挥“领头羊”作用，以上率下，打造作风务实、清正廉洁的审计队伍。充分运用学习强国平台，抓实党员干部理论学习，取得了显著成效，在区委组织部、宣传部、机关工委组织的学习强国学用工作评比中荣获优秀组织奖（全区共 10 个优秀组织奖）。积极配合并完成了区委第三巡察组于 4 月 25 日—6 月 18 日对玉泉区审计局开展的政治巡察工作。局领导班子高度重视本次巡察工作发现问题的整改落实，对巡察反馈的区审计局在党的政治建设、党的纪律建设等 6 个方面存在的 10 类共计 20 项具体问题进行了彻底整改。以制度管人、管事，修订完善《玉泉区审计局考勤管理制度》，采用钉钉打卡严格上下班纪律，并在一定时间通报，工作作风进一步转变。

【坚持党建引领】 狠抓思想政治建设，坚定理想信念。区审计局牢牢把握住正确的政治方向，把学习习近平新时代中国特色社会主义思想和党的十九大精神作为首要政治任务。2019年组织开展党支部专题学习23次，学习讲堂宣讲学习48次，讲党课4次，中心组学习会议13次，以实际行动检验学习成效，开展主题党日活动，为全体党员制作身份牌，签订《党员履职事项目标认领书》，参观红色革命教育基地，开展“三联三帮三促”等活动，通过加强政治理论学习和党性教育，使区审计局全体党员干部在政治、思想、行动上始终同以习近平同志为核心的党中央保持高度一致，牢固树立“四个意识”，坚定“四个自信”，做到“两个维护”。严格按照组织程序开展民主生活会和组织生活会，2019年召开民主生活会2次、组织生活会1次，共查摆出32个问题，已全部整改完毕并长效坚持。

狠抓意识形态工作，提高政治意识。坚决坚持党管意识形态的原则，守好主阵地，牢牢把握意识形态话语权和主动权。区审计局意识形态责任制已经得到全面落实，2019年局党组分析研判2次并出报告。召开意识形态专题学习会2次，严格落实对外信息审批审查制度，强化舆论监督，积极弘扬正能量，抵制负面信息，多措并举做好网络意识形态建设，持续抓好网络舆情的控制。2019年完成市网信网评互动任务650次，区委网信办宣传任务50次，青城正能量网络文明志愿者任务49次，官方微博发布信息61篇，官方微信发布信息31篇。局领导班子对意识形态工作更加重视，抓意识形态工作的主动性自觉性更高、工作力度更大，区审计局上下没有发现在意识形态方面存在明显问题的人和事。

【筑牢廉政“防火墙”】 严格主体责任，区审计局组织召开党风廉政建设会议2次，专题研究安排部署党风廉政建设工作，逐级签订党风廉政责任书，抓好责任落实。严格各项纪律规定，坚持“三重一大”事项党组会集体召开表决会。严格落实领导干部外出报备，重大事项请示报告等制度，进一步强化资金管理使用，积极推进党务、政务公开，自觉接受外界监督。强化监督廉洁从审。审计人员严格遵守中央八项规定精神及实施细则、审计“四严禁”“八不准”工作纪律和工作要求，正确行使国家赋予的审计监督权。持之以恒改作风。利用民主生活会、组织生活会、警示教育会等开展作风整治，制定整改措施。靠制度的刚性约束形成作风的自觉，把纪律和规矩意识立起来。开展廉政教育，2019年开展廉政学习3次、参观廉政警示教育基地2次、开展廉政谈话23人次，构建全体干部拒腐防变思想道德防线。积极协同反腐，参加区反腐败协调领导小组会议2次，提交专题报告2份，向区纪委、巡察办提供材料3次，促进玉泉区反腐促廉建设。

金　融

金融工作

【金融办领导名录】

主　任　聂　诚

副主任　李治国

【概况】　根据呼和浩特市金融办的职能和机构设置，拟对应设置5个股室，分别为综合股、银行保险股、资本市场股、小额贷款公司监管股、融资性担保机构监管股。

区金融办一共设置编制7人，其中区金融办核定科级领导职数2名，1正1副。2018年9月，加入人才引进人员3名，编制数一共10人。

【党支部工作】　2019年4月机构改革并入区财政局之前，区金融办党建工作在区直属机关工委和区政府党总支的领导下，在党支部全体党员的共同努力下，认真贯彻党的十九大精神，紧紧围绕区委、区政府的中心工作和金融办工作任务，切实加强党的思想、组织、作风和制度建设，加强领导、明确职责、狠抓落实，以改革创新的精神努力推进区金融办的党建工作，实现金融工作和党建工作共同发展。2019年初，党支部认真分析了区金融办党建工作的现状。结合实际，及时指导党支部制定了年度党建工作计划，对党建工作进行了安排部署，明确了2019年党建工作的目标和任务，为党建工作扎实有效开展奠定了坚实的基础。

2019年4月区金融办并入财政局之前，金融办党支部班子始终坚持把思想政治建设当作一条主线贯穿于整个金融工作和金融建设的全过程，将其作为一项长期工作任务来抓。以建立学习型党支部为突破口，提高了广大党员干部的政治思想理论水平，针对区金融办金融专业性强的特点开展灵活多样的形式组织学习，保证了区金融办的政治学习落在实处，形成了讲学习、抓学习、自觉学习的良好氛围。

为加强党的基层组织建设，严格党员管理和教育，金融办党支部进一步完善“三会一课”、组织生活会、民主生活会、民主评议党员、党员干部廉洁自律、交纳党费等制度，做到了对党员的教育、管理和服务的有机结合，使党内生活制度化、规范化；在重大事项决策时坚持民主集中制原则，经集体讨论研究决定；认真做好党员组织关系接转和党费收缴工作，全体党员按时缴纳党费，党费收缴有专人管理，及时上缴。

【小额贷款公司监管工作】 2019年3月底，玉泉区已开业的小额贷款公司4家，总注册资本42300万元。其中，注册资本最高为2亿元，最低为5000万元，平均注册资本10575万元。注册资本金在1亿（含）以上的2家，5000万（含）～1亿的2家。

到2019年3月底，玉泉区小额贷款公司实现贷款3205笔，累计发放贷款金额为201751.9万元，贷款余额为26022.063万元，其中，玉泉区源农盛小额贷款有限责任公司由于其贷款客户具有针对性（多为美通市场内商户），且存在贷款周期短、数额小的特点，资金使用率高，经营状况良好。

【防范非法集资宣传活动】 2019年2月21日上午，区金融办工作人员积极配合呼市处非办的工作人员在区属的大召广场进行主题为打击非法集资、防范金融风险的宣传活。通过宣传活动，让广大市民充分认识到“非法集资不受法律保护、参与非法集资风险自担”，提高广大群众的法律金融知识水平和风险识别能力，增强“理性投资、风险自担意识”，自觉远离和抵制非法集资。

经济综合管理

发展和改革委员会

【发展和改革委员会领导名录】

3月前

党组书记、局长	云　静（女　蒙古族）
副局长	高月萍（女）
副局长	葛丽霞（女）
价格认证中心主任	潘妙莲（女　2月退休）
区招商办主任	刘　洋

3月后

党组书记、主任	云　静（女　蒙古族）
副主任	高月萍（女　6月退休）
副主任	葛丽霞（女）
区招商办主任	刘　洋（4月离任）

【概况】 玉泉区发展和改革局于2019年3月正式更名为玉泉区发展和改革委员会，是区政府综合经济管理部门。根据2019年“三定”方案，负责全区固定资产投资、重点项目管理工作；承担在规定权限内的项目审批、核准、备案管理事项；争取中央、自治区和市本级财政性建设资金；指导参与全区农业和农村经济发展工作；负责指导全区服务业发展、工业产业协调、资源环境等相关工作；负责全区基础产业、社会事业、高技术、节能监察、外资、计划法规、经济研究工作；负责开展粮食和物资储备工作；牵头开展社会信用体系建设、国民经济动员工作；参与就业和收入分配、财政金融、经济体制综合改革工作，同时加挂呼和浩特市玉泉区粮食和物资储备局牌子，并承担区委财经委员会办公室相关工作。内设党政办公室、业务股2个职能科室。下辖玉泉区开发引进服务中心、价格认证中心、节能监察中心、价格监测中心、市场管理委员会办公室、贸易促进中心6个事业二级单位。在职人数共37人（在编31人、合同制4人、志愿者2人）。

【深入推进党的政治建设】 围绕落实“两个责任”，按照区委相关部署，研究制定了本系统的党建工作安排，通过加强领导、明确重点、细化目标，做到了把党建工作和业务工作同谋划、同部署。同时，统筹推进党组与支部建设，认真落实“第一责任人”职责和“三项制度”，规范会议程序、学习计划和党员履责事项，不断推动党员管理向精细化转变，有效保证了党建各项工作的顺利开展。

【开展“不忘初心、牢记使命”主题教育】 牢牢把握“守初心、担使命，找差距、抓落实”总要求，紧紧围绕理论学习有收获、思想政治受洗礼、干事创业敢担当、为民服务解难题、清正廉洁作表率5个具体目标，严格将“学习教育、调查研究、检视问题、整改落实”贯穿始终，通过细化学习安排、加强交流研讨、深入调查研究、广泛征求意见、强化对标对表、认真整改落实，有力保障了主题教育有成果、见实效。累计开展专题学习11次、科级领导调研8次、各股室业务调研10次，通过征求意见、调查研究发现问题14条，及时整改问题5条，制定长效措施、长期坚持9条。

【从严加强党的思想建设】 积极推进“两学一做”学习教育常态化、制度化，进一步规范中心组学习和支部“三会一课”制度，定期组织开展集中学习、专题讨论、理论宣讲和讲党课等活动，有力增进了理论学习的针对性、系统性和实效性。紧紧把牢意识形态工作主动权，认真落实分析研判制度，做好意识形态风险排查，加强“三务”公开信息管理和“两微”平台建设，强化学习强国监管，意识形态阵地得到有效巩固。2019年共开展中心组学习17次、党支部学习45次，草原轻骑兵宣讲22次，道德讲堂2次，举办各类知识测试5次。

【从严加强党的组织建设】 认真落实《中国共产党党组工作条例》《中国共产党支部工作条例（试行）》，规范民主生活会、组织生活会、民主评议党员等制度，选优配强了新一届支委，为基层组织建设夯实了基础。深入开展“三联三帮三促”活动，积极推动农村党建规范化建设，认真指导主题教育开展，进一步提升了村级党建工作水平。不断丰富主题党日内容，重点围绕新中国成立70周年、初心使命、扶贫帮困、志愿服务、警示教育、学习先进典型等主题开展活动16次，并通过组织企业和自筹的形式，分别慰问了乌兰巴图和北源村共计17户贫困家庭。

【从严加强党的作风建设】 深入落实中央八项规定及其实施细则精神、自治区党委28条、市委30条和区委有关规定，不断改进文风、会风，规范“三公”经费支出和公车管理，紧盯区委主题教育重点整治内容，强化对立项审批、争取资金、项目建设等方面的监督管理，推动专项治理成效不断提升。认真落实“一岗双责”制度，通过明确内部分工、管理职责、签订责任书、召开2次工作会议，使党风廉政建设和反腐败工作与业务工作达到了同要求、同检查、同落实。经常性加强纪律教育，定期开展廉政谈话6次，提醒和教育班子成员、党员干部要廉洁自律，自觉筑牢思想防线。

【扎实做好巡察问题整改】 坚持立行立改、即知即改，紧密结合区委第四巡察组的相关反馈意见，坚决扛起落实整改政治责任，充分发挥党组、领导班子的整体合力作用，进一步修订完善了包括理论学习、“三重一大”、重大问题请示报告、党风廉政建设、财务管理等21项内部管理制度，重新制定了干部因私出国（境）相关报备审批管理办法，确保了巡察整改工作取得实效。

【固定资产投资增速平稳】 区发改委通过专题调研、实地督导、召开调度会、建立联席工作机制等形式狠抓项目建设，全面推进固定资产投资平稳运行。2019年玉泉区固定资产投资完成56.43亿元（上报数），其中房地产投资上报27.3亿元，基础建设投资上报29.13亿元。

【全力抓好项目建设】 区发改委加大对重点项目的调度力度，主动服务、靠前服务、跟踪服务，督促重点项目早落地、早开工、早投产、早达效。2019年玉泉区列入自治区重大项目滚动计划4个，2019年项目开复工率为100%，列入呼和浩特市重点项目共31个，开复工率100%。

【顺利推进规划编制】 区发改委积极配合调整完善“十三五”规划，牵头编制了以玉泉区产业高质量发展构建现代经济体系为课题的“十四五”规划前期思路研究，研究重点内容包括现代农业体系研究、现代工业体系研究、现代服务业体系研究、发展低碳循环经济体系研究、推进产业振兴构建现代经济体系研究，调研、实地考察、座谈、材料收集、初稿编制工作已结束。昭君和亲特色小镇前期申报工作进展顺利，规划编制已全部完成，申报材料已提交自治区发改委，全力推进自治区级文旅特色小镇的达标创建。

【充分发挥决策参考作用】 立足区情，着眼于稳增长、促改革、调结构等各方面工作，对玉泉区高质量发展问题进行研究并提出发展思路与建议，参在点子上，谋在关键处。2019年区发改委起草了《探索玉泉区生态优先绿色发展为导向的高质量发展新路子》《关于呼和浩特市玉泉区深入学习贯彻习近平总书记参加十三届全国人大一次会议内蒙古代表团审议时重要讲话精神加快新旧动能转换的实施意见》《玉泉区关于贯彻落实习近平总书记在河南主持召开黄河流域生态保护和高质量发展座谈会时重要讲话精神进一步加强生态文明建设推动高质量发展的实施意见》等报告，组织编制了2019年上半年和2019年度《国民经济和社会发展计划执行情况报告》与《2020年国民经济和社会发展计划》，编制发改动态35期；制定并印发了区委财经委员会及办公室相关工作规则与细则，主动传达中央、自治区、市财经委员会会议精神，并牵头召开多次经济调度会，深入剖析了经济运行的主要特点和存在的问题，充分发挥了区发改委的决策参考作用。

【严格开展审批立项工作】 项目审批、核准、备案是区发改委强化责任担当、勇于攻坚克难的重要表现，是防范化解重大风险的重要举措，区发改委严把项目准入关，从玉泉区经济社会发展需要出发，严格做好此项工作。2019年共审批、核准、备案项目24项，以更优的服务、更高的效率全力保障了中央民大附属中学呼和浩特分校、老旧小区改造等重点民生项目的立项和推进工作。

【积极做好资金争取工作】 争取扶持资金是推动项目实施的有力抓手，区发改委瞄准国家政策导向和中央预算内资金投向，通过主动出击、积极跑动，争取扶持资金取得了新进展。2019年共为京津风沙源治理工程和2019年农村牧区安全饮水工程2个项目争取到扶持资金304万元，12月31日资金已到位，项目已开工建设。为中央民大附中争取中央预算内资金1000万元。正在为老旧小区改造争取相关资金。

【稳步提高服务业发展水平】 充分发挥服务业重点项目的带动作用，区发改委通过主动对接、实地调研等方式掌握项目运行情况，促进玉泉区服务经济提质增效。2019年玉泉区编报列入自治区服务业重点项目库亿元以上续建项目19项，5000万元以上重点项目24项，华美三期、闻都商场、万锦融城等项目已完工进入招商阶段，凯德广场综合体预计10月投入运营，洲际酒店、希尔顿欢鹏酒店预计2020年底开业，鄂尔多斯广场已进入规划报批阶段，2019年共编制服务业动态14期。充分运用资金引导、项目推介、整合运营等有效措施，引导美通商贸功能集聚区、蒙古风情园旅游休闲集聚区、大召文化产业集聚区等自治区级服务业集聚区有力有序，2019年服务业集聚区共实现营业收入14.6亿元，整体运营较好。

【扎实开展民生实事项目、人大代表票决制工作】 为着力解决群众最为关心的热点、难点问题，切实解决同老百姓生活息息相关的教育、就业等民生问题，区发改委主动担当、全力以赴、短时间，高效率开展民生实事项目试点工作。起草了票决制工作相关工作方案，并发布公告向社会各界、“两代表一委员”、区属各单位征集民生实事项目，通过反复梳理、筛选、征求意见等形式，将13个民生实事项目提交人代会票决，最后确定10个项目为2020年玉泉区民生实事项目，并跟踪督办项目的实施进展。

【不断加强社会信用体系建设】 为全面提升玉泉区社会信用体系建设水平，区发改委不断加大宣传力度，坚持主动公开，统筹推进信用信息归集共享工作，多措并举推进诚信玉泉建设。玉泉区在信用呼和浩特官网上传行政许可和行政处罚信息共计10000余条，报送数量和质量在呼和浩特市9个旗县区始终保持第一，推送拖欠农民工工资领域失信企业黑名单6家，同时通过宣传动员、摸底排查、资料收集等方式为商户建立信用档案模型，积极做好示范街区建设前期准备工作，全力将中国烧卖美食街创建成为呼和浩特市首条信用示范街区。

【全力做好粮食和物资储备工作】 盟市长责任制考核成绩优秀。区发改委注重日常积累，分解落实工作任务，顺利完成了2018年度粮食安全盟市长责任制考核工作，并在4市区考核中取得优秀成绩。全力保证粮食库存数量、质量与安全。区发改委通过制订方案、成立协调机制、实地督导等方式开展粮食库存数量和质量大清查工作，大清查期间共发现问题26项，整改率100%。协调推进防鼠检查工作。按照有鼠灭鼠，无鼠防鼠的原则，在呼和浩特市第二粮库周边投放灭鼠产品，确保将灭鼠行动落实到位。稳步推进粮食应急供应网点核查。按照合理布点、全面覆盖、平时自营、急时应急的原则，区发改委进一步优化了粮食应急供应网点的规划布局，玉泉区粮食应急网点共9个。物资储备工作有序开展。为进一步拓展救灾物资储备方式，完善以政府储备为主、社会储备为辅的救灾物资储备机制，区发改委积极与相关单位对接，物资交接工作已经完成，建成玉泉区物资储备调度中心，同时建成了呼和浩特市首个粮食和物资储备库分布系统。

【持续推进优化营商环境工作】 营商环境就是生产力，事关发展、事关全局、事关长远，通过精简审批材料、压缩审批时限、加强监督管理等重要举措，推动营商环境深度优化。区发改委牵头组织20余家部门拟定玉泉区优化营商环境工作实施方案和三年行动计划实施方案，编制了《关于进一步缩减固定资产投资项目审批、核准、备案时限的通知》《关于固定资产投资项目节能评估报告审批事项的通知》，推进行政审批制度改革向纵深发展，持续激发市场活力。支持民营企业发展，落实民营企业减税降费政策，编制完成《玉泉区发展和改革委员会关于促进民营经济高质量发展的工作方案》，梳理汇总了《促进民营经济发展政策汇编》，做好对内蒙古蒙能物业管理有限责任公司等10户企业是否符合国家及区域产业结构调整的审核工作，不断为民营经济发展注入新活力。

【切实做好价格认证工作】 价格认证工作对安定社会秩序、保障依法行政起到了积极作用，价格认证中心始终把公平、公正、守规、守纪放在核心地位，认真开展纪检监察涉案财务价格认定、涉案物品价格认定、固定资产核销等工作，急事急办，特事特办，努力提高办案效率和工作质量。2019年共办理涉案物品价格认定案件105件，认定金额为719.65万元。

【大力提升节能减排成效】 为了使节能减排工作有人抓、有人管，区发改委强化措施、狠抓落实，通过完善机制、加强宣传等措施，确保节能减排取得实效。起草下发了《玉泉区2019年度节能降碳工作方案》，牵头组织21家责任部门召开了玉泉区2018年度能耗总量和强度“双控”目标调度会3次并编制考核报告，圆满完成了节能减排领导小组对玉泉区2018年度能耗总量和强度“双控”目标考核工作。

【认真做好安全生产工作】 安全生产工作是一项长期且艰巨的工作，区发改委认真履行安全生产监管职能，提高依法依规安全生产管理水平，确保长输管线与粮食储备库安全生产持续稳定。2019年共开展对玉泉区境内西部天然气、陕京四线、中石油长输油气管线、粮食储备库等节假日、日常安全大检查工作33次，发布安全专报信息17条，协调解决消除隐患3处，组织开展安全生产月宣传活动。

【充分做好保供稳价工作】 价格和市场供应是重要的民生问题、经济问题，价格稳、民心稳，社会才会稳。区发改委牵头组织区市场局、工信局、农科局等单位，切实加强物价跟踪监测，加大对各大市场的行业管理及指导力度，密切关注舆情动态，落实相关政策，全力落实保价稳供各项措施，保障好群众基本生活。

【持续巩固脱贫成果】 为坚决打赢脱贫攻坚战，区发改委紧盯“两不愁、三保障”，提高政治站位，健全稳定脱贫长效机制，持续巩固脱贫成果。区发改委牵头组织10余家单位开展消费扶贫工作，制定了《关于落实中央脱贫攻坚专项巡视反馈意见的整改方案》《玉泉区农牧业产业扶贫行动方案》等报告。先后到星连星牧业、东甲兰禾裕农业产业园进行实地调研，了解企业经营现状和产业扶贫相关落实情况，同时建立产业扶贫项目绿色通道审批制度，加快办理项目审批手续，2019年共批复小黑河镇3个村农村人居环境整治工程项目建议书。区发改委派1名干部到乌兰巴图村挂职第一书记，驻村期间，帮助贫困户解决相关问题，并组织了扶贫慰问活动。

【统筹推进国民经济动员工作】 为积极掌握新形势下国民经济动员工作的新特点，区发改委努力协调、突出重点，不断提升玉泉区的国民经济快速动员能力与应急保障能力。2019年下发了《关于在全区范围内开展国防动员潜力统计调查的通知》，并向7家相关单位分派国防动员潜力统计调查任务，将涉及11项动员潜力核准数据填报入库并完成国防动员潜力统计调查及分析工作，区发改委荣获国防动员潜力调查工作先进单位荣誉称号。

【努力做好招商引资工作】 区发改委坚持把招商引资作为推动发展的第一抓手，不断充实项目库、政策库和企业库，有力地促进了招商工作更好地开展。设计完成了《玉见未来，泉源不息》招商引资宣传片，制作了招商引资地块3D全景VR呈现多媒体应用程序，更新了玉泉区招商项目册，策划包装49个重点招商项目，整理编印了玉泉区投资指南和可用招商引资优惠政策汇编500套。重点招商项目万锦水云天、富力天禧城的前期工作进展顺利，金地名京、天福九熙府项目已开工建设。

【高效做好其他各项工作】 认真落实信息、督查、档案、保密、扫黑除恶、健康促进机关、双拥共建、语言文字、"三务"公开、"三城同创"等各项工作；及时办理人大代表议案、建议和政协委员提案工作；做好工、青、妇各项工作；完成领导交办的其他事项。

价格认证中心

【价格认证中心领导名录】
价格认证中心主任　潘妙莲（女　1月退休）

【概况】 玉泉区价格认证中心是2002年由玉泉区编委批准成立的事业单位（玉机编发〔2002〕4号），是隶属于玉泉区发展和改革局的二级单位，具有独立的法人资格，为财政全额拨款单位。2010年9月，内蒙古自治区人力资源社会保障局批准玉泉区价格认证中心为参照公务员法管理的事业单位，内设价格认定一科、价格认定二科、办公室、财务室和档案室。

中心现有价格认定人员4名，5名事业（参公）编。

【涉刑财物价格认定】 涉刑财物价格认定是价格认证中心体现服务效能、体现社会效益的主要载体，它对安定社会秩序、维护社会安全，促进经济社会发展、保障依法行政起到了积极作用。一直以来把这项工作作为认证中心赖以生存和可持续发展的基础工作抓好、抓实，并始终把公平、公正、守规、守纪放在核心地位。

2019年，区价格认证中心在认真履行涉刑财物价格认定工作职责的同时，建立了刑事案件价格认定绿色通道，制定重大案件应急预案，做到急事急办，特事特办，实行限时办结制度，努力提高办案效率和工作质量，同时区价格认证中心严格按照《内蒙古自治区价格鉴证操作规程》开展价格认定工作，并对工作人员进行了较为系统的培训，每个报告都坚持做到资料齐全、程序合法、计算准确、结论真实，确保了认定案件质量，把风险规避到最低限度。

2019年，区价格认证中心共办理涉刑财物价格认定案件111件，认定金额为747.69万元。其中为玉泉区公安机关出具价格认定结论书100份，认定金额595.46元；为玉泉区消防大队出具价格认定结论书8份，认定金额139.70万元；为玉泉区森林公安局出具价格认定结论书3份，认定金额12.53万元。

【积极开展“不忘初心、牢记使命”主题教育活动】 按照玉泉区发改委印发的《玉泉区发改委关于开展“不忘初心、牢记使命”主题教育活动安排》的文件要求，为切实开展好“不忘初心、牢记使命”主题教育活动，本着认认真真读原著、学原文、悟原理、推动学习贯彻习近平新时代中国特色社会主义思想往深里走、往心里走、往实里走的学习宗旨，玉泉区价格认证中心认真开展以下系列学习教育活动。

【加强廉政建设】 在日常工作中，始终要求工作人员认真执行法律法规和党风廉政建设各项规定，严格按照政策办事，严格执行廉洁自律各项规定，严格遵守“中央八项规定”禁令，开展各项业务工作，不徇私情，不谋私利，严格律己，依法办案。几年来，区价格认证中心廉政建设工作没有出现任何差错。

2019年，在发改委领导的带领下，在全体工作人员的共同努力下，价格认定工作取得了一定成效，将不断努力，开拓进取，增强事业发展的紧迫感和使命感，使价格认定工作再上新的台阶。

市场监督管理局

【市场监督管理局领导名录】

党组书记	张少军
党组成员、局长	孟志毅
党组成员、副局长	张春雷
	郭冬梅（女）
	赵素兰（女　蒙古族）
	武利民
	田力恒
	舒　伟
	寇月升
	云　斌（蒙古族）

【概况】 玉泉区市场监督管理局于2019年2月24日挂牌成立，成为政府组成部门。实现“三局合一”，工商、食药、质监、物价和知识产权“五项”职能整合，按照新的“三定”方案，内设26个职能股室、12个基层市场监督管理所和1个稽查大队。2019年底，玉泉区市场监督管理局共有工作人员170人，其中行政编制60人、工勤编制6人、事业编制81人、合同制工作人员23人。设机关党总支1个、党支部7个，有党员113人。负责玉泉区产品质量、营商环境、公平竞争、消费环境、食品药品和特种设备监管及区委区政府交办的各项重点工作。

【提升产品质量】 玉泉区52家企业356项产品标准在企业产品标准信息公共服务平台上进行网

上自我声明。姜家营村被国家标准化委员会批准为国家级标准化美丽乡村。加大知识产权保护力度。2019年底，玉泉区有国家级知识产权优势企业1家，自治区知识产权试点企业2家，呼和浩特市知识产权试点企业8家。

【**优化营商环境**】 持续推进“证照分离”，压缩企业开办时间在3个工作日内完成，2019年新登记注册私营企业2126户，新登记注册个体工商户8011户，辖区有登记注册各类市场主体43085户，其中，各类企业及分支机构9564户，个体工商户33521户；着力破解“准入易、退出难”的问题，对符合规定的915户企业实行简易注销登记；办理流通食品经营许可材料2995件；办理特种设备注册82家共12481台；企业年报公示率87.27%，位列自治区各旗县区前列。营商环境持续改善，市场主体进一步增加，为玉泉区经济发展增添新动能。

【**维护市场公平竞争**】 加大物价监督检查，组织开展涉企收费、转供电企业等领域价格检查。着力打击传销规范直销工作。对小黑河镇西二道河村、章盖营村进行逐户排查，共捣毁涉嫌传销窝点8处，努力创建无传销城市、社区和乡村。加强反垄断和反不正当竞争执法。严厉打击侵权假冒，开展知识产权执法检查行动。对辖区内21家超市、3家农贸市场、8家集贸市场的计量器具（如台秤、电子秤等）进行了检查、检定工作。加强消费者权益保护。深入开展放心消费创建工作，畅通12315热线，受理消费者申诉举报1292件，其中，受理消费者投诉1252件，举报40件，及时调解1226件，办结率为98%，为消费者挽回经济损失399.37万元。

【**防范风险隐患**】 按照“四个最严”的要求，严防不发生重大安全事故为底线。加强食品流通、生产加工领域、校园周边食品、学校和幼儿园食堂及小饭桌餐饮服务及药品市场安全监管。检查校园及周边食杂店、学生用品店563家（次），检查规范市场189家（次），小饭桌783家（次），对540家小饭桌进行备案管理，检查药品零售企业291家、批发（批零兼营）器械企业50家、医疗机构298家。完成食品抽检804批次，食品安全快速检测912批次，其中，食用农产品550批次。对抽检不合批次商品予以严厉查处，有力地净化了市场消费环境。加大特种设备安全监察力度。共检查单位103家次。检查特种设备产权单位238家次，检查设备2000余台，累计发现隐患13项，已全部完成整改。开展保健品百日行动、衣食住行领域专项整治、“不忘初心、牢记使命”食品安全整治50余次。2019年办结案143件，罚没款共计69.77万元。

【**推进“三城同创”工作**】 检查指导规范餐饮经营主体3289户（次）、食品流通经营户家937户（次）、食品生产、加工企业133家次，1800多家饭店全部完成“明厨亮灶”改造提升。下达责令整改通知书126份。同时，加大对美通、开泰和金峰等农贸市场改造提升力度，辖区农贸市场经营环境得到显著改善。

【**加大扫黑除恶专项斗争工作力度**】 印制宣传海报2300份，发放宣传材料7500余份，LED屏滚动播放宣传知识、标语20000余次，印发线索问卷调查表7000余份、《致消费者的一封信》2000余份，收集汇总有价值线索7条。

【推进依法行政】 按照玉泉区统一要求完成了“七五”普法工作任务，加大提高了执法人员法治意识，提升了依法行政、依法办事能力。组织执法培训5次，培训人员360余人次。大力开展法治宣传，充分利用3.15国际消费者权益日、4.26世界知识产权日、12.4全国法制宣传日，加大《中华人民共和国消费者权益保护法》《中华人民共和国食品安全法》和《中华人民共和国宪法》等法律法规宣传。推进12315“五进”工作，开展法制进校园、进市场、进社区、食品安全月、药品安全周等宣传活动。认真落实食品药品监管法治政府部门建设。落实法律顾问制度，积极推进行政执法“三项制度”工作，公布行政许可事项3000余项。加强执法监督体制建设。进一步完善了执法案件办案流程，行政执法人员集体讨论等制度，加强执法监督、舆论监督、社会监督，确保公正廉洁执法。

【加强思想建设】 研究制定2019年度学习培训计划，坚持和完善中心组、“三会一课”学习制度，认真落实，保质保量完成。以习近平新时代中国特色社会主义思想和党的十九大、十九届二中、三中、四中全会精神和习近平总书记考察内蒙古时的重要讲话为指导，引导党员干部始终保持思想上、政治上的清醒和坚定，进一步提升党性修养，推进依法行政和职能融合。积极参与区委、区政府举办的庆祝新中国成立70周年我和我的祖国等系列活动，强化党史、国史和警示教育，以多种形式开展主题党日活动。机关党员干部凝聚力、向心力显著增强。大南街市场所荣获全国市场监管系统先进集体。

【加强意识形态建设】 制定了《2019年度玉泉区市场监督管理局意识形态工作方案》，强化党组意识形态主体责任，完善意识形态相关制度，开展意识形态培训2次。把握意识形态的主动权和话语权，教育党员干部在个人微信、微博传播正能量。

【加强组织建设】 严格按照德、能、勤、绩、廉的标准，明确了股所长在机构改革期间的工作职责和任务分工，确保不因机构改革发生监管服务不到位的现象。同时，进行了组织调整和换届选举工作，成立市场局党总支，下设7个党支部，选优配强党支部书记，落实了党建工作主体责任。制定完善了党支部《党支部工作目标制度》《党员履职制度》和《专题学习制度》等制度。加大阵地建设力度，在机关建起了党员活动室和廉政文化墙，大力营造党风廉政建设氛围。扎实推进非公经济组织党建“两个覆盖”，共排查非公企业6000余户，新建非公经济组织党支部14个、联合党支部5个，新建非公经济组织团组织17个，培养入党积极分子105名，发展预备党员20名，有力促进了非公经济健康发展。开展清理整顿非公企业软弱涣散党组织工作，对4个无党员的党支部进行了清理整顿。深入开展“三联三帮三促”活动。制定了市场局“三联三帮三促”活动工作方案，立足职能优势，向玉泉区广大非公企业发出倡议书，认真梳理有担当、有能力的企业，建立了激励工作机制。联合昕雅社区组织企业深入民案村进行了调研和结对，列出帮扶和需求清单，并为该村村民送去1万元的常用药品。召开了50余家企业参加的推进“三联三帮三促”活动座谈会，进一步研究结对帮扶措施，深化活动效果。

【党务政务公开】 设立了党务、政务公示栏，明确规定，对提拔使用干部、评选优秀党员、公务员职级晋升等情况进行公示。在区政府“三务”公开平台公示党务、政务信息361条。在今日头条、《呼和浩特日报》等各类媒体刊发宣传信息223条。

【加强廉政建设】 组织党员干部开展集中学习，全面学习《中国共产党问责条例》《中国共产党党内监督条例》《中国共产党纪律处分条例》等法规条例，严格按照玉泉区区委、区政府关于廉政作风建设的新部署新要求，把强化执纪问责工作作为推进全面从严治党的重要举措，以严肃的问责督促党员干部忠诚干净担当。对个别干部出现的违纪苗头性问题予以警示；对投诉个别人员服务不热情、不及时的问题进行了调查处理。

制定《玉泉区市场局2019年加强党风廉政建设工作安排》，深入贯彻落实中央八项规定精神，进一步加强作风建设，严格按照“一岗双责”要求，分解党风廉政建设责任，开展了整治“四官”等问题优化营商环境专项整治工作，持续纠正“四风”方面存在的问题。

制定了《玉泉区市场局党组工作规则》及学习、考勤、财务管理、公务接待、办公用品管理、公务车辆管理、保密工作等20余项制度。

全力配合区委第二巡察组巡察工作，对巡察期间巡察发现的问题，剖析原因，制定整改方案，坚决彻底抓好整改落实，并长期坚持。

【加强统战工作】 将统战工作纳入区市监局年度重点工作中统筹安排，提高统战工作意识。开展清真泛化问题和宗教问题专项检查30余次，排查经营主体3781户次，责令生产企业收回清真概念泛化产品426000余袋，对105种不符合清真标的肉制品、火锅底料和饮料进行有效治理。

【开展“不忘初心、牢记使命”主题教育】 制定主题教育工作方案，认真开展学习交流研讨，坚持开门纳谏，广泛征求意见，交流心得体会，撰写调研报告，及时召开了专题民主生活会和组织生活会，领导班子和班子成员分别从思想、政治、作风、能力、廉政等方面查摆出7个方面的22个问题。

【健全机关群团组织】 充分发挥群团组织联系群众的桥梁纽带作用，发动群众，通过开展联谊座谈、参与“爱我青城、奉献首府”和义务献血等志愿者活动，凝心聚力，争先创优，推动区市监局各项工作再上新台阶。

应急管理局

【应急管理局领导名录】

党组书记、局长　　曹体俊
党组成员、副局长　赵文刚
总工程师　　　　　国　凡

【概况】 2019年，安全生产监督管理工作坚持“安全第一、预防为主、综合治理”的方针，深入开展安全生产宣传教育、执法、治理3项工作，严格监督管理，深化专项整治，确保了全区安全生产形势的总体稳定。玉泉区共发生生产安全事故3起，共计死亡2人、重伤1人，生产安全事故起数较2018年下降25%，死亡及重伤人数较

2018年下降40%。

玉泉区应急管理局内设党政办公室、安全生产综合协调股、安全生产基础股、危险化学品安全监督管理股、政策法规与新闻宣传股、防火和防汛抗旱股、应急指挥调度股、综合性救援大队、监察大队。有干部职工61人，行政编制3人，事业编制24人，合同制工作人员34人。

【安全生产责任制】 抓贯彻部署，区委常委会、区政府常务会议、安全生产调度会以及区政府全体会议各类安全生产专题会议先后多次研究安排全区安全生产工作，听取工作汇报，解决了多项重大问题，并严格执行落实“党政同责、一岗双责”的安全生产监管工作目标。抓责任落实，明确区安委会安全生产职责和控制考核指标。抓督促检查，强化区安委会成员单位对行业监管督查的力度，进一步推动解决存在的突出问题和薄弱环节，督促各镇办落实属地监管责任，对本辖区内的生产经营单位进行地毯式、全覆盖安全检查。健全安全生产责任制，建立奖惩制度。立足长远安全发展，构建“大安全”格局，进一步明确目标职责、力求从体制、机制上实现新突破，确立安全生产奖惩制度。

【隐患排查工作】 健全隐患排查治理机制。发现机制：针对隐患动态性、经常性、反复性的特点，形成第一时间发现、第一时间控制、第一时间上报的发现机制，对排查出的各项安全隐患及时进行梳理分类、登记造册。责任机制：对发现的隐患，从6个方面抓落实，即落实整改措施、责任、资金、时限、安全保障措施及应急预案；对没有认真开展排查、积极整改隐患而导致发生人身伤亡或重大经济损失以及社会影响事故的单位实行责任倒查。整改机制：建立重大隐患公告公示、挂牌督办、跟踪治理和逐项销号制度，对各类安全隐患实行动态跟踪整改，加强责任追踪、问效、问责。督查机制：建立区政府、职能部门、镇办3个层面的隐患治理督办机制，实施隐患分级治理和动态监控，落实责任单位、督办人、督办措施、整改完成时限，定期分析点评，确保安全隐患真正得到消除。

全面开展安全生产大检查活动。从2月份开始为期7个月的安全隐患排查统计，安委办收集整理安委会成员单位上报安全隐患共1040项，已整改994项，整改率95.57%，其他隐患由行业主管部门组织实施。

联合多部门专项检查。多行业多部门联合对建筑施工、道路交通、商场、学校、旅店宾馆等人员密集场所进行不定期综合安全检查，共检查126次，现场能责令其及时整改的立即整改，无法立即整改的下达限期整改通知书。

下达各类文书。2019年，区安委办共下发各类通知方案共计60个1830多份。包括电力安全隐患、玉泉区安全隐患整改、第一组巡查反馈隐患整改等各类文件，下发玉泉区30多家属地行业监管部门和监管企业，及时有效地督促被监管单位安全隐患的整改落实。

【重点行业监督管控】 认真贯彻落实《呼和浩特市人民政府办公厅关于印发危险化学品安全综合治理实施方案的通知》要求，进一步提升玉泉区危险化学品本质安全水平，全面加强危险化学品安全综合治理，预防和减少危险化学品事故，玉泉区应急管理局部署在全区范围内组织开展危险化学品安全综合治理工作。

根据年初制定的《全区危险化学品及烟花

爆竹经营企业安全生产大检查实施方案》的要求，结合辖区实际情况，对辖区内20家加油站、1家加气站以及1家氧气充装站，不少于2次常规检查，前后对存在安全隐患的7家加油站采取了停业整改措施。对涉及使用危险化学品的3家企业（惠华食品、金喜贵冷库、金河水厂）进行了安全生产大检查，加强危险化学品重大危险源管控。对12家危险化学品经营企业（无仓储纸面办公企业）检查了企业相关的销售记录、流向登记、人员培训考核情况、规章制度、安全资金投入情况等。督促危险化学品企业落实主体责任，充实安全生产管理人员，建立健全管理制度、操作规程，严格考核奖惩，强化事故风险防控措施。

根据《全区危险化学品及烟花爆竹经营企业安全生产大检查实施方案》的要求，对辖区内1家烟花爆竹批发企业和20家烟花爆竹零售店检查。

根据《呼和浩特市加油站储油储存防渗改造工作方案的通知》要求，玉泉区21家加油站双层罐改造工作到10月份现已有19家完成储油罐的改造，还有2家正在施工，年底前完成加油站双层罐改造工作。对加油站的双层罐改造都严格审核了改造前期的准备材料，加强改造期间安全监督管理，并严把竣工验收，确保不发生安全生产事故。

根据年初制定的计划进行检查，对危化企业进行不少于2次的常规性检查，共下达现场检查记录30余份，下达责令整改指令30余份，共查处隐患150余条，对整改落实不到位存在安全隐患的企业采取封停处理3次。完善了内蒙古危险化学品经营使用企业信息上报系统，对玉泉区38家危险化学品经营使用单位的基本信息进行建档造册。

【宣传教育活动】 加强安全文化宣传。在安全生产月6.16宣传咨询日活动中，组织各成员单位相关部门设立咨询台，通过宣传安全生产政策法规、摆放展板、现场解答、发放资料等多种方式，向市民、游客及从业人员宣传企业全员安全生产责任制的重要性和必要性。此次活动共悬挂安全生产宣传横幅30条，设立展板70块，发放宣传单3000份，宣传手册20000份。

开展“七进”宣传活动。2019年区应急管理局深入开展安全生产宣传教育进企业、进农村、进社区、进学校、进机关等“七进”活动，区应急管理局分别走进玉泉区各村、居，开展应急救援知识宣教活动，共计90次，累计发放各类宣传资料8000余份，受教群众达2万余人次。进一步提高了居民的安全责任意识，夯实玉泉区的安全发展基础建设工作。

加强各类安全培训。针对企业法定代表人、从业人员、农民工、居委会干部等不同人群，开展消防、安全生产、特种设备等不同专业的安全知识和安全技能培训，培训各类人员6500余人。通过“两微”等新媒体，设置《企业安全知识》专栏进行宣传培训，有效地提高了全社会的安全防范责任意识，增强了全民的自救互救能力。

【应急救援管理工作】 进一步强化应急值守，严格落实24小时值班值守和领导带班制度。特别是出现恶劣天气时，采用局领导带班，局应急管理各科室人员组成值班组24小时值班，要求应急救援中心严阵以待，确保恶劣天气出现突发事件有指挥、有救援、有后勤保障。进一步强化应急演练，加强防汛应急演练，确保出现突发情况，能在第一时间响应，以最快速度出发，以最有效的方式应对处置。强化应急演练与应急救援培训，迅速、高效地处置各类安全生产突发事件。大力开展玉泉区森林火灾隐患排查整治活动，组织开展防灾减灾宣传教育，增强公众防灾减灾意识，提高全民灾害防治能力，提升公众应急避险和自救互救技能，切实减少人员伤亡以及财产损失。

【队伍建设】 夯实队伍成员，包括安委办成员单位及重点企业负责人约200余人。区应急管理局新成立应急救援中心，录用20名退伍军人，10名合同制工作人员，共61名基层安全生产监管人员，进一步提升了基层监管能力。

教育工作

教育局工作

【教育局领导名录】

教育党工委书记、

教育局党组书记、局长　陈长青

教育党工委副书记　刘慧姝（女　蒙古族）

教育局副局长　杨瑞清（女）

李占有

【概况】　玉泉区现有各类教育资源184所，教职工3693人，在校学生（含幼儿）48421人，其中普通中学8所，教职工863人，在校生10494人；中职3所，教职工53人，在校生670人；小学28所，教职工1468人，在校生23313人；幼儿园49所，教职工1018人，幼儿8791人；学科类培训机构28所，教职工291人；无证幼儿园68所，在园幼儿5153人。

玉泉区教育系统在职教职工1947名，中小学核定编制1646人，幼儿园核定编制79人，教育局机关及二级单位核定编制74人，其中行政编制6个、事业编制68个、合同制148人。内设机构17个，党务办公室、办公室、人事股、计财股、教育股、德育办公室、体卫艺教育股、基础建设办公室、团委、少先队、督导室、综合治理及安全管理办公室、纪检监察室、发展改革办公室、民办教育科、学前艺术中心筹建办、幼教集团筹建办。直属二级单位8个，教研室、教师进修学校、招生办公室、电化教育中心、学生资助管理中心、校外教育中心、勤工俭学管理中心、内蒙古天睿教育发展有限公司。

【党建工作】　2019年以来，区教育党工委不断加强基层党组织建设，结合“一校一品”党建特色品牌创建活动，制作支部品牌宣传展板24块，在区政府大楼和通顺街小学进行了集中展示；制作党建品牌宣传微视频27个，通过活力玉泉、玉泉党建、玉泉教育微信平台等媒体积极宣传党建品牌创建成效。召开了党建工作现场观摩交流会暨庆“七一”表彰大会，对9个先进基层党组织和33名优秀共产党员、22名优秀党务工作者进行了表彰，为5所量化考核先进支部争取市级奖励党建活动专项经费共计10万元。2019年共召开党组（扩大）会21次，组织中心组集体学习活动12次，召开党建专题学习会10次、党工委学习讲堂8次，发展党员15人。

落实党风廉政建设主体责任，把作风建设纳入党建工作总体布局，2019年召开党风廉政建设和反腐败工作专题会议2次，开展党风廉政建设警示教育集中学习2次。印发了《关于深入整治形式主义、官僚主义的实施方案》和《关于开展整治“四官”问题净化机关政治生态的工作方案》，组织区教育局机关、二级单位全体党员干部、各学校幼儿园党支部书记、校（园）长赴内蒙古自治区预防职务犯罪警示教育基地——呼和浩特第一监狱。配合区纪委监委派驻纪检组开展执纪问责，共给予党纪处分5人，约谈校级领导7人。

进一步加强对教育领域意识形态工作的统一领导，梳理出教育系统意识形态工作共4大方面。14个类别，确定了27人为意识形态阵地网格负责人。按照校园管理情况、教材教辅图书、校史馆、校园陈列馆及校园宣传标语等方面开展意识形态阵地管控情况自查自纠活动，并在系统内进行了通报。

扎实开展“不忘初心、牢记使命”主题教育，制定《玉泉区教育党工委关于开展“不忘初心、牢记使命”主题教育的工作方案》，成立主题教育领导小组办公室，组建了3个具体工作组和5个指导组，对各工作组和指导组工作职责进行了细化。先后完成了3轮征求意见工作，共征集各类意见建议131条，梳理整合为25条具体意见，其中涉及党建引领、作风建设、教师队伍建设、教育均衡发展、特殊教育、幼儿教育、硬件建设排危7个类别。局党组坚持“改”字当头，边查边改，立行立改。全系统党员干部全面贯彻落实全国教育大会精神，通过实施“13269”教育发展战略和《促进教育发展　提升教学质量行动计划》的深入推进，“上学难”“入园贵”“择校热”“大班额”等群众关注的教育热点、难点问题得到有效解决，群众对教育的满意度和认可度进一步提高。

【学前教育】 学前教育是基础教育的重要组成部分，是国民素质教育体系的开端。玉泉区通过实施3轮《学前三年提升行动计划》，成果显著，2019年共新建、改建2所公办幼儿园，增加18个教学班，540个学位。

玉泉区共47所幼儿园，在园幼儿7630人。其中公办幼儿园6所，在园幼儿1105人；民办幼儿园41所，在园幼儿6525人。新认定的普惠性民办幼儿园22所，共181个教学班，3964名在园幼儿。普惠性幼儿园（包含公办和普惠性民办幼儿园）在园人数5069人，占玉泉区在园总数的66.4%，公办幼儿园在园幼儿占玉泉区幼儿园在园幼儿的14.5%。

玉泉区共有园长56人、专任教师556人、公办在编教师77人、合同制教师97人。525名教师持有教师资格证，占教师总数的94%。大专及以上学历教师502人，教师学历合格率90%。

加快公办幼儿园建设的同时理顺集团化办园内部运行机制，依托优质示范园的教师队伍，通过教师轮岗等形式共享优质资源，整体提升农村幼儿园教育质量。2019年通过教师招聘考试的方式共招聘85名幼儿园教师，为新建幼儿园配齐了师资，把科学保教摆上重要的位置，加强培训，不断扩大和充实幼儿教师的师资力量。

【小学教育】 2019年公办小学25所（含1个小学教学点），在校生20514人。民办小学7所，在校学生3386人。2019年小学调研年级质量指数为0.830，较2018年提高了5%。组织了音、体、美综合学科学业素养水平抽测，音、体、美学科教学质量综合指数为0.762，较2018年提高了8%，促进了学生综合素养的提升和各学科均衡发展。2019年通顺街小学、恒昌店小学被评为国家级课程建设示范校，小召小学被评为自治区级有效教学实验学校，头道巷小学、巧尔齐召小学被评为自治区级科技教育示范校，西菜园小学、沟子板小学被评为市级中小学幼儿园特色建设示范校。2019年玉泉区累计20所学校被评为市级特色学校，占比73%。玉泉区素质教育水平进一步提升。

【普通中学教育】 2019年公办、民办普通中学9所（含九年义务学校、十二年一贯制学校），在校生共计12393人，其中公办中学5所（含附二中），在校学生8082人；民办中学4所，在校学生4311人。

玉泉区中考统招示范性高中上线人数354人，上线率28.4%，普通高中上线人数608人，上线率49.1%；高考一本上线人数260人，一本上线率32.3%；本科上线人数652人，上线率81.0%。

呼和浩特市第六中学2019年中考上重点线人数已经连续7年突破百人大关，重点升学率由17%增至38%；2008—2019年11年上线人数实现连续翻番、刷新纪录。2019年参加高考413名考生（不含33名艺术类考生，艺术生一本率89.2%）一本上线103人，再次突破百人大关，一本率达24.9%；二本以上上线人数合计351人，较往年增加24人，本科上线率84.9%。

内蒙古师范大学附属第二中学（以下简称师大二附中）2016年学校高中招生统招分数线位列呼和浩特市第六名，2017—2019年稳居呼和浩特市第四名。2019年首届初三毕业生一中、二中、附中上线率28.2%，超呼和浩特市一中、二中、附中上线率16个百分点；示范性高中上线率87.2%，超示范性高中上线率40个百分点；出库率94%，超呼和浩特市出库率38个百分点。通过对比呼和浩特市各中学入学成绩和学业水平考试、段考成绩，一模乃至高考成绩，师大二附中是提升幅度最大、发展势头最猛的学校。师大附二中已然走上了优质发展的快车道。

中央民大附中呼和浩特分校项目位于玉泉区范家营路东侧、南二环路南侧、范家营一路西侧、新建规划路北侧，项目建设用地面积158.95亩，建筑面积约127659平方米，办学规模78个教学班（初中36个班、高中42班），建设资金概算7.7287亿元。该项目经《呼和浩特市人民政府2019年第十九次常务会议纪要》议定建设资金由市财政局按照项目建设进度分期予以拨付，建设主体和具体实施由玉泉区负责。

本项目地块已完成土地转性工作，项目建议书、选址意见书、稳评、能评、可研批复、建设用地规划许可证、初步设计批复均已办结，土地勘测定界、地形图实测、市财政局财承、总体设计方案论证、图纸深化设计、地勘、设计、全过程性项目管理招投标工作均已完成，中央预算内投资已下达1000万元，市财政下达资金2000万元。

正在进行施工前期“三通一平”工作，办理用地划拨决定书和建设工程规划许可证，施工招标公告已发布并于4月24日开标，预计2020年5月开工建设。

【职业教育】 2019年玉泉区共有中职学校3所，分别是内蒙古航空职业技术学校、呼和浩特市悦鑫电子工程职业技术学校和新审批民办中职学校1所：内蒙古西部民间艺术学校。

表 1　职业教育情况统计表

学校	在校生人数	主要招生专业	备注
内蒙古航空职业技术学校	366	航空服务 民航安检 民航英语	—
呼和浩特市悦鑫电子工程职业技术学校	261	电子商务 酒店服务与管理	2017 年 9 月办学地址变更至玉泉区石羊桥南路 7 号
内蒙古西部民间艺术学校	80	声器乐 舞蹈 二人台	—

【民族教育】　民族学校积极开展了民族教育条例、民族政策法规、民族宗教政策等专题讲座。加授蒙古语文教学班开展唱蒙语歌曲、说蒙古语短语、诗歌背诵、动手做体现民族文化的小制作等活动，利用课前3分钟时间、学校社团活动时间及周末时间进行。充分利用校本蒙古语教材《蒙古语儿歌》运用到日常教学中。民族幼儿园要求教师立足本岗，成立了民族教育教学科研小组，结合蒙古语授课与加授蒙古语幼儿不同的实际情况，有效利用蒙古包及民俗体验室开展民族教育，通过集体教学、区域活动等多种形式，针对性开展民族教育教学活动，在实践与教研中逐渐开发幼儿园园本民族课程，有效培养幼儿民族意识与民族团结情感。

民族教育坚持优先重点发展，坚持质量特色并重，坚持依法治教的原则，认真贯彻党的教育方针和民族政策，以立德树人为根本，传承中华民族优秀传统文化，大力培育和弘扬社会主义核心价值观，维护民族团结和社会稳定，培养造就德智体美全面发展的社会主义合格建设者和可靠接班人。

2019年，玉泉区民族幼儿园被评为内蒙古自治区示范幼儿园；义务教育阶段蒙汉双语授课学校办学条件实现标准化；各级各类民族教育教学质量大幅提高，校长队伍管理能力和教师队伍专业化素质基本满足教育现代化要求，民族教育整体发展水平保持在呼和浩特市前列。

【特殊教育】　2019年重点实施二期特殊教育提升计划（2017—2020），巩固一期成果，进一步提升残疾人教育水平，推进教育公平、实现教育现代化的重要任务。玉泉区教育局充分认识实施二期提升，尽职尽责，攻坚克难，对区内每一个残疾孩子的残疾类型、残疾程度和家庭情况进行全面了解，制定具体解决办法，把责任落实到人、落实到校，做到全面覆盖、零拒绝。所有入学的残疾学生2019年9月全部录入学籍，对于适合进入普通学校的残疾孩子，就近就便、优先安排随班就读。对于确实不能进校就读的重度残疾孩子，采取送教上门，玉泉区随班就读人数37人，特殊儿童送教19人、玉泉区47位老师承担送教工作。确保本辖区内每一个特殊儿童在家里也能接受一定的教育和康复训练。

同时，为了更好地实现为随班就读孩子制订个别教育计划，扶持学校建设资源功能室。已建资源教室3所、资源中心1所，各项工作平稳有序开展着。

【民办教育】　玉泉区共有民办各级各类学校（幼儿园）82所。其中民办中职学校3所、民办中小学9所、民办幼儿园43所、民办培训机构27所。玉泉区民办教育系统共有教职工1632人，玉泉区民办在校中职、中小学生8366人，在园幼儿6693人，培训机构在校生1801人。2019年注销民办学校2所：内蒙古计算机职业学校、科苑幼儿园。2019年新审批民办学校17所，其中民办幼儿园1所（新民幼儿园），民办中职学校1所（内蒙古西部民间艺术学校），民办培训机构15所（学大教育培训学校、名成培训学校、胜利教育培训学校、博学培训学校、格青培训学校、纽斯达学校、士昂培训学校、好乐培训学校、乐开启培训学校、常春树培训学校、博洋培训学校（睿斯校区）、贝贝优培训学校、小伦敦培训学校（大召校区）、小伦敦培训学校（睿斯校区）、佳一数学）。

【民办校外教育】 2019年玉泉区共有校外培训学校27所。新审批民办培训机构16所：胜利教育培训学校、纽斯达学校、博洋培训学校（睿斯校区）、小伦敦培训学校（大召校区）、小伦敦培训学校（睿斯校区）、好乐培训学校、阶梯培训学校、士昂培训学校、学大教育培训学校、佳一数学培训学校、贝贝优培训学校、乐开启培训学校、博学培训学校、常春树培训学校、格青培训学校、名成培训学校。

【成人教育】 干训工作 2019年，相继启动玉泉区领军校长、领雁团队培训工程。组织领军校长一行30人赴山东潍坊进行为期一周的外出集中研修。成功举办玉泉区领军校长首期校长论坛及领军校长培养工程阶段性成果展示。组织正职校长共聆听专题讲座44场，参与17所学校的入校指导，培训校长、教学副校长、教导主任3959人次。

师训工作 2019年进修学校分批对玉泉区232名新教师进行了岗前通识培训。邀请杭州江干区教育发展研究院副院长邱曙光携名优班主任团队对我区500多名班主任进行集中培训。组织50余名美术教师开展玉泉区中小学美术教师素养提升工程之国画专题培训。共选派21人参加了7个国培计划项目的研修。2019年，玉泉区师训、干训共组织开展专题培训98场，培训校级领导、中层干部、教师达9305人次。

汉语言工作 区汉语办先后15次深入小黑河达赖庄、东二道、班定营、西二道、乌兰巴图的贫困户进行走访、调研，发放宣传资料，并以“送教下乡”的形式对贫困户、村干部进行推普培训。对玉泉区部分未取得普通话等级证书的公、民办教师199人，分2期开展了8场普通话等级认证专项培训。179名教师通过了普通话等级专业测评。完成了区属学校蒙汉文并用情况督查。组织区属各校报名参加全国2019年中华经典诵写讲大赛。成功举办玉泉区第六届中小学生暨第二届教师汉字听写大赛。

【校外教育】 2019年，玉泉区校外教育中心（玉泉区青少年宫）在新址发展的第二年，迅速提升管理水平，实现了创新性跨越式的大发展，办学规模成倍扩大，服务对象与日俱增。开展艺术、科技、体育类培训服务对象达2600人次，瑚斯勒文化艺术科技品牌社团在各级各类竞赛中成绩显著；未成年人思想道德主题系列活动、心理健康辅导、家庭教育指导、科技馆实践体验、行走的少年宫课程进校园等免费公益服务未成年人达7200人次，2019年服务共计9800人次。为玉泉区深化素质教育起到了重要推动作用，获得了家长和社会各界的一致好评。

瑚斯勒文化艺术科技品牌社团在各级各类竞赛中取得了较好的成绩。

7月份在大召广场成功承办了2019年玉泉区民俗文化旅游节专场艺术公益展演。

舞蹈中心 精心排练11个舞蹈节目参加内蒙古电视台少儿频道的《喜乐中国年》元宵节晚会和内蒙古文体娱乐频道的《我要登场》节目

的录播，并荣获多个奖项。参加玉泉区小小乌兰牧骑的汇报演出并受到好评。瑚斯勒舞蹈艺术团2个群舞节目在2019呼市美育节评比中分别夺得一、二等奖。啦啦操艺术团在第八届全国全民健身操舞大赛中荣获一等奖、优秀作品奖，并被授予全国啦啦操七彩星级考级点资格。

美术中心　美术社团参加内蒙古自治区我与祖国同成长·童心共筑中国梦少年儿童书画大赛，荣获一等奖1名、二等奖2名、三等奖1名的好成绩，教师荣获优秀辅导教师奖。书法社团参加第二十五届世界和平书画展国际青少年书画大赛，4名同学荣获金奖、2名同学荣获银奖。在2019呼市美育节中申报的《蒙古族创意制作与民族扎染》美术工作坊喜获二等奖。

科技中心　在呼和浩特市第三届青少年机器人竞赛中获得第一名和第四名。在呼和浩特市中小学生创意创新作品及创客教育实践活动比赛中获得一等奖和二等奖。在第19届内蒙古自治区青少年机器人竞赛中荣获亚军。2019年8月，玉泉区青少年宫被中国电子学会授予全国青少年机器人技术等级考试服务网点资格和全国青少年机器人软件编程等级考试服务网点资格，成为内蒙古自治区首批同时被授予两项考点资格的校外教育机构。

体育中心　武术社团在内蒙古自治区武术套路比赛中荣获4金2银的优异成绩，教师荣获优秀教练员、优秀裁判员称号。跆拳道社团在自治区跆拳道锦标赛中荣获3枚银牌2枚铜牌14个前八名的好成绩，全部参　赛学员取得进入2022年内蒙古自治区第十五届全运会的参赛资格。跆拳道馆66名队员参加全国大众跆拳道精英挑战赛，荣获13枚金牌、16枚银牌、32枚铜牌的成绩。

声乐中心　瑚斯勒艺术团声乐学员参加自治区党委宣传部组织的“壮美草原　诗意中华——内蒙古《经典咏流传》古诗文音乐会”。圆满承办第15届快乐阳光中国少年儿童歌曲卡拉OK大赛玉泉区分赛区2场复赛，并选出8名选手和中心的34名学员参加内蒙古中部地区总决赛，最终取得了特金奖1名、金奖10名、银奖24名、铜奖7名、超能赛手奖8名的优异成绩，在全国大赛中荣获一枚国家级铜奖。声乐中心的首席教师何庆、骨干教师左冬薇和张晓彤获得最佳指导教师奖，连续5年获得金牌导师的何庆老师同时还荣获五星金牌导师荣誉称号。玉泉区青少年宫荣获最佳组织奖和儿童声乐艺术表演优秀生源基地称号。在卡拉OK“阳光宝贝·快乐的歌”第五届幼儿歌曲演唱内蒙古自治区大赛中，荣获6枚金奖、5枚银奖、3枚铜奖。在全国大赛中，荣获2枚国家级铜奖。在2019呼市美育节中何庆老师申报的《学校与少年宫共建合唱社团的美育合作案例》美育案例喜获一等奖，选送的2位学员分别荣获独唱节目二等奖、三等奖。在“超越梦想　星耀世界”第六届中泰青少年国际交流艺术盛典内蒙古赛区艺术大赛中，12名参赛学员获得4金、1银、5铜、2优的可喜成绩，玉泉区青少年宫荣获本次大赛优秀组织奖。

器乐中心　古筝社团学员在敦煌杯内蒙古分赛区荣获3个二等奖、3个三等奖、5个优秀奖。在2019呼市美育节“三独”比赛中琵琶独奏荣获器乐独奏一等奖。

【基础设施建设】　2019年玉泉区教育局全力推

进续建、改建、新建项目规划及建设工作。概算投资5380万元，续建十二中综合楼、宿舍楼，改建讨卜齐幼儿园项目进展顺利。十二中宿舍楼已完工并投入使用，综合楼主体和二次结构已完工，其余计划2020年全部完成。讨卜齐幼儿园改建项目已全部完工，计划2020年投入使用。水语青城幼儿园已开工建设，其他项目正在全力推进施工前期手续。概算投资640万元，完成了十二中、百什户民族实验小学、玉泉区幼儿园、南茶坊小学、石头巷小学、巧尔齐召小学等6所学校、幼儿园的消防工程，解决了消防安全隐患问题。投入530万元，完成沟子板学校、石头巷小学、巧尔齐召小学的操场维修改造。投资350万元，解决了辖区内公办中小学食堂土灶台、火炉子、旱厕、浴室、大通铺5类问题。投资80万元，完成了小召小学外走廊加固改造工程，消除了校舍安全问题。玉泉区城乡学校办学条件得到进一步改善，硬件设施大幅提升，育人环境日臻优化，满足了人民群众对更加公平、更有质量的教育需求。

【师资队伍建设】 玉泉区教育系统在职教职工1947名，中小学核定编制1646个，幼儿园核定编制79个。其中，新招聘教师人数210人，中级职称教师人数827人，高级职称教师人数413人。国家级、自治区级名师17名，市级学科带头人79名，市级教学能手101名，区级首席教师7名，区级学科带头人115名，区级教学能手259名。自治区级名师工作室1个，市级名师工作室10个，区级名师工作室15个。

【2019年度小学校级领导调整情况】 3月6日，局党组召开党组（扩大）会议，对整体选拔任用过程再次进行梳理，会议决定了下列人员的职务任免和岗位交流。

安冬梅任民族实验小学校长，免去清泉街小学党支部书记、校长职务。

秦广宇任小黑河镇中心校校长，免去民族实验小学党支部书记职务。

靳志刚任民族实验小学党支部书记，免去小黑河镇中心校党支部书记职务。

王建平任清泉街小学党支部书记、校长，免去石东路小学党支部副书记、副校长职务。

王欣荣任梁山街小学党支部书记，免去清泉街小学党支部副书记、副校长职务。

杜燕华任石东路小学党支部副书记、副校长，免去小黑河小学校长职务。

李和新任大南街头道巷小学副校长，免去公义店小学副校长职务。

马宁任清泉街小学副校长，免去大南街头道巷小学副校长职务。

郝佳任恒昌店巷小学副校长，免去通顺街小学副校长职务。

杨利霞任通顺街小学副校长。

荣斯琴托雅任公义店小学副校长。

石润祥免去小黑河镇中心校校长职务，退休。

李丽英免去民族实验小学校长职务，退休。

陈俊琴免去通顺街小学副校长职务，退休。

表2　中小学、幼儿园、局机关及二级单位职工情况统计表

学校	核定编制数	在职发工资人数	中级教师人数	高级教师人数	2019 年新招考人数
中学	586	768	287	206	40
小学	1060	1103	477	152	85（含合同制）
幼儿园	79	76	15	3	85（含合同制）
教师进修学校	10	17	7	8	—
校外教育中心	12	28	10	13	—
局机关（事业）	46	65	26	25	—
局机关（行政）	6	6	—	—	—

【开通政务专网，提高行政效能】　在2018年梳理本级教育行政部门权责清单共63项（其中行政许可4项、行政确认2项、行政给付1项、行政奖励1项、行政处罚39项、行政监督检查8项、其他行政权力8项）的基础上，2019年，国务院规定旗县区级教育局的行政权力事项13项，行政监督权力事项6项。核减掉国家规定的旗县区级权力事项和自行梳理的自有权力事项重复的8项。因职能改革划转出2项：教师培训学时认定划归区人事局；对民办教育机构出资人要求取得合理回报的比例备案事项，因政策调整，民办教育机构需要做出营利性和非营利性的选择，选择后将对应划转到市场管理局管理。调整合并后，教育局现剩余自有权力事项53项。教育局现实有权力事项共计72项。2019年教育局办公楼安装了国家作为服务一体化服务平台网络，各项行政权力逐步实现网上办理，并提高政务服务平台公布权力事项行为结果，真正实现公平、公正、公开，接受群众的监督。

【办学成果特色】 2019年，玉泉区已建成市级特色学校20所。已建成自治区级文明校园2所、玉泉区27所学校全部建成市级文明校园。呼和浩特市文明校园创建经验交流现场推进会在玉泉区召开，玉泉区作为9个旗县区的唯一代表，做了典型发言。“创城”工作常抓不懈，在呼和浩特市未成年人思想道德建设测评工作中，玉泉区实地测评得分87.12，居呼和浩特市第一。

附录：

1.2019年民办普通中职、中小学基本情况统计表

2.2019年民办幼儿园基本情况统计表

3.2019年玉泉区培训机构基本情况统计表

4.玉泉区教育系统2019年获奖情况统计表（国家级）

5.玉泉区教育系统2019年获奖情况统计表（自治区级）

6.玉泉区教育系统2019年获奖情况统计表（市级）

附录

表1 2019年民办、普通中职、

序号	学校名称	教职工数（人）	专任教师数（人）	编制人员（人）	班级数（个）	
1	内蒙古航空职业技术学院	38	38	0	10	
2	呼和浩特市悦鑫电子工程职业技术学校	20	20	0	6	
3	内蒙古西部民间艺术学校	27	9	0	3	
4	玉泉区锦盛达学校	200	171	0	60	
5	玉泉区开来中学	65	50	0	21	
6	玉泉区方圆中学	68	58	0	18	
7	玉泉区明德学校	99	68	0	33	
8	玉泉区锦绣学校	41	22	0	12	
9	玉泉区芦花园小学	8	8	0	4	
10	玉泉区建华小学	41	34	0	22	
11	玉泉区伟一小学	22	16	0	8	
12	玉泉区树人学校	12	7	0	2	
	合计	641	501	0	199	

中小学基本情况统计表

学生数（人）	占地面积（平方米）	校舍面积（平方米）	绿化面积（平方米）	运动场地面积（平方米）	备注
387	21000	4800	1000	1000	民办
239	7937	3742	500	2600	民办
80	3860	2500	0	500	民办
2600	158667.46	72960	39666	32000	民办
933	16123	13000	520	11800	民办
964	10000	4000	1000	5000	民办
1402	10500	8965	300	7383	民办
401	4600	5318	0	1260	民办
52	14079	890	870	5070	民办
1047	6000	2619	121	2944	民办
191	3040	2152	50	1000	民办
70	2000	1000	0	2000	民办
8366	257806.46	121946	44027	72557	—

表2　2019年民办幼儿园

序号	幼儿园名称	教职工数（人）	专任教师数（人）	编制人员（人）	学前教育专业毕业（人）
1	玉泉区久腾幼儿园	18	11	0	12
2	玉泉区启蒙幼儿园	34	16	0	0
3	玉泉区圣心幼稚园	13	7	0	7
4	玉泉区星辰幼儿园	42	23	0	24
5	星辰幼儿园秋实分园	38	19	0	20
6	玉泉区慧阳幼儿园	39	22	0	18
7	玉泉区蒙苑幼儿园	18	6	0	6
8	玉泉区育才幼儿园	14	4	0	4
9	玉泉区蓝天幼儿园	29	10	0	1
10	玉泉区孔融国学经典幼儿园	30	18	0	6
11	玉泉区明佳家兴幼儿园	13	11	0	11
12	玉泉区明佳鼎盛幼儿园	30	11	0	12
13	玉泉区明佳天骄幼儿园	12	9	0	5
14	玉泉区明佳美华隆幼儿园	17	14	0	12
15	玉泉区科苑盛世东元幼儿园	33	18	0	18
16	玉泉区北辰幼儿园	24	8	0	8
17	鼎奇俪城幼儿园	26	15	0	12
18	玉泉区凯娃幼儿园	12	3	0	3
19	玉泉区阳光幼儿园	20	10	0	11
20	玉泉区坤泰幼儿园	26	9	0	7
21	玉泉区希望星幼儿园	15	7	0	7
22	市玉泉区红果果幼儿园	31	20	0	21

基本情况统计表

班级数（个）	学生数（人）	占地面积（平方米）	校舍面积（平方米）	绿化面积（平方米）	运动场地面积（平方米）	备注
7	143	3005	1425	130	1500	民办
9	188	2150	2010	50	660	民办
5	97	1138	1400	0	262	民办
10	271	2600	2068	200	712	民办
10	220	1200	1680	250	900	民办
10	238	2424	1694	30	700	民办
6	86	660	650	50	200	民办
4	58	1100	1115	100	729	民办
7	137	1000	1015	90	900	民办
17	246	1500	974	110	730	民办
5	320	1200	1530	0	500	民办
11	324	6218	2718	1000	2000	民办
5	278	2000	1966	0	500	民办
7	220	2000	1630	0	500	民办
9	220	1700	1366	200	1400	民办
8	228	800	650	50	300	民办
10	240	1972	2916	0	1000	民办
5	108	1500	1000	15	500	民办
8	147	2100	1083	50	1000	民办
7	203	950	680	50	120	民办
8	124	2400	2015	150	600	民办
10	226	2215	1430	400	1200	民办

续表

序号	幼儿园名称	教职工数（人）	专任教师数（人）	编制人员（人）	学前教育专业毕业（人）	
23	玉泉区红果果现代幼儿园	28	11	0	12	
24	玉泉区童星溪水幼儿园	33	18	0	4	
25	玉泉区童星逸品幼儿园	20	7	0	9	
26	玉泉区聚鑫幼儿园	22	18	0	21	
27	玉泉区聚鑫第二幼儿园	24	16	0	16	
28	玉泉区诚志世纪幼儿园	15	4	0	3	
29	玉泉区阜丰幼儿园	12	3	0	3	
30	金贝贝幼儿园	38	15	0	15	
31	玉泉区博雅幼儿园	12	5	0	0	
32	玉泉区天艺幼儿园	40	16	0	13	
33	玉泉区楠湖郦舍幼儿园	33	17	0	18	
34	玉泉区金峰博大幼儿园	28	14	0	16	
35	玉泉区昭君幼儿园	22	8	0	0	
36	玉泉区育英幼儿园	29	10	0	11	
37	玉泉区思德幼儿园	24	20	0	21	
38	玉泉区七色光幼儿园	16	7	0	9	
39	玉泉区博爱幼儿园	31	22	0	18	
40	玉泉区齐鲁制药幼儿园	6	2	0	4	
41	玉泉区伊顿阳光幼儿园	10	4	0	4	
42	玉泉区新民幼儿园	14	5	0	6	
43	玉泉区童星幼儿园西苑分园	—	—	—	—	
	合计	991	493	0	428	

班级数（个）	学生数（人）	占地面积（平方米）	校舍面积（平方米）	绿化面积（平方米）	运动场地面积（平方米）	备注
8	208	2616	2106	210	300	民办
9	238	3000	2000	0	1000	民办
7	144	1400	2020	40	800	民办
9	224	700	760	0	200	民办
10	280	700	1600	0	450	民办
4	94	2000	800	600	600	民办
3	79	1200	1460	130	370	民办
12	349	3000	1900	600	1800	民办
5	114	1600	959	200	600	民办
10	184	2600	1585	200	800	民办
7	135	5500	2086.25	1010	3400	民办
7	140	2500	1900	45	620	民办
8	192	3200	2093	80	320	民办
10	230	1460.6	1681.2	120.6	520	民办
8	157	3000	2330	100	430	民办
5	101	1066.42	684.62	120	550	—
7	210	1200	1980	0	600	—
3	46	2135	1200	0	1000	—
8	202	2423	1523	0	900	—
6	98	1350	1860	0	400	—
—	—	—	—	—	—	停办
324	7747	84483.02	65543.07	6380.6	32573	—

表3　2019年玉泉区培训机构基本情况统计表

序号	名称	地址	负责人	学生人数（人）	教职工人数（人）
1	金字塔经典培训学校	玉泉区东五十家街南巷	柯　平	80	7
2	北辰业余艺术培训学校	玉泉区鄂尔多斯大街养鱼池东一巷	张利英	432	9
3	今朝外国语培训学校	锡林南路工艺厂巷电力小白楼	巴音那	120	8
4	希望教育培训中心	玉泉区五塔寺前街塞北影乐宫	张海鹏	121	7
5	大众英语培训中心	玉泉区石羊桥路 7 号	李　磊	98	8
6	园丁补习学校	玉泉区石东路小学斜对面	王玉林	120	9
7	振兴培训学校	玉泉区通达南站斜对面金谷银行向东	焦金莲	85	6
8	新星培训学校	玉泉区鄂尔多斯大街 24 号院内	渠达洋	120	7
9	博洋文化培训学校	玉泉区公义店街新玉小区三楼	赵文慧	431	22
10	红孩儿艺术培训学校	玉泉区金峰丽水大酒店 2 ~ 3 楼	刘依思	450	19
11	晨旭艺术培训学校	玉泉区五塔寺东街 21 号	臧金龙	600	14
12	艺之苑艺术培训学校	公园西路 118 号	劲　松	43	9
13	玉泉区纽斯达培训学校	呼和浩特市玉泉区大南街东纽斯达培训学校	王　丹	1600	28
14	玉泉区博学培训学校	玉泉区公园西路 305 号内蒙古宏鼎轻工有限责任公司办公楼 4 楼	李向阳	60	9
15	玉泉区士昂培训学校	呼和浩特市玉泉区公园西路朝晖小区 1 号楼 1 单元 5 层 2051	王美荣	300	8
16	玉泉区乐开启培训学校	玉泉区大南街三贤庙巷佛协综合楼 1011 号	王　磊	25	4
17	玉泉区贝贝优培训学校	玉泉区陶立西街五里营 U 型写字楼 4 楼	白新华	85	6
18	玉泉区胜利教育培训学校	南茶坊十字路口往西南柴火市南口	左胜利	—	12

续表

序号	名称	地址	负责人	学生人数（人）	教职工人数（人）
19	玉泉区常春树培训学校	玉泉区汇豪天下北门2层1021	常　春	17	5
20	玉泉区博洋文化培训学校	睿斯教育综合体4楼	赵玉春	480	24
21	玉泉区小伦敦英语培训学校大召校区	玉泉区大召九久街	刘晨霞	520	21
22	玉泉区小伦敦英语培训学校	睿斯文化教育综合体3楼	刘晨霞	260	11
23	玉泉区佳一数学培训学校	睿斯文化教育综合体3楼	刘晨霞	131	4
24	玉泉区学大教育培训学校	七彩城购物中心2楼	朱晋丽	60	11
25	玉泉区好乐培训学校	南顺城街一号房屋（中山西路回族小学对面）	贾瑞杰	160	14
26	玉泉区格青培训学校	昕雅名苑小区A座301室	孙天明	85	8
27	玉泉区名成培训学校	玉泉区通达南站东口立业大厦2楼	郝悦名	45	8

表4　玉泉区教育系统2019年获奖情况统计表（国家级）

学校	获奖内容	授奖单位	获奖时间
六中	2018 年全国“非遗进校园”优秀实践案例征集宣传活动优秀组织奖	团中央网络影视中心、中共青年网	2019 年 9 月
二十七中	全国校园跳绳大课间视频展示大赛三等奖	国家体育总局社会体育指导中心	2019 年 7 月
小召小学	全国数学文化实验学校	教育部西南基础教育课程研究中心西南大学基础教育研究中心	2019 年 5 月
小召小学	全国中小学电脑制作活动专项活动优秀组织奖	中央电化教育馆	2019 年 7 月
头道巷小学	青少年人工智能技术水平测试人才培养基地	青少年人工智能技术水平测试标准制定委员会、青少年人工智能技术水平测试工作站北京大学题库开发小组	2019 年 3 月
头道巷小学	全国青少年机器人技术等级考试服务网点	中国电子学会	2019 年 5 月
通顺街小学	课程建设示范校	国家级重点课题呼和浩特试验区	2019 年 4 月
通顺街小学	全国中小学体育活力校园课外创新奖	全国中小学教学指导委员会、中国教育发展基金会、耐克体育公益部	2019 年 8 月
公义店小学	首届“童创未来”青少年科技创新微视频中获优秀组织奖	中国少年儿童发展中心、中国青少年宫协会、中国少年科学院	2018 年 10 月
巧尔齐召小学	在首届“童创未来”青少年人工智能创新实践体验活动中表现优秀，荣获优秀组织单位	中国少年儿童发展中心中国青少年宫协会中国少年科学院	2018 年 8 月
巧尔齐召小学	2018 年青少年科技调查体验活动优秀组织单位	中国青少年科技中心	2018 年 12 月
巧尔齐召小学	在首届童创未来青少年科技创新微视频暨优秀科技教育活动中荣获优秀组织单位	中国少年儿童发展服务中心、中国青少年宫协会、中国少年科学院	2018 年 10 月
巧尔齐召小学	2018 年青少年科学调查体验活动优秀组织单位	中国科协青少年科技中心	2018 年 12 月
巧尔齐召小学	全国青少年校园冰雪运动特色学校	教育部	2019 年 7 月
实验幼儿园	华南师范大学网络研修与培训资源建设基地	华南师范大学	2019 年 3 月
恒昌店巷小学	课程建设示范校	国家级重点课题呼和浩特市实验区	2019 年 4 月

表5　玉泉区教育系统2019年获奖情况统计表（自治区级）

学校	获奖内容	授奖单位	获奖时间
石东路小学	内蒙古硬笔书法赛获优秀组织奖	内蒙古自治区教育学会书法教育专业委员会	2019年5月
石东路小学	第35届内蒙古青少年科技创新大赛获先进集体	内蒙古科协	2019年11月
石东路小学	内蒙古自治区文明校园	内蒙古自治区文明办	2019年12月
五塔寺东街小学教育集团	2019第七届中国童话节之草原童话节优秀组织奖	内蒙古自治区教育厅、内蒙古自治区文学艺术界联合会	2019年8月
五塔寺东街小学教育集团	2019第七届中国童话节之草原童话节校园短剧会演铜奖	内蒙古自治区教育厅、内蒙古自治区文学艺术界联合会	2019年8月
五塔寺东街小学教育集团	2019第二届中国马文化节暨第七届中国童话节铜奖	内蒙古自治区文学艺术界联合会	2019年8月
五塔寺东街小学教育集团	2019第二届中国马文化节暨第七届中国童话节优秀组织奖	内蒙古自治区文学艺术界联合会	2019年8月
小召小学	全区有效教学实验学校	内蒙古自治区教学研究室	2019年5日
南茶坊小学	第19届内蒙古自治区青少年机器人竞赛 教育机器人工程挑战赛 小学组二等奖	内蒙古自治区科学技术协会	2019年5月
头道巷小学	内蒙古自治区科技教育示范学校	内蒙古自治区科协	2019年7月
头道巷小学	全区开展“国学四进”暨创建“孔子学堂”活动先进单位	内蒙古自治区关心下一代工作委员会、内蒙古自治区教育厅关工委、内蒙古自治区工商联、内蒙古自治区孔子学堂推广指导委员会、内蒙古青少年普法活动办公室	2019年9月
通顺街小学	第十届内蒙古中小学硬笔书法大赛优秀组织奖	内蒙古教育学会书法专业委员会	2019年1日
巧尔齐召小学	第34届内蒙古自治区青少年科技创新大赛优秀组织奖	内蒙古自治区科学技术协会、内蒙古自治区教育厅、内蒙古自治区科学技术厅、内蒙古自治区生态环境厅	2019年1月

续表

学校	获奖内容	授奖单位	获奖时间
巧尔齐召小学	内蒙古自治区柔道事业 2020—2024 发展战略合作伙伴团体会员单位	内蒙古自治区柔道协会	2019 年 7 月
巧尔齐召小学	2019 年内蒙古青少年体育俱乐部技能展示大会优秀组织奖	内蒙古自治区体育局、内蒙古自治区教育厅、共青团内蒙古自治区委员会	2019 年 10 月
巧尔齐召小学	内蒙古自治区科技教育示范学校	内蒙古自治区教育厅	2019 年 8 月
巧尔齐召小学	内蒙古自治区体育传统项目学校	内蒙古自治区体育局、内蒙古自治区教育厅	2019 年
巧尔齐召小学	内蒙古自治区竞技体育局高水平后备人才基地	内蒙古自治区体育局	2019 年
恒昌店巷小学	“法伴我成长”全区中小学生作文大赛中获优秀组织奖	内蒙古青少年普法活动办公室	2019 年 1 月
恒昌店巷小学	第十一届内蒙古中小学师生硬笔书法大赛中荣获优秀组织奖	内蒙古新素质教育协会	2019 年 10 月
恒昌店巷小学	2019 中国小篮球联赛（内蒙古赛区）U10 混合组第一名	内蒙古自治区篮球协会	2019 年 4 月
玉泉区幼儿园	2019 年内蒙古广播电视台少儿频道《多彩草原娃·快乐赞家乡》少儿春节联欢晚会十佳教育机构	内蒙古广播电视台少儿频道	2019 年 1 月

表6 玉泉区教育系统2019年获奖情况统计表（市级）

学校	获奖内容	授奖单位	获奖时间
六中	呼市六中在全市首届“书香青城、沁润心灵”中小学师生共读活动中获优秀组织奖	呼和浩特市教育局	2019年4月
六中	在“争做新时代好队员——诵读中华经典，扬我少年风采”主题诵读大赛，荣获优秀组织奖	呼和浩特市教育局、共青团呼和浩特市委员会、呼和浩特市少工委	2019年5月
六中	2019呼和浩特市中学生田径运动会优秀组织奖	呼和浩特市教育局、呼和浩特市体育局	2019年5月
二十六中	2019呼和浩特市中学生田径运动会优秀组织奖	呼和浩特市教育局、呼和浩特市体育局	2019年5月
二十六中	2019年玉泉区学生、职工、农民运动会精神文明奖	呼和浩特市教育局、呼和浩特市体育局	2019年5月
二十六中	2019年呼和浩特市中学生田径运动会初中甲组第八名	呼和浩特市教育局、呼和浩特市体育局	2019年5月
二十六中	呼和浩特市青少年禁毒知识竞赛三等奖	呼和浩特市禁毒委员会、呼和浩特市教育局	2019年11月
二十七中	五一巾帼标兵岗	呼和浩特市总工会	2019年3月
二十七中	职工创新工作室	呼和浩特市总工会	2019年9月
石东路小学	呼市微型实践基地网络课程建设示范校	呼和浩特市教科所	2019年4月
石东路小学	2019年呼和浩特市“市长杯”校园足球联赛小学女子组第五名	呼和浩特市教育局	2019年4月
石东路小学	2019年呼和浩特市“市长杯”校园足球联赛优秀组织奖	呼和浩特市教育局	2019年4月
石东路小学	第二十届“学大教育杯”小金话筒奖优秀组织奖	共青团呼和浩特市委员会、呼和浩特市教育局、呼和浩特市广播电视台	2019年6月
石东路小学	呼和浩特市第四节中小学啦啦操大赛小学乙组花球第四名	呼和浩特市教育局、呼和浩特市体育局	2019年11月
五塔寺东街小学教育集团	2019年呼和浩特市“市长杯”校园足球联赛道德风尚奖	呼和浩特市教育局	2019年4月
五塔寺东街小学教育集团	“争做新时代好队员——诵读中华经典，扬我少年风采”主题诵读大赛优秀组织奖	呼和浩特市教育局、共青团呼和浩特市委员会、少先队呼和浩特市工作委员会	2019年6月
五塔寺东街小学教育集团	市级文明校园（小黑河校区）	呼和浩特市精神文明建设委员会	2019年9月

续表1

学校	获奖内容	授奖单位	获奖时间
梁山街小学	2019年“市长杯”校园足球联赛优秀组织奖	呼和浩特市教育局	2019年4月
梁山街小学	呼和浩特市第三届青少年机器人竞赛三等奖	呼和浩特市教育局	2019年4月
清泉街小学	呼和浩特市第三十二届青少年科技创新大赛先进集体	呼和浩特市科学技术协会、呼和浩特市教育局、呼和浩特市技术局、呼和浩特市环节保护局	2018年11月
清泉街小学	首届“同创未来”青少年科技创新微视频暨优秀科技教育活动中，荣获优秀组织集体	中共少年科学院	2018年12月
清泉街小学	合唱《梦中的额吉》活动呼和浩特市第三届中小学幼儿园美育节艺术表演合唱类小学组二等奖	呼和浩特市教育局	2018年12月
清泉街小学	在呼和浩特市第三届中小学幼儿园美育节美术作品展中，获得艺术工作坊三等奖	呼和浩特市教育局	2018年12月
恒昌店巷小学五里营校区	2019年呼和浩特市“体彩杯”青少年射箭大赛优秀团队	呼和浩特市体育运动学校	2019年
恒昌店巷小学五里营校区	樊登小读者亲子共读示范校	《北方新报》	2019年4月
恒昌店巷小学五里营校区	呼和浩特市文明校园	呼和浩特市教育局	2019年8月
恒昌店巷小学五里营校区	2019年呼和浩特市“市长杯”校园足球联赛小学女子组第六名	呼和浩特市教育局	2019年4月
南茶坊小学	“争做新时代好队员——诵读中华经典，扬我少年风采”主题诵读大赛优秀组织奖	呼和浩特市教育局 共青团呼和浩特市委员会、少先队呼和浩特市工作委员会	2019年
南茶坊小学	呼和浩特市第三届青少年机器人竞赛教育机器人工程挑战赛一等奖	呼和浩特市教育局	2019年4月
南茶坊小学	全市中小学创意创新作品及创客教育实践活动中“WER工程创新赛”荣获小学组冠军奖	呼和浩特市科学技术协会、呼和浩特市教育局	2019年5月
通顺街小学	2019年呼和浩特市“市长杯”校园足球联赛小学女子组第七名	呼和浩特市体育局、呼和浩特市教育局	2019年4月
通顺街小学	呼市首届“书香青城、沁润心灵”中小学共读活动优秀组织奖	呼和浩特市教育局	2019年4月
通顺街小学	呼和浩特市激光枪射击赛女子丙组团体第二名	呼和浩特市体育局、呼和浩特市教育局	2019年6月

续表2

学校	获奖内容	授奖单位	获奖时间
通顺街小学	呼和浩特市激光枪射击赛体育道德风尚奖	呼和浩特市体育局、呼和浩特市教育局	2019年6月
通顺街小学	“争做新时代好队员——诵读中华经典，扬我少年风采”主题诵读大赛，荣获优秀组织奖	呼和浩特市教育局、共青团呼和浩特市委员会、少先队呼和浩特市工作委员会	2019年6月
通顺街小学	呼和浩特市激光枪射击赛男子丙组团体第二名	呼和浩特市体育局、呼和浩特市教育局	2019年6月
通顺街小学	先进基层党组织	中共呼和浩特市委员会	2019年6月
通顺街小学	呼市青少年象棋大赛优秀组织奖	内蒙古自治区妇女儿童中心	2019年6月
通顺街小学	呼和浩特市教育系统先进集体	呼和浩特市人民政府	2019年9月
通顺街小学	呼和浩特市红十字基层组织先进集体	呼和浩特市红十字会	2019年11月
玉泉区民族实验小学教育集团北校区	蒙汉双语和谐示范单位	呼和浩特市民族事务委员会、呼和浩特市蒙古语文工作委员会	2018年12月
玉泉区民族实验小学教育集团百什户校区	蒙汉双语和谐示范单位	呼和浩特市民族事务委员会、呼和浩特市蒙古语文工作委员会	2018年12月
公义店小学	呼和浩特市少年激光枪射击比赛小学女子乙组激光手枪团体第三名	呼和浩特体育局、呼和浩特市教育局	2019年6月
公义店小学	呼和浩特市少年激光枪射击比赛小学女子乙组激光步枪团体第三名	呼和浩特体育局、呼和浩特市教育局	2019年6月
公义店小学	呼和浩特市少年激光枪射击比赛小学女子丙组激光步枪第二名	呼和浩特体育局、呼和浩特市教育局	2019年6月
公义店小学	呼和浩特市少年激光枪射击比赛小学女子丙组激光手枪第二名	呼和浩特体育局、呼和浩特市教育局	2019年6月
公义店小学	呼和浩特市少年激光枪射击比赛体育道德风尚奖	呼和浩特体育局、呼和浩特市教育局	2019年6月
西菜园小学	呼和浩特市中小学幼儿园特色建设示范校	呼和浩特市教育局	2019年4月
玉泉区沟子板学校	在“争做新时代好队员——诵读中华经典，扬我少年风采”主题诵读大赛，荣获优秀组织奖	呼和浩特市教育局、共青团呼和浩特市委员会、少先队呼和浩特市工作委员会	2019年4月
玉泉区沟子板学校	呼和浩特市中小学幼儿园特色建设示范校	呼和浩特市教育局	2019年4月
巧尔齐召小学	内蒙古自治区第十四届全运会突出贡献单位	呼和浩特市体育局	2019年3月
巧尔齐召小学	获2019年呼和浩特市市长杯校园足球联赛小学男子组比赛第六名	呼和浩特市青少年校园足球工作领导小组呼和浩特市教育局	2019年4月
巧尔齐召小学	呼和浩特市第33届青少年科技创新大赛青少年科技实践活动一等奖	呼和浩特市科技协会	2019年12月

续表 3

学校	获奖内容	授奖单位	获奖时间
巧尔齐召小学	呼和浩特市第 33 届青少年科技创新大赛先进集体	呼和浩特市科技协会	2019 年 12 月
巧尔齐召小学	呼和浩特市第 33 届青少年科技创新大赛科技辅导员科教创新成果竞赛一等奖	呼和浩特市科技协会	2019 年 12 月
巧尔齐召小学	呼和浩特市第 33 届青少年科技创新大赛优秀科技辅导员	呼和浩特市科技协会	2019 年 12 月
小黑河镇中心校达赖庄学校	市级文明校园	呼和浩特市文明办	2019 年 9 月
小黑河镇牛场学校	“市长杯”足球联赛“体育道德风尚奖”	呼和浩特市教育局	2019 年 4 月
小黑河镇牛场学校	呼和浩特市青少年科学幻想画大赛先进集体	呼和浩特市教育局	2019 年 9 月
恒昌店巷小学	五一巾帼奖	呼和浩特市总工会	2019 年 3 月
恒昌店巷小学	呼和浩特市“体彩杯”青少年射箭大赛优秀团队	呼和浩特市体育运动学校内蒙古鹰眼射箭俱乐部	2019 年
恒昌店巷小学	2019 中国小篮球联赛（呼和浩特赛区）U10 混合组第一名	呼和浩特市篮球协会	2019 年 5 月

中学教育

呼和浩特市第六中学

【呼和浩特市第六中学领导名录】

书　记　闫　岚（女）

校　长　王洪志

副校长　庞建中

　　　　郝文明（2月25日离任）

　　　　李海滨（蒙古族）

【概况】　呼和浩特市第六中学（以下简称呼市六中）始建于1956年，是玉泉区内一所完全中学。学校现有58个教学班，2700余名学生，252名教职工。呼市六中初中部2017年9月正式投入使用，学校为一校两址，高中部占地面积39800平方米，建筑面积17846平方米；初中部占地面积15318平方米，建筑面积约为19800平方米。

【办学理念】　以人为本，用爱育人。

【教学设施】　教学区、运动区相对独立，教学楼设计科学，布局合理。学校教辅用房面积13517平方米，生均教辅用房面积5.37平方米，其中初中生均教辅用房面积4.8平方米。学校运动场面积14800平方米，生均5.88平方米，其中初中生均运动场面积5.29平方米。学校功能室比较齐全，其中物理实验室3个，化学实验室3个，生物实验室2个，地理教室、心理咨询室、音乐教室、美术教室、书法教室、劳技教室、图书室、阅览室、卫生保健室、体育器械室各1个。学校拥有班班通多媒体46套。

【师资队伍建设】　学校现有252名教职工，其中高级教师85名，一级教师75名，研究生71名，教师学历合格率达100%。在学校的名优教师队伍中，有国家级骨干教师1人，自治区级学科带头人、教学能手3人，市区两级学科带头人、教学能手和基本功大赛获奖者共165人，荣获以上称号人数占总教师人数比例为67%。

【学校特色】　呼市六中“四环节、四课型”导学案课堂教学模式是学校从2009年开始研究的全校性的大课题，经过几年的探索、实践和研究，已取得了阶段性的成果。2014年8月，呼市六中导学案教学模式被呼和浩特市政府评为科技进步二等奖，是教育类课题的最高奖。2014年10月，该课题又入围了呼市十项重大课题论证会。

呼市六中的导德课课题《呼市六中“导德课”的实践与探究》成功申报国家“十二五”规划重点课题《校本德育理论与实践研究》。2016年《六中导德》在呼市教育局组织的德育校本教材评选中获得一等奖。2017年《六中导德》被评为玉泉区学校安全教育优秀校本教材。

修订了《六中导德》，开发编写了《六中导航》《六中导志》，形成了具有呼市六中特色的“导系列”德育校本教材。

【办学成果】 2019年在参加高考的413名考生中（不含33名艺术类考生，艺术生一本率89.2%），一本上线103人，再次突破百人大关，一本率达24.9%；二本以上上线人数合计351人，较往年增加24人。本科上线率84.9%。

中考升入示范性高中人数为120人，示范性高中升学率为31.6%；普高升学人数为178人，升学率为46.8%。

呼和浩特市第十二中学

【呼和浩特市第十二中学领导名录】

书　记	马　浩
校　长	郝成岗
副校长、副书记	王雪松（回族）
副校长	冀智彪

【概况】 呼和浩特市第十二中学创建于1964年，距呼市主城区约9千米，毗邻昭君博物院，历史悠久，文化底蕴深厚。2000年增设高中，2012年增设体艺特长班，现学校是集初中、高中、体艺特长班为一体的玉泉区唯一一所农村寄宿制完全中学。学校占地115亩，现拥有4735平方米的教学楼，6092平方米的公寓楼，1150平方米的多功能餐厅。2015年学校新建了北大门，修建了400米跑道的塑胶操场。到2020年9月，建筑面积11300平方米的新建教学综合楼也将投入使用。

校园绿化面积近3000平方米，是市级绿色学校。学校现有教学班28个，初中12个班，学生378名；高中16个班（含3个体艺特长班），学生724名，教职工112人。

【办学理念】 让学生拥有幸福，为学生终身发展奠基。

【师资队伍建设】 现学校有自治区基本功大赛获奖者2人，市级教学能手4人，区级学科带头人10人，区级教学能手7人，区级基本功大赛获得者8人，校级学科带头人7人、教学能手5人，约占任课教师总人数的37%。学校现有高级教师23人、中级教师38人，约占教师总人数的54%。

【学校特色】 呼和浩特市第十二中学是集初中、高中、体艺特长班为一体的玉泉区唯一一所农村寄宿制完全中学。由于地理位置独特，现逐步成为桃花区域服务和解决农民工随迁子女上学并重的民生学校。

作为寄宿制学校，教师们的工作勤劳而艰辛，工作时间由每天8小时延伸为“8+12”小时。学校教研真正走向校本，初中施行课堂教学四步法，高中推行高效“6+1”课堂教学模式，教研工作实现了规范化、常态化。学校足球课、剪纸课等特色办学成效显著，对文化课基础较差的学生是另一种素质与能力的提升。

【办学成果】 2019年学校参加高考人数共计220人，上一本线1人，上二本线42人；艺术类本科上线53人。本科上线人数共计96人，本科上线率44%。参加中考人数共计75人，8人上普通线，本科上线率近年来创学校新高。

呼和浩特市第二十六中学

【呼和浩特市第二十六中学领导名录】

校　长　左　文

副校长　刘卫东

　　　　王春荣（女）

【概况】 呼和浩特市第二十六中学占地面积14379平方米，教学楼总建筑面积13800平方米；有30个教学班，1324名学生，124名教职工。

【办学理念】 在明礼雅行中幸福成长。

【教学设施】 有标准化教室30个（全部配有多媒体和电子白板），可容纳1500名学生同时上课；理化生实验室、计算机室、音乐教室、美术活动室、机器人活动室、3D打印活动室、心理发展中心区、学生共享空间等一应俱全。阳光图书室、阅览室占地面积300平方米，藏书量达4.1万册。篮球场、足球场、200米跑道田径场、笼式足球场、文体室等为师生的活动提供了充足的空间。三维立体动态数字星球系统支持的地理活动室，为初中地理教学插上飞翔的翅膀。全套理化生地数字化实验室、同频互动录播室、微课制作室等，同时将原有校园监控全部升级为数字高清系统。

【师资队伍建设】 学校非常重视师资队伍建设与管理，重拳打造本土名师团队，成立了白俊杰名师工作室、王晓梅班主任工作室，在教育教研方面给予全校教师专业的引领；通过课题研究、研讨课、青蓝结对等途径，给名师压担子，给青年教师以示范；将外出培训学习提升作为教师绩效奖励项目，本学年有多位骨干教师前往北京、陕西、杭州、宁波、二连浩特等地进行培训，开阔眼界，提升自我。依托《学校名师选拔条例》《学生“我最喜爱的教师”评选办法》等，在校内外通过楼道展示、校园宣讲、微信平台等媒介，大力宣传名优教师的奉献精神和教学业绩，扩大名师和骨干教师的社会知名度。

【学校特色】 学校十分重视班子建设与管理，两周一次中心组学习，每周五开行政会。同时学校领导干部全部深入教育教学一线，校领导深入课堂听课，每人每学期平均40余节；中层干部有10名在一线承担较大量的教学任务。

在教学上，学校形成了以“课堂工具单”为载体的“四问和谐课堂”教学模式，即结构化预习设问、小组合作疑问、自主展示引问、拓展训练解问的师与生之和、教与学之和的课堂。为此学校建立了新的《课堂标准和评价体系》，以“有效教学”维度为基础，主张教师大胆放手，给学生充足的时间和机会，让学生成为学习的主角，在课堂上学生始终处于不断发现问题、解决问题的过程中，引导学生自主探究，真正实现“学生轻负担，学业高质量”的教学目标。

在德育工作中，学校从常规教育、爱国教育、法制教育、亲情教育等方面入手，逐步形成了以家庭教育、心理教育、《弟子规》教育为代表的多个德育特色品牌。其中学校围绕“传承国学经典、提升人文素养”的主题，将《弟子规》、中华汉字、我们的节日作为“礼育良才，厚重人品”的基石，对学生进行传统文化教育。

此外，学校的心理健康教育活动蓬勃开展，为学生健康快乐成长保驾护航。近年来，学校先后斥资建起了216平方米的集预约接待室、沙盘游戏室、团体活动室、咨询放松室、减压宣泄室、心理阅览室、多功能厅于一体的设施完备、功能齐全的心灵家园，引进测量软件，建立心理健康教育网站。学校有国家二级心理咨询师9人、国家三级心理咨询师1人。学校先后被自治区教育厅、呼市教育局授予自治区首批心理健康教育示范基地、心理健康教育示范校等称号。

【办学成果】 2019年学校先后获得了中国人生科学学会“十三五”教育科研规划德育专项重点课题实验校、“十三五”教育科研创新实验基地、国家级校园足球特色学校、首届全国“童创未来”青少年科技创新微视频暨优秀科技教育活动优秀组织单位、呼和浩特市第三十二届青少年科技创新大赛先进集体等荣誉。更值得一提的是，在2019年教师节教育部的表彰中，学校的郭丽玲老师被评为全国优秀教师，这是玉泉区首次有教师获此殊荣。同时，经过全校师生的共同努力，2019年学校教学成绩取得较大进步：中考合格人数逐年增加，2019年比2015年提高近8个百分点；中考达到示范性高中录取线人数逐年增加，2019年升入示范性高中人数是2015年的6倍多。以成绩为依托，学校的社会认可度得到进一步提升。

呼和浩特市第二十七中学

【呼和浩特市第二十七中学领导名录】

书　记　赵联合

校　长　郭岩钧（3月离任）

　　　　郝文明（2月25日任职）

副校长　郭利平

　　　　张晓君

【概况】 呼和浩特市第二十七中学原为呼和浩特市第一职业建筑中学，1984年12月由呼和浩特市教育局批准建校，1987年3月呼和浩特市教育局批准更名为呼和浩特市第八建筑职业高级中学，隶属呼和浩特市教育局，1998年7月增挂呼和浩特市第二十七中学校牌，招收初中学生，2000年划拨归玉泉区，隶属呼市玉泉区教育局。校址位于玉泉区昭君路。2019年有3个年级25个初中教学班，在校学生有1266人，98名教师。

【办学理念】 校训：兼容并蓄，独立思考。校风：严谨求实，崇德敬业。教风：因材施教，倾心雕也。学风：乐学好问，合作探究。

【教学设施】 呼市第二十七中学占地5852.6平方米（8.78亩），分教学楼和办公楼2部分，校舍建筑面积5832平方米，运动场地面积3666平方米，学校教学设施齐备，每班都配备多媒体电子白板网络教学设备，学校配备有现代化的物理、化学、生物、地理实验室以及辅助教学用的录播室、同频互动教室、微课制作室和心理活动室。学校图书馆藏书35000余册，学校教学区和办公区实现网络、监控全覆盖。

【师资队伍建设】 学校现有教职工98名。其中，国家级中学英语学科能手1人，市级学科带头人7人，市教学能手13名，玉泉区首席教师2名，玉泉区学科带头人21名，玉泉区教学能手28人，玉泉区教学新秀5人。教师在自治区级基本功大赛获奖1人，市级基本功大赛中获奖17人、玉泉区基本功大赛中获奖29人，并有多位教师是自治区级、市级、区级的骨干教师，学校名优教师比例占一线教师的70.5%。

【学校特色】 学校教科研工作一直秉承“以情定教、以教定研、以研兴教、以教促研”原则，根据学校教育教学工作存在的问题，确立教科研的方向和内容，再将课题研究融入课堂教学、教研活动、备课活动、集体研讨等每一个教学研究环节中。2019年为了培养学生自主预习、合作探究等综合能力，根据教育教学实际需求进行了“十三五”国家课题、市级“十三”五重点课题“互联网+学生学习方式的行动研究”的研究，并应用网络资源和信息化技术实现“结构化预习+小组活动”的课堂改革，把课题研究融入高效课堂教学之中；以课题研究为载体将常规教研“说议讲评”落在实处；以公开课为切入点，进行了课题研究；通过学术委员会专家成员对推门课监督指导，修正了课题研究、教育教学实践中存在的问题；通过开展“学术讲坛”“课改研讨会”等活动，将课题研究成果进行交流推广；各个层次教师的教育教学、科学研究等能力得到了大幅度提高。

【办学成果】 2019示范性高中上线率达12%，普高升学率36.1%。

内蒙古师范大学附属第二中学

【内蒙古师范大学附属第二中学领导名录】

书　记　刘爱华（女）

校　长　李　君（女　10月任职）

副校长　刘丽东（女）

　　　　刘瑞军

　　　　董双龙（9月离任）

【概况】 内蒙古师范大学第二附属中学简称内师大二附中，由内蒙古师范大学与玉泉区政府合作创办，于2014年成立，2016年9月正式开学，是内蒙古自治区成立70周年献礼工程之一，其发展目标为自治区基础教育示范学校。学校开办3年多以来，全面贯彻党的教育方针，以素质教育为核心，狠抓学生养成教育，努力提升学生的科学文化水平，着力培养学生的实践与创新能力。内师大二附中以其优质的办学条件，先进的办学理念，优异的办学成绩，受到社会各界的广泛关注和认可。

2019年，学校共有52个教学班，共计学生1766人，高中部有29个教学班，共1023人。高一年级9个班，共317人；高二年级10个班，共356人；高三年级10个班，共350人。初中部有23个教学班，共743人。初一年级8个班，共251人；初二年级8个班共，278人；初三年级7个班，共

214人。

【办学思想】 学校以“玉”文化为学校文化核心，象征学生们在如金似玉的好年华，在二附中接受锻金琢玉般的历练，一定能成大器，获幸福。同时，玉之韵，在于柔润、淡雅、高贵，形象生动地表达了学校教学育人的方针。围绕“玉”文化核心，学校以全校师生共同希望的学校远景和努力方向为愿景，打造教育领域的“美玉”品牌。以兼容并包、不拘一格、锐意创新为办学方针，强调办学中注重学生内在品质的培育，学习成绩与人格品质并重。以培养兼具仁、义、智、勇、洁品质的“美玉型”人才为育人目标。以砥砺品学、忧乐家国为校训；以精雕细琢、追求卓越为校风。以厚德博学、严谨求新为教风。

【教学设施】 内蒙古师范大学附属第二中学建设有高标准理化生实验室9个、微机教室6个、电子阅览室1个，同时配有多个音乐教室、舞蹈教室、美术室、地理教室、历史教室、数学实验室、传统书法和电子书法教室，配备了最新的配套设施和仪器，有力地保证相关科目的教学实验和各种活动的顺利开展。此外，为开拓学生思维，激发学生的创造力，提高学生的动手能力，学校特投资建设了全国一流、呼市首家创客空间，即创意设计、通用技术、3D打印等数字化学习平台。

【师资队伍建设】 学校实施“高端引领，人才强校”战略，着力打造师德高尚、业务精湛的师资队伍。学校现有优秀骨干教师101名（其中硕士研究生导师3人，省（自治区）级学科带头人、教学能手8人，盟市级学科带头人、教学能手84人，具有硕士学位者35人）和教育部直属高校免费师范生、研究生87人。学校始终把教师的培养和管理作为学校工作的重点。坚持科研兴校，通过岗前培训、新老结对、“请进来、走出去”考察学习、师生同考，举办公开课、青年教师汇报课、骨干教师示范课，努力提高教师队伍素质。

学校鼓励教师走研究之路，努力做研究型教师。以科研促教改，积极推进学科专题研究；以课题引路，认真抓好教研工作，进行教法、学法研究，切实解决教学中存在的实际问题；以教研组为单位围绕特色课程进行课题研究，多项课题拟申报自治区级教育科学“十三五”规划课题。

【办学特色】 学校以课堂教学为抓手，构建“教学校长—教科研处—教研组—备课组”的科研管理网络，着力打造二附中特色教学模式。以学案教学、课堂小组互助合作、课后专题研修为载体，通过狠抓集体备课，提高教师团队的整体教学水平，既注重知识的传授，又关注学生自主学习能力的培养，全力打造“高效课堂”，全面提升教学质量，提高课堂效率。

学校管理以年级组为核心，实行扁平化理管，减少烦琐的程序，使管理一步到位、扎实有效。

坚持小班制教学，走精品式教育。每班35人，结合导师制，对学生在学习、生活、心理等方面存在的问题给予及时帮扶；继续尝试音体美计算机等科目的分项走班，助学生掌握一技之长；发挥学校硬件设施好的优势，不断研发校本课程，形成具有二附中特色的课程体系。

学校坚持以人为本、从严治校的管理方针，坚持“严、精、细、实”的管理思路，实施半军事化管理。狠抓学生养成教育，科学规划时间，严肃管理制度，认真落实一日常规教育。

重视学生个性发展、兴趣培养和身心健康教育。要求学生至少掌握一项运动技能，要求学生至少参加一个社团活动。

学校组织各种活动和赛事，成立了国学社、中华诗教社、智能机器人兴趣者协会、领导力励志社等学生社团，为丰富学生社会经验和提升能力搭建平台。

重视学生的心理健康教育。成立学生发展指导中心，坚持立德树人，以促进学生健康发展为根本，心理辅导室软、硬件设施配置遵循中小学生身心发展特点和心理健康教育规律，重在提供心理辅导和心理健康服务，为学生提供专业、细致的心理辅导。

【办学成果】 二附中2016年中考实际录取172人中，分数达518.1分仅5人，在2019年高考中，成绩600分以上人数达到20人，599分以上22人（理科13人、文科9人），599以上高分段考生与2016年中考录取成绩相比平均增幅为106.23分。理科高考成绩与2016年中考录取成绩比较平均增加54.5分，文科高考成绩与2016年中考录取成绩比较增幅为78分。理科实验1班均分585分，一本率100%；实验2班均分543分，一本率100%；理科年级均分523分，超出一本线约46分，本科率100%。文科实验班总均分565分，文科年级均分545分，超出一本线约25分，本科率100%。

2019年，学校初中部中考，一中、二中、附中上线率28.18%，高出市一中、二中、附中上线率约16个百分点；学校示范性高中上线率87.24%，高出市示范性高中上线率约40个百分点；学校出库率94%，高出市出库率约38个百分点；学校裸分最高分530.9，加民族分最高分533.6。

2019年，学校学生在第三届呼和浩特市青少年机器人竞赛、第19届内蒙古自治区青少年机器人竞赛、呼和浩特市中小学创意创新作品及创客教育实践活动、第二届呼和浩特市中小学教育机器人竞赛、第20届全国中小学电脑制作活动、内蒙古自治区首届中小学电脑制作活动、首届呼和浩特市3D创意设计大赛等7项科技竞赛中获得近70项荣誉。

内蒙古航空职业技术学校

【内蒙古航空职业技术学校领导名录】

书　记　李　静（女　蒙古族）

校　长　赵自强

副校长　王　萍（女）

　　　　赵志刚

　　　　赵哲伟

　　　　邓飞龙

【概况】 内蒙古航空职业技术学校（以下简称内蒙古航空学校）总占地面积25亩，总建筑面积约8000平方米，其中实训室面积1500平方米，教学用房面积3500平方米，辅助用房面积3000平方米。2019年有10个教学班，有学生425名。

【办学理念】 培养一个孩子，幸福一个家庭。

校训：明理、善学、勤奋、乐业、创新。

【教学设施】 生均教辅用房面积13.33平方米，学校运动场面积900平方米，生均1.5平方米，塑胶运动场地面积500平方米。学校实训室比较齐全，设有安检实训室、形体实训室、化妆实训室、VIP实训室、气象实训室、值机实训室、问询售票实训室、航空模拟舱、飞机驾驶实训室、维修实训室、无人机模拟训练实训室、无人机飞行训练实训室、民航特种车辆维修实训室、飞机维修实训室等14个校内实训室和呼和浩特市白塔机场、集宁机场、阿拉善机场、二连浩特机场、鄂尔多斯机场、首都机场、上海虹桥机场等7个合作实习基地。学校拥有班级多媒体14套，校园电视系统1套。学生活动礼堂面积300平方米。

【师资队伍建设】 学校现有53名教职工，其中高级教师3名，一级教师6名，研究生2名，教师学历合格率达90%。在学校的名优教师队伍中，有自治区级学科带头1人，考取民航局职业资格教师6人。

【学校特色】 立校之初，内蒙古航空学校遵循职校学生特点，提出“打基础、树信心、知荣辱、展才干”的教学方针，大胆进行教学改革，积极尝试各种教学方法，于2014年开始大力推行杜郎口教学模式，以学生为主导的导学案课堂教学模式深受学生的喜欢，经过几年的探索、实践和研究，已取得了积极的成果。2017年，学校成为崔其升教学研讨会（以下简称崔研会）的会员单位，是全国唯一一所参加崔研会的职业学校。2019年5月，学校在乌兰察布市成功举办了崔研会教学研讨会，全国180所中小学、职业院校参与研讨。

【办学成果】 内蒙古航空学校实行“升学有机会、就业有保障、留学有渠道”的培养理念，给予学生多样化的发展机遇，同时，对参加就业的学生实行“走出去、留下来、有发展”的就业理念培养，学生深受用人单位的好评。2019年内蒙古航空学校与福建思凯蓝集团达成校企合作协议，全力进行飞机维修专业建设。

石头巷小学

【石头巷小学领导名录】

书　记　张红梅（女）

校　长　田　静（女）

副校长　侯冬青（女）

【概况】 玉泉区石头巷小学位于玉泉区石头巷4号，始建于1945年，前身是一贯道忠恕学校，1950年归为国有后改为玉泉区石头巷小学，已有60多年的历史。学校占地面积5205平方米（包括后院平房），校舍建筑面积达4525平方米（包括后院平房）。学校现有计算机室、心理咨询室、图书阅览室、卫生保健室、仪器室、体育器械室、多功能会议室、同屏互动教室各1个，各室所有物品按上级要求标准配备，班班实现电子白板，校园网络全覆盖。

2019年，学校有教师49人，18个教学班，学生885人。

【办学理念】 学校完善和构建起了以“石子求识”为核心的学校文化体系。学校以传承“团结、磊落、坚韧、踏实”的“石头”精神为学校精神文化内核，秉承“文化引领　科学规范”的管理理念和“以美育美　以爱育爱”的服务理念，以培养“智慧、阳光、雅趣”的“幸福”石娃为育人目标，确立了学校以“成为师生健康成长的幸福家园”为办学愿景。

【管理理念】 学校建构了以扁平化管理为主与层级化管理相结合的学校管理组织机构，配合以项目式管理模式，有效提高管理的效率与质量。

在学校原有的管理结构的基础上，根据实际情况，2019年加大扁了平化管理的范围。由校长直接负责管理教导处，对3位教导主任实行直接扁平化管理。副校长负责学校的体卫艺等工作。党支部书记直接负责党团队等工作。形成了由校长、书记和副校长总协调，一项工作尽量由一个人来负责的项目式管理模式。

细化学校管理制度和工作流程，提高工作效率。2019年，经学校领导班子多次协商修改，完成了《石小教师绩效实施方案》和《班主任管理考核方案》；完善了《石小校领导值周工作制度和考核办法》，明确了当日的值周领导是学校这一天卫生、纪律安全的具体负责人，明确了值周领导这一日工作流程和具体要求，并将这项工作纳入领导考核内容之一；修订了《石小教学常规管理要求》《石小教学质量考核办法》等。明确了《石小偶发事件处理流程》《石小家校沟通工作流程》《石小教学用具采购流程》《石小教师请假工作流程》《石小外派教师外出培训工作流程》《石小班主任替代安排工作流程》以及《石小教师调休工作流程》等。

【师资队伍建设】 重视培训，提高教师队伍专业素质。2019年，学校着力开展校内外多层次培训，力求为教师搭建平台，以促进教师快速成长。学校先后派出近20位教师赴山东牟平、杭州、北京和成都等地学习先进的教育思想和教学方法。

以教育科研为引领，促进学校内涵发展。教育科研是促进教育科学化、推动教育理论化的重要手段，是提高教学质量的有力措施。2019年，学校承担的市级课题《小学课堂教学中渗透和培养学生核心素养的研究》举行了开题仪式，以学生的核心素养为抓手，促使教师不断开展教学研究，提升教育水平。

重点培养，快速进步。根据青年教师的特点，学校确立“教育引导、加强管理、悉心培养、鼓励冒尖”的原则，实行年级组、教研组以老带新、新老挂钩的师徒结对；形成“校长负责、教导处专管、骨干帮教”的管理体系。学校对新教师提出了“一年过关达标，两年成熟，三年优秀”的高要求。

搭建多个平台，促进教师专业成长。在校内举办多种形式的岗位竞赛展示活动。2019年先后进行了师徒结对汇报展示课、青年教师教学大奖赛和名优教师示范课等教学竞赛和展示活动。

2019年，学校的韩晶晶、陈雪玲被评为呼和浩特市学科带头人；闫晶晶老师获音乐学科玉泉区带头人称号，王晓静老师获语文学科玉泉区带头人称号；陈荔枝、吴迪等教师参加了玉泉区的基本功竞赛并喜获佳绩；邢曲超等10余名教师在呼市微课大赛中获奖；鲍楠楠老师在全市科学技能大赛中获三等奖；王晓静等10余位老师在呼市一师一优课的评比中获得优质课称号；陈荔枝、闫晶晶成为呼市名师工作室成员；张远、冯娟等 7 位老师成为呼市名师工程骨干教师。

【学校特色】 学校从学生发展核心素养出发，经过一年的整合、开发，学校已经初步构建起石小“智慧”“阳光”“雅趣”三维“七彩石娃”课程体系。

【办学成果】 2019年学校篮球比赛成绩喜人。5月份，在中国小篮球联赛呼和浩特赛区获U8组第三名，12月份，获得U10组亚军、U12组季军。在5月份的玉泉区田径运动会中集体跳绳获得小学组团体第二名。在呼和浩特市教育局举办的全市第四届中小学美育节上，学校小石娃艺术团获得二等奖。在玉泉区第六届中小学生暨教师汉字听写大赛中获得学生组三等奖。

南茶坊小学

【南茶坊小学领导名录】

党支部书记 王　忠

校　长 巴冬梅（女）

副校长 周　贵

张霞霞（女）

【概况】 2019年，学校有25个教学班，在校学生总人数1239人。学校现有教职工76人，其中在编63人，临时代课教师13人。

【党建工作】 以创建“五好五强”党建品牌为抓手，加强学习型党组织建设。党支部书记作为党支部第一责任人，充分发扬党内民主，研究完善支部成员职责，明确责任分工，制定支部成员考评细则，落实主体责任，突出引领作用。开展“四官”整治专项工作，建立“马上办”问题清单，列出清单34项，召开专题会议，对“马上办”的各项问题事项进行分解和任务认领，列出整改时间表，到2019年10月，所有清单事项都已落实完成。梳理出“四官”问题12项，对存在的问题进行了认真剖析，制定整改方案，组织实施整改工作。开展政治理论学习，进行理论测试，及时传达党的方针政策和上级文件精神，支部书记带头讲党课3次，组织专题讨论2次，开展专题讲座4次。

【教学工作】 学校严格执行教学法规，严格按课程计划开齐课程，保证了教学秩序。认真落实教学计划，狠抓教学常规管理。查评结合，夯实常规。监控检测，提升质量。始终把提高教学质量放在首位来抓，坚持狠抓质量不放松。多措并举，转化后进。学校提出把目标定位在对六年级各班30%以上学生进行分析，校领导、年级主任、班主任积极与家长沟通，了解学生在家的学习生活情况，有针对性地制定提高措施。真正让每位教师学会关爱、学会理解、学会宽容、学会激励每个学生，使他们树立起学习的信心和勇气。实行听随堂课制度，分管校长、教导主任亲自带队对青年教师给予课堂教学指导；给青年教师配好一对一的结对师傅；加大语数英3个学科集体备课的力度，进行单元集体备课和课时集体备课，积极提升青年教师的课堂教学能力；每2周定期开展1次教研活动，分学科上公开课，既检验教师新课程理念的领悟程度，又能摸清学校的课堂教学现状，推动同伴互助互学。教师的校级公开课、组内教师的研讨课、青年教师的展示课、教育教学经验分享、期末复习课等，涌现了较多的好课。每次活动都有讨论、有记载、有评价、有总结。各位教师展现了教学个性，诠释全新的课程理念。这些教学教研活动为教师的专业成长搭建了舞台。教师们学有所得，研有所乐。

【师资队伍建设】 积极组织教师以校本培训为主要方式，深入学习各科新课程理念。教导处制定教师业务学习月主题计划，利用每周教研活动时间，各教研组长组织教师学习。各任课教师每人一册《新课程标准》，除了集中学习，教师还经常自学。合理结合教材内容用知识树说课标、说教材，提升教师教学能力。组织教师读相关专业理论书籍。学校为每位教师购买了《教室里的正面管教》，为班主任老师购买了著名教育专家魏书生所著《班主任工作漫谈》，还为教师订阅教育类杂志，让教师不断地去汲取教育名家的教育类思想。学校组织教师外出学习听课，积极组织青年教师参加各级各类公开课、研讨课等教研活动，让年轻教师进入市内、区内课堂，聆听名师和专家的示范指导。走出去的同时请进来，区教研室语文教研员张婧老师多次入校指导，深入课堂实践，使年轻教师快速成长起来。区英语教研员宋文博老师带领名师工作室全体成员走近南茶坊小学，开展了“落实核心素养变革阅读教学”主题研讨活动。学校还多次邀请区各科教研员、名师工作室成员来校开展教学研讨活动，促进学校教师队伍建设的整体提升。

【德育工作】 学校德育少先队紧紧围绕“阳光教育”，摆正位置，加强工作，坚持“抓基础、抓落实”的工作思路，充分发挥德育少先队组织凝聚、教育、引领青少年的作用，带动全体少先队员全面加强思想道德建设，深入开展丰富多彩的主题教育活动，继续加强养成教育、行为习惯等培养，加强基础教育的阵地建设，使德育少先队工作稳步前进。首先，抓基础，夯实少先队组织建设。扎实计划，规范工作；其次，重视弘扬和培育民族精神，加强阵地建设，铺设发展平台。再次，抓养成，进行日常行为规范教育。抓住一条主线，即抓学生的行为规范教育这条主线。带好2支队伍，即班主任队伍和大队干部委员队伍。抓活动，培养健全阳光少年。同时利用节假日开展爱国主义教育、安全法制教育、环保教育、文明礼仪教育，等等。最后，抓资源，切实加强学校、家庭、社会三结合教育。本学期，邀请专家走进学校，开展让每个孩子都健康成长家庭教育讲座，教育家长给予孩子更多的关爱和肯定。学校还经常邀请家长走进学校，红歌传唱比赛由家长志愿来当指挥；运动会赛场上精心为家长们设计活动项目；毕业典礼邀请家长来见证孩子的成长。

【体卫艺工作】 突出“健康第一”的指导思想，使全校师生更新观念，统一认识，促进学校体育、卫生、艺术工作逐步走上规范化、制度化的轨道，在教育思想、发展水平、办学条件、管理机制等方面也发生了很大的变化。进一步加强大课间、广播操的管理。学校推广了武术操。4月份举行春季校运会、武术操会演，收到了良好的效果，从而促进了学校大课间及广播操的发展。开展规范的、内容丰富的、形式多样的大课间活动，经常性组织学生的开展形式多样的文体活动，举行大课间单项抽测比赛，提高学生的身体素质。学校按规定每周一节健康课，开足开齐艺术类课程，学生健康教育知晓率达80%，增强学生的体质和自我保护能力。加强少年儿童的心理健康教育，培养学生的健全人格。学校根据学生的特长和爱好，成立若干个兴趣小组，并纳入教学计划，每周三下午开展“校本课”活动，促进了艺术教育向素质教育的发展。

【安全工作】 学校全面落实教育部和各级主管部门工作任务要求，坚持让校园成为最阳光、最安全的地方的工作目标，提高师生和家长的安全意识，积极开展各项安全教育活动，加强了日常管理、安全排查和隐患排除工作，维护了校园安全稳定，保障了学校教育教学工作的顺利开展。学校成立了专项领导小组，明确责任分工，实施统一领导，统筹部署开展相关工作，强化了全员负责意识，明确安全工作是确保学校教育教学活动正常有序进行的基础和保障。联合区卫生局、区疾控中心，开展了师生自救、自护和传染病预防、处置的现场模拟培训。组织开展了安全培训和安全演练活动，在教师中开展了保持身心健康、疾病预防、卫生保健、缓解压力等知识培训。节假日和暑假期间利用微信群、公众号等网络平台开展安全教育和安全防护知识的宣传，在节假日开展主题安全教育，向家长发放《安全告知书》，在暑假期间各班级每1～2周发一期安全教育专题演示文稿，对家长进行网上安全培训。12月份，已发放《家长安全告知书》4次，专题教育演示课件10个。

【取得成绩】 2019年，在呼和浩特市“争做新时代好队员——诵读中华经典，扬我少年风采”主题诵读大赛中获优秀组织奖。2019年4月，荣获呼和浩特市第三届青少年机器人竞赛教育机器人工程挑战赛一等奖。5月，在第19届内蒙古自治区青少年机器人竞赛教育机器人工程挑战赛中，获小学组二等奖。在全市中小学创意创新作品及创客教育实践活动中“WER工程创新赛”荣获小学组冠军奖。在2019年玉泉区学生、职工、农民运动会中获优秀组织奖和小学组团体第六名。荣获玉泉区礼德善美好活动奖。11月，在2019年玉泉区第六届中小学生汉字听写大赛暨第二届教师汉字听写大赛中获教师组团体三等奖。

大南街头道巷小学

【大南街头道巷小学领导名录】

党支部书记、校长　石文静（女）

副校长　马　宁

（女　回族　3月离任）

李和新（3月任职）

【概况】 2019年，玉泉区大南街头道巷小学以守正出新为核心理念，以立德树人为根本任务，以规范教育教学管理、服务全体师生、提升学校内涵发展、全面提高教育教学质量为目标。

2019年有教学班12个，学生561人，现有教职工31人。

【探索育人文化，构建新苗教育】 学校领导班子团结带领全体师生在继承学校历史文化的前提下，通过不断探索研究，逐渐提出并形成新苗教育主题文化，以守正出新为核心，将把每一个孩子培养成未来的参天大树当作教育最大的幸福，为学校今后的育人目标和办学发展指明了前进的方向。

学校基于发展形势和实际办学情况，结合礼仪教育和创客教育两大核心优势，创造性地提出“新”教育的概念设想，从而进一步凝练提升为新苗教育育人文化。新苗教育即每一个孩子都是茁壮成长的新苗，将把每一个孩子培养成未来的参天大树当作教育最大的幸福。守正出新即在坚持守正的基础上力求出新。守正意为弘扬传承以礼仪教育为核心的中华优秀传统文化，教育学生形成尊德尚礼的良好品质，以中华优秀文化涵养孩子人生；出新意为创新，善于探索新知，尊重个性发展，致力形成清新的校园风貌、弘新的工作态度、创新的工作方式、出新的发展模式、致新的教育成果的学校教育教学新格局。

【抓好常规管理，规范办学行为】 坚持“向管理要质量”的思想，切实加强学校常规管理，不断规范办学行为，提升学校内涵。规范完善各项规章制度。学校进一步修订和完善各项常规管理制度，力求使学校管理制度化、科学化、规范化、精细化。完善并深入落实学校绩效考核制度，不断创新绩效考核机制，发挥绩效考核的导向作用，通过绩效考核促进教师间的良性竞争，引导干部队伍、教师队伍、班主任队伍的健康发展，为德、才、能兼备的教师提供进一步发展的平台。

【深化教学管理，提高教学质量】 严格按照上级部门《教学管理规范》要求制定学校的课程表、作息时间表、课间活动安排表，并上墙、上网，接受社会监督；开齐、开足、上好新课程要求的课程，不随意增减课程和课时，不随意调整课程难度和教学进度；严格控制学生在校时间，确保学生每天在校时间不超过7小时，不占用节假日集体上课、补课，严禁教师从事有偿家教以及营销教辅用书；认真上好“两课两操”，积极着手组织学生开展阳光体育艺术活动、作家进校园活动。顺利完成四年级2019年国家义务教育质量监测和六年级毕业考试。

【加强德育管理，严抓常规教育】 加强学生干部队伍的建设，提倡学生自主管理。学校积极组织建设学校大队部，充分利用每周一次的大队部内部例会对大队部的所有成员进行思想道德教育，明确、协调、布置好这一周的各项工作。学校大队部内部结构合理，分工明确。大队部的宗旨是“自己的事自己管”，最大限度地发挥了学生的主观作用，同时也培养了学生的自主能力，既调动了学生的积极性，也最大限度地让学生参与学校的管理，让学生在管理中成长。

【推进素质教育，促进全面发展】 体育工作 2019年顺利完成学校和玉泉区两级运动会的组织和参赛，在区运动会中获得精神文明奖。落实阳光体育，积极开展学生大课间活动。为更好地保障阳光体育活动的有序开展，进行场地划分，明确了各班级活动的区域，并做了活动安排表，使活动有组织地开展；设置了共享体育器械点，使学生随时能够拿到体育活动器材，极大地方便了活动的开展。

艺术工作 2019年主要围绕礼仪操和学校艺术节开展了较为丰富的艺术活动。2次代表玉泉区教育局在玉泉区纪念五四运动快闪活动和玉泉楷模晚会上登台演出。5月31日学校举行了庆六一学校艺术节系列活动。活动主要由3个部分组成美术、书画、读书征文展，打击乐进校园演出活动和聘请内蒙古少儿打击乐团来学校演出，使学生广泛接触各种艺术，有助于提高艺术修养。此外，学校低年级一直坚持进行创意美术的学习。每周五由外聘教师进行教学。

科技教育 2019年学校将创客教育工作优势向人工智能领域方面发展，将创新教育由竞赛化向普及化迈进。学校积极努力探索，逐步形成和完善“1335”创客教育理念，进一步树立学校创客教育特色品牌，提高教育质量，促进全面发展；组织进行机器人冬季训练营活动，参加机器人竞赛，获得良好成绩。参加呼市科技活动周暨全市第二十四届科普宣传周活动；邀请内蒙古青少年科技中心、内蒙古科技馆、呼市科协和呼市科技馆来校开展科技教育进校园活动；参加中国少年科学院科普百校行进校园活动。学校还被命名为内蒙古自治区科技教育示范学校、国家级青少年人工智能技术水平测试人才培养基地、全国青少年机器人技术等级考试服务网点等荣誉称号，学校参评的呼和浩特市科技校园特色学校以及内蒙古自治区智慧教育示范校2个项目正在审核进行中，为学校人工智能创客教育普及应用提供有力保障。

2019年6月13日，学校成功举办首届机器人“校长杯”竞赛暨创客教育现场会活动，正式发布第一套自主研发的机器人教育校本教材，举行玉泉区第一次机器人“校长杯”竞赛，获得与会领导的一致认可和高度评价，活动还被《人民日报》《内蒙古晨报》《北方新报》、内蒙古广播电视台《文体娱乐》频道等媒体宣传报道。

健康促进和卫生防控工作　学校对各班环境卫生、学生个人卫生常抓不懈，结合传染病防控工作，建立健全传染病防控工作制度和晨检制度，由校长、有关领导和兼职校医组成了健康促进和卫生防控工作领导小组，把具体的防控措施落到实处。有效利用校园宣传栏、各教室板报和校园广播站等形式，向学生宣传卫生知识，提高学生健康教育知晓率。为更好地落实健康促进工作，学校还聘请有关部门和机构做了安全、急救与健康的2场培训讲座和1次团队拓展训练活动，提高了师生的健康意识和知识，建立了健康促进的正确概念。

【端正服务思想，提高服务意识】　围绕坚持为教育教学服务，为师生生活服务的方向。强化总务处内部各环节的协调，加强服务工作。从勤快、务实、高效、优质4个方面要求，不断增强服务意识，提高服务质量和服务水平。对各个班级、办公室财产进行登记造册，与各班主任和教室管理人员落实责任，定期和不定期进行检查、记载，按分值实行奖惩。加强对固定资产增减工作的管理，认真执行教育局的有关规定，定期定时进行固定资产的核对工作，做到账、物相符，要根据固定资产增减的有关规定，及时进行登记入账，需报损的应根据有关规定及填报固定资产报损表，上报有关部门审批。

【强化安全管理，构建平安校园】　坚持预防为主、防治结合、加强教育、群防群治的原则，通过安全教育，增强学生的安全意识和自我防护能力；通过齐抓共管，营造全校教职员工关心和支持学校安全工作的局面。学校积极与市公安、卫生、综合治理等部门通力合作，选聘校外辅导员做好学校安全保卫工作，学校组织开展如小交警培训、安全进课堂、疏散演练等一系列道德、法制教育活动，取得了良好的教育效果。根据上级部门安排部署，结合学校实际，积极有效地开展扫黑除恶工作。共发放和回收有效调查问卷1000余份，利用海报、条幅、挂图、LED屏等多种形式对师生、家长宣传扫黑除恶工作。通过预防校园欺凌工作、扫黑除恶线索征集走访调查工作落实校园扫黑除恶工作，确保校园环境长治久安。学校全年无安全事故发生。

【办学成果】　2019年3月，学校被中国电子教育学会命名为青少年人工智能技术水平测试人才培养基地；5月，学校被中国电子学会命名为全国青少年机器人技术等级考试服务网点；5月，荣获玉泉区运动会精神文明奖；7月，学校被评为内蒙古自治区科技教育示范校；9月，学校被评为内蒙古自治区“国学四进”暨创建“孔子学堂”活动先进单位。

公义店小学

【公义店小学领导名录】

书记、校长　赵秀芹（女　蒙古族）

副校长　乔振文（女　回族）

李和新（3月离任）

荣斯琴托雅

（女　蒙古族　3月任职）

【概况】　公义店小学史建于1964年，坐落于玉泉区西口子北公义店街，是内蒙古呼和浩特市玉泉区的一所公立小学。学校占地面积5878平方米，其中教辅用房3365平方米，150米的环形塑胶跑道，设有20个教学班，现有学生数955人，其中进城务工随迁子女699人，占学生总数的73.2%，教职工总数51人，其中专任教师48人。

【办学理念】　在做博雅教育，育阳光少年的办学理念引领下，学校遵循以严格的要求规范学生、以良好的校风影响学生、以高尚的事迹感染学生、以崇高的典范激励学生、以扎实的课程发展学生、以丰富的活动陶冶学生、以现代的观念武装学生的育人途径，倾力打造以小交警、社会实践为特色的学校品牌教育。

【教学设施】　学校各功能室配备齐全，标准化科学实验室、计算机室、音乐教室、美术教室、书法教室、多功能教室、体育器械室、教学仪器室、卫生保健室、心理咨询室、图书室、电子阅览室、录播室、同屏互动教室均按国家义务教育标准配齐配足。学校现有藏书总量18600册，其中图书室6848册，班级读书角共4000余册，其余均在阅览室及开放式阅览点，充分满足了学生、教师的阅读参考需求。

【师资队伍建设】　2019年，学校继续加大经费投入，优化培训模式，提升培训力度，夯实培训效果。通过骨干示范、师徒结对、校本教研等形式，有效引领新教师及青年教师走专业发展之路。学校现有名优教师20人，19人获得玉泉区及以上教学奖项。其中包括市级教学能手2人、市级学科带头人2人、市级教学基本功大赛奖项2人。

【学校特色】　公义店小学以做博雅教育、育阳光少年为理念引领，在打造小交警、社会实践活动特色的同时，继续通过国学进课堂、礼仪课程、主题队会、少先队活动课以及每日的十分钟晨诵和午写等活动形式，培养学生良好的学习和行为习惯。2019年，还开设了博雅讲坛、文明礼仪小课堂宣讲阵地，为学生提供了展现自我的舞台，成了每日学校一道亮丽的风景线。

特色一：社会实践活动特色

社会是另一个重要的学校和课堂，生活是另一类重要的课程和教材，实践则是另一种重要的学习方式和途径。2019年，继续带着学生开启“走进”之旅，并在原来的基础上，整合实践资源、规划实践时间、精选实践地点、优化实践内容，为各年级学生量身打造符合学段特点的社会实践活动，力争让孩子们在6年的小学生活中能走更多的地方，获更多的知识。

特色二：小交警特色

继续把打造小交警特色与学校德育活动融合，聘任玉泉交警大队辅导员韩伟同志为学校的法制副校长，并通过大手拉小手的形式，定期入校与学生互动，为学生进行交通指示、交通法规、案例等讲解，传授交通指挥动作要领。同时也带领孩子们走出校门，到交通指挥岗，向行人宣传交通安全知识，协助维持秩序，实践交通指挥。2019年，学校还将创编的公义店小学小交警特色操、手势操向全校学生推广，公义店小学文明交通大讲堂已成系列。通过各项活动的深入开展，为学生良好习惯的养成奠定了基础。

【办学成果】 2019年，在教育局领导的关怀下，通过全体师生的不懈努力，学校办学条件不断完善，师生整体素质明显提高，学校教育教学质量稳步提升，各项工作再迈新的台阶。

办学条件得到改善，校园环境焕然一新。2019年，学校继续大力改造校园环境，植树栽花，粉刷教学楼外墙和操场墙面，改造车棚、广播站、保健室、心灵驿站，增设书法教室，营造出以环境怡人、以环境塑人、以环境化人的浓郁氛围。

教风、学风明显改观。领导班子团结一心、敢担当、勇作为；教师团队踏实进取、肯奉献、有爱心，学校呈现出风清气正的育人氛围。

教学质量稳步提升。2019年，各年级的成绩均有不同程度的提高，在玉泉区组织的教学大检查综合评价中，各项指标均名列前茅，总分位居玉泉区第三。

办学特色不断凸显。丰富多彩的小交警活动，形式多样的社会实践活动已成体系，为学校校本课程的研发及课程整合奠定了基础。

学校先后获得2019年玉泉区学生、职工、农民运动会小学组团体第七名，2019年玉泉区学生、职工、农民运动会优秀组织奖，2019年呼和浩特少年激光枪射击系列赛体育道德风尚奖，2019年呼和浩特市少年激光枪射击比赛小学女子丙组激光步枪团体第二名，2019年呼和浩特市少年激光枪射击比赛小学女子乙组激光步枪团体第三名，2019年呼和浩特市少年激光枪射击比赛小学女子丙组激光手枪团体第三名，2019年呼和浩特市少年激光枪射击比赛小学女子乙组激光手枪团体第三名，首届“童创未来”青少年科技创新微视频优秀组织奖和2019年玉泉区中小学学生汉字听写大赛教师组团体三等奖等荣誉。

沟子板学校

【沟子板学校领导名录】

书记、校长　付爱云

副校长　　　韩小俊

【概况】 沟子板学校于1978年由沟子板村委会创办，1991年村委会组织沟子板村民集资新建简易二楼，2006年以后几年内村委会新建东西教辅楼，学校总占地面积9956平方米，总建筑面积7091平方米。教学与辅助用房面积为3111平方米，生均面积达5.2平方米。运动场面积6367平方米，生均活动面积为10.7平方米。2013年归属玉泉区教育局直属管理。

学校现有教学班12个，教职工总数37人，专任教师26名。现有学生592名，其中义务教育阶段进城务工人员随迁子女有508人，占全校总人数的比率为86%。

【办学理念】 办学目标：以求知和进取为人生最大的快乐。

办学理念：笃实求真拓新尚美。

校训：崇真尚新自强不息。

校风：学以致真行以至善。

教风：释扬真知爱生乐教。

学风：为学必真求知探源。

【教学设施】 学校功能室有音乐室、少先队室、科学实验室、电脑室、美术室、舞蹈室、体育活动室、仪器室、心理咨询室、卫生保健室、劳技书法室、图书阅览室、多功能室等13间。学校有班班通多媒体设备15套，供教师使用的计算机25台，师机比率为1.6：1；供学生使用的计算机45台，生机比率为13：1。

【师资队伍建设】 学校共有教师人数37人，小学专任教师26人，2019年度学校加大经费投入，提升培训力度，引领教师走专业发展之路，通过师徒结对、校本教研等形式，注重对新教师及青年教师的培养。现有中高级教师10人，教学能手4人，教学带头人2人。

【学校特色】 学校积极推进校本课程建设，努力构建具有学校特色的校本课程体系。促进了学生的全面、和谐、可持续发展。学校自2013年3月开展大课间活动以来，由最初单一的体育活动不断探索，丰富了活动内容，逐步形成了学校的特色，现已开设各类特色课程10多种，包括：足球、跆拳道、舞蹈、合唱、主持人、儿童画、国学、国画、书法等。学生实行走班制教学，辅导活动有计划、有目的、有步骤地进行。本着学中有乐、乐中求学原则，让农村学校的孩子也享受到了丰富的课余生活。

【办学成果】 学校本着打造农村特色学校的目标，以高质量的教育教学水平为学校立足之本，学校以教学教研改革为载体，不断提升学校教师的教科研能力。学校建立了校长参与、教导主任负总责、教研组长具体抓、各年级备课组长做落实的教研机制。教研组下设以年级为单位的备课组，建立层层管理、逐级落实、全员参与的管理体系。同时，以教研组为龙头，带动校本教研的开展，制定教研活动流程细则，有效地保证了教学教研活动的有效开展。根据学校教师教学存在的困惑及需求，确立了教研改革的3个目标：打造个性化课堂教学，创设开放式业务学习模式，高效课前预习与课后分层作业设计。经过几年不断地尝试与探究，取得了突出的成效，促进了学校教学教研改革工作的进展，教学质量稳中有升。学校的六年级毕业生以优异的成绩考入六中分校、秋实中学、敬业中学、师大二附中、二十六中、二十七中等学校。

2019年5月沟子板学校参加呼和浩特市玉泉区2019年学生、职工、农民运动会，荣获了2019年玉泉区学生、职工、农民运动会精神文明奖，跆道表演荣获2019年玉泉区学生、职工、农民运动会优秀表演奖。学校在“争做新时代好队员——诵读中华经典，扬我少年风采”主题诵读大赛中荣获优秀组织奖，在全市首届“书香青城、浸润心灵”中小学师生共读活动中荣获优秀组织奖。2019年学校被评为呼市中小学幼儿园特色建设示范校。

清泉街小学

【清泉街小学领导名录】

校　长　王建平

副校长　马　宁（女）

　　　　郭俊燕（女）

【概况】 呼和浩特市玉泉区清泉街小学始建1947年，原名归绥市参议会附设小学，是一所有着70多年历史的公立学校。建校初期仅有4个班级、150名学生、7个教职员。校园位于呼和浩特市玉泉区清泉街91号，占地面积3666平方米，建筑面积2551平方米。2019年，清泉街小学共有15个教学班，762名学生，39名教师。校内教育教学设施完整，现代化设备齐全，基本符合现代教学的标准。

【办学理念】 2019年学校继续践行办清雅教育、建卓越学校、育清乐少年的办学目标，以培养健康、乐学的好少年为核心价值观，以德以立身，学以报国为校训；以养成良好的学习生活习惯为校风；以敬业爱生，博学善教为教风；以乐学会学，善思合作为学风；通过构建清智管理、打造清雅教师、开设清韵课程、建设清乐课堂、实施清雅德育、培育清乐少年，努力建成学生喜欢、老师幸福和家长信赖的学校。

【教学设施】 玉泉区清泉街小学现有教室25间，其中普通教室15间、计算机室1个、图书阅览室1个、仪器室1个、科学实验室1个、同频互动教室1个、录播室1个、心理咨询室1个、多功能室1个、体育器材室1个、卫生保健室1个。学校教育教学设施基本齐全，各室设备齐全、管理到位、使用率高。班级全部配备多媒体白板，教学环境整洁。

【师资队伍建设】 学校清雅教师团队共有39名教师，学校核定编制42名，现有教职工39名。大专以上学历37名，学历达标率100%；35岁以下教师17名，36～45岁教师14名，46岁以上教师8名；评为副高级职称的教师3名，评为中级职称的专任教师14名，初级教师18名，未定职称的4名。全体教师兢兢业业、认真负责，在保质保量完成教育教学任务的前提下，有效落实了“清雅教师六大核心素养”，即一专多能，多元的知识结构素养、精通业务，娴熟的教学艺术素养、学以致用，较强的工作能力素养、广博精深，深厚的文化素养、与时俱进，执着的创新素养、终身学习，完善的专业素养。

【学校特色】 学校结合小学生的年龄特点，深化清雅教育，彰显学校特色，深入研发了清泉“T＋P”课程体系。在这一理念的指导下，除了开足开齐国家和地方课程，学校还整合开发了清乐少年共享课程。

学校根据德育工作和实施“精细化”管理的要求，让学生由被动管理走向主动参与，让一部分学生做全校文明行为的榜样，带动全校同学养成讲文明、守纪律的良好习惯，共同营造和谐的校园气氛，提升学校的管理水平，结合学校实际，实行学生自主管理体系。学生自主管理以自我管理、自我教育、自我成长为目的，培养学生的组织管理能力和协调能力。学生自主管理，加强学生行为习惯的养成教育，为生本教育在学校顺利推进奠定坚实的基础，为学生的未来发展做准备。学生自主管理是在教师的指导下依靠学生自身的力量进行自我教育和发展的一种管理方法。施行学生自主管理，增强学生民主意识，因而焕发出管理的积极性和对学校的责任感，起到自律的模范作用。

学校党支部把“树清正党员、办清雅教育”作为党建品牌，充分发挥党员教师的先锋模范作用。用心培养、用爱教育，用“五心”（爱心、热心、耐心、诚心、细心）共同撑起党员教师心中的一片蓝天。

【办学成果】 2019年4月获2019年玉泉区庆祝新中国成立70周年“职工杯”羽毛球赛第八名。

2019年5月获2019年玉泉区学生体质健康标准测试小学组第六名。

2019年5月获玉泉区学生、职工、农民运动会精神文明奖。

2019年6月荣获2018年度玉泉区教育系统信息工作先进集体。

2019年7月荣获区级2019年优秀党支部。

2019年8月荣获2019第二届中国马文化节暨首届内蒙古国际马文化博览会——2019中国童话节之草原童话节”大赛。最佳组织奖。

2019年11月荣获区级2019汉听大赛一等奖。

2019年12月获呼和浩特市第四届中小学美育节美术工作坊二等奖。

通顺街小学

【通顺街小学领导名录】

党支部书记　宛朝晖（女）
校　长　　　赛恒高娃（女　蒙古族）
副校长　　　郭延芳（女）
　　　　　　杨利霞（女）

【概况】 玉泉区通顺街小学始建于1946年，原名归绥市立通顺街中心国民学校，新中国成立后，曾先后更名为归绥市第六完全小学、呼和浩特市通顺街小学、玉泉区通顺街小学。玉泉区通顺街小学现位于玉泉区阿拉坦汗广场西侧，2011年通顺街小学与杨家巷小学合并，搬迁入住新校区，成为玉泉区通顺街小学。新校址占地面积13750平方米，校舍建筑面积13821平方米，绿化面积400平方米，运动场地7900平方米，有200米的环形跑道。现有36个教学班，学生1801名，教师99人。新建的综合教学楼内不仅有多媒体教室，而且增设了实验室、计算机室、图书室、阅读室、声乐室以及美术、书法等专用活动室，设施齐全，实现了办学条件的标准化和现代化。

【办学理念】 玉泉区通顺街小学将赏合教育作为学校办学目标，以赏合，让每个生命更精彩为办学宗旨，以赏合，为每个生命竖起大拇指为办学理念。以相信生命的奇迹，静待花开为校训；以包容共赏、愉悦同行为校风；以大爱大赏、幸福坚守为教风；以阳光正气、自赏自励为学风。坚持培养高素质学生、塑造高水平教师、办成高质量教育、创建高品质学校的工作思路，努力把学校打造成为花园、乐园、学园、家园的阵地。

【教学设施】 玉泉区通顺街小学现有教室51间，其中普通教室37间、计算机室2个、图书阅览室1个，音乐教室4个、仪器室1个、科学实验室2个、美术教室1个、录播室2个、书法教室1个，此外还有心理咨询室1个、体育器械室2个、卫生保健室1个。学校的每个教室配有墨绿色的标准桌椅，设计合理，贴近学生。优良的办公条件、先进的教学设备为师生工作、学习提供了良好的环境。

【师资队伍建设】 学校核定编制96名，现有教职工99名。其中女教师82名，男教师17名。少数民族教师24名。大专以上学历98名。35岁以下教师24名，36~45岁教师44名，46岁以上教师31名；有副高级职称的教师14名，有中级职称的教师59名，初级教师23名，未定职称的3名。

【学校特色】 改革课堂教学模式，优化基础课程设置，开发富有特色的校本课程，以校园足球凸显“一校一品”。

【办学成果】 2019年，在上级领导的关怀下，学校办学条件得到改善，教风学风明显改善，各项工作都得到了进一步的提升，也取得了一定的成绩。学校被评为国家级重点课题呼和浩特试验区课程建设示范校；阳光大课间获得全国中小学体育活力校园课外创新奖；呼和浩特市教育系统先进集体；呼和浩特市先进党组织；呼和浩特市红十字基层组织先进集体；呼和浩特市“市长杯”校园足球赛优秀组织奖；呼和浩特市“市长杯”足球赛女子组第七名；呼和浩特市“市长杯”校园足球赛体育道德风尚奖；呼和浩特市首届“书香青城、沁润心灵”中小学共读活动优秀组织奖；玉泉区五四红旗团支部；玉泉区推进素质教育先进集体；玉泉区学生运动会职工团体总分第四名；玉泉区学生运动会学生团体总分第三名。

巧尔齐召小学

【巧尔齐召小学领导名录】

书　记　赵利珍（女　蒙古族）

校　长　和又红（女）

副校长　宋文娟（女）

【概况】 巧尔齐召小学始建于1945年，是呼和浩特市为数不多的以召庙命名的学校之一，有教师44人、学生近900人。有200米塑胶跑道操场，有592平方米的体育馆，各功能室齐全，硬件条件达标。2019年，在教育主管部门的正确领导下，学校坚持教学工作中心地位，积极推进特色课程建设，圆满完成了各项工作任务。

【办学理念】 传承体育精神，开发师生潜能，六年影响一生。

【教学设施】 学校教学设备完善，信息技术教育设施和教学资源能够满足教学需要。仪器室、实验室、图书室、体育器材室、音美器材室、音美教室、计算机教室、少先队活动室等专用教室配备齐全。2019年，教学设施不断更新（新增同频互动教室和微课录播室），校园环境焕然一新（重新修建操场、楼内更换墙砖、教学楼里外重新粉刷），教学质量稳步提高，学校管理日趋科学，办学特色日趋显著。

【师资队伍建设】 学校有一支充满发展后劲的教师队伍，学校共有教师43人，其中中教高级3人，小教高级19人。35岁以下青年教师14人，自治区级教学能手1人，市级教学能手3人，区级教学能手3人，体育专业教练3人，足球外聘教练2人。

【学校特色】 读书为根，课题结题成果推广。

运动为骨，轮滑、柔道、足球屡创佳绩。

创新为魂，科技点亮美好生活。

【办学成果】 2019年 7 月24日被评为全国青少年校园冰雪运动特色学校。

2019年1月举办内蒙古青少年柔道冬令营。

2019年1月获第34届内蒙古自治区青少年科技创新大赛优秀组织奖。

2019年 7 月当选内蒙古自治区柔道事业2020—2024发展战略合作伙伴团体会员单位。

2019年10月获内蒙古青少年体育俱乐部技能展示大会优秀组织奖。

2019年 8 月获内蒙古自治区科技教育示范学校。

2019年12月宋文娟在呼和浩特市第33届青少年科技创新大赛科技辅导员科教创新成果竞赛中荣获一等奖。

2019年12月宋文娟、王宵晓在呼和浩特市第33届青少年科技创新大赛中获得优秀科技辅导员。

西水磨小学

【西水磨小学领导名录】

书　记　杨晓霞（女）

校　长　宿宝平（蒙古族）

【概况】 玉泉区西水磨小学位于玉泉区云中路西水磨村，始建于1947年，2013年农区学校体制改革后，直属玉泉区教育局管理，2017年有1～6个年级8个教学班，学生365人，教师19人，其中，取得高级职称3人、中级职称5人，专科以上教师达到94.4%。

【办学理念】 让每一位学生得到发展，让每一位教师展示才华。

【教学设施】 有多媒体白板8套，图书5700册，教学用计算机55台，配备有音乐教室、科学实验室、电脑室、实验室器材齐全，体育器材基本满足使用。

【师资队伍建设】 有区级骨干教师4人。有中高级职称教师8人。

【学校特色】 学校根据师资配备情况，积极开展音、体、美特色二课堂活动，“书香浸润校园、读书伴我成长”读书活动，经典诵读进课堂活动，创建积极向上的校园文化。

【办学成果】 2019年教学质量指数为0.70。

2019年教师王慧获得区级教学能手称号。

2019年区运会中，学生团体获得精神文明奖，教师团体获得第六名的成绩。

西菜园小学

【西菜园小学领导名录】

校　长　　　　　王爱英（女）
副书记、副校长　盛　楠
副校长　　　　　郭秀峰（女）

【概况】 学校创办于1956年，位于玉泉区城区西南部，经过多年的发展，不断发展壮大。现校园占地面积8700平方米，生均面积15.5平方米，校舍建筑面积3595平方米，生均6.5平方米。学校现有12个教学班，共有学生529人。在编教师31人，外聘5人，共有教职工36人。

【办学理念】 学校以“尊重差异，让每一个孩子健康成长”为办学理念。扎实推进课程改革，力求使所有学生开心，所有教师舒心，所有家长放心，将学校提升为求知强能的学园、温馨和谐的家园、趣味无穷的乐园，努力为广大学生健康成长提供一个优良的环境，努力形成用法规管理学校，用创新经营学校、用品牌打造学校的特色发展之路，在外来务工子女教育、文明礼仪培养等方面取得较好成绩。

【教学设施】 学校建有同频互动、微课制作室、LED多媒体屏幕、千兆光纤等信息化设施，教育教学设备不断增添，完善改建了计算机室、图书阅览室，科学实验室、音乐、美术、书法、劳技教室及心理、卫生室等11间功能教室，新增音、体、美等教学仪器，配齐学校体育特色跳绳相关器材，极大地改善了办学条件。

【师资队伍建设】 学校在编教师31人，外聘5人，共有教职工36人。其中本科学历24人，大专学历5人，中师学历1人，教师平均年龄36岁，近一半为教学经验不满5年的青年教师。学校通过“一校四坊”等方式提升青年教师的教学能力。市教学能手1人，市基本功赛获奖1人，市微课大赛一等奖1人、二等奖3人，市科学实验操作技能赛二等奖1人，区教学能手2人，区基本功赛获奖3人。

【学校特色】 根据学校的地域历史和文化底蕴，确定了主题为“小菜园，大世界”的绿色种植为学校办学特色。贯彻于学校的育人理念、校园文化、课程建设、教师队伍建设之中，并且通过种植特色课程，探索培养学生核心素养的有效途径和方法。

其中“小菜园，大世界”中的四季课程是学校以种植为特色的校本课程，将绿色种植与春夏秋冬四季相结合，深入挖掘绿色种植文化，以绿色种植实践活动提高学生环保意识、科学素养、观察能力、动手实践能力，并将种植课程渗透到语文、数学、英语、美术等课程中，开设了“种植绿色　播种梦想”综合实践课、“快乐数学　智慧飞扬”种植课程与趣味数学、“学科学长智慧　求真知”科学实验课、“感悟传统文化积淀人文素养”绿色语文品读课、“绘画美丽菜园”美术拓展课，通过特色四季课程与传统课程的融合、拓展和延伸，为学生提供增长才智、展示个性、自由发展、自主管理的空间，从而完善课程体系建设。

【办学成果】 2019年荣获玉泉区优秀基层党支部。在2019年11月玉泉区第六届汉字听写大赛中荣获小学组团体二等奖。2019年体育、文艺展示、少先队活动中，荣获内蒙古自治区足球特色学校；玉泉区学生、职工、农民运动会精神文明奖、玉泉区礼德善美好活动等奖项。学校依据地域条件，建设“小菜园·大世界”特色文化校，2019年荣获呼和浩特市中小学幼儿园特色建设示范校。

石东路小学

【石东路小学领导名录】

书　记	李瑞君
校　长	连文格（女）
副书记、副校长	王　强
	王建平（女）
副校长	张秀娟（女）
	杨美清（女）

【概况】 呼和浩特市玉泉区石东路小学教育集团，现有南北2个校区，分低、高教学部，共有42个教学班，学生2208人，在职教师101人，其中副高级教师18人、中级教师59人，名优教师占32%。学校2个校区占地面积共18496平方米，建筑面积16803平方米，功能室28个，新建南校区有地下、地上运动场，具有一流的现代化的办学条件。

学校被评为全国特色校、全国青少年科学调查体验活动试点校、全国足球特色校、全国中小学舞蹈教育传统校、全国中小学优秀文化艺术传承校、中国人生科学学会学校品牌发展理事单位内蒙古科技教育示范校、内蒙古语言文字规范化示范校、内蒙古第二批特色教育实验校，内蒙古书法教育实验基地学校，呼市素质教育先进集体、呼市教育教学管理先进集体、呼市德育工作先进集体、呼市文明校园、呼市教育科研基地等。

【办学理念】 近年来，学校坚持以争创一流文明校园的精神为动力，以“阳光教育　幸福成长”的办学理念为宗旨，以“全面发展　优长教育”的办学思想，“向善向上　唯实求新”的校训来培育乐、雅、创、毅、慧的阳光少年，并以安代文化的传承和科技创新人才的培养为切入点，引导学生们在丰富多彩的实践体验活动中拓宽知识、发展兴趣，提高技能、磨炼意志，快乐学习，快乐成长。

【教学设施】 在区教育局的努力和政府的大力支持下，2个校区建设了录播教室、微课制作室，数字化监控实现了教室内外全覆盖，玉泉教育网全区联网，信息化水平自治区领先。南校区各功能室设施设备配备齐全，班级多媒体配备到位。学校利用可用资金，为南校区进行了部分绿化、美化、文化，为北校区维修了门厅、防水、暖气等。学校承担了呼市校舍建设现场会。

【师资队伍建设】 学校对于教师的培养进行目标化培养，不同层次的教师建立不同的培养目标，设定不同的培养内容和培养周期，搭建各种平台和机会促进教师专业成长，打造优质教师成长共同体，在这个团队里，坚持问题化研究，坚持每周2次的集体备课，坚持活动共建，以老带新，以新促老，骨干老教师倾心尽力，发挥了极大的作用。青年教师积极向上，快速成长。2019年度获区教学能手5人，市基本功赛3人获奖，4人获得区级学科带头人称号，3人获得市学科带头人称号，市名师工作室4人，10人获呼市微课大赛一、二等奖。

【学校特色】 以培养健康、明礼、乐学、广艺的阳光学生为目标。

德育工作重点把握信、心、活、全、书5个字。

【办学成果】 2019年，石东路小学办学条件日益完善，各项工作取得了不菲的成绩，如内蒙古硬笔书法赛优秀组织奖呼市微型实践基地网络课程建设示范校；呼和浩特市“市长杯”女子足球赛第五名，呼和浩特市“市长杯”足球赛优秀组织奖；第二十届“学大教育杯”小金话筒奖优秀组织奖；区运会优秀组织奖，区运会团体总分第一名；玉泉区干部职工工间操赛一等奖；玉泉区先进基层党支部。

梁山街小学

【梁山街小学领导名录】

书　记　王欣荣（女）

校　长　贾永升（蒙古族）

副校长　张菊英（女）

【概况】 梁山街小学始建于1928年3月，时称绥远区第一平民小学，是一所有着悠久历史和浓厚文化底蕴的老学校，曾经是自治区、呼市、玉泉区三级重点小学。

2012年10月，根据区政府及教育局的安排，梁小整体搬迁到原37中。现校址占地面积6704平方米，建筑面积3835平方米，操场1620平方米。学校现有教学班18个，学生895人，教职工总人数60人，其中专职教师56人。

【办学理念】 学校坚持“质量立校、科研兴校、特色强校”的办学理念，发扬传承讲科学、讲民主的学校精神，努力把学校建设成为学生有特长、教师有特点、学校有特色的小而精学校。

【教学设施】 学校班级内均装有电子白板，同时建有科学实验室、仪器室、音乐室、美术室、书法室、计算机室、心理活动室（团体活动室及个体辅导室）、电子备课室、档案室、卫生保健室、多功能会议室、图书室、同屏互动教室、录播室等。各室设施设备齐全，能有效保障教育教学的需求。

【师资队伍建设】 学校教师中有高级教师7人、中级教师17人。全国优秀教师1人，自治区骨干教师1人，市级学科带头人2人，区级以上教学能手、学科带头人共17人。

【学校特色】 学校把“美”的教育作为学校特色，突出人文美、环境美的建设，不断挖掘美的广度和深度，追求美是文明、美是智慧、美是奉献的价值观教育。

作为全国级青少年校园足球特色校，学校以校园足球为特色，近年来学校足球队人数不断壮大，现组建了校园足球男子甲、乙2队及女子队，球队每天坚持开展训练。学校认真落实校园足球进课堂活动，配备专职教师开展足球课教学，各班成立足球队，每年举办“校长杯”校园足球赛，扎实的足球教学，丰富的校园足球活动，形成了人人爱足球、个个会踢球的良好运动氛围和足球特色活动。

【办学成果】 教学质量是立校之本，多年来，学校始终牢固确立质量意识，以课堂教学为抓手，牢牢抓住教学常规管理、校本研究这2项工作不放松，教育教学质量稳居区属小学前列。2019年学校的教育教学质量综合指数排名玉泉区第一名，学校再次荣获玉泉区教育教学质量突出奖的殊荣。

学校紧紧围绕提升教育教学质量开展“微研究”。参加的教育部重点课题实验校课题《以心育及优秀文化传承促进学生良好习惯养成教育的实践研究》经过3年的认真研究，于2019年成功结题，参与课题的12名教师均获得结题证书。

学校在2019年呼和浩特市“市长杯”中小学校园足球赛中获优秀组织奖；在呼和浩特市第三届青少年机器人竞赛中参赛队获第三名；在2019年玉泉区区运会中，分别获得学生体质健康标准测试第五名和精神文明奖。

恒昌店巷小学

【恒昌店巷小学领导名录】

书　记　马　芳（女）

校　长　闫　静（女）

副书记　刘满良

副校长　孙立志（女）

　　　　郝　佳（女　蒙古族　3月任职）

　　　　罗艳伟（女）

【概况】 玉泉区恒昌店巷小学始建于1914年，后数易其名，1958年学校更名为呼和浩特市玉泉区恒昌店巷小学。恒昌店巷小学北校区占地面积5893平方米，有20个教学班，学生1005人，教师55名。

2013年，根据玉泉区教育局整体规划，原五里营学校与恒昌店巷小学合并，进行集团化管理、一体化办学，实行一套班子，两个校区，统一管理，资源共享。

2个校区进行集团化精准互助，实现校区教育同发展。

管理协同——以目标均衡化、运行扁平化，发展两校区为思路，打造教师优质和特色鲜明的分校教育。

文化协同——两校区量身打造校园文化，形成教育集团信息化、品质化、个性化的爱的学校文化。

课程协同——开设两校区不同特色的校本课程，形成品爱课程。

资源协同——总校向分校派出骨干教师，名师团队，加大交流力度。

活动协同——通过优秀传统文化之旅，校内外研学交流、小课题研究等丰富的活动，两校区师生一同学习，和谐共进。

【办学理念】 让每一位学生都快乐成长，让每一位教师都主动发展。

【教学设施】 北校区共26个教室配备了多媒体，图书室、计算机室、同频互动教室、录播教师、音乐教室、美术教室、心理辅导室、卫生保健室、科学实验室、体育器械室等各功能室一应俱全，为教育教学提供服务。

【师资队伍建设】 学校有自治区级学科带头人2人，自治区级教学能手1人，呼市学科带头人5人，呼市教学能手8人，玉泉区学科带头人10人，玉泉区教学能手16人，自治区基本功能大赛中获奖教师有5人，市级基本功大赛获奖教师有15人，区级基本功大赛获奖教师有24人。学校有高级教师9人、中级教师28人。

【学校特色】 推广规范用语用字，传承中华优秀文化。

【办学成果】 2019年，继续进行自治区“十三五”《小学各学科国家课程资源“二次开发”运用研究》课题研究，学校有47位教师参与了研究。《拓展小学课程资源的应用研究》被确定为呼和浩特市“十三五”重点课题，全校有56人参与课题研究。2019年10月，英语组6位教师参与内蒙古教研室学习活动观实践研究课题。学校课题组成员获奖并发表优秀论文34篇、课题研讨课近40节、教学反思近60篇。课题组老师在玉泉区、呼市、自治区级“微课大赛”“一师一优课”评比活动中屡获佳绩。

2019年，学校继续打造“三课浸润爱，文化传承”的三位一体核心体系，把“三课“（课程、课题、课堂）有机地结合起来，用丰富的课程资源滋养每一位学生。设置“品爱”课程，拓展课堂资源。以爱为内容，把课程分为筑爱课程、育爱课程和播爱课程。2019年8月，实现学生利用网络平台，自主选择课程，推进了信息化建设步伐。

2019年，学校加大教师培训力度。校长以ORID的培训形式进行4场培训，引导教师思考学校教师队伍、课堂教学模式、学生学习状态中存在的问题、原因以及改变对策；以讲座的形式进行2场培训，交流立什么德、树什么人的问题，引导教师树立正确的育人观、质量观、学生观。

成立了学术委员会，发挥名优教师、有经验老教师的作用，以老带新、以优培青、以青促老，使教师团队共成长。

2019年参加国培、省培、市培、县培、校培共656人次，3448场次。

2019年，实现2个校区资源互补是在集团化办学中的一项重要举措。实现内外、上下、平行多样交流，有的承担重任，有的长期交流，有的临时支援，有的学科互助，有的跨校区带徒……北校区培养相对成熟的教师输送到南校区；体育教师跨年级交流、英语教师同年级交流，能更好地互补。这样的资源共享带动了2个校区年轻教师尽快成长。学校还将主校3位玉泉区首席教师委任以学科主任，引领2个校区教师在专业上快速成长，这样的交流互动将优质教师资源的价值充分最大化。

2019年，恒小大力推进文明校园创建活动，通过组织开展校际间的读书节、体育节、艺术节、科技节等交流活动，增强师生对学校的认同感、归属感和荣誉感，整体提升了办学品质。

在全体师生的共同努力下，学校教育教学均取得优异成绩，2019年各科（包括体音美、非毕业年级）指数均在前列，真正达到了教育均衡发展。2019年，学校获得国家级课程建设示范校、自治区级美育示范校、自治区级五一巾帼奖集体、中国小篮球内蒙古总冠军、市级文明校园、玉泉区推进素质教育先进集体等荣誉称号。全年参加校、区、市、自治区、国家级各类比赛学生达22396人次。

升学情况：有市四区户籍的学生，按照家

长所填报志愿全部派入玉泉区范围内中学，升学率达到100%。

小召小学

【小召小学领导名录】

书　记　呼　群（女　蒙古族）

校　长　李　滨（女）

副校长　姚　飞

【概况】　呼和浩特玉泉区小召小学位于呼和浩特市玉泉区小召前街168号，学校重建于1946年5月。占地面积7396平方米，建筑面积3400平方米，活动操场面积6000多平方米。学校现有教学班17个，在编教职工53人，在校学生836人。

【办学理念】　大处着眼，小处着手，志行合一，卓越人生。

【教学设施】　学校设有图书室、少年宫、心理室、电子备课室、仪器室、科学实验室、音乐教室、美术教室、家长接待室等各类专用教室，教室均安装多媒体教学设备，并且接入互联网专线。教学仪器价值200余万元，图书3万余册。

【师资队伍建设】　学校现有自治区学科带头人1人，呼市学科带头人3人，区学科带头人7人，区教学能手8人，全国师德标兵1人，自治区优秀教师（班主任）2人，呼市优秀教师10人次，高级教师7人，一级教师20人。

【学校特色】　学校确定以志行教育为学校的核心文化。志行教育是以立志、笃行为内涵和指引，旨在引导师生树立远大志向，脚踏实地行动。

校训：立志于宏，笃行于微。

育人目标：培育守正，智学，阳光的优秀小学生。

教师精神：

实：人格诚实、作风朴实、工作扎实。

精：精通学识、精湛教艺、精心育人。

和：和善心态、和睦氛围、和谐校园。

课程领域：

三类别：志正课程、智学课程、至美课程。

三领域：人文与品德、数学与科技、运动与艺术。

三层次：基础课程、拓展课程、综合课程。

一贯穿：习惯养成阶梯式课程。

【办学成果】　全国数学文化实验校，自治区有效教学实验校，区级教学质量进步单位，区级先进基层党支部。

民族实验小学教育集团

【民族实验小学教育集团领导名录】

书　记　秦广宇（3月离任）

　　　　靳志刚（3月任职）

校　长　李丽英（女　蒙古族　3月离任）

　　　　安冬梅（女　蒙古族　3月任职）

副校长　蔺　凤（女）

　　　　斯琴高娃（女　蒙古族）

王玉苗（女）

【概况】 民族实验小学教育集团北校区占地面积9988平方米，建筑面积8274平方米。学校有教学楼1栋，31个教学班及会议室均配有多媒体通信设备。计算机室、科学实验室、音乐室、美术室等各种功能室齐全。学校拥有图书43225册，教学用计算机186台，多媒体教室33个。校内有比较标准的田径运动场及篮球场7000平方米。全校共有学生1649人、11个民族，校园绿树成荫，环境优美。

位于农村的百什户校区占地面积22597平方米，建筑面积6108平方米。学校有教学楼1栋，12个教学班及会议室均配有多媒体通信设备。计算机室、科学实验室，音乐室、美术室等各种功能室齐全。学校拥有图书7000册，教学用计算机71台，多媒体教室12个。校内有比较标准的田径运动场及篮球场3000平方米。共有学生470人、11个民族。

【办学理念】 作为民族学校，学校承载着玉泉区繁荣蒙古族语言文字的光荣使命。根据实际情况，把设计宗旨定位在“文化统领环境灵魂，环境彰显教育主题，教育涵盖创新活力”上，以校园、生活为载体，通过精神文化引领、环境文化浸润、制度文化保障、课程文化践行、活动文化延伸，实施“87654321+N”工程，在师生协力中进行富有民族文化基因、世界眼光胸怀的文化建设，打造民族文化精品校园。

【教学设施】 2019年学校新建了创客教室。

【师资队伍建设】 学校有教职工113人，其中在编教师112人，专任教师109人。

专任教师年龄结构：20～29岁，21人；30～39岁，49人；40～49岁，30人，共100人。专任教师性别结构：男教师17人，女教师92人。专任教师学历情况：研究生毕业9人，本科毕业70人，专科毕业27人。少数民族教师54人，其中女教师43人。内蒙古基本功比赛获奖4人、市级学科带头人6人、市级教学能手1人、区级能手6人、区级学科带头人3人。中高级教师52人。

【学校特色】 学校以传承蒙古族文化为特色，校园内外环境具有民族特点，本着既传承又发展的原则，形成了以蒙古族文化为特色的学校文化。交互融合的蒙汉两种文化时时体现在学校的各个角落。从“一厅”“三廊”“一馆”，到学校整体色彩的运用，再到文化墙的设置，都体现了学校系统性的校园文化建设。

校训：崇文尚德、晓礼友善。

校风：求知、做人、思而行。

教风：业精于勤、教成于思。

学风：敏而好学、不耻下问。

教师职责：千教万教，教人求真。

学生职责：千学万学，学做真人。

幸福工作信条：全心以赴比全力以赴更重要，幸福工作比满负荷工作更有效。

工作价值观：认真只能做对，用心才能做好。

学校愿景：能够让学校在创设的优质事件中引领生命成长；能够让教师在愉悦的协作中幸福工作；能够让学生在生动活泼的努力中健康成长。

【办学成果】 2019年先后获得玉泉区五四红旗

团支部，玉泉区学生、职工、农民运动会优秀表演奖和组织奖，推进素质教育先进集体，呼和浩特市第33届青少年科技创新大赛先进集体，呼和浩特市第四届中小学美育节美术工作坊一等奖等称号。承接了2019年呼和浩特市文明校园现场会。

五塔寺东街小学教育集团

【五塔寺东街小学教育集团领导名录】

书　记	蒋　莉（女）
校　长	郝红艳（女）
副书记、副校长	刘凤英（女）
	史秀峰（女）
副校长	史雅丹（女）

【概况】　2019年五塔寺东街小学继续完善校园设施设备，进一步改善办学环境。

五塔寺东街小学11月2日开始配餐，按照要求，配餐前对学校的洗手设备进行改造，增加学生洗手点3个。

文化建设：班级文化建设改造，国防展厅改造，建设红色文化长廊，拍摄国庆宣传片。

校园设施：增加无障碍通道；增加监控摄像头，学生活动区域全覆盖；新增校园内外LED电子屏。

室内改造：新增会议室LED彩色电子屏；为会议室及同屏互动教室增加空调；为办公室增配衣柜；新增同频主播教室及视频会议系统。

小黑河校区进一步完善校园环境绿化，增设校园宣传栏；重新打造会议室、少先队队室，完善打造体育馆综合功能，新建的操场已正式投入使用。

【办学理念】　2019年五塔寺东街小学教育集团2个校区继续秉承“以军风促校风，以特色促发展”的办学理念，通过发展少年军校办学特色，开展了学雷锋志愿服务系列活动、校长带头讲思政课、参观校史馆、参观红色文化教育长廊、六一儿童节主题队日系列活动、礼德善美系列活动、我和我的祖国快闪录制、新年音乐会等教育教学活动，涵养师生正气，积淀学校文化，落实学校立德树人的根本任务，帮助学生扣好人生第一粒扣子。

【教学设施】　2019年继续增加投资，完善音体美教学设施，新建了同频主播教室。

【师资队伍建设】　塔东校区拥有内蒙古教学能手1人、呼市学科带头人6人、呼市教学能手5人、玉泉区学科带头人4人、玉泉区教学能手2人（其中包括包头市九原区教学能手1人），教学新秀数人。小黑河校区现有玉泉区学科带头人1人、玉泉区教学能手3名。学校师资力量雄厚，朝气蓬勃，充满活力。众多的名师在学校教育教学中发挥着中流砥柱的作用。

【学校特色】　五塔寺东街小学是内蒙古自治区第一所少年军校，学校坚持以少年军校为办学特色，积极创建军校文化，探索国防教育进课堂、军事训练上操场的少年军校办学模式，努力开发、开设军体拳、旗语操、防空操等军体校本课程，全力打造以军养德、以军促智、以军强身、以军育人的办学特色。

学校积极探索新时代新型特色育人模式，

培养具有军人品质和家国情怀的"品正少年"。创新学校特色品牌建设，立足学校，依托各类资源研发新的特色课程体系，使少年军校特色办学效果进一步提升。

学校继续秉承"以军风促校风，以特色促发展"的办学思想，坚持以军事化管理促学生良好行为习惯养成的管理模式，努力将少年军校这一学校文化品牌做大做强。

【办学成果】 2019年1月三年级调研考试，语文、数学第六名，英语第五名。2019年6月六年级调研考试，数学第三名、英语第四名、语文第五名。2019年10月承担了教育部部编版教材的听课活动。2019年9月26日，承办了呼和浩特市文明校园经验交流现场会，获得了与会同志的一致好评。2019年被评为玉泉区素质教育先进集体、玉泉区"五好"关工委、玉泉区礼德善美好活动、呼和浩特市第四届中小学美育节美术工作坊二等奖等。

小黑河校区2019年作为呼和浩特市首批9所配餐试点学校，开始配餐工作。期间市政府、教育局和区政府领导多次深入学校视察，各级人大代表、政协委员走进校园视察调研，学校的配餐工作得到了各级部门的高度认可。同时学校2019年被评为呼和浩特市中小学幼儿园特色建设示范校、市级文明校园。

小黑河镇中心校

【小黑河镇中心校领导名录】

书记、校长　秦广宇

副校长　　　连德永

【概况】 玉泉区小黑河镇中心校地处呼和浩特市玉泉区小黑河镇，下辖5所农村小学，分别为牛场学校、东二道学校、前八里学校、达赖庄学校及乌兰巴图学校，其中4所完全小学，2所寄宿制小学，共设有教学班35个，在校学生1298人。

【办学理念】 小黑河镇中心校全面贯彻党的教育方针，坚持"为每个学生的全面发展、未来成才夯实基础"的办学宗旨和"让每个学生健康成长、快乐学习、学有所得"的办学理念，大处着眼，小处着手，大力转变教育思想，努力提升办学品位，坚持走内涵发展之路，激活自主创新欲望，激发文化创造活力，推进学校科学、和谐发展。

【教学设施】 小黑河镇中心校下辖各校的办学条件日趋完备，多媒体教室、计算机室、舞蹈室、图书室、仪器室、同屏互动室、录播室、科学实验室、卫生保健室、心理咨询室、器乐室、毛笔书法训练室、美术室、棋艺室、足球和乒乓球训练场等功能室基本完善，并实现了互联网、局域网覆盖全校。

【师资队伍建设】 小黑河镇中心校现有教职工120人，其中研究生学历3人，本科学历74人，专科学历31人，高级教师20人，一级教师51人，二级教师39人。

【学校特色】 在中心校的带领下，各校积极参与各项活动，努力办出自己的学校特色，全师体生努力朝着"特色鲜明、家长满意、社会认可"的办学目标不断奋进。逐渐形成了"文明、乐业、和谐"的校风、"敬业、求实、竞争"的教风和“自觉、刻苦、赶超”的学风。学校管理紧紧围绕“教学为中心、育人为要务”2个核心体系，进一步强化“质量立校、特色活校”意识。

学校注重全体学生的个性发展，开设了诵读、电脑、手工制作、书法、绘画、田径、乒乓球、足球、舞蹈、管乐等活动小组，涌现出一大批特长技能扎实、才华横溢的小能手，近年来，在各级组织的文艺演出、科技大赛、书画比赛、体育竞赛中多次获奖。

【办学成果】 中心校全面贯彻党的教育方针，立足该校实际，拓宽教育渠道，打造特色品牌的办学思路，以严格规范、注重细节、落实到位、注重民主为管理原则。学校围绕“健康为本，高效工作，快乐生活”开展整体工作，从而提高3个质量，即生存质量、工作质量、生活质量。依法治校，以德立校，以师强校，以生共校，取得了喜人的办学成果。

达赖庄学校

【达赖庄学校领导名录】

校　长　杨志明（蒙古族）

副校长　郭莉珍（女）

芦小玲（女　3月任职）

【概况】 达赖庄学校是一所农村完全寄宿制小学，成立于1961年，已有59年的办学历程。学校于2011年开始在小黑河镇达赖庄村东端新建，并于2016年正式投入使用。新建学校虽然地处农村，但是环境舒适优雅，教育教学设施设备一流。

学校现有教学楼1栋，教学班8个，在校学生人数277人。学校有标准化教室18个，每室配备多媒体白板一体机、学生储物柜，给学生提供了良好的学习空间。为了教育均衡发展，学校陆续打造功能室10个（计算机室、音乐授课室、电子琴室、美术室、卫生保健室、心理咨询室、书法教室、舞蹈室、棋艺室、图书阅览室）。2019年又新建了跆拳道室，并对心理咨询室进行了重新规划，这些功能室的修建，促使学生综合素质能得到全面提升。

【办学理念】 办学理念：办人民满意的教育。指导思想：以学校“三风一训”（师风：严谨、求实、协作、进取。校风：精教乐学、全面发展。学风：快乐读书、健康成长。校训：团结、守纪、勤奋、创新。）为中心，以规范管理为重点，以营造师生和谐的教学氛围为手段，以培养学生自主学习、自主创新为目的，培养学生学习主动性，发展学生特长，坚持全面育人，全面发展。

办学宗旨：为学生健康成长奠基，为学生持续发展负责

教育目标：轻负担、高质量、有特色。

【教学设施】 学校现有教学班7个，每个教室班配备白板一体机，教室内的温度、采光、照明等环境符合国家有关标准。学校还配有专用教室，如计算机室、音乐授课室、电子琴室、美术室、卫生保健室、心理咨询室、书法教室、舞蹈室、棋艺室、图书阅览室、体育器械室、科学实验室、跆拳道室。

学校有2个教师的专用办公室，1个校长室。学校有标准200米跑道的运动场1个。学校

拥有4400平方米独立学生公寓一栋，能容纳400人住宿，环境整洁干净，实行午托、全托分层管理。每层楼配有生活指导老师2名，全天候陪伴。每个宿舍保证5个学生一个房间，学生配有独立储物柜。

学校还有能容纳500人同时就餐的餐厅1座，早、中、晚三餐实现营养配餐。学校统一从规范渠道进货，食材进货索票索证，保证了食品的安全卫生。

【师资队伍建设】 学校现有教职工31人，其中专任教师17人，研究生1名，专科以上学历17人，学历达标率为100%。学校教师结构不断优化、年轻化。

【办学成果】 2019年9月获得市级文明校园荣誉称号。

前八里学校

【前八里学校领导名录】

校　长　　云秀民

教导主任　刘永波

【概况】 前八里学校位于小黑河镇北，紧邻南二环路的前八里庄村，属城乡接合部。前八里学校于2012年被内蒙古教育学会书法教育专业委员会授予内蒙古书法教育实验学校荣誉称号。现已成立硬笔书法和软笔书法班级。

学校现有教学班6个、学生131人，教职工11人，生源主要是外来务工子女，学生家庭收入普遍较低。90%的家庭是租房，子女多是务工留守儿童。

学校没有现代化教学设备，教师依然采用落后的传统教学方式，授课方式单一。而且教师一边讲课一边写板书，需要大量时间，讲授知识相对少。学校图书数量过少，缺乏音乐、美术、体育教师及场地，致使学生知识量少，才能不能被充分挖掘，严重制约了素质教育的发展。

在人少，年轻教师少的情况下，在各位教师都兼职、兼课的情况下，学校充分充分调动教师的积极性，做到了量才用人、合理用人。

【办学理念】 办有灵魂的教育，育有品德的学生。

学校坚持发展学生特长，全面育人，全面发展。

【教学设施】 学校现有多媒体投影设备6套，学生电脑9台，办公电脑2台。

【师资队伍建设】 现有副高级教师一人，一级教师5人，二级教师5人。

【学校特色】 学校将书法课作为学校特色课程，由云秀民校长亲自执教，旨在培养学生对汉字书写的兴趣，养成良好的书写习惯。

乌兰巴图学校

【乌兰巴图学校领导名录】

校　长　王海忠

【概况】 乌兰巴图学校始建于1958年，占地面积13634平方米，校舍建筑面积1000平方米，其中教师用房500平方米。2016年国家实施农村全覆盖改造政策，通过局领导和镇领导的积极争取下，为校园、校舍进行了改造，自改造以来校园、校舍、暖气设施设备都有了翻天覆地的变化，校舍坚固、整洁。校园环境优美、空气清新。200平方米的操场全部由塑料板铺成，给学生提供了一个舒适、优美的环境。学校自办学到2015年，一直开设一至六年级，从2016年响应上级“合校并点”的指示，三至六年级的学生都集中到达赖庄学校就读，学校被指定为教学点，只保留一、二年级。

【办学理念】 多年来，学校紧紧围绕“农村孩子的乐园，教师成长的沃土”这一理念，本着“教育为首，教学为主，育人为本”的教育宗旨，立足农村现实，科学施教，教研兴校，全面执行教育方针，积极推进素质教育。

【教学设施】 学校现有教室3间，并配备崭新的课桌椅，办公室1间、图书室1间，但大多数都是老旧图书，有仪器室1间，远程接收系统1套，电脑、打印机各1台。

【师资队伍建设】 学校在职教师4人，4人均为大专学历，其中中级职称1人、初级职称3人，区级优秀教师1人。学校狠抓教师队伍的建设，不断提高教育质量，促进学校稳定的发展。全面提高教师队伍的整体素质，通过师德教育活动，规范教师从教行为，教师爱岗敬业、廉洁从教，为人师表等的师德表现，在学生，家长和社会的满意度达到90%以上。另外，学校还利用各种机会和各种形式向老师们传达新的观念，传递新的信息，引导教师要加强学习，及时充电。为了提高教师的教学水平，经常组织任课教师去兄弟学校学习，交流，参加集体备课，听课，评课等活动。

【学校特色】 以“拼搏进取，求真务实”为校训，以“多样化教学，安全化管理”为办学特色，努力创建“平安校园，快乐校园”狠抓学生的养成教育，激发学生学习兴趣，培养学生特长，争取培养出一批德、智、体、美、劳全面发展的优秀学生来。

【办学成果】 在上级部门的大力支持下，教育教学质量有了显著提高，学生的德、智、体、美、劳得到了全面发展，学习成绩突出，受到家长一致好评。

东二道河学校

【东二道河学校领导名录】

校长（党小组组长） 张文琴（女）

副校长、教导主任 翟云龙

【概况】 东二道河学校位于呼和浩特市西南4.5千米处，1960年建校，是玉泉区小黑河镇中心校下属的一所农村小学，学校占地面积8498平方米，建筑面积1288平方米，生均建筑面积3.7平方米。现有8个教学班，在校学生345名。有专任教师25名。

学校始终坚持以人为本、立德树人，促进师生发展为核心，以“依法治校、质量立校、科研兴校、特色强校”为发展思想，以培养“健康、聪明、活泼、文明”的学生为培养目标，班子成员与全体教师努力奋斗，认真履行了岗位职责，办学效益显著提高。

学校管理规范有序，教育教学工作扎实开展；教师敬业爱岗，潜心教学；学生勤奋学习，奋发进取。学校的教育教学工作呈现健康发展态势，学校各项工作，得到了学生、家长、社会的认可。办学条件不断改善，教育教学质量逐年稳步提高。

【办学理念】 办学理念：创造一切条件，为了学生的发展，为了教师的发展，为了学校的发展。

办学宗旨：以师生发展为本，为学生未来奠基。

办学目标：把东二道河学校建设成为一所育人环境优美，教学设施先进，管理科学规范，师资队伍优良，学生乐学、会学，办学效益突出，“小而美、小而优、小而精”的农村示范性学校。

校训：业精于勤，荒于嬉。

校风：诚实、友善、勤奋、创新。

教风：敬业、爱生、求真、奉献。

学风：乐学、会学、勤奋、向上。

【教学设施】 学校有教学班8个，均配备多媒体白板。实验室2间（其中仪器室1间）、图书室1间、计算机室1间、音乐教室1间、舞蹈教室1间、体育器械室1间，各室教学仪器设备均按标准配备，配备率100%。有学生用计算机52台、教师用计算机11台，多媒体互动教室1间、微课室1间，学校信息化程度逐年提高。有纸质图书1万余册，生均29册。乡村少年宫活动室12间（部分共用），活动器材能够满足需要。学校体育运动场占地面积6961平方米，有200米跑道操场1个，各类体育活动丰富多彩。

学校安全保障设施设备完善，校园内监控设施全覆盖。消防设施和灭火器数量符合要求，安保人员（2名）和安保设备配备齐全，相关制度职责健全完善。

【师资队伍建设】 学校现有教职工25人。其中本科学历23人，专科学历2人，教师学历合格率100%。高级教师2人，占专任教师的8%；一级教师8人，占专任教师的32%；二级教师8人，占专任教师的32%。新分配教师6人（其中2人从前八里小学调入），占专任教师的24%。35岁以下的教师19人，占专任教师人数的80%。有市级优秀教学能手1人、区级教学能手3人。有区级以上骨干教师11名，占在岗教师的44%。学校通过“青蓝工程”“示范引领”等多种途径强化教师的教育教学能力和班级管理能力的提升，教师整体素质得到极大改善，业务能力强，2019年有49人次在各级各类比赛中获奖。

【学校特色】 学校注重校园文化建设，以立德树人为根本，以“爱的教育”为主题，创建文明校园、书香校园、平安校园，营造出了和谐育人的校园环境，陶冶了学校全体师生的道德情操，起到了“润物细无声”的教育作用。

开创了“一室多用、公共场地并用”的方法，为学生和周边未成年人提供了多姿多彩的课余生活。同时，少年宫活动也取得了明显的成绩，舞蹈活动室的孩子们参加了内蒙古广播电视台主办的《厉害了草原娃》节目录制，并获得了励志草原娃奖。参加美术少年宫活动的李颖同学和范佳鑫同学参加了“童创未来”科技活动，李颖同学获得了“童创未来”科技幻想画优秀奖。2019年35名学生在各级各类比赛中获奖。

【办学成果】 申报的《手工珠绣　走进校园》研究课题正在进行。张文琴、李云霞等4名教师的5篇德育论文获内蒙古优秀成果一、二等奖。

2019年学校获得市级文明校园称号，区级中小学汉字听写大赛优秀组织奖，被中共玉泉区委宣传部、文明办、教育局评为礼德善美好集体、礼德善美好活动等6项集体荣誉。师生有72人次获各级各类奖励和表彰。

牛场学校

【牛场学校领导名录】

校　长　韩占占

副校长　石兆元

荣美玲（女　蒙古族　3月离任）

杨晓东（3月任职）

路　明（3月任职）

【概况】 玉泉区小黑河镇中心校牛场学校成立于1960年，是一所教育教学设施先进的寄宿制学校。学校占地面积42480平方米，建筑面积10424平方米。现有12个教学班，在校生547人，其中住校生303人，全校教职工33人。

【办学理念】 办学理念：以人为本，和谐发展。

办学宗旨：让爱心和责任润泽孩子心灵，让方法和激情开启智慧之门。

办学原则：以德为先、质量立校、依法治校、科研兴校、特色强校。

校训：以美启真，与时俱进。

校风：认真做事，踏实做人。

教风：敬业、爱生、严谨、求真。

学风：乐学、善学、合作、探究。

【教学设施】 学校有教学楼、食堂、宿舍楼，拥有网络备课教室、多媒体教室，计算机室、同屏互动室、录播室、科学实验室、卫生保健室、心理咨询室、器乐室、舞蹈室、毛笔书法训练室、美术室、棋艺室、图书阅览诵读室、足球和乒乓球训练场，实现了互联网、局域网覆盖全校。

【师资队伍建设】 学校现有专任教师31人，其中研究生1名，本科20人，专科10人。高级教师6人，一级教师8人，二级教师14人。玉泉区学科带头人1人，教学能手3人。

【学校特色】 德育工作成效显著。学校以争做阳光好少年活动为总抓手，探索一条“德育主题化、主题生活化”的德育模式。走廊的多彩绘画、中华诵读、感恩教育、礼仪践我行、安全在我心等德育活动，使“以人为本，和谐发展”的办学理念得以落实。

学校注重全体学生的个性发展，开设了诵读、电脑、手工制作、书法、绘画、田径、乒乓球、足球、舞蹈、管乐等活动小组，涌现出一大批特长技能扎实、才华横溢的小能手，在各级组织的文艺演出、科技大赛、书画比赛、体育竞赛中多次获奖。

【办学成果】 牛场学校先后被评为国家级足球特色学校、内蒙古自治区红十字示范校、呼和浩特市优秀学校少年宫、呼和浩特市特色建设示范校。

在2019年，牛场学校荣获玉泉区中小学生田径运动会第二名、精神文明奖、职工团体第五名，学生体能测试全区第三名，呼和浩特市“市长杯”足球联赛小学（女子组）体育道德风尚奖，呼和浩特市青少年科学幻想画大赛先进集体。

幼儿教育

玉泉区民族幼儿园

【玉泉区民族幼儿园领导名录】

园　长　葛根格日勒（女　蒙古族）

副书记　莎日娜（女　蒙古族）

【概况】　玉泉区民族幼儿园始建于1981年，是玉泉区最早成立的一所为少数民族幼儿服务的寄宿制幼儿园。1989年被评为一类甲级幼儿园。2004年在旧城区改造中拆迁，于2012年重建。重建后的玉泉区民族幼儿园坐落于文化底蕴浓厚的玉泉区梁山街，建筑面积6530平方米，开设活动班级12个，其中3个为蒙古语授课班。在园幼儿339人，其中少数民族幼儿191人。

玉泉区民族幼儿园教育集团第二幼儿园是直属于玉泉区教育局主管的全日制公立幼儿园，是玉泉区民族幼儿园集团化办学形式下的分园所。集团化办园采用以总园为龙头，下设分园的模式，辐射市级示范园的名园效应，推动优质教育资源共享，满足乡村家庭对幼儿教育的迫切需求，让3～6岁的孩子在集团下属的分园得到适宜均衡的教育。

玉泉区民族幼儿园教育集团第二幼儿园始建于2014年，园址位于玉泉区小黑河镇达赖庄村，于2018年3月正式投入使用。幼儿园占地面积为5538平方米，户外活动场地面积3256平方米，绿化面积1184平方米。全园共设有9个教学班，可容纳270名幼儿。共有教职工30人，教师队伍学历和专业合格率达100%。

【办学理念】　总园以“促进幼儿健康、快乐、文明、和谐发展，办现代化民族幼儿园”为宗旨。立足在传承、创新、全面发展中融合民族与现代文化，坚持“体验式”的教育理念，关注教师的专业发展与综合素质的提升，把实践课程与体育课程建设作为抓手，让孩子热爱生活、建立自信、善于创新，让教师关爱幼儿、团队合作、乐于奉献。

第二幼儿园依托总园的办园宗旨，以“促进幼儿健康、快乐、文明、和谐发展”为教育理念，创办基于本土文化背景下的普惠性乡村幼儿园。以蒙台梭利教育为特色，以儿童为中心，尊重每一个幼儿的个性发展，注重素质培养和智能的开发。

【教学设施】 总园环境秉承优秀民族传统文化融合现代 育理念的风格建设，将艺术化、现代化、民族化的设计寓于各角落及细节处，形成高端、精品、精致的文化建设。室内设计以柔和线条和温馨色调营造出暖暖的“爱乐”（蒙古语“家”）氛围。

总园内设有美术创意吧、科学探索室、民俗体验室等六大专用功能室，突出幼儿教育活动的操作性、体验性和“玩中学、学中玩”的特点。

室外活动区拥有大型塑胶运动场地、民族特色“男儿三艺”的运动平台、先进的多功能大型运动器具、沙水池等户外游戏设施。

第二幼儿园内创设了蒙氏教室、美工室、图书屋、舞蹈教室、感统室、工匠屋等多个功能室。

【师资队伍建设】 园内有在编教职工52人，其中研究生学历4人，本科学历38人。

在以研促教的形式下，幼儿园成立了2个班主任工作室，教师教学能力显著提升。5月份，幼儿园5名教师参加了玉泉区幼儿园教师教学能手赛，均荣获玉泉区教学能手称号。6月份，4名教师参加了呼市幼儿园教师教学能手赛，2名教师荣获市级能手称号。多位教师撰写论文获奖。

【学校特色】 以《幼儿园工作规程》、《幼儿园教育指导纲要》和《3～6岁儿童学习与发展指南》为指导、抓重点、寻特色、求实效，着力提高整体办园水平。

幼儿园被评为教育部全国足球特色幼儿园。通过与呼市冰球协会建立合作关系，搭建了一个优质的幼儿运动技能开发平台，开设轮滑特色课程，训练幼儿轮滑技能，提高身体素质。

继续开展丰富多彩的艺术活动，包括飞行故事屋校园广播、我们的节日主题活动、“四雅”传统文化区角游戏等。举办了第四届“小雏鹰”幼儿园主持人大赛，组织幼儿参加了第七届中国童话节之草原童话节“梦圆童话一对一”精准艺术交流活动，获得儿童剧展演银奖的荣誉。

以儿童剧为主线，辐射幼儿讲故事、绘本阅读、朗诵、表演等多领域，寓教于幼儿园一日生活之中。创设了促进幼儿语言、表演能力发展的良好平台。

开展了家长进课堂、家长志愿者、家长学校、家长伙委会等系列活动，要求家长参与幼儿教育教学、安全管理、健康保育等方方面面，充分挖掘、利用家长丰富的教育资源，以幼儿园为平台宣传科学的教育理念，共同提高幼儿教育的水平和质量。

【办学成果】 玉泉区民族幼儿园被教育部评为全国足球特色幼儿园，被内蒙古教育厅评为自治区示范性幼儿园，被自治区党委宣传部、自治区党委统战部、自治区民委评为全区民族团结进步创建示范单位，荣获自治区党委宣传部、自治区文化和旅游厅、自治区教育厅、内蒙古文学艺术界联合会颁发的第七届中国童话节之草原童话节校园短剧会演银奖，被呼和浩特市民族事务委员会、呼和浩特市蒙古语文工作委员会评为蒙汉双语和谐示范单位，被玉泉区教育局评为2018年度玉泉区教育系统信息工作先进集体。

2019年3月，以集团化办学为形式，玉泉区民族幼儿园教育集团第二幼儿园正式招生开园，开设了4个教学班，采用“走班”制课程模式，扎实推进各项工作，市人大视察组、玉泉区区委书记吴文明等领导莅临分园进行调研指导。2019年10月，教育集团新增讨卜齐幼儿园与观澜国际幼儿园，新增合同制教师31人，达赖庄幼儿园正在筹建过程中。经过多方努力协调，玉泉区民族幼儿园教育集团与呼市冰球协会建立合作关系，教育集团幼儿园开设轮滑特色课程，在升小学时轮滑特长生可有选择定向学校。

玉泉区幼儿园

【玉泉区幼儿园领导名录】

书　记　曹丽新（女）

园　长　王玉岚（女　蒙古族）

【概况】　玉泉区幼儿园成立于1987年，1993年评为一类甲级幼儿园，2014年1月评为呼和浩特市级示范园。2017年，在玉泉区委区政府的支持下成立玉泉区幼儿园教育集团，共由3所分园组成，隶属于玉泉区教育局。

玉泉区幼儿园教育集团第一幼儿园位于玉泉区鄂尔多斯大街69号，占地面积2000平方米，建筑面积2383平方米，户外活动面积1300平方米，办园规模8个班，幼儿283人，专任教师16人，教职工总人数48人。

玉泉区幼儿园教育集团第二幼儿园位于昭君路街道后桃花村，建于2016年10月，占地面积3098平方米，建筑面积1755平方米。办园规模3个班，专任教师14人。

玉泉区幼儿园教育集团第三幼儿园位于昭君路街道寇家营村。建于2016年10月，占地面积3400平方米，建筑面积2265平方米，办园规模5个班，专任教师12人。

【办学理念】　为了更好地形成共同的愿景和目标，利用每三年发展规划的制定时机和全体教职工共同商讨幼儿园的理念、园风、园训、发展目标及个人成长目标等，通过召开座谈会、征集意见、问卷调查等多种形式，征集对幼儿园发展的意见。在全体教职员工及家长的认同下，确立了“创和雅家园、做幸福教育”的办园理念，“团结、奉献、和谐、向上”的园风以及“健康、聪慧、快乐、自信”的培养目标。以员工为本，营造体现温馨舒适的生活环境。将学习和游戏融入幼儿的一日生活，引导幼儿发展，倡导自主的游戏。

【教学设施】　为了突出绿化、美化、儿童化、教育化的环境内涵，幼儿活动室配有一体机、钢琴、图书柜和水杯柜和各类玩教具等。盥洗室更换了安全环保的幼儿衣柜、水杯架以及消毒柜设施。寝室内有符合卫生及安全要求的床铺设备，每人一床，有较完备的生活和卫生用品。美陶教室配备了陶艺专用设备及幼儿美术材料包等。各办公室配置了电脑等现代化办公设备。配备各类保教理论与实践书籍，定期补充；有配套的教师用书、教学图片、电子资源包和幼儿图书。

【师资队伍建设】　幼儿园现有教职工48人，班级人员配备“两教一保”。专职教师18人，专业达标率为100%，大专学历达100%。2019学年，幼儿园有1名教师获得呼和浩特市第四批学前教育优秀教学能手；1名教师荣获玉泉区第二批学前教育优秀教学能手称号，3名教师荣获玉泉区第二批学前教育教学能手称号；5名教师分别荣获2019年度玉泉区教育系统优秀教育工作者、优秀德育工作者、优秀教师、优秀班主任荣誉称号。

【学校特色】 根据幼儿园传统文化的特色，提炼总结出了“雅趣”文化，并形成了文化架构。将民间游戏渗透在一日教学中，融入幼儿园生活。开展了如跳皮筋、编花篮、背羊嘎啦、滚铁环、打沙包、弹弹珠等一系列民间游戏项目。继续扎实开展陶艺、扎染、传统工艺品、绘画等民间工艺，吸纳新力量加入创意美陶教研组。幼儿园荣获中国儿童新陶艺教育课题实验园荣誉称号。

【办学成果】 申报内蒙古自治区级课题《民族民间文化与幼儿教育融合的探索实践研究》，于2018年11月立项成功，成立了3个子课题研究小组，分别开展了一系列研究活动。

在内蒙古自治区幼儿教育研究会组织的优秀论文及案例评选活动中，共13位教师参加，分别荣获一、二、三等奖，获奖率达100%。

幼儿园以传统节日为契机，开展节日主题活动，并将节日活动与办园理念相融合，重视传统文化、礼仪教育。

玉泉区实验幼儿园

【玉泉区实验幼儿园领导名录】

园　长　塔　拉

（女　鄂温克族　2019年12月离任）

【概况】 呼和浩特市玉泉区实验幼儿园是玉泉区政府投资新建的区教育局直属公办幼儿园，于2018年3月份正式投入使用。总占地19.616亩，建筑面积6665平方米，总投入资金3620万元，办学规模为15个教学班，可容纳450名幼儿。现有教职工81人（在编教师5人，合同制教师56人，临时工20人）。班级教师配备为“两教一保”，专职教师28人，专业达标率为100%。

【办学理念】 玉泉区实验幼儿园本着以儿童为核心的办园宗旨，遵循《幼儿园教育指导纲要》《3～6岁儿童学习与发展指南》的精神。凭借强劲的师资力量和高质量的办园环境，以主题教学和STEAM教育为课程特色，在互联网技术的推动下立志创办“充满未来味道的幼儿园”，让幼儿在游戏中发展天性，在探索中促进成长。以教育理念为载体，互联网技术为依托，合力创造出一种在互联网背景下新的学前教育发展的格局，打造属于符合时代特征的品牌幼儿园。

办园宗旨：以儿童为核心。

办园目标：在互联网技术的推动下创办“充满未来味道的幼儿园”。

培养目标：自主、健康、睿智、合作。

课程特色：主题课程、STEAM课程。

【教学设施】 在上级部门及领导的关怀下，玉泉区实验幼儿园大力投入现代化、信息化、技术化的先进设备，创建了阅读区、建构区、情绪安抚区、多媒体录播教室、码课程馆等特色功能室。园内每个班级均投放有电子白板等现代化教学设备，旨在充分运用现代技术，让互联网信息技术助力于幼儿园发展，服务于幼儿成长。

【师资队伍建设】 玉泉区实验幼儿园现有呼和浩特市教研室李丽幼教名师工作室教师1人，玉泉区学前教育名师工作室教师6人、志愿者1人，玉泉区学前教育优秀教学能手1人，玉泉区学前教育教学能手4人。

【学校特色】 通过多种途径相结合的方式形成了《红色E站》党支部主题教育知识宣传、《身边的榜样》系列报道等多种特色宣传专栏。开展“精彩华诞，绘动中国——玉泉区实验幼儿园党支部庆祝中华人民共和国成立70周年主题艺术沙龙”、参观乌兰夫纪念馆，感受红色精神——玉泉区实验幼儿园党支部开展“不忘初心、牢记使命”主题党日活动等6次主题党日活动和辉煌70载点赞新中国、九一八穿越时空的警报等12次党员学习活动；2次党支部党员大会、8次党员党课学习、4次政治学习、5次学习讲堂“小打卡”学习，进一步提高全体教师的思想觉悟和素质。

自“不忘初心、牢记使命”第二批主题教育活动开展以来，开展了开门纳谏征求群众意见的活动，共收回家长调查问卷338份、教师调查问卷45份。

幼儿园始终秉承一日生活皆课程的理念。2019年共开展幼儿活动148次，以节气活动、传统节日、晨会活动和园所大型活动相结合的方式，开展节日活动课程化。2019年，开展节日节气活动9次，晨会活动10次，大型亲子卡啦OK大赛1次，幼儿歌唱活动1次，中大班升学典礼1次，老牛探索博物馆社会实践活动1次，元旦大型游园活动1次等活动，既丰富了幼儿生活经验，也加强了家园间的合作与交流，让孩子们在活动发展各项能力。

幼儿园的家长学校工作以教师讲师团为契机，以菜单式的课程满足不同家长的需求。2019年继续推进码课程馆行动项目，继续运用信息化技术将幼儿园自己的经验、活动、方法等转化为可直接运用的课程资源。

2019年，《新闻天天看》《呼市新闻》《直通首府》《北方新报》《内蒙古晨报》、今日头条、活力玉泉等均对玉泉区实验幼儿园进行了报道。玉泉区实验幼儿园公众号共发送文章196篇，媒体采用发文共18篇，媒体得分218分，位于玉泉教育信息系统排行前列。

【办学成果】 在玉泉区教育局日常督导中，党支部工作、档案建设得到了局领导的一致好评。

2019年12月荣获安全教育示范校荣誉称号。

推动户外新区域的改造实施，完成了户外自主游戏场地和沙池的改造、绿化、美化的工作。

面案师傅杨宏在全国首届烹饪技术大赛中荣获特金奖。

迎接玉泉区教育局半日常规检查，在环境创设、创造性开展工作方面获得好评。迎接其他教学观摩和交流活动3次，普遍获好评。

完成了全园403名幼儿的学籍百分之百的录入工作。

科技　文化　教育

地震局

【地震局领导名录】
局　长　王　颖（女）
副局长　吉　涛

【概况】　2019年，根据玉泉区机构改革相关要求，玉泉区地震局整体转隶为玉泉区应急管理局所属正科级事业单位，并对职能进行调整。有事业编制5个，在职5人，其中局长1人、副局长1人、干部3人、退休1人，地震局内设办公室。

【完善监测预报工作】　对玉泉区八办一镇“三网人员”进行统一调整；对建成的2处宏观观测点进行检查，加强对观测点的各项管理；定期对区政府大楼安装的烈度仪进行维护，确保仪器的正常运转。

【多种方式开展防震减灾知识宣传】　抓住“5.12”全国防灾减灾日、“7.28”唐山地震纪念日等宣传日在丽景天下社区、沟子板社区等场所开展集中宣传活动；在裕隆工业园区企业，全区中小学、社区、农村和政府机关单位开展防震减灾“五进”活动，为在校师生、社区干部群众宣讲防震减灾科普知识10余次；在五塔寺东街小学教育集团、呼市第二十六中学、通顺街小学等学校进行逃生演练活动；组织中小学师生、社区工作人员参观玉泉区地震科普馆，累计接待500余人次；在玉泉区党政大楼LED屏连续一周滚动播放防震减灾宣传标语；在农村发放《农村房屋建筑宣传挂图》100余份；在裕隆工业园区辖区企业开展防震减灾知识宣传及企业员工应急救援活动；在养老院播放防震减灾宣传影片。

【加强应急避难场所的管理工作】　地震局对2015年规划建设完成的政府广场、大召广场、菩提塔广场3处Ⅲ类应急避难场所进行定期维护检查，更换和增设了避难场所破损和缺少的指示牌，并及时将情况汇报市局和区应急管理局。

【“互联网＋监管”相关事项】 根据区政府相关文件要求，对承担的行政职责认真梳理并对权责清单进行了重新调整，地震局涉及8项行政处罚和3项行政监督检查。

根据《内蒙古在自治区政府服务局关于转发各省（自治区、直辖市）“互联网+监管”系统建设方案要点的通知》，对照权责清单对监管事项网上认领，并将认领事项编制清单，全面推进“互联网+监管”工作进程。共涉及7项“互联网+监管”事项。

科学技术协会

【科学技术协会领导名录】

主　席　云继英（女　蒙古族）

副主席　刘建华（女）

【概况】 玉泉区科学技术协会在2004年10月前与玉泉区科技局合署办公，于2004年10月单独设置，机构规格为正科级事业单位。

【全民科学素质行动】 制定了玉泉区实施《全民科学素质行动计划纲要》方案，结合乡镇、街道分管科协领导的调整，重新整顿乡镇、街道科协基层科协组织，部署针对不同人群进行科学素质的普及和培训工作，促进我区全民科学素质不断提高。

【推进科协系统深化改革】 玉泉区科协认真贯彻落实中央关于推进群团改革工作精神，召开专题会议讨论研究，广泛开展调研，起草制定玉泉区科协系统深化改革实施方案，现方案初稿已审核，等待出台。为深入学习贯彻落实习近平新时代中国特色社会主义思想和党的十九大精神，进一步加大对青少年科普宣传工作力度，结合百名专家走进盟市旗县科普传播行春季大型科普传播活动，科协特邀中国航天育种中心的钦天均研究员在恒昌店巷小学讲授航空航天育种科普知识；联合宣传部在区政府举办安全生产责任制知识讲座，特邀内蒙古自治区有色地质勘查局安全生产监督管理处处长兼党支部书记黄琨同志为全区200多名负责安全生产的领导干部做《关于地方党政领导干部安全生产责任制规定》解读的科普讲座；联合农牧和科技局邀请到内蒙古农业技术推广站李志平研究员为我区科技特派员及小黑河村村民做有关大田作物种植的农业知识讲座。在民族实验小学开展了“垃圾分一分，环境美十分”垃圾分类主题教育活动；邀请内蒙古陨石学会会长梁晨光老师为巧尔齐召小学四年级学生讲授以“神秘的天外来客”为题的科普讲座；在五塔北街社区科普大学举办了秋季饮食健康专题讲座。

【农村科普工作】 为深入学习贯彻党的十九大会议精神，把十九大精神宣传贯彻到全区农民群众中去，统筹城乡协调发展，全面推进脱贫攻坚工作，促进农村社会的和谐发展，联合女神大酒店、建华北社区，通过包联单位组织“三联、三帮、三促”，与一间房村的党员干部共同开展“不忘初心、牢记使命”主题教育活动。深入农村开展文化、科技、卫生“三下乡”“六进村”活动及轻骑兵走进基层等宣传活动。为满足农民对农牧业知识的需求，特举办农牧业新技术讲座，推广科学技术相关的科普活动，及时地把先进实用技术送到农牧民身边，聘请农牧业专家面对面、手把手地为村民指导实用技术，对农户在生产中遇到的问题及时予以解答。

2019年，积极申报大南街梁山街社区为自治区科普示范社区，资金15万元已到位，由科协联合组织部及大南街办事处共同筹划建设，现正在施工建设中。

【社区科普工作】 玉泉区科协申报的多家社区已经成为内蒙古级、呼市级科普示范社区。玉泉区已建成3所社区科普大学，分别是五塔北街社区科普大学、大召社区科普大学及小西街社区科普大学。社区科普大学的服务对象是广大的社区居民，服务内容是普及人民群众急需的科学文化知识，把社区居民的意愿放在第一位，把社区居民的需要作为开班授课的第一选择。学校先后开设了生理与健康、自然科学、心理健康、营养配餐、食品安全、养生之道、家庭用药、疾病预防、科学健身、法律常识等10余门课程。将教学内容与科普活动结合起来，使社区居民的科学文化素质有较大提高。

【青少年科技教育工作】 玉泉区组织参加的各级各类青少年科技竞赛活动都取得了可喜的成绩。在青少年课余时间，玉泉区科协还组织形式多样的科普课外活动，带动学生对科普知识的积极性，联合科普大篷车、玉泉区校外辅导中心一同让学生近距离感知科普的力量。

文体旅游广电局

【文体旅游广电局领导名录】

党组书记、局长　云建平（女　蒙古族）

副局长　石　强

魏月飞

任　洁（女　蒙古族）

郑　岭

【概况】 2019年2月24日，玉泉区文体旅游广电局正式组建，内设图书馆、文化馆、体育市场服务中心、文化市场综合执法大队、旅游发展事务中心、综合办公室等。现有行政编制5名、事业编制40名、一线执法人员14名。

2019年，先后荣获国家、自治区、市、区级等20项荣誉。其中，国家文旅部授予区文化馆文化行业专业能力等级评价考评场地；区图书馆荣获自治区十佳图书称号以及2015—2019年度自治区图书馆学会先进单位荣誉；参加市第三届运动会荣获旗县区团体总分三等奖。

【党组织建设】 牢记习近平总书记“三个必须”“四个到位”的重要要求，以较真的态度扎实推进“不忘初心、牢记使命”主题教育。充分发挥局党组示范带动作用，全年组织干部学习48次、党组学习12次、党员学习24次、书记带头讲党课7次。组织开展主题教育专题研讨5次、座谈会4次、知识竞赛5次、观看爱国影片4次、调研17次，查摆出20条问题，均已立行立改，并长期坚持。

深入推进党风廉政建设。定期召开专题会议，听取党风廉政建设情况，研究分析工作现状，确保党风廉政建设和反腐败工作责任落到实处。严格履行“一岗双责”，认真落实“四必谈”，特别突出在重点领域、重要岗位开展谈心谈话。认真贯彻中央八项规定，对照习近平总书记提出的“新四风”问题，主动自查自纠自改。

坚持民主集中制，召开9次“三重一大”专题会议。进一步加强和改进意识形态工作责任制。全面落实意识形态主体责任制，全年专题研究部署意识形态工作4次、召开推进会2次、组织专题学习3次。

建立完善网络意识形态工作机制，切实加强微信公众号等网络平台的信息管控。加大对区图书馆、文化馆、纪念馆、基层文化站（室）等意识形态文化阵地建设和管理力度。坚持打防并举，齐抓共管，培育健康的文体旅游市场秩序。严格把关演出审批和备案工作，不断加大对营业性演出活动的监管力度。扎实开展“三联、三帮、三促”工作。多次召开专题座谈会，建立服务资源清单和农村资源清单，开展党员结对一帮一，实地入户调研，切实解决居民最关心、最直接、最现实的问题。同时，组织姜家营村和观音庙社区举行升国旗仪式、参观新中国成立70周年邮票展、开展流动图书服务、观看乌兰牧骑演出和京剧专场演出，组织到和林县台格斗村学习“党建引领、乡村振兴”先进经验，促进姜家营村成为国家级“最美乡村”综合改革标准化试点。与此同时，在节庆期间多次慰问姜家营村贫困家庭，送上生活必需品。

【完善公共文化服务体系】 区图书馆服务效能显著提升。馆内现有藏书10万余册，每周免费开放63小时，常设服务12项，全年到馆7万余人次，借阅量达2.6万册次。建设清泉街小学、玉泉区劳动用工综合服务市场等7个图书馆分馆，逐步构建总分馆体系。大力倡导全民阅读，着力打造书香玉泉。成功举办“我们的中国梦　文化进万家”主题系列活动等各类专题活动96场，开展亲子阅读活动52场、红马读书会20场、国学大讲堂33场。充分利用流动图书车，结合千村示范万村行动，不断创新全民阅读活动的形式和内容，实现图书资源的有效利用和社会价值最大化，全年累计开展图书流动服务22次。

区文化馆服务供给进一步提升。自2018年开馆以来，不断完善非遗展厅、数字文化体验室等11个功能室的设施设备。提供常设服务10项，面向文艺爱好者、文艺骨干开展各类培训140次，并组织汇报演出展示培训成果。与此同时，加大流动舞台车的利用率，进一步拓宽公共文化服务渠道，送文化下乡120余次。管好、用好基层文化阵地。年初召开了基层文化阵地建设的工作会议，成立工作督查组，对文化站（室）建设情况定期进行督查，提出整改意见和建议，建立整改台账。八办一镇均有共享文化站，达标率100%。社区文化活动室49个，3个未达标，达标率94%。行政村除了9个涉及整村改造，其他41个村均有文化活动室。各基层利用文化阵地组织文体活动累计345次。此外，定期组织文化协管员开展业务培训，做好基层文化服务工作。

【探索文化供给多元路径】 继续提升品牌文化活动影响力。发扬传承、推陈出新，办好大召文化庙会活动。2019年大召文化庙会以“玉顺风调润青城　泉满福地赞神州”为主题，共设置了“玉”韵青城、“玉”顺风调、“玉”见未来三大篇章39大板块54项活动，内容点多面广，惠及群众广泛。此外，秉承“弘扬草原美食文化，展示烧卖美食精品”的宗旨，开展四大篇章29项烧卖美食文化创意展示大赛等文化活动。围绕庆祝新中国成立70周年，广泛开展群众性文体活动。举办“辉煌七十载，逐梦新时代”玉泉区庆祝新中国成立70周年大合唱比赛以及以庆祝新中国成立70周年为主题的晚会、摄影作品展、书画展、群体比赛等系列文体活动。坚持乌兰牧骑服务基层初心不改。乌兰牧骑队伍成立1年以来，克服基础物资匮乏等困难，深入贯彻落实习近平总书记重要指示精神，结合新时代文明实践中心等工作，充分发挥演出、宣传、辅导、服务、创作、创新6项职能，全年累计送演出到基层117余场。加大与其他旗县区互动学习，开展交流演出2场。同时，不断提升乌兰牧骑的表演水平，受邀参加市级演出9场。推动文艺精品创作和文化传承。坚持以人民为中心，推出歌舞剧《月明楼传说》《敖包传奇》等接地气、传得开、留得下的优秀文艺作品。

【做好文物保护利用】　玉泉区共有文物保护单位20处，其中国家级5处、自治区级11处、市级1处、未定级3处。

实施文物保护重点工程。完成大召修缮工程，启动大召和席力图召消防工程、观音寺和小召牌楼修缮工程以及观音寺壁画保护工程。

提升考古工作质量和水平。配合自治区文物考古研究所共同开展沙梁古城遗址考古发掘工作。遗址已出土汉代的钱币、铜制品、陶制品、骨制品等较为珍贵的文物，是北方草原地区首次发现大规模烧制砖瓦的官窑作坊。

开展文物安全巡查检查工作。加大对文物保护单位保护范围及建设控制地代的监控力度，杜绝违法违规建设行为。联合消防部门每季度开展消防安全讲座和演练，提高文物保护单位工作人员消防意识及消防安全操作能力。解决全国文保单位席力图召建设控制地带内1000多户居民供暖问题，办好民生实事，推进民生工程。解决大召广场电力设备严重老化及电力增容问题，确保各项重要活动持续用电、安全用电。

加强区纪念馆、博物馆的管理。在绥蒙抗日救国会旧址纪念馆内新建2个展馆，丰富藏品内容，集中开展讲解次，累计接待2600余人次，扩大爱国主义教育基地的影响力。对惠丰轩饮食博物馆内防护围栏、地面进行整修，加强文物保护和管理。

注重非遗传承。深入挖掘民族民俗民间文化资源，积极做好非遗名录项目申报工作。共立项23个非遗项目，8项被列入内蒙古自治区级非遗项目，12项被列入市级非遗项目。同时，发挥原木偶剧团优势，传习民族绝技，积极组织非遗“三进”活动4次，提高群众保护和传承文化遗产的意识。

【稳步推进文旅产业工作】　突出地域特色，促进烧卖一条街经济发展。将呼和浩特烧卖第一街纳入精品路线，已有18家如德顺源、沁园等老字号的烧卖馆，每日客流不断。通过开展烧卖美食文化创意展示大赛，促进美食交流和影响力。投资8316万元，回购大盛魁大观园演艺剧场，打造成综合性、高规格的演出场馆，加强文艺合作交流，全年承接演出40场。发展新业态，打造新模式。通过区政府多次努力协调，将原洗涤剂厂与制锁三厂的国有资产划拨到玉泉区。计划把闲置、废弃的商业用房进行改造，打造集研发、加工、展示、文创产品延伸开发、民族文化传承研习基地于一体的文化创意产业园。

【落实执法责任，提高市场管理水平】　不断提升执法人员业务能力。全年开展各类业务培训6次，不断强化文旅执法队伍建设，提高案件办理能力和执法效率。加大文化市场日常监管力度。

严格审查和把关文化市场主体，对全区网吧、印刷厂等文化经营场所进行严格监督。以“净网”“固边”“秋风”“清源”“护苗”五大行动为切入点，严查文化市场、严控网上传播，打击各类侵权盗版及违法违规活动。全年累计检查各类娱乐场所780余家次，联合执法9次；查处网吧违法违规经营行为9家；取缔未经批准擅自从事营业性演出活动1起；落实消防安全执法检查，责令整改6家，警告6家，协助公安部门停业整顿2家歌舞娱乐场所，对12家企业提出整改意见和措施；清查校园周边书店等文化产品经营场所50余家次，收缴盗版教辅教材等非法出版物近1100本。大力整治旅游市场，倡导文明旅游。自3月份机构改革以来，不断加强对旅游市场的监督管理，累计检查旅行社60余次、A级景区20余次、星级酒店5次，市级旅游政策奖励资金审核40余次。深入推进“放管服”工作。不断创新文化市场管理方式，规范文化市场综合执法行为，推动“双随机一公开”工作。进一步简化审批流程，加强文化市场行政审批与管理工作的日常监督检查，查漏补缺，规范行政审批服务。

【全民健身与全民健康深度融合】 打造体育特色活动区。2019年，新建体育广场2处，打造了农科院社区和苁蓉社区2处体育生活化社区。为12个社区安装健身器材156件。同时还对社区、游园内安装的健身设施进行系统摸底，对多处损坏的健身设施及时进行维修更新。加大对笼式足球场的建设和监管力度。不断完善“主管部门总负责、相关单位（公司）总管理、街道社区总兜底”的三重保障机制，确保笼式足球场能够安全有序提供体育公共服务。广泛开展全民健身运动。组织百余名运动员参加市第三届运动会的10个大项比赛。举办了第二届玉泉区迎新年毽球邀请赛、玉泉区老年人羽毛球团体赛、玉泉区“职工”杯羽毛球赛、庆祝新中国成立70周年干部职工工间操大赛、2019年玉泉区学生、职工、农民运动会等群众性体育活动26场。

【旅游事业发展】 继续加强旅游厕所建设。深入贯彻落实习近平总书记关于“厕所革命”重要论述精神，2019年新建旅游厕所6座，对辖区已有的139座旅游厕所建档立制，完善全国旅游厕所系统内厕所信息。完善4A级旅游景区基础设施建设。补齐短板，完成大召历史文化旅游区游客服务中心建设项目。提升导览服务。全年在景区景点安装20块标识标牌，更换大召景区导览图。深入挖掘红色革命历史文化底蕴。整理绥蒙抗日救国会旧址纪念馆、土默特文庙等文物和文化资源，推出红色旅游路线。

【基层广播电视公共服务体系建设】 对全区33个村进行排查，维修户户通设备大喇叭60余个、音柱460余次。做好农村电影放映“2131工程”，共放映电影340余场。打击非法安装地面接收设施行为。全年对市场、商铺、宾馆等公共场所进行检查，查处3家宾馆非法安装接收设施；查扣非法地面电视接收设施18台。

【其他工作】 积极开展扫黑除恶工作。

广泛宣传。通过区图书馆、文化馆、大盛魁北区 LED 电子显示屏滚动宣传扫黑除恶专项斗争内容。在全区基层文化阵地、文化经营场所、文化产业阵地、景区景点、旅行社等地张贴海报820 张、宣传标语 80 幅，发放宣传折页 650 张。在辖区内笼式足球场悬挂宣传图板 10 块。设立

150个举报箱，发放扫黑除恶宣传品300余个，填写问卷调查1127份。组织乌兰牧骑开展扫黑除恶专题文艺演出22次。同时，通过公众号、“村村响”等方式宣传扫黑除恶相关知识。

加强监管，重点查处。坚持日常巡查，重点排查文旅市场涉黑涉恶行为。建立扫黑除恶专项斗争工作台账，对检查中发现的涉黑涉恶线索，及时上报，并派专人跟进处理举报线索。共出动执法人员300余人次，摸排线索5轮，摸排营业场所100余家次，向区扫黑办提供问题线索5条，认定线索2条，查扣“黑车”1台。同时，对辖区内歌舞娱乐场所开展黄赌毒和黑恶势力专项整治行动。

全面贯彻党的宗教政策。切实落实《宗教事务条例》，对文物保护单位、旅游景区内违法违规设立功德箱等问题进行全面认真排查整治。清理整顿非法宗教出版物10万余册。

“三城同创”工作扎实开展。持续推进全国文明城市创建，在公共文化服务阵地、文化经营场所、景区景点内张贴海报300余张、发放宣传单800余份、张挂标识标牌100余份广泛宣传“三城同创”。并结合乌兰牧骑一专多能的特点，通过“七进”活动，宣传新时代文明实践工作及“三城同创”工作，累计开展专题演出30余场。同时，针对网吧、KTV、景区景点安全生产责任落实及环境卫生进行严格督导检查。

持续巩固脱贫攻坚工作。深入学习贯彻习近平总书记关于扶贫开发工作的重要论述，健全脱贫攻坚长效机制，结合乡村旅游特点和优势，编制完成四大旅游规划，即《文旅产业创意策划》《田园综合体项目规划》《农村人居环境整治规划》《乡村振兴战略规划》。通过各类公共服务，助力乡村振兴。

严格落实环境整治工作。深入贯彻落实关于打好污染防治攻坚战的重大决策部署，坚决打好打赢“蓝天保卫战”，按照区政府指示，扎实开展居民煤炭使用情况摸底工作。第一时间发动全体工作人员深入包联村开展地毯式排查，建立煤炭置换台账，协助做好煤炭置换工作。

医疗　卫生

卫生健康委员会

【卫生健康委员会领导名录】

党组书记、局长　呼其图（蒙古族）
副局长　　　　　原健瑛（女　蒙古族）
　　　　　　　　菅高亮

【概况】　玉泉区卫生健康委员会于2019年2月14日挂牌成立，为政府组成部门，内设1个综合办公室，下设27个二级事业单位，其中4个是独立预算的二级事业单位。全区卫计系统共有在编在职人员344人。

2019年玉泉区卫健委牢固树立大卫生、大健康理念，以改革创新为动力，以促健康、转模式、强基层、重保障为着力点，把以治病为中心转变到以人民健康为中心，为人民群众提供全方位全周期健康服务。

2019年玉泉区共有医疗卫生机构313家，其中疾病预防控制机构2家（内蒙古综合疾病预防控制中心、玉泉区疾病预防控制中心），妇幼保健机构2家（呼和浩特市妇幼保健院、玉泉区妇幼保健服务中心），结核病防治机构1家（呼和浩特市结核病防治所），三级医院3家（呼和浩特市第一医院、呼和浩特市第二医院、呼和浩特市口腔医院），二级医院3家（玉泉区红十字医院、东大肛肠医院、日新医院），未评级医院（按一级管理）19家，社区卫生服务机构40家（社区卫生服务中心9个，社区卫生服务站31个），乡镇卫生院2家，村卫生室54家，个体门诊部6家，个体诊所181家。

全区共有卫生专业技术人员4805人（包括个体诊所卫生技术人员386人、乡村医生112人），其中医师1770人、护士2329人、其他卫生技术人员706人。局属医疗卫生机构共有卫生技术人员1107人（医生462人、护士426人、其他卫生技术人员219人）。

【大力推进国家全民健康保障项目】　认真落实国家全民健康保障工程，2019年玉泉区重点推进大南街社区卫生服务中心和苁蓉社区卫生服务中心的建设改造项目。2020年2月，大南街社区卫生服务中心和苁蓉社区卫生服务中心将全面投入使用，开展辖区内健康教育、预防、保健、康复，满足辖区内居民常见病、多发病的诊疗服务。玉泉区共有基层医疗机构8家，现有5家基层医疗机构完成了电子健康码系统对接和凭健康码挂号就诊。

【大力实施基本公共卫生服务】 认真落实基本公共卫生服务工作。玉泉区共有9家社区卫生服务中心、2家卫生院，组建家庭医生服务团队112个，服务人口478924人。建立居民电子健康档案402783份，电子建档率84.1%，使用率86.25%；一般人群签约206297人，签约率43.08%；重点人群签约78443人，签约率74.73%。制定基础性和个性化签约服务包，满足居民需求。以11所名医工作室为载体，开展名医合作交流。兴隆巷社区卫生服务中心被中国社区卫生协会确定为第一批中国社区卫生协会培训基地。

【全面落实妇幼健康服务工程】 全力推进妇幼健康促进行动，累计发放母子健康手册5523册，使用覆盖率达94%。完善高危孕产妇网格化管理，对高危孕产妇定期进行跟踪随访。2019年全区完成危重孕产妇评审1例、新生儿死亡评审3例。全年共筛查乳腺癌、宫颈癌8000余人次。完成孕前优生检查635对，覆盖率达84.6%。孕前优生健康检查实验室室间质评均为优秀。婚前医学检查率达到80%。2019年孕产妇产前筛查率为152%，新生儿遗传代谢病筛查率为93.3%，新生儿听力筛查率为92.5%。2019年8月新生儿耳聋基因遗传代谢病筛查项目启动，玉泉区4家助产机构共监测采集足跟血632份，采集血片合格率100%，筛查率24.2%。建立了儿童心理发育门诊和儿童感统训练室，开展免费儿童感统训练。避孕药具不良反应监测工作获得国家计划生育药具不良反应中心质控组现场质控检查全国第二名，被评为全国优秀监测点。

【强力推进疾病预防控制工作】 玉泉区管理高血压病人15348人、糖尿病病人4756人、重性精神病病人1650人，累计开展慢病随访861436人次，完成死亡审核网报1146人，发现报告法定传染疾病1670例，发病率为417/100000。积极开展艾滋病、结核病等重大传染病和鼠疫、碘缺乏病、布病等地方病防治工作，对部分区域进行了鼠疫密度实地踏查监测，举办鼠疫防治项目培训班，配备鼠疫应急处理装备和消杀药械，实行疫情值班制度。完成了11家基层医疗机构的数字化预防接种门诊改造升级建设，国家免疫规划疫苗接种率达99.78%。小召社区卫生服务中心承担城市癌症筛查项目，发放调查问卷4070份，高危人群内蒙古自治区人民医院免费复检肺CT563人、乳腺钼靶360人，胃镜209人、肠镜297人、肝彩超39人，确诊乳腺肿瘤1人、胃肿瘤1人、肠肿瘤1人。2019年玉泉区被定为呼市儿童青少年近视调查对象，监测学生3045人次，复测173人，错误率为0，近视人数1600人，近视率52.5%。开展实施关爱老年人、贫困人光明行项目，筛查出白内障患者12人，7人进行复明手术治疗。

【全面提升卫生应急能力】 先后制定了《玉泉区突发公共卫生事件应急预案》和《突发公共事件医疗卫生救援应急预案》2部专项预案和多部单项预案。举办3次突发事件应急模拟演练，开展卫生应急素养和科普宣传工作，发放宣传手册1000余册、宣传单5000多张，全年累计培训1000余人次，建立微信公众号玉泉区卫生健康委应急号，向人民群众推送应急救援知识。2019年11月16日，接到鼠疫疫情信息后，玉泉区及时召开全区鼠疫防控工作会部署安装相关工作，制定印发了《玉泉区鼠疫防控工作应急预案》《玉泉区鼠疫防控应急领导小组》《玉泉区2019年鼠疫防控工作方案》《玉泉区鼠疫防控联席制度》等相关文件，全区累计投入卫生应急资金146万元，共计采购防护服5000套、防护手套5000套、N95口罩10000个、各类消毒药品1000瓶，向全区中小学、幼儿园配备了消杀、防护用品，确保了卫生应急工作有序开展。

【积极开展职业病防治工作】 成立了重点职业病监测项目工作领导小组，设立了职业卫生监督相关科室，制定了《玉泉区2019年职业病防治项目工作实施方案》和《玉泉区矿山、冶金、化工等行业领域开展尘毒危害专项治理工作实施方案》。召开职业病防治项目工作暨职业卫生监督工作会议，与市职业病防治院联合开展尘肺病监测工作，开展职业性尘肺病随访与回顾性调查和“关爱尘肺病患者、寻找尘肺病患者”专项行动，对200人进行了职业健康体检，发现一例尘肺样改变病例。对辖区内从业人员大于20人或年营业收入大于300万元的大、中、小型矿山、冶金和化工企业开展尘毒危害专项治理工作，督促推进专业技术服务机构（粉尘作业场所）对呼和浩特市冀东水泥混凝土有限公司和内蒙古冀东水泥有限责任公司游离二氧化硅样品进行采样；摸清裕隆工业园区内企业底数65户。全区有职业健康检查、职业病诊断机构3户，职业技术服务机构3户。对辖区内医疗卫生机构医用辐射防护和职业性放射性疾病进行监测，对14家医院（公立5家、民营9家）、1家体检机构、3家社区卫生服务中心，1家口腔门诊的放射诊疗情况进行了严格监测和按时上报，30家用人单位工作场所职业病危害因素进行监测调查并登记。

【创城、创卫健康工作深入开展】 成立多支工作小组，对公共场所公共用品用具的消毒情况、控烟情况、医疗机构环境卫生、证件公示、预检分诊防护用品、手消毒剂的使用、医疗废物登记记录、消毒记录、医疗废物分类等重点问题进行督查检查，全年累计出动监督执法人员1800余人次，出动执法车辆900余台次，监督检查医疗机构361户、公共场所1638户次，发放禁烟标识、禁烟劝导员挂牌500余份，下达整改意见书286份。广泛开展对社会主义核心价值观、文明城市创建和卫生健康知识等内容集中宣传，营造浓厚的社会氛围。组织进公共场所，入社区、小区开展宣传30余次，发放创城宣传材料与调查问卷10000余份，在玉泉区502个小区全部设立宣传专栏，悬挂固定标语320余幅，稳步提升和规范“四小”行业经营行为。

【深化医药卫生体制改革】 加快构建分级诊疗制度，建立医疗联合体，组建2个医共体，玉泉区9家社区卫生服务中心及乡镇卫生院分别与呼和浩特市第一医院签订了名医工作室协议书，推动医疗卫生工作重心下移和优质医疗资源下沉。推进现代医院管理制度建设，开展“讲医改、见行动、出成效”行动，制定了《呼和浩特市玉泉区红十字医院章程（试行）》，明确党组织在医院内部管理结构中的地位和作用。推进薪酬制度改革，玉泉区中蒙医医院被呼市人社局列为全市第二批公立医院薪酬制度改革试点单位，医院根据自身实际制定了相应的绩效考核方案。加强药品供应保障制度建设，在全区2所公立医院、6所社区卫生服务中心、2所卫生院和54家一体化村卫生室全部配备和使用基本药物。

【严格落实医疗卫生行业综合监管】 全年累计开展医疗卫生综合监督执法检查345户次，下达监督意见书345份，立案查处3户医疗美容“黑诊所”，查处2户开展计划生育技术服务和母婴保健技术服务的医疗机构。对辖区内开展预防接种的10家社区卫生服务机构、2家疾病预防控制中心、6家医院的人员从业情况、疫苗运输管理和分发调拨情况进行监督检查。加强学校和生活饮用水卫生监督。对6所设有自备井的学校重点进行监督检查，对29个居民小区和9户宾馆酒店的二次供水设施的清洗和消毒情况进行监督检查，检测水样37份，未检出不合格水样。严格落实放管服要求，2019年公共场所新发证412件，2家餐消企业通过市疾控检验。全年行政处罚60户，共计罚款138500元。落实“两法衔接”相关工作制度，移送1件涉嫌非法行医罪案件。

【落实健康扶贫工作】 积极开展健康扶贫政策宣传，落实“三个一批”行动计划，对患有大病、重病和长期慢性病的贫困人口实施分类救治，采取大病集中救治一批、慢病签约服务一批、重病兜底保障一批的方法。对慢病签约患者，家庭医生团队按季度进行随访，为16人送医配药1.25万元。为建档立卡贫困人口符合大病和重病患者报销住院费24.9万元、基本医保报销15.89万元、医保大病保险报销1.97万元、医疗救助0.93万元、政府兜底报销2.6万元，自付3.47万元。确定区红十字医院为定点医院，开展区域内贫困人口先诊疗后付费和一站式结算服务。制定处级领导和责任部门、责任人“一对一”包联制度，区卫健委建立了党组书记亲自抓，党组成员、二级单位负责人配合抓，干部职工齐参与的健康扶贫工作机制，按月入户随访。

【促进蒙中医药事业发展】 玉泉区8个社区卫生服中心、2家乡镇卫生院均设立蒙医馆、中医馆，均能提供6类以上蒙医药、中医药适宜技术，65%的村卫生室能提供4类以上蒙医药、中医药适宜技术。区中蒙医医院以儿科、乳腺病科2个市级重点专科为龙头，以高效、无创、无副作用的中医综合疗法，实现个体化、人性化的治疗目的。武氏铺药灸法被列为市、区两级非物质文化遗产项目保护名录。新增中医外治疗法“脐疗”。不断完善就医环境，将康复科面积扩增到156平方米，给患者一个温馨、舒适的就诊环境。

【深化计划生育服务管理】 加强领导，确保责任落实到位，区委、区政府始终把人口计生工作纳入重要议事日程，逐级签订计划生育工作目标管理责任书，把人口计生工作作为考核各级领导班子实绩的重要依据。完善全面两孩政策的配套政策及措施，在公共场所建设完善了16个母婴室。加强信息化建设，9月30日，玉泉区总人口357024人，已婚育龄妇女69563人，全年出生825人，总性别比为106.53，符合政策生育率为100%，综合避孕率为86.92%。将全员人口信息与公安、民政、劳动保障等部门进行比对，确保信息准确率。设置4个计划生育股室（家庭发展股、计划生育协会、基层指导股、流动人口服务中心），配备专职干部4名。

【认真落实各项计生惠民奖扶政策】 全年累计为5139人发放各类计划生育扶助金1188.48795万元，其中发放“国家三项制度”700人（国家奖励扶助399人、国家特别扶助259人、“少生快富”42人）、225.3360万元；一次性特别扶助254人、808.57495万元；呼市奖扶1904人、137.088万元；独生子女父母奖励2281人、17.4890万元。

【构建计划生育家庭发展体系】 积极推进计划生育特殊家庭档案及联系人制度、就医绿色通道和家庭医生签约服务3个全覆盖。开展家庭健康服务行动，实施新家庭计划开展健康科普宣传活动180次，发放各类宣传品74000份，39000人受益。建立早教托育机构，根据3岁以下婴幼儿家庭实际需求发展，探索引进有资质的托育机构，提供全日制、半日制或计时制的托育服务。

【深入推进健康老龄及“医养结合”工作】 在“家庭医生+健康快车+医联体”的居家养老基础上，将医疗服务引入老年服务中心和养老院，开通就医绿色通道，实行双向转诊，在有条件的敬老院内设立医务室。以老年日间照料室为平台，协同社区志愿者、公益组织为辖区计划生育家庭及失能老人家庭开展生活照料、精神慰藉等服务。围绕“懂健康知识，做健康老人”“孝老爱亲、向上向善”的宣传主题，向辖区内老年群体宣传老年健康政策、健康知识，通过开展敬老爱老知识宣传活动，形成敬老爱老的社会氛围，切实提升老年人的幸福感、获得感和安全感。

玉泉区红十字医院

【玉泉区红十字医院领导名录】

党支部书记、院长	王振元
副院长	白瑞军
	刘德江

【概况】 玉泉区红十字医院是一所公立二级乙等综合医院，是内蒙古、呼市两级医保、城乡居民医疗保险、商业保险指定单位，同时承担全区突发公共卫生事件医疗救治、重大活动医疗保障、传染病防控、辖区居民医疗保健等社会任务。

医院核定编制120人，2019年在编在岗职工69人，其中专业卫技人员63人，正高级职称人员1人、副高级职称人员21人、中级职称人员28人、初级职称人员14人、管理人员5人。外聘专技人员50人。

开放床位100张，设置科室有急诊科、内科、外科、妇产科、儿科、中医科、体检科、蒙医科、手术室、心电图室、B超室、放射科、检验科、理疗科、中西药房、医务科、护理部、药局、院感科、财务科、统计科、信息科、病案室、预防保健科等科室。

【党建工作】 2019年，玉泉区红十字医院党支部在区委、区政府和卫健委党组的领导下，坚持党对卫生健康工作领导的原则，高度重视、稳步推进，把党建工作放在医院各项工作的首位。深入贯彻学习党的十九大精神，学习十九届三中、四中全会精神，认真开展“不忘初心、牢记使命”主题教育活动，牢固树立“四个意识”，坚定“四个自信”，坚决做到“两个维护”。

医院党支部书记兼任医院院长，熟悉党建工作，制定党建学习时间和效果考核标准，认真组织党员干部深入学习党的十九大精神，突出党建质量提升、思想政治工作与医德医风建设、履行党风廉政建设，确保党建工作全面覆盖医院的各科室。

【业务情况、固定资产】 2019年，门诊就诊67734人次，其中II类疫苗接种4859人次，针次18430次。2019年医院全面装修，基本未收治住院患者。2019年度增加多功能病床、放射科不锈钢平开铅门、UPS不间断电源、电脑、打印机等固定资产约26万元。

【制定医院章程】 落实玉泉区卫健委关于公立医院党委书记和院长“讲医改、见行动、出成效”的工作部署，按照国家中医药管理局办公室关于《开展制定医院章程试点工作意见》的要求，编制完成了《呼和浩特市玉泉区红十字医院章程（试行）》。

【医改工作】 认真落实医疗卫生体制改革的决策部署，不断深化医疗卫生体制改革。2019年，根据玉泉区卫健委关于公立医院医改工作部署要求，结合实际，大胆创新，持续医改，完善推进各项机制。建立优质高效的医疗服务体系，进一步优化就医流程。明确各科室、各岗位职责，以病人满意为核心，简化就医环节，缩短患者诊疗、检查、出报告时间；倡导文明用语，微笑服务；倡导多元化导医服务，人性化医疗服务，对行动不便、老弱病残患者进一步优化就诊流程。

【改善就医环境、解决消防安全隐患】 为给患者提供更好的就医环境，同时为解决医院水电管网老化、病房和手术室布局不合理等问题，在上级部门的大力支持下，于2019年5月10日开始对医院进行装修整改。在医院总体面积有限的情况下，按照医疗机构设置要求，精心规划了科室的布局。改造装修后的医院焕然一新，给患者营造了良好的就医环境，消除了水电安全隐患。

【推进医共体建设】 在玉泉区卫健委的统一安排部署下，与西菜园、小黑河镇、小召、鄂尔多斯社区卫生服务中心建立医共体模式，实现双向转诊，医疗资源互享。2019年加大医疗资源下沉力度，派内科、外科优秀医生到基层坐诊，促进优质对口帮扶，开展适宜技术推广，基层医疗机构服务能力显著提升。

【推动中医药发展】 加强医院中医药服务能力建设，医院装修时，打造中医特色的工作室和诊疗病室；加强中医药人才队伍建设，通过人才引进、制定有利制度，师承等方式培养中医药人才。鼓励西医学习中医药知识，依托医共体开展学术传承、跟师学习。大力推广中医药适宜技术，开展中医药预防、保健服务，发挥中医药特色和优势，开展中医治未病、冬病夏治、秋冬养生服务。

【加强医疗质量安全管理和临床路径管理】 建立医疗质量管理小组，定期组织开展医疗质量评审。指导各科室建立健全内部质量管理控制和评价体系，加强监督管理。全院全年度未发生重大医疗安全事故。大力推进临床路径管理，持续扩大临床路径管理病种数量、临床路径管理的病例数，加快临床路径信息化管理，强化评估与监测督导。确保相关病例应入尽入。共落实临床路径病种152个，临床路径管理病人占出院病人总数比86.12%。

【加快数据化（信息化）建设步伐】 2019年加快进行计算机网络信息管理服务系统的建设并投入使用，基本实现了医疗服务自动化、智能化。

【药事管理】 全面规范药品耗材采购，积极探索医用药品、耗材带量采购工作，为保障耗材、药品质量，及时供给，有效压缩虚高价格，减轻患者负担，降低医院运行成本，防止购销环节的腐败发生，在巩固药品集中带量采购工作的基础上，积极探索开展医用耗材和检验试剂集中带量采购工作。明确采购主体和工作原则，明确采购范围，明确采购方式，明确采购工作程序。为保证药品、耗材集中带量采购工作的顺利推进，严格按照《中华人民共和国招标投标法》规定，确定了代理公司。通过自治区采购平台，遴选耗材配送企业。降低了医院医疗成本，同时从制度上预防了腐败现象的发生。

【积极开展创卫工作】 2019年是呼和浩特市创卫的关键年，医院认真贯彻落实上级部门创卫工作会议精神，积极开展各项创卫工作，通过设置健康教育宣传栏，张贴创卫标语，组织开展形式多样的活动，营造创卫氛围，全力做好迎检准备工作。

【健康扶贫工作】 继续按照玉泉区卫健委健康扶贫的工作任务安排，根据健康扶贫工作管理细则，针对贫困人口继续按照《关于贫困人口控费管理规定》，实行先诊疗后付费的一站式结算、重大疾病住院报销比例达到90%以上的政策，有效控制医疗费用的不合理增长，做到合理检查、合理用药，药品费用比例控制，住院费用总额控制。

【健康宣传工作】 深入落实卫健委健康教育和健康促进工作，通过院内院外、进学校、走社区、进机关企业讲解公民健康素养66条等相关内容，提高人们的健康意识。2019年，健康巡讲、活动共82次，受益2700人次，发放宣传材料4300多份。

【医院感染管理】 通过外出学习，参加感染管理培训班，不断提高医院感染管理工作质量，组织全体员工进行院感知识培训。在11月突然发生鼠疫疫情，医院紧急将全院工作人员从分流到各个社区、各个医院进修的人员召回紧急开展鼠疫培训，加强学习鼠疫防控知识。合理使用抗生素，通过不断加强学习和感染科的督查，不合理使用抗生素现象明显减少，提高了病原学的送检率。提高避免职业暴露的意识，强化职工的法律意识和控制院内感染的意识。

【人力资源管理及人才队伍建设】 医院本着学历层次和实际能力相结合、注重能力和水平的原则，公开招聘了多名优秀的医师，优化了人才队伍结构，营造良好的用人环境。建立公开、公平、公正的用人制度和职责明确的岗位责任制、绩效考核薪酬体系等，切实推行人性化管理。完善人才管理及考核体制，加强专业技术人员业务培训，加强医联体建设，做好继续教育工作，有计划地安排专业人员到上级医院进修学习。

【加强护理质量管理】 加强护理质量控制，提高了临床护理质量。护理质控分成了3个小组，对质控的15个项目每月要行1次大检查，将检查存在的问题在每月1次的护士长会与质控会议上进行分析、反馈，提出整改措施，并把存在的问题当作下月各科室的工作重点进行督促、改进。

护理部作为职能科室，每月常规召开全院护士长会议，做好上传下达、下情上递工作，反馈上月工作情况，布置当月工作重点，围绕医院的中心工作，较好地完成院领导布置的各项任务，定期参加科室护理查房，督导各护理单元及时准确的完成各项指标。

玉泉区中蒙医医院

【玉泉区中蒙医医院领导名录】

党支部书记 王彦华（女 蒙古族）

院 长 靳世枭

【概况】 玉泉区中蒙医医院成立于1978年，是市区内唯一的一所区级中蒙医医院，于2007年5月承办了玉泉区兴隆巷社区卫生服务中心，医院隶属玉泉区卫生和健康委员会管理。编制数45个，在编人员17人，管理人员2人，专业技术人员15人，其中卫生技术人员13人，包括副高级6人、中级2人、初级5人。

医院设有内科、外科、妇科、儿科、乳腺病科、皮肤科、中西医结合科、蒙医五疗科、医学检验科、医学影像科等科室，其中儿科、乳腺病科是市级中医特色优势重点专科，中西医结合科是呼和浩特市职工创新工作室、市级非物质文化传习所。

配有全自动生化仪、全自动血液分析仪、尿液分析仪、美国GE彩色多普勒超声诊断仪、数字化医用X射线摄影系统、超声波诊断仪、便携式B超仪、数字式心电图机、高频床边X线机等医疗设备。

中医诊疗设备拥有中频干扰电治疗仪、干扰电型低频治疗仪、冲击波治疗仪、玉玄针法治疗仪、多功能艾灸仪、远红外治疗仪、三维多功能牵引床、磁振热治疗仪、微波治疗仪、十功能自动两煎煎药机、3+1型电煎常压循环一体煎药机、中药配方机等。

【加强内涵建设，提升服务能力】 2019年，医院开展二级中医医院评审工作，认真组织，广泛动员，分工明确，责任到人。各科室对照评审标准，积极准备相关资料，全力以赴迎接评审。由市卫建委组织的11名专家组成的评审组对照《二级中医医院评审专家手册（2018年版）》，围绕中医药服务功能、综合服务功能和党的建设等内容，通过听取玉泉区中蒙医医院二级中医医院评审工作汇报、查阅资料、随机访谈、实地考察、现场考评、抽查病历等方式，对医院发挥中医药特色优势的措施、队伍建设、临床科室建设、重点专科建设、中药药事管理、中医护理、文化建设、“治未病”服务等工作进行评审。

玉泉区中蒙医医院承办的兴隆巷社区卫生服务中心开展创建中国社区卫生协会培训基地工作，并顺利通过中国社区卫生协会专家组的现场评估，获评中国社区卫生协会培训基地。

【抓质量管理，保障医疗安全】 2019年，医院把减少医疗质量缺陷，消除医疗安全隐患，减少医疗纠纷当作重中之重的工作。严把医疗质量关，各科室严格执行各项规章制度，规范诊疗行为，坚持首诊负责制、三级查房制、疑难病例讨论制度等医疗核心制度。增强责任意识，注重医疗活动中的动态分析，做好各种防范措施，防患于未然。

【抓人才队伍建设，提高服务能力】 医院通过送出去、请进来的方式夯实人才培养，同时开展院内业务培训、考核，提高医疗技术水平，提升综合服务能力。2019年，共开展各专业业务培训32次、远程培训9次，参加院外培训27人次，邀请北京月坛中心康复科主任胡海鹰进行教学。引进药学专业人员1名、针灸推拿专业人员3名。

【创建特色品牌，不断提升服务能力】 在继续巩固和加强市级重点专科儿科、乳腺病科建设的同时，重点加强中西医结合科的建设，从经费投入、硬件建设、人才培养引进等方面给予政策倾斜。

在医院管理体系中建立了引导发挥蒙中医药特色优势和提高蒙中医临床疗效的考核和奖惩激励制度，绩效考核目标中将发挥蒙中医药特色优势和提高蒙中医临床疗效作为重要指标，不断加强专科专病的内涵建设。儿科芦小慧、乳腺病科牛慧平分别荣获最美医生、优秀蒙中医传承人称号。

加强科室基础设施建设。医院利用现有条件进行合理改造，不断改善就医环境，中西医结合科由原来64平方米增加到156平方米，让患者感到更温馨、舒适。

不断开展蒙中医特色明显的诊疗技术。业务创新是医院持续发展的重要支撑，中西医结合科不断拓展中医特色疗法，中医非药物疗法治疗率达100%，形成了深受群众信赖的特色门诊。2019年，中西医结合科获得市非遗中心武氏铺药灸传习所授牌，被市总工会命名为呼和浩特市职工创新工作室，也是玉泉区医疗卫生行业首家获此殊荣的创新工作室。

【完善健全机制，落实医改政策】 推进公立医院薪酬制度改革。2016年医院制定了绩效考核方案，并在实施中不断完善。2019年，医院被呼市人社局列为全市第二批公立医院薪酬制度改革试点单位，根据《关于启动我市第二批公立医院薪酬制度改革试点单位的通知》要求，医院积极探索适应医院的薪酬制度。

继续开展医联体工作。内蒙古中医医院、内蒙古国际蒙医医院2名专家每周坐诊1次，通过1年多的合作，使医院中医内科诊疗水平有了明显的提高。2019年，与内蒙古中医医院联合开展义诊活动、健康讲座各1次。

【多措并举扎实开展“三城同创”】 大力开展宣传，在门诊大厅、走廊、楼梯间等醒目位置粘贴“三城同创”宣传海报、标语，大厅电子屏循环滚动中国公民健康素养66条、青色的城和宣传标语，组织志愿者开展“三城同创”健康讲座、健康宣传活动。立体宣传“三城同创”活动的重要意义；举办医护礼仪规范与沟通技巧培训，提高医务人员的素质修养，塑造良好职业形象，更好地服务广大患者，提高群众对医院服务的满意度；积极开展院内卫生清扫活动，划分清洁卫生责任区，明确各楼层责任人进行巡查，清理自行车棚、西墙网线等卫生死角，以实际行动创造清洁、美丽的首府环境。

【扎实开展“不忘初心、牢记使命”主题教育】 牢牢把握“守初心、担使命，找差距、抓落实”总要求和“理论学习有收获、思想政治受洗礼、干事创业敢担当、为民服务解难题、清正廉洁作表率”5个具体目标，确保主题教育沿着正确方向开展。围绕《习近平关于“不忘初心、牢记使命”论述摘编》《习近平新时代中国特色社会主义思想学习纲要》等内容，通过组织集体学习、个人自学、读书会等方式，使党员干部静下心读原著、学原文、悟原理。依托本地红色教育资源，深入开展革命传统教育、形势政策教育、警示教育，组织全体党员参观玉泉区党群活动服务中心；组织干部职工观看我和我的祖国主题电影《建国大业》；邀请第五纪检派驻组组长马燕青讲授党风廉政建设专题课。切实增强学习教育的针对性、实效性和感染力。开展“不忘初心、牢记使命”主题党日志愿服务活动，组织党员志愿者走进玉泉区长和廊办事处举办健康讲座、义诊活动，以实际行动践行初心和使命。

【坚持公益事业，担当社会责任】 医院党支部用实际行动践行初心，积极探索“党建+健康扶贫”新模式，通过党建引领强化健康扶贫工作有效开展，形成党建与健康扶贫工作的有机融合和“双推进”。定期走访慰问达赖庄村、西二道河村包联贫困户，进行全方位地健康扶贫政策宣传、健康指导等服务。以纪念建党98周年为契机，与内蒙古中医医院联合在达赖庄村开展“庆七一、送健康”义诊活动，让村民们在家门口享受特色优质的中医药服务。为患有下肢静脉炎的包联贫困户范某减免挂号费、诊查费，经中医工作室张晶主任的精心诊治，范某的病情明显好转。

医院志愿服务队秉承“奉献、友爱、互助、进步”的志愿服务精神，在不同节点开展各种志愿服务活动，促进了社会公益事业的发展。在学雷锋日、七一、世界无烟日、国医节、中医中药中国行、安全生产月等重要节点，走进社区、企业、农村、学校开展义诊、宣传、讲座等活动，为提升全民健康意识和健康知识的普及做出了贡献，受到了社会各界的广泛赞誉。圆满完成上级布置的高考、中考、马拉松等重要医疗保障任务17项。3名党员干部参加无偿献血活动，营造关爱生命、奉献爱心、传播文明的浓厚氛围。

【抓好舆论引导，落实意识形态责任】 做好区卫健委信息上报工作。2019年，共上报信息62篇，呼市人民政府、玉泉区人民政府、呼市卫健委、今日头条等网站、公众号累计采纳14篇，有效推动宣传工作开展，传播正能量，维护意识形态安全。加强与电视台的沟通与合作，通过电视节目宣传医院专家、专科。医院牛和平副主任医师参加内蒙古广播电视台经济生活频道《全民健康+》节目录制1次；武天祥主治医师、武鹏飞医师参加呼市广播电视台新闻频道《蒙中医说病》节目录制各1次，宣传医院的专科特色、优势服务等。充分利用医院、中心微信公众号、微信群、宣传栏、大屏幕等，向社会、职工展示医院的特色和优势。

【落实工作责任，推进扫黑除恶工作】 按照区卫健委的要求，组织全体职工开展了扫黑除恶专项斗争工作会议，对医院的扫黑除恶工作进行部署，开展扫黑除恶专项斗争专题学习和考试；制定工作方案，成立了以党支部书记为组长，院长为副组长，各科室负责人为成员的扫黑除恶专项斗争工作领导小组，确保扫黑除恶日常工作有人抓、有人管；通过电子屏、微信群、张贴宣传画报和通告、派发宣传单、制作宣传展板、开展宣传活动等形式深入广泛宣传，全方位加强宣传引导，积极营造浓厚的宣传氛围；设立扫黑除恶专项斗争工作举报箱，公布举报电话，接受群众监督举报。

玉泉区妇幼保健院

【玉泉区妇幼保健院领导名录】
党支部书记、院长　孙晓红（女）

【概况】 玉泉区妇幼保健院于1981年成立，是一所由政府举办、独立建制、专业技术能力较强，集保健、医疗、培训、技术指导为一体的区级专业性妇幼卫生保健机构。院内设置孕产保健部、儿童保健部、妇女保健部、计划生育服务部、检验科、影像科、妇幼项目科，婚检科等职能科室。设置编制50人，在编人员29人。

【免费孕前优生健康检查项目】 2019年，在内蒙古自治区计划生育技术服务检验质量检测中心全年开展的2次全民国家免费孕前优生健康检查项目评估中，综合成绩均达到优秀。临床实验室质量评价共8大项31个小项，经内蒙古自治区计划生育技术服务检测质量检测中心的评价和实验室室内质量评价成绩回报，各项测试成绩均为100分。

【药具不良反应监测工作】 12月，被国家人口和计划生育委员会计划生育药具不良反应监测中心评为2018年度先进监测点，并在2019年全国避孕药具不良反应监测工作现场质量控制与综合评估中，获得优秀监测点（第二名）的殊荣。

【“两癌”筛查工作】 乳腺癌筛查全年共完成4000人次，其中确诊2例乳腺癌，异常人数BI-RADS2共计517人、BI-RADS3共计60人；宫颈癌筛查全年共完成TBS-报告人数4000人，其中异常人数162人，细胞学阳性率4.05%，LSIL7人、HSIL13人、微小浸润癌1人，宫颈癌及癌前病变检出率为350/100000；乳腺癌与宫颈癌的筛查检出率均名列全市前茅。

【扶贫工作】 2019年玉泉区妇幼保健院党支部深入玉泉区小黑河镇乌兰巴图村和达赖庄村，开展包联脱贫享受政策边缘户帮扶活动。利用单位业务工作特点，发挥自身优势，对贫困户家人进行了B超检查、生化项目检验等健康体检项目，对脱贫享受政策边缘户宣传了健康扶贫、精准脱贫的政策，了解贫困户实际生产生活情况及困难，并切实帮助他们解决了实际困难。

【书香党支部建设】 为持续推进学习型党组织建设，进一步激发支部党员学习热情，玉泉区妇幼保健院书党支部组织建立了书香党支部并每月开展一次读书会，党员干部通过互相推荐交换书籍，形成好书共享、好书共读、共同提高的分享理念，从书中汲取营养，开阔视野、陶冶情操、提升综合素养，每名党员都认真倾听与感悟，营造了人人读书、自觉读书的书香氛围。

玉泉区疾控中心

【玉泉区疾控中心领导名录】

中心主任、党支部书记	齐晓斌
办公室科长	李国军
办公室副科长	董艳芹（女　蒙古族）
财务科科长	王双萍（女）
检验科科长	付占军
健康教育科科长（兼检验科副科长）	武彦芳（女）
免疫规划科科长	胡栓桃（女　蒙古族）
免疫规划科副科长	吴建成
地方病防治科科长	赵素琴（女　蒙古族）
病媒生物科科长	杨利香（女）
防疫科科长	宫　俊（蒙古族）
学校卫生科科长	云　云（女　蒙古族）
应急办公室科长（兼防疫科副科长）	闫国梁
慢性病防治科科长	杨雨亮
性病、艾滋病防治科科长	张文宇

【概况】　玉泉区疾病预防控制中心于1957年建立，原名玉泉区卫生防疫站，位于鄂尔多斯大街南茶坊，改扩建于2004年。2013年5月，更名为玉泉区疾病预防控制中心。现有实验用房、业务用房、保障用房和行政用房实用面积835平方米。玉泉区疾控中心是财政全额拨款的公益性卫生事业单位，2017年编办核定为副科级单位，领导职数1人，中心主任齐晓斌主持工作。

中心实有人数35人，其中不在编合同制8人，临时聘用人员3人，实有在编人数24人（2人不占单位编制），其中专业技术人员30人。内设防疫、免疫规划、性病艾滋病、结核病、地方病、学校卫生、慢性病、检验、健康教育、病媒生物、应急处置、办公室和财务13个职能科室。

【工作开展情况】　2019年辖区各医疗机构共报告法定传染病1695例，发病率为423/100000，其中甲类传染病0例；乙类传染病11种，计920例，发病率为230/100000；丙类传染病5种，计775例，发病率为193/100000。

2019年玉泉区传染病报告信息系统共报告3708张传染病卡片，报告及时率99.97%，审核及时率100%，无重卡，疫情综合评价率为99.99%。

全年无不明原因肺炎病例报告，各监测单位共报告上呼吸道发热病例9244例，肺炎发热病例2098例，流感样病例数7146例。

2019年度无霍乱病例报告，3所监测医疗机构共报告肠道腹泻患者728例，其中报告细菌性痢疾27例，伤寒及副伤寒1例，其他感染性腹泻病人数57例，非感染性腹泻病人数643例。

全年共采集监测样品152例，经呼和浩特市疾控中心检验，阳性病例139例，其中其他肠道病毒阳性101例，EV71阳性病例3例，CVA16阳性病例35例，阳性总体检出率为91.45%，阳性结果以其他肠道病毒为主（66.45%）。

2019年度玉泉区共报告手足口病重症病例1例，及时进行了流行病学调查及采样检测，经呼和浩特市疾控中心检验，为CA16阳性病例，无手足口病重症死亡病例。

在各医疗机构开展食源性疾病监测工作，各哨点医院共报告食源性疾病病例数464例，其中采集病例标本数357例；全年报告食源性疾病暴发事件共1起，及时进行了疫情核实，开展了流行病学调查，可疑食品的采样工作及现场调查处置。

2019年共接到辖区内医疗机构、学校和托幼机构疫情报告电话8次，全部进行了现场处理和指导。

【地方病防治工作】 碘缺乏病防治。中心在2019年对40名8～10岁儿童及20名孕妇进行尿碘、碘盐含量检测，监测结果：儿童中尿碘中位数为158.9ug/l，碘盐中位数25.38mg/kg，非碘盐率为3%，碘盐覆盖率为97%，碘盐合格率97%，合格碘盐食用率94%；孕妇中尿碘中位数183.25ug/l，碘盐中位数25.8mg/kg，非碘盐率3%，碘盐覆盖率97%，碘盐合格率99%，合格碘盐食用率96%。

鼠疫防治。鼠疫是《中华人民共和国传染病防治法》规定的甲类烈性传染病，是玉泉区重点防控的重大性传染病之一。近几年呼和浩特市毗邻盟市鼠疫疫情活跃，特别2019年11月12日、11月16日、11月27日共有4例人间鼠疫病例报告，鼠疫防控形势严峻。为了预防鼠疫在玉泉区发生和流行，确保人民群众身体健康，结合玉泉区实际情况，中心成立了鼠疫应急预案处理工作组，配备鼠疫应急处理装备和消杀药械，落实疫情值班制度，组织并开展防控人间鼠疫突发事件应急模拟演练及野外踏查活动。

从2019年9月开始，中心组织地病科专业人员深入小黑河镇班定营村、姜家营村、田家营村、大库伦村进行了鼠疫密度实地踏查监测，踏查面积共2080公顷，未见鼠洞和鼠迹。11月27日组织地病科、桃花卫生院的专业人员，在桃花风情园进行了一次野外踏查搜索，同时向沿途当地群众了解了情况。在踏查工作中，工作人员没有搜到自毙鼠类和病死动物，未发现异常情况。在走访的同时对如何防控鼠疫做了宣传讲解，踏查面积共2350公顷。

中心于2019年5月31日在玉泉区南茶坊小学组织了2019玉泉区防控人间鼠疫突发事件应急模拟演练，呼市地方病防治中心、区卫健委、区疾控中心、辖区医疗机构、区教育系统卫生人员及教师等60余人参加了应急培训和演练。6月21日在呼市地方病防治中心组织下在武川县参加了2019人间鼠疫突发事件应急模拟演练并参演。11月29日举办了人间鼠疫突发事件应急模拟演练。

布鲁氏菌病防治。在小黑河镇抽取16个村中共抽取1000人开展布病防治常识调查问卷及血样采集和发放宣传材料等工作。监测结果在300名重点人群中进行布病防治常识调查问卷，知晓率为93.4%；对1000人所采集的血样进行虎红平板凝集试验（RBPT）筛查，对筛查阳性血样再进行试管凝集试验（SAT）阳性人数为1人，阳性率0.1%，发病人数为1人，发病率为0.1%。

【艾滋病防治工作】 自愿咨询检测工作。14个VCT点1—12月共完成自愿咨询检测1493人次，初筛HIV阳性7人，确认阳性7人。干预暗娼人群1161人次，首次干预1156人，发放安全套5815只、艾滋病宣传材料1162份、宣传品761份。1—12月共完成2267人次，阳性1人，既往阳性4人，其他均为阴性，全部进行了录入上报。医疗机构就诊者HIV抗体筛查66815人，阳性74人。玉泉区共有225名艾滋病病人接受抗病毒治疗，并按时随访上报。对31名感染者按时进行随访上报。

性病监测点工作。1—12月组织召开性病监测、艾滋病防治工作例会4次，研究解决性病监测、艾滋病防治工作中存在的问题。

对14所医疗机构进行督导、漏报调查，将督导情况上报并向被督导单位反馈。对各医疗单位报告的性病病例汇总分析，及时上报及反馈。通过严格按时的督导，玉泉区性病监测工作逐步走上了正轨，为国家性病监测提供了科学的依据。

艾滋病、丙肝哨点检测工作。完成了吸毒人群400份、暗娼人群200份、孕产妇400份、肾透析200份哨点监测任务，2000份老年人和400份青年学生的重点人群HIV检测。

【免疫规划工作】 一类疫苗接种：基础免疫接种应种89128人次，实种88941次，接种率99.79%，加强免疫接种应种39887人次，实种39808次接种率99.80%。

免疫规划苗针对传染病流调率。

麻疹：共报告疑似病例数83例，流调83例，采血80份，其中阳性麻疹2例、风疹42例，流调率100%。乙肝（15岁以下）报告0例，疑似异常反应（AEFI）共报告320例，免疫规划疫苗反应247例（一般反应204例、异常反应43例）非免疫规划反应74例（一般反应68例、异常反应6例），百日咳4例。全部进行了及时流调和网报。

2019年健康人群麻疹、风疹水平监测。根据《呼市疾控中心关于下发2019年呼和浩特市健康人群麻疹、风疹抗体水平监测方案的通知》呼疾控字〔2019〕112号文件精神，中心抽取辖区6个接种单位共84人进行监测，结果麻疹2个阴性，其他82个阳性；风疹4个阴性，其他80个阳性。

查漏补种工作。根据呼市《呼市疾控中心关于印发呼和浩特市2019年麻风联合疫苗查漏补种活动实施方案的通知》精神，中心于2019年10月30日召开全区接种点负责人工作会议，安排麻风疫苗查漏补种工作。麻风查漏补种应种儿童760人，实种儿童751人，补种率98.8%。

【慢性病防治工作】 玉泉区总人口435694人，建档数376231人，其中管理高血压病人15348人、糖尿病病人4756人、重性精神病病人1650人，慢病随访76139人次，死亡网报并审核1232人。

2019年对医院，社区卫生服务中心、卫生院督导3次。慢性病培训1次，本次培训的医务人员79人，宣传活动3次。

社会事业

人力资源和社会保障局

【人力资源和社会保障局领导名录】

书记、局长	荣晓霞（女　蒙古族）
副书记、副局长	托　娅（女　蒙古族）
就业指导服务中心主任	王正中
人才交流中心、劳动用工综合服务市场主任	常云飞
劳动保障监察大队	张雪峰

【概况】　玉泉区人力资源和社会保障局内设11个科室和二级单位，局办公室、事业单位管理股、档案股、工资福利股、财务股、社会保险资金管理中心、劳动保障监察大队、劳动人事仲裁院、人才交流中心、劳动用工综合服务市场、就业指导服务中心。现有干部职工79人（包括公开考录聘用合同制工作人员31名）。2019年，根据市人社局及区委、区政府年初确定的各项工作任务，以习近平新时代中国特色社会主义思想为指引，深入贯彻落实以人民为中心的发展思想，始终坚持围绕中心、服务大局，把人力资源和社会保障事业发展更好地融入区委区政府工作全局，对标一流、争先进位，奋力开创新时代人社工作新局面。

人社局主要职能职责为贯彻执行国家、自治区、市人力资源和社会保障事业发展规划、方针、政策、法律、法规、规章；负责全区人力资源规划、开发工作，拟定人力资源流动政策并组织实施，发展和规范全区人力资源市场，促进人力资源合理流动、有效配置；负责创业就业工作、城乡居民社保工作、工资福利与待遇支付工作、人事、人才、和谐劳动关系工作；推进完善政府绩效评估工作；承办区委、区政府交办的其他事项。

【工资福利待遇工作】　2019年，共审批2018年玉泉区合格晋升薪级工资3580人，人均月增73元；2017—2018年称职19人、职务与职级并行

21人，人均月增719元，办理2018年年终奖860人，一次性发放255.8万元，完成其他各类工资审批、工资福利、离退休及教育系统转正定级、提高绩效等工作。

【事业单位管理工作】 组织实施2019年呼和浩特市人才引进工作，为玉泉区15家事业单位总计引进各类人才24人，为玉泉区教育系统引进人才10人，招聘骨干教师11人。通过面向社会公开招聘的方式，招聘合同工作人员共计209人，其中融媒体中心15人、应急管理局30人、教育系统164人。完成2018年事业单位年度考核工作和2018年人事统计工作。按照自治区巡视组要求，完成全区机关事业单位工作人员出入境管理和玉泉区吃空饷清查专项整改工作。职称初次认定工作常态化，职称企业备案规模不断扩大。发放各类职称材料310份，备案区属企业72家，通过企业备案规范了职称申报的渠道，加强了政企的沟通联系，充分保障了区属企业专业技术人员的利益。事业单位岗位聘用工作稳步推进，提前完成教育系统中小学教师职称评聘结合工作，岗位设置工作严格依照市级文件进行，杜绝不规范设岗等问题。

【档案管理工作】 2019年为各委办局复制干部人事档案195件，接收人才引进、卫生系统考录及调入人员档案46卷；转出单位上划、教师招考及人员调出档案77卷，均按照正规程序记录在册，科级以下事业单位人员2238卷，个人档案数字化扫描和档案专项集中审核工作稳步推进。

【人才队伍建设工作】 青年见习计划完成市人才交流服务中心下达的180人见习签约任务指标。小企业人才储备高校毕业生计划，2019年共有9家企业申报人才储备项目基地，完成人才储备90人任务指标。招募在岗“三支一扶”项目人员30人、社区民生志愿者80人，已全部分配到具体服务单位开始基层服务。创业计划工作任务数120人，统计毕业5年内有创业经历的呼市地区的高校毕业生。已完成120人的统计工作；创业培训工作任务数60人，按照市人才中心要求，各地区招募高校毕业生开展创业培训工作，积极招募有意愿参加创业培训的高校毕业生，已完成创业培训60人任务。市场就业、人才派遣任务500人，为拓宽高校毕业生就业渠道、为辖区企业更好地用人留人，全年共举办4场人才招聘、供需见面会，组织181家用人单位参与，提供2875个就业岗位，达成就业意向510人，完成率102%。

【就业指导服务工作】 全区城镇新增就业5965人，完成目标任务的101%。安置下岗失业人员再就业1449人，完成目标任务的120.8%。就业困难人员实现就业1004人，完成目标任务的100%以上。城镇登记失业率为3.71%，控制在了3.8%的目标范围以内。农村劳动力转移就业10005人，完成目标任务的100%。其中，转移6个月以上的8532人，完成目标任务的100%以上。

劳动力资源信息录入工作。劳动力资源信息录入任务为19万，累计录入人数为178474人；技能培训工作完成501人，创业培训工作完成144人。按照《内蒙古自治区就业困难人员设定办法》，认定就业困难人员1004人，办理享受社会保险补贴788人，办理社会保险救助569人，安置公益性岗位28人，确保符合条件的群众及时享受到优惠政策。就业扶贫的重点是帮助有就业、创业意愿的贫困边缘户和返贫户实现就业创业。积极开展就业扶贫活动，主动为贫困户送政策、送服务、送岗位，逐户征求每一个贫困人员的就业愿望、技能培训愿望和贴息贷款愿望，把各项就业优惠政策一并打包送到贫困户。按照贫困户的意愿和自身条件，帮助7个贫困户享受扶持政策，得到就业扶贫的各户，经准确计算都已超过了人均年收入3200元这一国家制定的脱贫标准。

创业园区建设。玉泉区共有5个创业孵化载体：月明楼文化美食创业园，2017—2019年由企业提供3年全额场地租赁补贴；大盛魁文化创意创业园，2016—2018年由企业提供3年全额场地租赁补贴；玉泉区众创空间，2019年2月获以奖代补资金100万元，2017—2019年由区政府提供3年全额场地租赁补贴；玉泉区文化旅游创业园，2019年2月获以奖代补资金200万元，2018—2020年由区政府提供3年全额场地租赁补贴；玉泉区美通物流创业园，2019年2月获以奖代补资金50万元，2018—2020年由企业提供3年的全额场地租赁补贴。

技能培训实训基地建设。以内蒙古工业工程机械职业培训学校为依托，打造技能培训综合实训基地，基地位于玉泉区寇家营村，占地面积36亩，实训基地总建筑面积5800平方米，设有主体实训室5个，主要培训起重装卸机械的操作人才，党的十八大以来共培训学员31325人。2018年获以奖代补资金200万元。

【社会保险工作】 城乡居民社会养老保险工作。全年城乡居民社会养老保险参保人员共计12155人，其中2019年新增参保1446人。为6780名享受退休待遇人员，发放养老金共计1870.68万元。为23个村12633位居民办理了被征地农民养老保险。

城乡居民养老保险扶贫工作。为认真贯彻执行国家社保扶贫政策，多次召开社保扶贫工作专题会议，安排部署各街道（镇）做好工作对接，实时掌握动态数据，确保贫困人员不重不漏，应保尽保。与民政局、扶贫办、卫计局等部门及时对接数据，精准识别困难群体。深入社区居（村）委会扎实做好社会保险扶贫政策宣传，让群众全面了解社会保险扶贫政策，针对贫困人员制作了《权益告知书》，确保每一位困难人员了解国家社保扶贫倾斜政策。2019年，玉泉区共为贫困人员代缴1073人，其中低保户689人、计划生育特殊家庭成员4人、重度残疾380人；全民参保工作：市社保中心下发花名17719人，经各镇、街道保障所排查后已导入系统16341人，死亡1289人。经与公安联系后，查出名单中户籍已迁出玉泉区的有1483人，迁出呼和浩特市的有7651人。

社会保障卡信息系统工作情况。社保卡人数10.32万人，其中已领卡6.9万人，制卡完成未领取1.82万人，制卡中3460人，信息已上传银行未制卡1.26万人。

待遇领取资格认证工作。正在采用多种方式进行，分上下半年2次，其中上半年共认证6517人，核查出死亡人员60人，无冒领情况。下半年正在认证当中，共6761人参检。

机关事业单位养老保险工作。玉泉区参保登记户数109户；已出准备期业务完成户数103户；机构改革新参保登记户数5户，共计108户。在职人数4645人，退休人数2274人。已出准备期的参保单位和机构改革新参保单位已完成在职人员养老保险金和职业年金的按月缴费核定，退休人员待遇发放。2019年春节前为玉泉区退休人员提前发放2019年1月、2月养老金并顺利完成玉泉区2019年度退休人员调整养老金工作，得到市人社局高度评价。累计为玉泉区2287名机关事业单位退休人员发放养老金1121.02万元。2019年灵活就业人员参保核定缴费工作自2019年7月23日开展以来，玉泉区政务服务中心社保服务窗口共核定31237人，接待来访咨询人员34135人，电话咨询1625余通。

【和谐劳动关系工作】 2月，区劳动监察大队开展了清理整顿人力资源市场秩序专项行动宣传活动。4月，进行了清理整顿人力资源市场秩序专项行动。检查8户用人单位，其中人力资源行业用人单位5户、其他用人单位3户。5月起，开展了三轮保障农民工工资支付专项执法检查行动。共计检查项目26户，其中政府投资项目15户、社会投资项目11户。

玉泉区共接到投诉案件180件，涉及人数2228人，涉及金额4366.3万元，其中网上交办45件、自治区及市政府转办88件，区本级投诉47件；劳动保障书面审查工作，办理劳动保障书面审查786户、覆盖用工数28378人。其中中央驻呼用人单位26户、覆盖人数3984人。

网上劳动用工备案工作。全年办理纸质备案114户、用工数1867人，已全部进行网上用工备案。劳动保障监察线上服务平台共计采集信息101户，完成40户用人企业薪酬调查数据上报工作。

区劳动仲裁院共受理各类劳动人事争议案件276件，涉案金额1324.43万元。已结案275件，结案率为99.64%。裁决71件，调解142件，调解结案率56.73%（其中终局裁决30件、终局裁决率42.25%），撤诉14件，不予受理46件，有效预防和化解了用人单位和劳动者之间的纠纷，维护了双方的合法权益，树立了良好的社会效益。

【扶贫帮扶工作】 针对建档立卡贫困户的需求进行对接，对各类帮扶政策实行精确制导。2019年，社保中心共为1073位贫困人员代缴城乡居民养老养老保险费14.53万元，其中低保户689人、计划生育特殊家庭成员4人、重度残疾380人，享受待遇的困难人员139人。就业中心为全区26户54人脱贫享受政策人员，其中5户7人已经通过安排公益性岗位、小额贷款、就业培训和政府兜底政策，解决了脱贫问题。工友之家开展扶贫政策宣传工作，为灵活务工人员进行职业介绍，长期提供各类务工信息，组织2场就业扶贫类专场招聘会，为就业困难人群提供就业岗位500余个。

【落实基层党建重点任务工作】 按照从严治党新要求，局党组把抓好党建工作作为最大责任，全年组织召开专题研究党建工作会议7次，集体学习14次，坚持把党建工作纳入工作运行机制，认真落实党建工作目标管理责任制，严格落实考核问责机制。认真贯彻落实全国组织工作会议、全区基层党建重点任务推进会等会议精神，开展扫黑除恶专项斗争，通过抓党建促宗教综合治理，通过开展扶贫政策巡回宣传、设立党员先锋岗、党员干部自愿服务等活动，充分发挥基层党组织战斗堡垒作用和党员先锋模范作用。

【人大代表建议答复工作】 承办区人大建议5件，政协提案6件，涵盖了社保、就业、人才引进等民生方面的内容，高度重视，切实采取有效措施，认真研究解决。所提建议意见办理完成率为100%，代表满意率为100%，全年累计发布各类“三务”公开信息908篇。

【维护稳定、信访、综合治理和其他工作】 充分发挥窗口单位和基层单位联系群众的优势，进一步完善劳动保障应急预案，做好突发事件的应急处置工作，不发生人力资源和社会保障方面的重大越级上访和群体性突发事件。2019年共接到涉及信访案件23件，其中内蒙古自治区信访信息系统转交案件14件、中央扫黑除恶第十五督导组移交信访案件9件。所有案件均已答复并妥善处理。

“三务”公开工作。按照区委、区政府要求，认真推进“三务”公开信息报送工作及审查工作，累计发布各类“三务”信息872篇。报送政务新闻信息509篇。《今日头条》、区委宣传部和呼市人社局网站等部门累计采用、刊登信息20余篇。通过新浪微博、微信公众号转发、推送党政各类新闻500余条。按照区委区政府部署要求，完成保密、计生、健康促进、档案管理等其他各项工作。

【亮点工作】 专场招聘，促进就业。为拓宽高校毕业生就业渠道、为辖区企业更好地用人留人，全年共举办以内蒙古就业扶贫行动日专场招聘会、春风行动专场招聘会、营销、媒介、管理等为主题的专场招聘会4场，组织近200家企业参加，向社会提供就业岗位2875个，1500余人次参与，达成就业意向500多人。

“互联网+”打造智慧人社新系统。利用自治区社会保障系统、呼市金保工程、劳动用工备案等人社“互联网+”系统，累计录入劳动资源信息、社会保障卡信息、劳动保障书面审查、全区干部职工、居民参保等信息35.5万余条，通过建立健全系统管理，规范了业务行为，强化了权力制约和责任追究，提高了数据信息质量，确保各项基金的安全运行。

创业园区建设成效显著。玉泉区为了扶持创业，先后建设了5个创业孵化载体，分别是月明楼文化美食创业园、大盛魁文化创意创业园、玉泉区众创空间、玉泉区文化旅游创业园、玉泉区美通物流创业园。创业园总面积13.5万平方米，每年入住实体户保持在500户以上，每年吸纳就业稳定在3000人以上。以内蒙古工业工程机械职业培训学校为依托，打造技能培训综合实训基地1个，实训基地总建筑面积5800平方米，5园1基地全部获得了上级以奖代补资金，合计950万元，各项成绩领跑全市。

玉泉区劳动用工综合服务市场打造用工新平台。2019年度市场累计接待灵活务工人员9090人次，内外部洽谈交易共完成2079笔，累计用工4922万人，用工满意度稳定在90%左右。线上信息发布平台收集整理发布2.1万个岗位信息，涵盖1203家企业或个人招聘的3173种职位；为求职人员提供企业招聘信息对接服务1385次，有30位求职者成功找到合适的工作。举办各类讲座、慰问活动8场，组织开设各类技能培训考试课程38期，共计3994人次参与。生活服务区提供餐饮、超市、理发、候工、热水、观影娱乐等服务，累计接待5.1万人次。通过完善市场就业务工服务各项功能，强化职业技能培训平台建设，为务工人员提供全方位的服务，受到灵活务工人员及用工方的广泛好评，接受灵活务工人员、培训学员赠送的锦旗11面。2018年荣获呼和浩特市十大时代新事称号。进一步创新了人社工作为民服务的方式，强化了党建工作向基层、向群众延伸。

机关事业单位养老保险工作新飞跃。2019

年春节前，在全市率先为玉泉区退休人员按时足额发放2019年1月和2月的养老金，保障了玉泉区机关事业单位退休人员的切身利益，得到了市里相关领导的高度评价。在全市率先完成玉泉区2250名退休人员2019年度退休人员调整养老金工作和2014年10月到龄至出准备期前退休中人养老金补差工作，为378人一次性补发288.6万元，保障了玉泉区退休职工的调资待遇按时足额发放，得到了市局的高度赞扬。

民政工作

【民政局领导名录】

党组书记、局长　吴志刚（蒙古族）

副局长　杨君宝

　　　　石广荣

【概况】 2019年，玉泉区民政局认真学习宣传贯彻习近平新时代中国特色社会主义思想和党的十九大精神，坚持“民政为民、民政爱民”的工作宗旨，以保障民生和加强社会管理为重点，认真落实各项惠民政策，扎实推进各项重点工作，持之以恒深化作风建设，圆满完成了全年目标任务。

2019年，玉泉区民政局内设综合办公室1个科室和城乡社会救助中心、婚姻登记处、殡葬管理所、综合社会福利中心、慈善总会5个二级事业单位。全局共有干部职工25人。

【党建工作】 扎实开展“不忘初心、牢记使命”主题教育。

加强组织领导。局党组切实履行主体责任，研究部署主题教育工作。制定印发了局主题教育工作方案，细化了责任分工，明确了工作职责，同时健全机制制度，推动主题教育深入开展。强化学习教育。制定详细的学习安排，采取一把手讲党课、专家讲座、参观爱国主义教育基地、观看廉政教育片、专题研讨等多种学习形式，切实读原著、学原文、悟原理，原原本本学习习近平新时代中国特色社会主义思想、习近平总书记关于民政工作重要论述、重要指示批示精神和党中央决策部署，学习党章、党规、党史，切实做到入脑入心。深入调查研究。坚持聚焦问题短板，破解民生难题，局班子成员分别深入9个镇办和包联村居，深入窗口一线，通过谈心谈话、调查研究、召开座谈会等多种形式，广泛听取民政对象和民政干部的意见建议，帮助解决实际困难问题。认真检视问题。对照习近平新时代中国特色社会主义思想，对照党章党规，对照党中央、国务院决策部署，对照民政对象和基层民政干部期待等深入进行自我检视，召开了检视问题专题会议，做到了切实把问题找实、把根源挖深。

积极整改提高。坚持边查边改、立行立改，一时解决不了的，明确阶段目标，持续推动整改，着力提升基层民政干部、民政对象的获得感、幸福感，真正让整改实效落实落地。

【城乡社会救助工作】 城市低保标准提高到725元/人·月，农村低保标准提高到510元/人·月，农村五保分散供养标准提高到7980元/人·年、集中供养标准提高到9780元/人·年，“三民”补助金提高到1045元/人·月。全年共发放城市低保金1676.98万元，农村低保金307.29万元；发放农村五保供养资金53.89万元，城镇

“三无”人员供养金145.86万元，孤儿供养金15.78万元，“三民”资金24.73万元；机构改革前（1—3月）共发放城乡医疗救助资金80.62万元、实物配租廉租住房8套，全年发放临时救助金56.31万元，特困人员护理补贴75.778万元，重度残疾人护理补贴251.39万元，困难残疾人生活补贴162.45万元；共对各类新增、在享对象500余户1300余人进行了家庭经济状况核对。

【基层政权建设工作】 做好村（居）两委换届选举后相关工作，对“两委”换届进行了“回头看”，开展了第二次联审，由原“两委”班子扩展到对监委会成员及后备干部的联审，共计联审1103人。依托市纪委监委阳光“三务”平台，持续推进村务公开与民主管理工作，年内对全区各村开展了村务公开与民主管理专项督查并督促整改，收到实效。联合区委组织部，与全区50个行政村、58个社区“两委”班子签订了《扫黑除恶专项斗争承诺书》，切实将扫黑除恶工作延伸至基层。指导全区村（居）委会修订完善了《村规民约》《居民公约》等村（居）务公开民主管理制度，加入了扫黑除恶等有关内容，全区村（居）务公开与民主管理工作有序推进，基层民主政治建设得到有力加强。

【社会福利工作】 落实自治区80岁高龄津贴政策，实施普惠制，全年发放高龄津贴610.09万元。进一步推进为老服务工作。在昭君路街道探索开展为老配餐服务，共计为300人提供了配餐。进一步加强区综合社会福利中心建设，年内共投入19.5万元，完善了火灾自动报警系统、监控显示系统、电视机接收器、配电柜、消防广播系统等5项安全生产设施设备项目工程。落实《养老机构服务质量大检查指南》要求，继续加大监督管理力度，不断提高服务管理水平，有效提升养老机构服务满意度。大力扶持民办养老机构发展。落实民办养老机构床位补贴政策；为各养老机构入住老人全部办理意外伤害责任保险；加大安全生产联合检查力度，完善消防设施设备，维护监控设施设备，促进公办、民营养老机构健康发展。

【社会事务管理】 区划地名管理。全面完成第二次全国地名普查档案归档工作并顺利通过上级验收。《玉泉区地名志》《玉泉区行政区划图册》等成果转化工作顺利推进。完成与赛罕区、回民区的区域界线联检任务，维护了界线周边地区的社会稳定。

婚姻登记管理。婚姻登记机关与国家人口基础信息库信息共享工作顺利启动，婚姻登记信息化、规范化管理能力不断提升。全年共办理结婚登记1800余对，离婚登记700余对，补办婚姻登记证900余对，接受来人来、电业务咨询5000余人次。

殡葬管理。坚持开展清明节“文明祭扫、鲜花祭祀”活动，在辖区人流密集场所集中设置了4个文明祭祀点，无偿提供鲜花、黄丝带、祭祀卡等物品，通过宣传教育，积极引导群众树立绿色文明环保的祭祀理念，参与人数逐年增多，文明祭扫新风逐步形成。积极开展违法违规私建“住宅式”墓地等突出问题专项摸排工作，共摸排违法违规私建硬化大墓145户1207.81平方米，违规私建活人墓2户9.5平方米。深入开展殡葬服务领域综合整治专项行动，配合市场监督管理局、卫生健康委对辖区殡葬用品市场和医院太平间进行了联合检查，对存在的问题下达了责令整改通知书，明确了整改时限和要求。落实特困家庭惠民殡葬政策，全年办理惠民补贴24户。

流浪乞讨救助管理。积极配合公安机关、城市管理部门做好街面流浪乞讨人员的救助管理和护送工作，共救助流浪乞讨人员2名。

社会组织管理。年内撤销“僵尸”组织15家，取缔非法运行组织5家。启动玉泉区社会组织能力提升系列培训，全区社会组织管理能力与服务水平进一步提升；制定出台《玉泉区社区社会组织备案实施管理办法（试行）》，并根据上级民政部门有关要求，指导玉泉区社会组织重新修订了章程，在章程中明确载入“坚持党的全面领导”相关表述，将党的领导进一步延伸至社会各领域。

【重点工作项目】 脱贫攻坚工作有序推进。积极做好社会救助与扶贫开发政策的有效衔接，通过召开专题会议、建立联席会议制度、制定印发玉泉区民政局《2019年农村低保专项治理工作要点》《对丧失劳动能力贫困人口救助兜底保障未覆盖“清零达标”专项行动实施方案》《关于建立玉泉区低保兜底保障脱贫工作联席会议制度的通知》《关于进一步提高社会救助审批效率的通知》等，切实加强脱贫攻坚工作的组织领导，明确责任分工，保障工作落实。严格审批程序，加大核查力度，将符合救助政策的贫困对象全部纳入保障范围，建档立卡人员信息全部录入医疗救助系统，对包扶的1户建档立卡低保对象进行定期走访慰问，及时解决家庭生活困难。对全区符合民政救助政策的脱贫不脱策对象21户34人，分别纳入了农村低保（17户30人）和农村五保供养（4户4人），做到了“应扶尽扶、应保尽保”。

扫黑除恶专项斗争取得实效。采取“六结合三强化”措施，深入开展扫黑除恶专项斗争。将扫黑除恶专项斗争与基层政权建设工作相结合，严格基层组织换届选举制度，坚决铲除黑恶势力滋生土壤。将扫黑除恶专项斗争与社会组织管理工作相结合，加强与上级的协调沟通，对社会组织进行经常性研判分析，及时发现并消除问题苗头，加大打击非法社会组织的力度。将扫黑除恶专项斗争与殡葬管理工作相结合，开展了区境内违法违规私建墓地的摸排、复核，深入各商家摸排殡葬领域黑恶势力线索。将扫黑除恶专项斗争与养老机构管理工作相结合，班子成员下沉区属各养老机构大力开展扫黑除恶宣传，并以知识测试、问卷调查等形式检验成效。将扫黑除恶专项斗争与城乡社会救助工作相结合，通过农村低保专项治理、“十进村”等活动，让更多的村（居）民了解各级党委坚决打赢扫黑除恶专项斗争的决心与信心。将扫黑除恶专项斗争与“打击非法集资、防控金融风险”相结合，积极引导各公办、民营养老机构老年人增强风险意识，抵制各种诱惑，识别和防范非法集资。强化组织领导，切实提高政治站位；强化舆论宣传，营造强大声势；强化分类指导，认真开展摸底排查工作。

【创新工作】 区民政局在做好各项工作的同时，积极探索创新。投入资金53万元，采取政府购买服务的方式，委托第三方机构内蒙古广益安公共管理服务中心开展社会救助家庭统计调查服务，9月份正式开展服务工作。制定出台了《玉泉区社区社会组织备案管理实施办法（试行）》，积极推进社区社会组织建设，为有效推进基层社会治理做出了有益尝试。以大南街街道、兴隆巷街道、昭君路街道及下辖社区为试点，分别建立了社会组织服务中心和基层便民服务站，为推进社区减负增效、优化资源配置、为居民提供更加专业化、多样化的公共服务做出有益尝试。

民族事务委员会

【民族事务委员会领导名录】

党组书记、主任　　卜秀珍（女　蒙古族）

党组成员、副主任　宝力格（蒙古族）

【概况】　2019年3月机构改革后，在原民族宗教事务局的基础上，宗教职能进行划转，归口到统战部，职能、职责更加整合、明确。呼和浩特市玉泉区民族事务委员会是区人民政府工作部门，正科级，加挂呼和浩特市玉泉区蒙古语文工作委员会牌子。下设内设机构办公室、民族语言文字科、蒙古语文翻译科。民委机关行政编制5名，设主任（兼任蒙古语文工作委员会）1名，副主任2名。

玉泉区共有2所民族小学、1所民族幼儿园，少数民族30个，少数民族聚居村18个，少数民族人口4.24万人，其中，蒙古族3.3万人、其他少数民族0.94万人。建有一个少数民族特色村寨西地村，玉泉区康居社区、富丽社区成功申报市级民族团结进步教育示范单位，大召社区积极向国家民委申报各民族语言相通心灵相通实践基地。清泉街、观音庙社区成功申报少数民族流动人口管理服务试点社区。共有4家民族特需商品定点企业。

【贯彻落实党的民族政策，抓实抓好民族工作】7月15—16日，习近平总书记到内蒙古考察指导工作并发表重要讲话，深入学习习总书记重要讲话精神，深化对讲话重大政治意义的认识，以高度的政治自觉抓好贯彻落实，以讲话精神落实到具体工作和方法中。

全面抓实党的民族政策、法律法规学习宣传活动，深入开展民族团结进步表彰月活动，积极开展城市社区民族工作新模式，深入宣传《中华人民共和国民族区域自治法》和《城市民族工作条例》。多次深入社区、村落，特别是少数民族聚居村进行民族团结宣传教育活动，受众群众约2800人次。通过微博、微信等媒体进行宣传报道。配合自治区人大、省外人大、市民委对口单位对呼和浩特市苏鲁锭皮业有限公司及大召、昭君博物院、清泉街社区多次进行观摩交流。

【运用管理少数民族发展资金】　2019年，积极争取上级少数民族发展专项资金共计150万元。涉及6个项目，惠及6个少数民族村。其中西庄村、百什户、民案村、姚府村安排资金各25万，用于打井及配套设施建设；东甲兰安排资金15万元，用于农灌电缆设施项目；西地村安排资金35万元，用于连接供暖管道工程。

【民族企业生产经营管理情况】　玉泉区共有4家民族特需商品定点企业，分别是呼和浩特市苏鲁锭皮业有限责任公司、内蒙古御盛斋清真食品有限责任公司、内蒙古红太阳食品有限公司、呼和浩特市舞美艺术服装厂。苏鲁锭皮业有限责任公司为少数民族进城务工人员和大学生提供就业岗位61个。通过产业扶贫，带动农民致富，企业设立专项资金，对特贫特困户进行技术培训，根据意愿优先聘用。企业还扶残助残，提供就业岗位。

【依托企业开展帮扶工作】 玉泉区少数民族聚居村共有14个，其中贫困户4户6人，4人居住在班定营村，2人居住在西二道河村，均因病因残因学致贫。已于2018年底全部精准脱贫。

具体措施：与企业建立利益连接关系，致力脱贫攻坚。

2018年年底，与苏鲁锭皮业有限责任公司（以下简称苏鲁锭）协议约定2019年年底和2020年年底出资24000元进行动态管理，如若筛查出现新增贫困户，再进行脱贫攻坚资助。2019年，为苏鲁锭争取市级少数民族发展资金20万，用于传统服饰文化挖掘保护与技术改造产业发展项目。通过手工业、旅游业实现产业脱贫。

苏鲁锭带动周边少数民族人群致富，提供就业岗位，临时雇佣周边农民1000余人次，发放劳务费30余万元；聘用员工40人次，人均收入2500～6000元；租赁土地26亩，支付资金13万元。

联合苏鲁锭在春节前对少数民族困难户进行慰问。走进6个村13个社区，共走访34户少数民族困难家庭，发放慰问金共计1.5万元。

【做好民族成分变更工作】 配合市民委和市教育局完成了优秀应届贫困学生的资助工作，共资助贫困大学生1名，选拔推荐民族学校加授蒙古语优秀学生19名。认真做好少数民族成分审批更改更正服务工作，依法依规进行了民族成分的认定、更改、更正工作，共受理办结8人。

【多部门联合执法】 为进一步扎实推进民族团结，铸牢中华民族共同体意识，加强各民族交往、交流、交融。5月27日，由王峰副书记带队，玉泉区民委牵头，联合区统战部（宗教局）、政法委、市场监督管理局、城管局、景区办、公安分局、文旅广电局、小黑河镇、各街道等20多个相关执法单位（部门）30余名执法人员共同参与，组成了联合执法队。对观音庙、大召寺、 九久街附近商铺的牌匾、清真食品、书籍刊物、高香及农村基督教家庭聚会点进行了综合执法检查。

形成常态化管理机制。对不合格的高香、非法出版物进行了统一没收销毁。后期，检查人员又进行了“回头看”不定期明察暗访，工作人员也乔装成购买的顾客，查看是否还有高香。确保联合执法达到成效，不做表面工作，不做形式主义工作，坚决防止“检查没有、走了又有”的情况发生。

观音寺周边（史家巷）共有商户82家，其中经营宗教用品商户有48家，累计排查15次（轮）以上，累计查处超标准高香2000余只，收缴违规出版物5600余册、影像光盘243张。排查过程中均未发现“清真”概念泛化的产品。排查蒙古文、汉文商户牌匾、宣传道旗、地名牌匾等1100余处，不规范、不合格的20余处，正在抓紧整改。

【摸排基督教家庭聚会点】 玉泉区共有基督教私设家庭聚会点48处，已完成重新摸排登记38处，其余10处场所正在完善登记信息（房屋情况、负责人信息、信众基本信息）。48处家庭聚会点中，有30处位于农村，已全部纳入管理台账。非法宗教聚会3处（联合执法队已取缔），封建迷信活动场所2处（算卦、国宝大队已经取缔）。

【按照属地管理原则集中检查摸清底数】 玉泉区共有238家清真食品网点，对238家商企的法人、回族员工、生产情况、联系方式进行了登记汇总，建立了档案。同时不断加强清真食品监管力度，持续对美通、金峰、开泰市场及冷库、超市、饭店、内大南校区、创业学院等地的清真食品进行规范管理，对不符合要求的商家和货品进行立即下架处理。重大节日期间重点排查，确保老百姓吃到放心安全的食品。

【积极开展蒙古语文工作】 坚持把做好蒙古语文工作作为贯彻落实《中华人民共和国民族区域自治法》和《内蒙古自治区蒙古语言文字工作条例》的重要内容，坚持和捍卫法律赋予蒙古语言文字和汉语言文字具有的同等地位，保障各民族使用和发展语言文字的权利。加强法制建设。认真执行《呼和浩特市社会市面蒙汉文并用管理办法》。使首府社会市面蒙汉文并用监督和管理走向规范化、法制化轨道。完善工作机制。设立了玉泉区蒙古语文工作办公室，配备了一名兼通蒙汉两种语言文字的专职副局长负责具体业务工作。负责对全区社会市面蒙汉两种文字并用监督管理。有从事蒙古语文工作的人员1名，为蒙古语文工作的开展奠定了较好的人才基础。

【做好牌匾服务整治工作】 玉泉区共有牌匾25000块左右，对“两横两纵”示范街道、大召文化产业群落景区、昭君路、鄂尔多斯大街、大南街、大北街、锡林南路等大街小巷的9100块牌匾进行了整体整改，对蒙汉文牌匾质地不合格等情况，成立整顿执法监督小组，现场纠正，杜绝写错、译错、版序错、模块字等现象，向牌匾制作单位发放了工作条例、管理办法和《户外广告管理规定》等宣传资料。对全区各类牌匾近2000块进行了集中整治，区内主要街道的蒙汉两种文字并用覆盖率达到99%，合格率达到96%以上。区内各单位、景点、银行、商场等公共服务场所的蒙汉文牌匾均已改为规范的蒙汉文翻译牌匾。

检查扫黑除恶道旗1348套、宣传条幅1939条、喷绘布2599块、宣传栏386块。整改情况如下：

1.整改3块有错别字的宣传标语；

2.整改32条蒙汉文比列不合格的条幅；

3.整改17块前后位置颠倒的道旗、16块正反面内容颠倒的道旗，并对悬挂位置错误的问题进行了纠正。

大厅窗口工作人员严格按照《呼和浩特市社会市面蒙汉两种文字并用管理办法》和相关规定共审核牌匾1229条。

共处理网络舆情17起，现已全部更改完成。

社区建设办公室

【社区建设办公室领导名录】
党支部书记、主任　王　宇

【概况】 近年来，玉泉区按照构建和谐社会的主题，以科学发展观为统领，以建设“居民自治、管理有序、服务完善、治安良好、环境优美、文明祥和”的和谐社区为目标，坚持高起点谋划，高标准建设，社区基础设施日益完善，社区功能进一步提升。玉泉区下辖1个镇、8个街道，共60个社区（其中包括4个村改居社区），总人口38.3万人，其中流动人口14.5万人。

【社区建设】 2019年玉泉区继续加强社区基础设施建设。装修社区4处，鄂尔多斯路街道正大社区，约300平方米，预计投入装修资金约30.9449万元；西菜园街道西苑社区，约1100平方米，预计投入装修资金约182.1717万元；兴隆巷街道六中社区，约300平方米，预计投入装修资金约45.3387万元；兴隆巷街道西三里社区，约920平方米，预计投入装修资金约166.8649万元。建设项目总投资约426万元。4处装修工程已全部结束，进入审计阶段。

玉泉区在基础设施逐步完善的基础上，不断加强社区医疗卫生、文化、环境、便民设施等方面的社区功能建设，不断拓展社区服务领域，提高社区服务质量，从根本上提高社区便民、为民、亲民、爱民的服务水平和业务能力。

【老旧小区改造】 2019年，市政府对2009—2014年自治区直属厅局机关组织实施的既有居住建筑节能改造不完善、不彻底、不全面的小区进行院落环境、基础设施设备和地下管网后续改造。玉泉区共涉及9个小区（电力设计院小区、统建西楼、公义苑小区、丽祥园小区、新玉小区、市建单身楼、电科院3号楼、华隆综合楼、建设银行家属楼），计划投资753万元，共涉及18栋楼、70个单元，建筑面积约8万平方米，居民约811户。玉泉区已完成9个小区改造提升工程，进入审计阶段。

【日间照料中心建设】 坚持“以老人为本，准确定位，因地制宜，整合利用，以点带面，分类指导”的原则，在符合条件的6个社区开展老年人日间照料服务，现正在进行内部装修。

【开展公益性服务】 根据《呼和浩特市社区服务项目管理办法》文件要求，上半年继续加强引导社区居委会主动走近居民开展公益性服务项目。全区60个社区居委会要依托各自社区资源，开展符合本社区实际情况、形式多样的社区公益性服务项目，逐步增强社区自治组织的属性与功能，积极推进和谐玉泉建设。

【强化作风建设】 认真组织开展学习宣传贯彻学习习近平总书记新时代中国特色社会主义思想和党的十九大精神，每周五利用半天时间集中进行学习，积极推进“两学一做”常态化，加强支部建设，抓好工作落实。2019年9月—11月底，扎实开展玉泉区委“不忘初心、牢记使命”主题教育活动，全办党员干部坚持开门纳谏搞教育，坚持问题导向，广开言路，听取民意，把调查研究与开门纳谏、“整改进行时”结合起来，把整改贯穿始终。共开展“不忘初心、牢记使命”主题教育活动26余次，进行现场教育8余次、现场调研6余次。

【强化责任落实】 有计划、有重点、有步骤地做好各阶段工作，切实推进各项任务的落实，务求实效。要形成主要领导负总责、分管领导具体抓的工作格局，使每项工作都有明确的负责人。进一步细化工作，科学合理地划分各类工作实施的程序、步骤、进度，确保高效、优质的完成任务。采取有力措施，保证各项工作落到实处，扩大群众受益面。针对工作中遇到的困难和问题，必须及时上报部门和领导，不得因沟通不畅影响工作进度。社区建设和老旧小区改造是一项复杂的系统工程，涉及面广，任务繁重，镇、街道办要站在全局的高度，紧紧围绕区政府的各项任务安排，履行好各项职责，集中力量保证重点工作顺利推进。

【强化党风廉政建设】 切实履行好党风廉政建设“一把手”责任，始终把党风廉政建设作为党支部的一项重要工作来抓，强化“一岗双责”责任制的落实。积极配合派驻纪检组开展工作，加强对办公室“三重一大”制度落实情况的监督检查，开展党员干部廉政谈话。以支部为抓手，加强学习教育，在“不忘初心、牢记使命”主题教育中组织全体干部参观呼和浩特市第一监狱、警示教育基地，引导党员干部筑牢拒腐防变思想道德防线。

物业办

【物业办领导名录】

主　任　云德胜（蒙古族）

副主任　赵子成（蒙古族）

【概况】 2019年，在区委、区政府的正确领导下，切实将十九大各项精神与物业办实际工作相结合，认真履行职责，提高领导干部思想水平，在工作中勇于创新，做好基本工作的同时，找新点、出亮点，将“互联网+”的模式带入玉泉区小区物业管理工作中。政治觉悟方面，进一步增强拒腐防变的能力，加强思想建设，做好党员干部意识形态工作。

【物业服务企业备案与审核工作】 对玉泉区377个老旧小区、108个专业化管理小区做好物业服务企业进入、退出备案工作，及时更新玉泉区各服务企业再管小区的状态，对各小区项目经理进行信用档案备案工作，对退出的企业严格执行退出小区相关程序，杜绝物业服务企业与接管小区项目混乱的情况发生。

2019年，呼和浩特市城市住宅小区管理局新建立的物业服务信息平台正式启用，已将玉泉区485个小区的基础信息录入系统，并配合后期系统的完善工作。

【业主委员会】 积极响应呼和浩特市城市住宅小区管理局的号召，加快各小区业主委员会的成立，按照2019年业主委员会组建率达35%，2020年达到50%的标准。联合各街道及社区，积极引导小区居民自愿成立业主委员会，银泰花园、大盛魁文创园、呼市第一医院、蓝色港湾等4个小区业主委员会工作正在逐步推进中。

【评优工作】 2019年2月，呼和浩特市住宅小区环境秩序管理局拨付玉泉区物业管理办公室90万补贴款用于优秀住宅小区奖励资金。经呼和浩特市住宅小区管理局、玉泉区物业办、小黑河镇及各街道研究制定评分方案后，将玉泉区114家物业服务企业进行考评，按考评分数分为一级、二级、三级优秀企业，最终，评选一级优秀企业共46家，二级优秀企业24家，三级优秀企业14家，共发放奖励资金823000元整。

【投诉、信访案件】 物业办接待信访投诉案件途径主要包括区信访局居民上访、12319城管举报电话接访、网信办舆情通知、政府办市长信箱留言、督查室书记信箱网友留言等多个方面。接访内容主要围绕物业公司卫生保洁、电梯运行、物业费收取等物业服务问题，一般问题基本能做到当日核实反馈，疑难问题核实解决不会超过3～5个工作日。信访接待案件数量中，12319数量最多，大概保持在每周15～20个案件，月均接待数量保持在70～80个；居民上访约每周2～3户，月均8～15户；舆情反馈大约每周1～3件，月均7～10户；其他类大约每周1～3件，每月3～10件。疑难问题处理可能存在时间延长现象。

【三供一业】 玉泉区涉及“三供一业”移交企业共5家，分别为内蒙古地矿科技有限责任公司、内蒙古电力集团有限责任公司、内蒙古送变电有限责任公司、呼和浩特市供电局、中国国际航空股份有限公司内蒙古分公司；共11个小区，均已在2018年9月全部签订正式协议。2019年上半年，玉泉区物业办出台工作计划、工作方案，根据各小区的实际情况，对施工企业开展招投标工作，加紧对移交后的老旧小区进行维修和改造，已有2家办事处完成招标工作并已施工完毕，分别为小召办事处和石东路办事处，其余3家企业还在对接中。

【垃圾分类】 2018年，玉泉区共设立10个垃圾分类试点小区，按照呼市环卫局、呼市城市住宅小区管理局的要求，试点小区内设立分类垃圾箱，使用密闭化运输垃圾车。2019年，由玉泉区环卫局牵头，办公室及各办事处积极配合垃圾分类工作，每日上报垃圾分类情况日报，联合各社区开展垃圾分类知识普及讲座，联系物业协会及各物业企业开展垃圾分类宣传活动。

【水泵房清理工作】 根据呼和浩特市住宅小区环境秩序管理局下发的关于专项整治全市物业管理区域水泵房的紧急通知的相关要求，玉泉区物业办联合各办事处按要求展开了物业管理区域内的水泵房检查工作。通过督查，玉泉区共54个小区有二次加压水泵房，存在问题的小区已及时通知物业企业在规定时间内进行了整改，整改后均已达到要求。玉泉区另有10个小区因水泵房破损严重以及水箱陈旧准备进行改造等原因无法清洗，现已发函至春华水雾，等待维修中。

【扫黑除恶工作】 办公室积极配合，2019年共接到玉泉区扫黑办移交的案件8件，根据移交的线索进行积极核查，并将全部案件在规定时间内办结。同时加强对辖区内物业企业的监管，实施动态监督，杜绝一切小区物业黑恶势力的苗头，联合各街道办事处开展摸排行动，形成自查报告，切实掌握玉泉区物业服务企业的各项动态，从思想和行动上高度重视此项工作。

兴隆巷街道

【兴隆巷街道领导名录】

党工委书记　　齐　敏（蒙古族）
党工委副书记、
街道办事处主任　　郭文杰
党工委副书记　　刘殿坤
纪工委书记　　柴源源（女）
办事处副主任　　巴特尔（蒙古族）
办事处副主任（挂职）　　呼　和（蒙古族）

【概况】 兴隆巷街道位于玉泉区的中部，东至石羊桥北路，南至南二环路，西至昭君路，北至东西五十家街，街道机关驻西五十家街，辖区占地面积约5.1平方千米。现住人口40554人，其中常住人口34529人，流动人口6025人。2019年街道核定行政编9个，其中，正科2名，副科3名，挂职副主任1名。事业编核定64名，内设科室14个，环节干部27名。

兴隆巷街道下辖清泉街、大玉石巷、丽景、六中、西三里营、四里营东、四里营西、俪城8个社区以及南茶坊1个村。

【党建工作】 2019年，街道共组织召开党工委会议24次、专题民主生活会2次、研究重大事项会议15次，专题部署调度培训会议30余次，研究部署意识形态、扫黑除恶、信访维稳、安全生产、巡视整改、宗教、遗留项目等工作。

继续完善“三重一大”制度和中心组学习计划，全年中心组理论学习16次、研讨3次、理论测试3次，主动邀请区委宣传部参加。各支部每周固定组织专题学习1次，班子成员讲党课8次，举办知识测试3次，街属13个党支部分别召开了组织生活会3次。坚持“两学一做”常态化制度化。深入社区、部门、企业调研18次。在小区和人大代表志愿者服务队成立非建制党支部5个。新发展党员7名。开展“谈心谈话”活动150余人次，广泛听取干部、居民的意见建议。强化“两个责任”“一岗双责”，班子凝聚力、战斗力明显加强。

在理论知识宣讲方面，组织草原轻骑兵和

新时代讲习团集中宣讲24次、邀请市委党校教授魏铎等专家宣讲2次、专项宣讲16次；张贴宣传漫画组图52组，制作宣传展架、展板332块，悬挂条幅500余条，新增大型LED宣传点4处，打造夜间灯光秀宣传点2处。通过深化认识讨论学、身边榜样实践学、革命传统教育现场学、主题党日常态学等方式，全年开展主题党日活动100多次。组织全体党员深入大青山革命教育基地、土默特学校和土左旗红色教育基地举办革命传统教育大型活动3次。同时，聚焦意识形态筑防线，建立了“一图一表一制度”意识形态网格化工作模式，制定1个方案、细化1个清单，绘制1村8居9个网格图、上岗32名网格员。定期召开意识形态会议，研判分析2次，会上社区负责人进行书面汇报，会后形成研判报告，对社区指导2次。开展相关工作督查2次、知识测试1次，并在网络平台同步更新意识形态内容。2019年共核实、处办各类舆情6件次。同时定期巡查了解辖区内的宗教活动。规范了万锦逸城基督教聚会点，并派专人定期巡查。

【经济工作】 2019年固定资产完成3亿元；社会消费品零售总额完成27.4亿元；工业产值规模以上完成3.5亿元，规模以下完成71万元。全国第四次经济普查，普查企事业单位，其中企业数696个，个体工商户1781个。

【重点项目】 共办理ETC10700个，超额率103.95%。拆通多年阻断三里营街的旧交通运输公司大院，缓解六中南门交通拥堵问题。解决了西三里营社区段家巷边死角征拆补偿问题，解决了万象520户回迁户1760平方米的回迁安置房。认真落实安全生产等相关要求，对二环路家居市场、通达舞厅进行停业整顿，提升改造九亩大院和金梦园2个便民市场。在互评互查活动中，提升改造民政2个老旧小区，开展了硬化路面、绿化改造等工作。打造了六中、西三里2个社区的阵地建设，便于社区更好地提供服务。代表呼和浩特市接受“三城同创”入户测评。

按照中央五大发展理念和区委区政府的总体部署，确保“四个全面”战略布局和“五位一体”总体布局全面落地。替换清洁燃煤34.42吨。成功拆除了石南路和南茶坊村民小区内废弃不用的锅炉房和大烟囱，拆除取缔吉泰南小区燃气加压站，杜绝安全隐患。开设960116热线平台，上报案件2679件，接收案件2678件，处理2120件，处理率达80%。坚持辖区水源井环境的日常保洁，设置明显标志，张贴警告标语，确保出现问题及时上报。对拆除的建筑垃圾进行了集中清理，对拆除完的空地进行了绿化和路面硬化，同时硬化了尚钰酒店等多个大杂院的路面，并划停车线，共使用围挡1100.75米。

【维稳工作】 采取全面排查、上下联动、多管齐下、全力调处的方式，稳控重点人群、重点事件，发现不稳定的苗头努力做到发现得早、化解得了、控制得住、处置得好，切实把各类问题化解在萌芽状态。

【安全生产工作】 加强组织领导，成立以党工委书记为第一责任人的领导小组，制定安全生产大排查工作实施方案，完善相关制度。每月至少召开专题会议2次，学习、研究、部署，安全生产工作。建立了分析研判制度，每周例会对辖区安全生产工作进行分析研判，建立健全了辖区安全隐患风险排查台账。加强宣传，深入小区、市场、建筑工地、危旧平房等安全生产重点区域发放宣传单4800余份，悬挂条幅126条，制作展板73块，开展集中宣传17次。认真落实安全生产“一岗双责”机制，形成了齐抓共管安全生产工作的良好格局。

召开扫黑除恶专项会议26次、测试2次、警示教育1次、集中宣传25次，发放《致居民的一封信》口袋书、折页等各类宣传品和调查问卷50000余份；设置举报箱10个，悬挂展板140块，道旗15组60面。出动1500余人次，对辖区37个驻区单位、29条街巷、109个小区、1830个个体商户开展线索摸排和征集，共摸排上报线索2条，对黑恶势力形成了有力震慑，社会治安进一步好转。

【“三城同创”工作】 全面开展“大排查、大整治”活动，出动人员9000余人次、出动垃圾清运车辆900余台次，清理小区内垃圾杂物1350余车、清理建筑装修垃圾270余吨，处理各类案件900余件。小区内垃圾箱密闭200个。针对辖区所有小区的门卫、清扫、宣传、楼道堆物、车棚管理、安全隐患、卫生死角7个方面存在的问题进行现场指出、讨论互评，集体研究整改措施。创城期间入户调查问卷已发放8500余张，收回7700余张，已完成90%。排查统计喷绘广告商铺17家，排查统计汽车修理铺15家。出动3100余人次、机械298台次，清理垃圾2300余吨，铲除小广告450余条。同时，辖区内共设置喷绘布、墙体标语300余条、宣传栏8个、道旗60面，制作宣传小品500余件，发放“三城同创”宣传品25000余份。召开居民座谈会16次、入户调查8500户、开展集中宣传活动28次、成立市民巡访团8个、发现并处理问题200余件次。大力推进辖区新时代文明实践站建设工作，现已建成1站8室。建成好人主题公园1座。占地面积1500平方米，设20余位好人牌，内设文体活动区域、文化角、休闲娱乐区域。

【社会保障工作】 12月份，共登记城市低保397户、615人，累计发放低保金额3509468元，发放各类补贴涉及1382人，累计发放2982510.76元；新申请公租房50人。5月16日成立兴隆巷街道退役军人服务站，共采集退役军人信息1207条，悬挂光荣牌工作全部完成。辖区内学校已全部缴纳城乡居民医疗保险，城乡居民养老保险2019年度共参保308人，其中低保户人员170人、重度残疾46人；“40、50”灵活就业人员社保补贴共计559人，补贴金额3042244.95；“45、55”社会保险补贴共计388人，其中续保283人，补贴金额1514911.58元，新增105人，补贴金额419359.28元；城镇新增就业674人；办理就业失业登记证287本。

【文体活动】 建立了党工委统一领导、文明办综合协调、各社区科室协同配合广泛参与的大宣传格局。由文明办主任兼任文化站站长，大力推进辖区文化站建设工作，现已建成1站8室，兴巷隆街道因条件有限，与清泉街共享文化室。街道所辖8个社区分别联合区委宣传部、卫计局、环卫局、民政局等相关科局单位及住区文明单位联合开展了义诊、知识宣传、党员宣讲、道德模范宣讲、文化宣传、乌兰牧骑文艺演出等形式多样的宣传活动。同时加强宣传报道和舆论引导，及时在活力兴隆巷、微信平台公众平台、抖音等平台进行宣传报道，吸引广大网民参与，共报送各类信息合计千余条。

昭君路街道

【昭君路街道领导名录】

党工委书记	杨德杰
党工委副书记、办事处主任	王　欣（蒙古族）
人大工委主任	马　平
党工委副书记	李俊平
纪工委书记	段海林
挂职副主任	郝图孟
	张　斌

【概况】 昭君路街道地处玉泉区东南城郊接合部，东起金穗路，西至巴彦淖尔南路，南接209国道新胜村，北临南二环路，辖区总面积54.57平方千米，总人口11.1万。街道办事处核定行政编制10名，其中正科3名，副科5名，科员2人；党政班子成员实有6人。事业编制核定52名，实有52名。街道科室22个，有环节干部33名。下辖11个行政村（前桃花、后桃花、贾家营、杨家营、姚府、西庄、寇家营、新胜、南八里、小黑河、沟子板），9个社区（天骄、农科院、落雁、南湖、兴兴、五里营、昕雅、恒盛、万锦）。

【重点工作完成情况】 抓住大事，苦干实干。推进房地产遗留问题，解决居民回迁难、入住难、办证难问题，通过5个批次的推进，完成24个房地产项目的产权办理手续。

扛起难事，决战决胜。利用20天的时间全面完成大棚房整治工作，共整治大棚房违规问题256个，拆除超标看护房188个，通过组织“回头看”，无整治不到位或反弹问题。

办好急事，民诉我应。协调帮助科苑家园小区改造供热一网1500米，将66栋5300户并入晟泰热力集中供热，解决供热不达标问题。利用一周时间全力攻坚，协助昕雅明苑小区414户居民接通天然气，解决居民多年生活不便之困。

聚焦要事，攻坚克难。针对自治区纪委监委交办的后桃花村民越级上访问题线索，在区委和街道党工委的协调推进下，村党支部牵头对村委会近10年的账目和征地项目进行详细的专项公开，街道包村领导与村“两委”成员分组深入上访户家中，面对面答疑解惑，将后桃花村集体上访事件平息。2019年11月，自治区纪委书记刘奇凡对基层“三务”公开工作调研时，对后桃花村“三务”公开工作给予高度肯定，并要求将后桃花村“三务”公开工作经验在全区范围内推广。

【聚焦“三大攻坚战”】 脱贫攻坚成果持续巩固。通过持续的动态排查与帮扶，街道无新增建档立卡贫困户。严格按照五级书记抓脱贫攻坚要求，认真落实包联制度，班子成员走访贫困户30次，村党支部书记走访90余次，2户精准脱贫户，生活水平稳定，脱贫攻坚成果得到持续巩固。

污染防治扎实推进。在禁燃区内开展无烟煤置换，累计出动社区、街道干部6160人次，出动车辆914台次，累计置换清洁燃煤4572.14吨，置换4330户。针对沟子板重点地区，加大人力车辆投入，分组包片攻坚，协调城管等部门对废品收购站焚烧电线、居民烧劈柴等重污染问题开展集中整治，共取缔废品收购站点16处。协调土地、城管等部门依法拆除鹏博商砼搅拌站贮罐，整治土地违法行为。

重大风险防范化解取得成效。全年化解债务3321.79万元，10万元以下债务基本化解完毕。协调化解鼎盛国际尹剑锋、贾家营谭连平等农民工工资7笔，累计约100万元。

【发展步伐更加稳健】 经济总体形势稳中向好。规模以下工业产值累计完成6876万元；固定资产投资累计完成5.2366亿元；招商引资完成3.4057亿元；社会消费品零售总额完成25.8506亿元。第四次经济普查工作顺利完成。

坚定落实乡村振兴战略。农村人居环境整治工作全面开展，贾家营村给水管网、下水管网工程已基本完成；供热一网、二网铺设完毕，200户完成暖气片安装；巷道已全部完成硬化，天然气主管道已铺设完毕，正在推进分户工程。新建2座青城驿站，完成100户村民户内厕所改造。村集体资产清产核资工作全部完成。

【城市管理日趋精细】 深入开展“三城同创”工作。对照创建标准，采取加强领导、定岗定责、细化台账、强化保障等措施，确保创建工作落小落细。弘扬社会主义核心价值观，打造120米的好人长廊，开展群众性文化活动90余场。整治公益广告不规范、破损等问题11个。整治垃圾桶、污水车卫生不达标等问题13处，在老旧小区规划车位1000余个，清理楼道杂物648车，安装道闸20个。为裸露土地铺设绿网40万平方米，维修破损道路5860平方米，硬化裸露土地1300平方米。依法清理51家从事“六小行业”的个体户并完成场地平整；清理平整拆迁工地混合垃圾1402车；清除楼道杂物648车；设置围挡800米，清理无证家禽养殖户6处，废品收购站7家。

积极推进城市精细化管理。协助万和家园、蓝色港湾等4个小区成立业主委员会。为兴华苑小区、春光家园等4个老旧小区引入物业公司。改建环保公厕8座、新建2座。

【惠民举措落地实施】 社会保障各项制度持续落实。全年累计发放医疗救助金约10.2万元，发放低保救助金188.53万元，发放残疾人补助金42.98万元；安置公益性岗位3人，创业培训124人，技能培训125人，城镇新增就业人数648人，城乡居民基本医疗保险覆盖率达100%；卫计办发放计生奖励扶助金139.7万元，对30户困难家庭进行帮扶。

为民服务设施逐步完善。社区基础设施建设逐步完善，1000平方米以上的社区5个，引入社会组织为辖区300位老人提供送餐服务。2019年在万锦社区建立社会组织孵化基地，为党员群众提供专业化服务。19个村居文化活动站全部达标，围绕扫黑除恶专项斗争、“三城同创”等主题，以群众喜闻乐见的形式开展群众性文化活动90余场次。完成ETC安装31833辆。

切实维护社会稳定。共接待来访群众136批2205人次；共受理案件217件，办结209件，办结率96.3%。其中受理阳光信访案件72件，办结70件，办结率97.22%。

社会治理水平不断提升。深入贯彻落实十九届四中全会精神，以“一领、二包、三帮、四办”为抓手，促进综治、司法、公安、信访重心下移、全力打造“四心合一”联合服务中心。累计答复办理民生事项160余个；公开办事流程33项；切实解决闺女户分地、自来水管网修缮等8件急事难事。将党的建设、社会保障、综合治理等工作“多网合一”，建立党员包户网格化管理服务，累计入户720余次，摸排梳理问题11个，调解纠纷12起，化解矛盾48起。寇家营村矛盾多元化解中心作为观摩试点迎接全市基层治理现场观摩会观摩，受到市委领导的肯定。

扫黑除恶持之以恒。召开专题会议17次，进行知识测试4次，警示教育1次，开展集中宣传活动32次，摸排线索36条，上报17条。

安全生产排查全覆盖。召开安全生产工作推进会4次，出动排查人员150人，排查人员密集场所31处、微企商铺410户、建筑工地3处、居民燃气2000余户、高层建筑25处、危险化学品1处，下达燃气安全隐患告知书2000余份。

人大作用充分发挥。组织人大代表培训4次，参加扫黑除恶专项斗争、“三城同创”等活动3次，对老旧小区改造、环境综合整治、贯彻国旗法等工作开展调研6次。

民族团结汇聚正能量。积极宣传贯彻党的民族宗教政策，开展统一战线爱国主义教育活动。农科院社区获评玉泉区民族团结进步示范单位。积极开展宗教场所排查整治，协助8家临时聚会点办理合法手续；整改清真牌匾34块，下架不符合阿文标志食品380余件。

群团组织作用进一步发挥，保密工作深入推进，档案室升级工作全面完成。

【全面从严治党新局面】 扎实开展“不忘初心、牢记使命”主题教育。通过集中深入学、跟进自主学、现场教育学、集中研讨学、主题宣讲学及测试巩固学“六学”活动，创新开展党员夜校，组织班子集中学习8次，各党支部集中学习120余次，围绕8个专题开展集中研讨。开展革命传统教育、先进典型教育、警示教育20余次。按照“四必访”“三必问”的要求，班子成员调研走访7次，走访居民43户，召开座谈会3次，征求梳理问题23条。整改开门纳谏事项27件次，解决物业、供暖、城建卫生等问题39件次。

推进“两学一做”学习教育常态化、制度化。组织中心组学习18次，坚持周五学习例会制度开展学习47次。通过学习讲堂、道德课堂开展专题培训20余期，参训人数400余人次，交流学习心得体会200余篇。利用党员远程教育平台、党建直通车开展学习3次，草原学习轻骑兵宣讲分队开展宣讲90余次。围绕党的十九届四中全会精神，班子成员宣讲6次，各讲堂开展宣讲21次。

切实履行党建责任制。全年发展党员14名，前桃花、姚府等3个3年未发展党员村党支部均实现发展党员目标。公务员小区、农科院小区和世源佳境小区建立小区党支部。“三联三帮三促”效果凸显，支部战斗堡垒作用明显增强，累计形成需求清单63条、资源清单31项，建立服务清单35条。发挥轮值主席作用，围绕联合主题党日活动、实地交流联学、工作帮扶、手工制作培训，提供村民工作岗位，解决村民实际困难，实现“互联互通、共建共享”融合发展的良好局面。

抓好党风廉政建设。召开党风廉政建设和反腐败工作部署会，签订廉洁自律承诺书43份，开展党风廉政警示教育8次，采取有效措施净化基层政治生态。开展“四官”整治工作，在服务大厅建立“首问负责制”“一次性告知”等7项制度，梳理“马上办”服务事项13项。增设咨询台、叫号机等便民设施，设置玉泉清风评价系统，提高服务群众的能力和水平。“三务”公开实现常态化、制度化，全年公开党务信息1059条、政务信息174条、村居务信息1059条、财务信息581条。对村民反映较为强烈的后桃花、前桃花、贾家营、姚府村村级财务进行专项公开，化解一批多年积累的信访矛盾。开展工作作风专项督查5次、谈话提醒8人、集中谈话1次。大力支持纪工委办案，2019年共办结问题线索49件，立案1件，党内警告1人，谈话提醒8人11次、诫勉谈话9人11次，函询3次。

抓好意识形态工作，筑牢思想防线。召开意识形态工作会2次、培训会1次。开展意识形态工作督查2次，整改问题11个。建设新时代文明实践站、所试点4个，组建志愿服务队21支，注册人数260余人，开展活动50余次。着力推进意识形态网格化管理工作，组建21名网评员队伍，增强线上线下舆论引导能力，共核实、处办各类舆情356件次，回复率100%。规范学习讲堂、文化站等基层阵地建设，开展主题宣讲和学习教育活动80余场。

西菜园街道

【西菜园街道领导名录】

党工委书记	李和平（蒙古族）
党工委副书记、办事处主任	禹海军
人大常委会主任	巴瑞君（蒙古族）
办事处（挂职）副主任	王在在（女　9月任职）
党工委副书记	马国成
纪工委书记	王　巍（女　蒙古族）
武装部部长	张志强

【概况】 2019年西菜园街道党工委、办事处紧紧围绕区委、区政府的总体工作部署，坚持以习近平新时代中国特色社会主义思想为指导，全面贯彻落实党的十九大、十九届三中、四中全会精神，增强“四个意识”，坚定“四个自信”，做到“两个维护”。坚持稳中求进工作总基调，凝心聚力，真抓实干，推动了全街道经济和各项事业稳步健康发展。

【基层党组织建设】 抓队伍建设，强化班子凝聚力。加强基层党组织建设，以党组织建设为核心，全面加强党员干部的思想建设、组织建设、制度建设、作风建设和廉政建设。

强化中心组学习，推动理论武装工作。深入学习宣传贯彻习近平新时代中国特色社会主义思想和十九大、十九届二中、三中、四中全会精神。全年领导班子讲党课6次、中心组学习27次、研讨13次。

不断打造党建亮点品牌。2019年成立了3个小区党支部，设置了组织机构，配备了活动场所，在天兴小区打造了标准化的小区党群服务中心。依托街道党群活动服务中心，打造了党员家庭日党建品牌，推动服务项目落地，实现党建与社区治理有机衔接，该项目获得2019年度全国党建引领社区发展治理论坛入围案例奖。

【解民忧主题教育取得成效】 牢牢把握“守初心、担使命，找差距、抓落实”的总要求，聚焦主题主线，把学习教育、调查研究、检视问题、整改落实贯穿始终，深入查找自身存在的差距和不足。党工委中心组共组织学习13次，组织各支部书记轮训28人次，街道班子成员到所包村居讲党课、各支部书记讲党课累计23次。为保证学习质量和党员学习全覆盖，组织小分队送学和微信推学。

【全力以赴齐攻坚】 政府债务风险可管可控。深入贯彻落实习近平总书记关于规范政府债务管理、防范化解财政金融风险重要批示精神，按照“主动防范、系统应对、标本兼治、守住底线”的总体思路，进一步压实化债责任，有序化解债务存量，通过压减开支、资产抵顶等方式化解债务4080万余元，超额完成年度化债任务。

脱贫基础夯实稳定。紧盯“两不愁、三保障”，提高政治站位，对51户农户进行重点监测，识别是否出现因病致贫、因残致贫现象，实现了扶贫档案动态管理全覆盖。

污染防治扎实推进。针对中央环保督察、“回头看”、自治区环保督察反馈问题及自查案件，不回避、不掩盖，高效整改环保案件32件，生态环境持续好转。加强散煤治理，冬季置换清洁能源3800余吨、5000余户，居民清洁能源取暖实现全覆盖。

【乡村振兴战略有序推进】 深化农村综合改革，提高农村经济管理。积极开展农村集体资产清查和产权制度改革。5月中旬所辖7个村委会的清产核资工作全部结束，集体经济组织成员身份确认工作也已开始。彻底完成91亩耕地确权工作，涉及农户51户，全部颁发了确权证书。

建设美丽乡村，打造幸福家园。全面落实农村人居环境3年整治和城郊接合部环境整治要求，农村人居环境得到改善，生活垃圾日产日清，各项支农惠农政策得到有效落实，累计发放补贴3.96万元。

【城市管理筑品质】 扎实推进重点项目征拆。全面推进扎达盖河棚户区改造，该区块现剩余征拆户672户，占地面积370亩，需征拆资金9.62亿元。在房价上涨、征收工作推进极度困难的情况下，全年完成征拆36户，占地面积4681平方米，支付补偿资金1647万元。范家营整村改造，2019年征拆32户，占地面积7634平方米，协议资金2676.61万元，为中央民大附属中学落地提供了坚实保证。市政道路改造，西菜园规划路、前八里庄规划路共征拆5户，占地面积1308平方米。

积极推进重点项目建设。强化对辖区企业的服务支持，在手续办理、公共设施建设等方面全力协调保障，恒大绿洲、金地名京、天福九熙府等城建重点项目年内实现挂牌出让，项目启动房屋预售一体化推进，全年固定资产投资完成14.25亿元。

城市管理日趋精细。深入实施城市精细化管理，在“精、细、实”上下功夫、出实招。拆除旱厕14座，封堵8座，放置便携式公厕6座。对3100米未硬化路面进行了集中平整，粉刷村内外立面约7.4万平方米。对养鱼池巷、盛世东源东路、辛河路以及西岸国际路段的下水设施进行疏通改造，方便周边居民生活污水倾倒。

“三城同创”取得丰硕成果。大力宣传“三城同创”的意义、要求和基本文明常识，印制“三城同创”宣传材料1万余份，创城问卷1.5万份，制作宣传牌150余块、墙体广告约9000平方米，号召广大居民积极参“三城同创”，营造了“三城同创”良好氛围。

【提高保障，居民生活增福祉】 各项民生工作协调发展。医疗保险和社会养老保险制度有效落实，城乡低保标准逐年提高。年底，发放各类困难群众生活保障资金143.91万元，保障各类困难群众434人。发放80岁老人高龄补贴24.46万元。城镇新增就业808人，农村劳动力转移就业1327人，城镇居民医疗保险参保6576人。为278名“40、50”发放补贴149.72万元。发放各级计生奖扶422人，43.4万元；为325人发放独生子女费2.22万元。

推进退役军人服务工作。街道成立了6个30人以上退役军人服务站，累计登记退役军人308人次，异地采集人数36人次，圆满地完成了西菜园户籍退役人员的信息采集工作。发放义务兵优待金等各类资金182.06万元，切实维护了退役军人的合法权益。20人报名应征入伍，经过体检、政治审查等环节，最终为部队输送优秀青年3人。

提升公共文化服务水平。深入贯彻习近平总书记关于弘扬乌兰牧骑精神的知识要求，积极开展文化惠民工程，广泛传播红色文化，全年累计开展各类惠民演出37场。

遗留问题化解卓有成效。以解决房地产项目遗留问题为抓手，深入开展房地产领域“百日行动”专项治理。经过排查，街道分3个批次上报房地产遗留项目共计30个，已为7个项目办理了大产权，涉及房屋1.08万套，惠及居民1万余户，解决了居民期盼多年的房屋产权问题。强力推进“回迁难、入住难”问题，解决恒奥世纪华府回迁房562套，为雅宝利92户回迁户发放了184万余元的过渡费，同时回迁安置房已开始建设。妥善解决了西岸国际一房多卖问题，对塞外名苑严重损害群众利益的房地产开发企业进行依法处理，切实维护了人民群众的合法权益。

街道深入学习贯彻习近平新时代中国特色社会主义思想，在区委、区政府的领导下，团结带领全体干部，凝心聚力、勇挑重担、合力攻坚，为开创玉泉区现代化建设新局面做出西菜园的贡献。

小召前街街道

【小召前街街道领导名录】

党工委书记　马　晓（蒙古族）
党工委副书记　张　毅
办事处主任　马　云
纪工委书记　孙雪琴（女　蒙古族）
人大常委会主任　崔明霞（女）
办事处副主任　张满军

【概况】小召前街街道位于玉泉区东北部，东起锡林南路、石羊桥路，西至大东园街、大南街，南起五塔东街、大东园东二巷、东西五十家街，北至大学西街、大东街；与石东路街道、兴隆巷街道和大南街街道毗邻；东与赛罕区接壤，北与回民区接壤。辖区面积约1.45平方千米。辖区有主次干道7条、小街巷24条，居民小区75个，划分为36个网格进行管理。

街道下辖五塔前街社区、五塔北街社区、建华南街社区、建华北街社区4个社区居委会。总户数10351户，总人口24404人。

【宣传阵地建设工作】　为了弘扬中华民族传统美德，宣传社会主义核心价值观，发挥道德模范的精神榜样力量。办事处在五塔前街社区芳清园小区打造了好人长廊。好人长廊分为好人长廊主体、传习亭、善为亭、榜样亭、幸福亭5个部分，展示了玉泉区6位道德模范的光荣事迹和中华民族传统美德，社会主义核心价值观相关宣传内容。好人长廊和芳清园小区游园完美的融为一体，已经成为宣传社会主义核心价值观的重要阵地。

【经济工作】 到2019年小召辖区完成社会消费品零售总额为235451万元。经济普查工作中，共摸底个体工商户总数1380户、企事业单位518户。联合税务局和工商局核对出企业单位82户，发放《四经普单位清查告知书》1900余份。4月20日普查工作结束。辖区600家企事业单位全部在征得普查对象的同意后现场对被普查对象的证照进行拍照，正确填写了报表、完成了申报，并均已上传国家统计局经济普查系统。后期的企事业单位重新核实、改正、重新上报工作均已完成。

【环境卫生综合整治】 2019年，提升城市园林绿化水平。2019年对街道两侧及小区内未成活的干死树进行集中摸排及移除补植；在补植后，全面推进绿植管理养护工作，确保树木的成活率。

开展“六乱”治理。按照区委、区政府的要求，坚持多措并举，深入推进“六乱”治理工作，针对乱设摊、乱占道、乱设广告、乱张贴、乱抛物、乱扔垃圾等“六乱”现象，由路长每天不定时的进行巡查，对发现存在“六乱”现象的摊主及个人及时劝导解决，以建立健全长效管理机制。对已建的2处便民市场（语朵便民市场、雨神生鲜市场）加大监督管理力度，强化规范经营教育引导力度，提高经营从业人员素质。

强化卫生死角和便溺点整治。2019年充分加强对卫生死角和便溺点日常的检查工作，路长针对易产生卫生死角和便溺点的区域不间断巡查，巡查过程中及时发现问题，及时解决。

整治乱倒污水垃圾行为。为提升小召前街的餐饮店铺卫生管理水平，上半年，联合食药、城管对小召前街沿街23家餐饮行业进行重新摸排，对乱倒污水及餐厨垃圾现象集中清理。社区工作人员及路长就门前乱到污水垃圾加大宣传教育，强化经营从业人员自觉维护环境的意识，规范自身行为，自觉将污水倾倒在指定地点。配合城管等部门，发放“门前三包”责任状300余份，建立健全“门前三包”备案登记。

加强破损路面的维护管理。2019年维修辖区破损便道及台阶150余处，维修小区破损院面80余平方米；维修破井圈41余处。

长效推行路长制。环境综合整治过程中，长效推行路长制管理模式。按照“一路一长、条块结合、属地管理”的原则，强化了路长的责任制。通过“定员、定岗、定责”，重新整合路段，设置路长19名。对路长设置了考核责任制，将通过“奖勤、罚懒、争优”等举措，强化监督，严格考核，按月通报考评结果，以确保环境综合整治收到实效。

物业管理整治。按照区物业办的要求，2019年积极引导和督促各小区成立业主委员会，形成业主委员会与物业共管小区的局面，提升物业服务水平，最大限度地维护业主利益，提升业主满意度。

完善小区基础设施。维修小区单元门32个；修补外墙保温砖60余平方米；维修三元宸小区屋顶油毡300余平方米；疏通小区内污水井50余次。

环境卫生整治。对辖区小区内环境卫生加大整治力度，片长每天不定时的巡查片区，对物业加大监管力度，重点对乱堆乱放杂物、卫生脏乱差的行为进行整治，做到随时发现及时清理。

2019年，集中清理小区内堆放装修垃圾、木质家具等杂物80余吨。

为了防止小区环境卫生问题反弹，片长加大巡查力度，对容易出现反弹的小区及堆放点进行重点巡查，对发现的反弹点及时督促物业清理。

【卫生服务工作】 辖区设有小召前街街道卫生服务中心、小召防保站和4所社区卫生服务站，隶属于区卫生局管理。

2019年享受低保353户510人，“三无”人员22人，孤儿1人。医疗救助方面，全年共救助35人，发放救助金115186元。社会救助方面，在做好城市最低生活保障工作的基础上，街道认真开展“三无”人员和孤儿生活救助的发放工作，做到了底数清、情况明，并且严把审核关，全年共为8户困难家庭10人纳入低保范围。全部进行了年度审核。对本辖区80岁高龄老人进行摸底、造册，现有860人按政策享受100元/月的高龄补助。

【社区建设工作】 2019年，建华北街社区现有办公场所位于财政局院内，属于临时建筑，办公条件差，面积狭小，功能缺失。经玉泉区政府批准，将在边死角改造拆除出的空地上新建建华北街社区办公用房。新建办公用房占地面积1200平方米，建筑面积530平方米。社区的建成，极大地改善建华北街社区办公条件，为社区群众提供一个便捷舒适的活动场所。

【老旧小区修缮工作】 辖区内老旧小区多，部分小区房沿脱落严重，已经严重危害到居民群众的人身安全。初步摸底有8个小区14栋楼存在房沿脱落问题。全部进行房沿脱落整治施工，从根本上治理房沿脱落问题。

【餐饮行业和卫生工作】 自2017年辖区全面实行明厨亮灶工程以来，为巩固深化明厨亮灶工作，实现明厨亮灶全覆盖，2019年上半年对已实施明厨亮灶的餐饮企业全部进行再排查，对监控设备损坏的，及时督促餐饮单位进行修复。

【民事调解】 2019年，街道积极开展矛盾纠纷排查活动。把排查化解矛盾纠纷作为维护社会稳定和综合治理工作的第一任务，各社区对辖区内不安定因素和苗头及时化解，对重点上访人员做了台账。年初排查辖区内生活困难精神病人家庭。辖区内把矛盾纠纷排查和化解作为工作的长效，把矛盾解决在萌芽状态。在全国“两会”和内蒙古“两会”期间，各社区信访维稳实施每天“零报告”制度。在扫黑除恶督导期间和重要节日、节点实施24小时值班制。对重点人员认真排查，及时了解动态，随时接待信访人员。在重点稳控人员中尽量了解其家庭状况，帮助其解决一些困难。工作中继续加强重点人员思想教育工作。辖区内未发生一起越级上访和“京访”事件。

【优生优育工作】 2019年，深入落实计划生育工作目标责任制，狠抓计生工作日常管理和创新服务。辖区共有24404人，已婚育龄妇女4239人，独生子女领证率15%，综合避孕率89%，符合政策生育率100%。流动人口2738人，已婚育龄妇女593人。均未突破区卫健委下达的各项任务指标。通过各社区及时的摸底、清查，到3月，辖区共有流动人口2738人，已婚育龄妇女593人，出生1人，持证人数2464人，持证率为90%。

【民生保障工作】 2019年为105人办理了《就业失业登记证》申领手续；为40位“45、55”灵活就业人员办理社会保险补贴续保手续，对26位新参保人员进行申报、审核；继续为“40、50”人员办理社会保险补贴，为新增的57位人员进行了申报、审核。办理医疗保险缴费5779人，打印医疗本1200人，社保卡制卡信息采集1200人。为城镇无业人员办理养老保险手续，共办理城镇居民养老续保142人。对82位新参保人员进行申报、审核。入户走访统计辖区内城镇新增就业人数849人，已录入劳动就业子系统188人。对本辖区入住居民进行人员数据维护，共计13217人。对辖区内的205家家庭服务业企业进行入户摸底，统计家庭服务业从业人数549人。存放市里下放退休人员档案共4456份。

街道红会积极弘扬“人道、博爱、奉献”的红十字精神，2019年，累计救助6人，救助金额7000元，慰问困难户共计37户。860人按政策享受100元/月的高龄补助。

残联工作方面，2019为辖区内212名重度残疾人申请了重度补贴，为194名困难残疾人申请了困难补贴。每周组织专职委员到玉泉区市民服务大厅参加换证工作。为8名残疾人申报实施了无障碍改造。

【安全生产工作】 对安全生产工作十分重视，一直保持高压的工作态势，对发现的问题做好工作台账，责任到人，及时跟进办理进度，确保每项工作落到实处。上半年对辖区内所有烟花爆竹经营点进行了全面排查。小召街道辖区内现有烟花爆竹经销店2家，其中1家为合正商贸有限公司，其从事爆竹的批发和销售许可证件由市安监局发放，允许其在市区从事爆竹的批发和销售，但不允许超量存放，已联合相关部门将其在店内超量存放的爆竹全部清理。第二家为浏阳花炮店，该店从事爆竹的批发和销售许可证件已经过期，且存在违规超量存放情况，通过与多部门联合执法，已将存放的烟花爆竹全部清理，并责令其关闭。

对辖区内危旧平房进行了全面排查，发现2处存在严重安全隐患的危房。一处是位于小召小学西侧的郭占魁平房，该房屋年久失修，存在安全隐患，也影响市容美观。对该户平房情况已经多次上报。另一处位于石头巷小学北侧，有5户平房年久失修，存在安全隐患。办事处与教育局多次走访与住户沟通，5户住户均有拆除意向，已与项目办对接，进行房屋的评估工作。

对辖区内校外办学机构和小饭桌进行全面排查。钰景花园内黑马幼儿园无任何办学许可证件，已经关停。小召辖区内共有小饭桌74家，其中有证经营40家，无证经营34家。对无证经营的小饭桌，已督促其办理相关手续。

对2个市场、4所学校、2个旅游点进行了全面的排查和整治。针对建华旧货市场消防隐患的问题，联合应急、消防部门联系市场负责人对市场安全消防隐患进行全面排查，根据排查情况责令市场迅速整改。建华旧货市场已完成整改，增加了10个消防栓、10套烟感报警器、3套手动报警器、3套光感报警器、2套消防架、10个灭火器。针对语朵便民市场（原小召批发市场）内巷商户乱堆乱放店外出摊严重的问题，联合城管、公安等部门将店外堆物全部清理回店内，保障消防通道的畅通，并按照规定要求全部48户店铺每户配备2个灭火器，现已全部配备到位。对辖区内4所学校（小召小学、巧尔齐召小学、石头巷小学、六中初中部）联合教育局和食药部门进行了全面排查，对发现的校园周边不规范的廉价小食品销售点进行了清理。对辖区旅游点（席力图召、五塔寺）进行了排查，联系相关负责人，要求其提高安全生产意识，严格做好各项安全生产工作。

对辖区内废弃液化气站进行了全面排查，发现有2处废弃液化气站，分别位于元兴花园、康居小区院内，均存在安全隐患，已将2处废弃液化气站全部安全处置。

【社区文体活动】 深入推进社区综合文化服务中心建设，有效把握文化阵地。加强社区阅览室、家长学校、未成年人心理辅导室建设，完善社区文化活动场所，不断提升公共文化设施建设。结合春节、元旦、中秋等节日，广泛开展各种群众性文化活动，满足群众精神文化需求的同时，宣传普及社会主义核心价值体系，引导居民群众价值导向，共同营造良好的社会风尚。2019年4个社区都建起社区综合文化服务中心，全年组织开展道德讲堂24次、各种文化活动70余次。

【建华北社区为老餐厅项目建设】 2019年，街道党工委、办事处高度重视并结合区委组织部为民服务“三项清单”工作，在街道党工委的指导下，街道办事处、人大工委历时2个月通过民生实事“你来提，我来办”调查问卷、两微公众平台、发放征求意见表等形式多渠道广泛征求群众意见和建议，通过项目初定、项目审议、项目会商流程后，街道党工委决定，由街道办事处实施，人大代表参与监督，在建华北社区成立爱老敬老托老餐厅。建华北社区成立爱老敬老托老餐厅为小召街道2019年民生实事重点项目之一。该餐厅于9月19日开始正式营业。餐厅可以容纳60人就餐，配备了8名工作人员。餐厅开始营业后，由于饭菜价格普遍低于市场价格，前来就餐和问询的老年人络绎不绝，实惠美味的饭菜，整洁明亮的环境，让就餐的老年人欣喜不已。

长和廊街道

【长和廊街道领导名录】

党工委书记	崔　晶（女　回族）
党工委副书记	董来柱
纪工委书记	李正禄
人大常委会主任	王俊红（女　满族）
办事处主任	白爱文
办事处副主任	邢秉岳（蒙古族）

【概况】 长和廊街道东临大南街，西至西顺城街，北起大召广场、塞上老街，南至昭君路西钢管厂巷北，辖区面积2.0平方千米。街道办事处有行政编10人，事业编25人。长和廊街道党工委共有在册党员278人，下设5个党支部，分别是机关党支部、大召社区党总支部、观音庙社区党总支部、菩提塔东社区党总支部和菩提塔西社区党支部。

街道下辖观音庙社区、大召社区、菩提塔东社区、菩提塔西社区4个社区居委会。总人口21700人，常住人口16775人。

【经济工作】 街道社会消费品零售总额9月底已完成21.34亿元，预计到12月底完成28.52亿元；固定资产投资到9月底已完成0.41亿元；招商引资到9月底已完成0.11亿元。

【社区管理工作】 2019年，观音庙社区在街道党工委、办事处的领导下，认真贯彻落实习近平新时代中国特色社会主义思想，结合街道重点工作和社区实际，以求真务实的工作作风，扎扎实实的工作态度，按照年初制定的工作计划，有序开展社区各项工作。

在街道党工委的大力支持和指导下，观音庙社区积极开展成人公益课程、节庆类活动、大型公益活动、特色活动、儿童亲子活动、公益讲座等各类活动95场。大召社区累计开展各类宣讲活动50多次，大力开展大召社区的节日系列活动，深入开展志愿服务活动，发放创城、创卫、扫黑除恶等宣传材料8000多份，制作宣传图板100余块，举办各类讲堂25期。

社区党支部积极响应上级组织号召结合社区自身实际情况，贯彻党的“三会一课”；积极开展“不忘初心、牢记使命”主题教育工作，坚持“始于服务、终于满意”的工作服务理念，极大地提高了社区居民的归属感和幸福感。

【环境卫生整治工作】 辖区鄂尔多斯大街以南为城郊接合部，一直是脏、乱、差的重点区域，街道加大保洁力度、加派保洁人员。累计出动人员16533人次，动用车辆252台次，累计清运生活垃圾、建筑垃圾、废弃杂物、清除积雪共495余吨；清除卷帘门、墙体、门窗等处小广告6570余条。小街巷水泥硬化及铺砖1480平方米，安装彩瓦50平方米。修补墙体260平方米，对裸露土地苫盖绿网共3100平方米。

开展“门前三包”的签订和商家的履约工作，对新开商铺及时补签，确保签订率达到100%，共巡查商铺867家。

进一步建立完善路长制管理制度，做到路长牵头、多位监督、协同整治，切实发挥路长监督、协调、指挥作用。根据实际工作情况将街道原有的34名路长更改为12名，对辖区内主、次干道共21条街道和小区内的环境进行综合巡查，发现问题，及时上报、及时处置。

【重点项目建设及整治工作】 房地产遗留项目相关工作。已办结房地产遗留项目4个：印象江南一期、印象江南二期、新玉小区、住建楼小区。列入第三批重点推进项目的正在推进富贵国际花园；列入第四批重点推进项目的正在推进坤宇苑；其他列入遗留但需攻坚克难推进的项目有内蒙古银行宿舍楼、观音庙楼、金峰商品交易市场、丽祥园小区、观音庙鞋业百货批发市场；继续上报准备移出遗留项目的3个项目为市建宿舍、市政宿舍、市建单身楼。

园林绿化工作。根据上级对环境卫生综合整治的工作安排部署，推动生态文明建设，为辖区内的老旧小区进行了绿化补植，面积约为1200平方米。

便民市场建设工作。养鱼池东巷南段1座，占地面积1300平方米，设计建筑面积4100平方米，现土建安装已完成，正在室内装修。

小街道及破损道路维修工作。对辖区内的街道、路面、墙面等损坏部分进行维修改造、部分塌陷地面拆除回填后重新硬化，累计维修112处。清运垃圾108车，合计约1700立方米。

【“三城同创”工作】 在2019年“三城同创”的契机之下，新引进的北京诚智慧中物业公司与街道密切配合，通力协作，将辖区内之前打造的相对成熟的样板老旧小区通过精细化管理后，物业管理水平有了明显的提升，同时辅以物业公司相对完善的服务管理体系，赢得了辖区居民的一致好评，也提高了物业公司收取物业费的比例，形成服务质量与物业收费率互相促进的良性循环，为以后老旧小区物业管理工作的开展打下了坚实的基础。

2019年老旧校区施工改造的小区为丽祥园小区、新玉小区。丽祥园拆除小区内的私搭乱建，更换地下管网，翻新外墙，院面硬化，翻新车棚，重新规划车位。新玉小区重新更换小区内的地下管网，施划车位，翻新车棚。

【信访维稳工作】 2019年，办事处接待群众来访20批150多人次。（2018年接待群众来访15批210人次）。2019年没有发生一起赴北京非访，去自治区党委、市政府集体上访事件。2019年全国范围重要活动接踵而至，为做好内蒙古自治区和呼市“两会”、中央扫黑除恶督导组进驻呼市、中华人民共和国成立70周年庆典活动等，街道制定了应急预案，安排领导干部24小时值班，抽调专人对重点上访人员进行稳控。2019年市区交办案件到期办结率达到92%，化解率达到86%（2018年办结率为90%，化解率为85%）。2019年，信访办通过阳光信访系统来信来访录入率、信访事项按期答复率、信访事项群众满意率均为100%。

【优生优育工作】 根据呼和浩特市人口监测服务管理平台显示，街道辖区总人口数为20662人，育龄妇女4647，流动人口为4925人，采取避孕措施的育龄妇女4030人。药具系统工作有条不紊地进行。财政系统现特扶家庭共17户，包括2019年新增2户，农村奖扶1户，各类扶助已录入、开卡；特扶随访系统正在完善。独生子女2019年年审通过79户。特殊家庭绿色通道服务证已全部发放到位。全年任务20对夫妇，现完成20对，每周完善随访系统。宣传1次、与玉泉区中医院联合走访慰问3户。街道联系区卫计委为杨金霞送去18650元帮扶金，其他16户无上访倾向。

【民生保障工作】 城乡居民医疗保险。2019年城乡居民基本医疗保险由街道进行参保登记，完成参保登记数2207人。其中辖区居民为564人，在校学生1643人。此项工作正在进行中。

社保工作。2019年为80名辖区居民办理了《就业失业登记证》，积极配合区就业局组织开展职业技能和创业培训工作，10月份共为区协助就业局组织60名失业人员参加了创业培训。

城镇老年居民养老金发放及生存验证工作。验证人数为372人，其中60岁157人，70岁108人，80岁以上107人。低保户新参保110人，重残新参65人，计划生育帮扶新参1人。新办理“40、50”人员困难认定26人，续保160人；“45、55”补贴120人。

劳动监察调查工作。对辖区内企业逐个进行联络，协助企业完成年检工作，已完成年检企业50余家，企业信息年检工作还在进行中。企业离退休人员社会化管理档案电子化管理工作已完成。事业单位26人，内蒙古社保30人，五七工303人，大集体2人，遗属176人，企业离休3人，企业退休3220人，合计3760人。

【扫黑除恶】 街道党工委、办事处领导高度重视，2019年街道共计开展23次扫黑除恶专项斗争工作会议，及时传达上级扫黑除恶工作会议精神，部署扫黑除恶工作。截至2019年10月，街道共计张贴宣传展板40个、宣传海报1500张，投放宣传展板69块、商户LED广告屏4处，发放宣传单45000张、宣传台历150个、口袋书及知识手册360本、宣传袋750个，悬挂条幅40条。

【网格化服务管理工作】 截至2019年10月22日，通过各网格员入户、走访收集数据，居民反映等方式，共帮助居民答疑解惑28341起，与2018年相比减少了4.3%。其中城建物业类1646起，卫生环保类8539起，民生保障类12206起，政策咨询类5140起，其他类810起。此外，积极开展安全隐患排查工作、开展消防安全知识讲座、开展天然气宣传活动等。

鄂尔多斯路街道

【鄂尔多斯路街道领导名录】

书　记	荣如江（蒙古族）
主　任	王福军
人大工委主任	云粉枝（女　蒙古族）
党工委副书记	白冬生
纪工委书记	王瑞君
办事处副主任	关树奎（蒙古族）
	段要理

【概况】 鄂尔多斯路街位于呼和浩特市西南城郊接合部，东至西茶坊大桥，西至西二环路，南至南二环路，北至鄂尔多斯西街。辖区面积10.11平方千米，下设8个社区和4个行政村。辖区现有总人口51519人，总户数20953户，人口密度为5096人/平方千米、其中常住人口27665人，流动人口23854人。鄂尔多斯路街道办事处下设17个科室，分别为党政办、人大工委办公室、纪工委办公室、宣传室、综治办、文化站、关工委（科协）、城建卫生环保办、卫计健康办、应急物业社区办、信访办、经管站、项目办、财务、统计办、劳动社保所、民政办。鄂尔多斯路街道办事处共有在职工作人员76人，其中行政编制8人、事业编制56人、合同制工作人员12人。

【党建工作开展情况】 深入学习贯彻习近平新时代中国特色社会主义思想和党的十九大、十九届二中、三中、四中全会精神。街道党员干部组织开展学习31次，组织开展了“两学一做”测验考试11次、党员干部理论测试2次、“不忘初心、牢记使命”主题教育测试2次。

严格落实党内各项组织制度。2019 年街道召开了 4 次党建专题工作安排部署会，并对落实情况进行了 2 次督查；加强对“三务”公开的监督管理；严格按标准每月收缴党费；严格规范党员发展程序，各社区、村未有 3 年未发展党员现象。

认真落实“三帮三联三促”活动。街道、4个村与包联单位累计开展会议学习17次，组织志愿活动7次，开展走访慰问活动3次，使“三帮三联三促”工作更有成效。

软弱涣散支部整改情况。西瓦窑村、后八里村因“两委”班子内有被刑事处罚人员，正大社区因阵地不达标被列为软弱涣散支部。2个村通过清退刑事处罚的班子成员、加强纪律作风建设、规范支部组织生活等方式进行了整改，现已通过市、区两级验收。正大社区400多平方米的活动服务场所装修完毕，现已投入使用。

大力开展宣传扫黑除恶专项斗争及线索摸排工作，制作了宣传条幅、喷布、道旗，发放宣传折页5万册、《致居民的一封信》2万封等，开展扫黑除恶专项斗争宣传活动70次，各社区、村集中入户摸排3次，未发现问题线索及群众举报。

2019年街道努力建设具有强大凝聚力和可持续发展的统一战线，成立了党工委书记任组长的统战工作领导小组，建立了党外人士联系信息库，完善了街道的统战基础台账，为统一战线奠定了扎实可靠的基础。有效落实了“三级网络两级责任制”，针对宗教聚会点开展了6次全面摸排。收集了4个临时聚会点251位宗教信教人员基本信息，做到了底数清、情况明。

【各项重点工作】 2019年1—11月社会消费品完成280471万元，工业企业产值1—12月完成59823万元，固定资产投资1—12月完成1380万元，房地产1—12月完成17199万元。

当浪土牧整村改造项目、地铁三间房项目、蛋厂路东侧棚户区改造项目、鄂西街南侧房屋征收工作，现正在动迁征拆中。根据中央扫黑除恶督导组关于要求解决呼和浩特市房屋产权证问题，街道辖区共17个房地产遗留项目，其中4个房地产遗留项目已完成，其余13个房地产遗留项目正在稳步推进中。

2019年以来，街道累计出动人员3000余人次，出动机械800余台次，累计清理各社区、村生活垃圾100余吨，共清运各类垃圾、渣土14000余吨，为辖区增设垃圾箱130个。对畜科东路进行全程绿化，绿化面积8.7公顷；在拆迁区域安装围挡2500延长米，辖区裸露地苫盖约16万平方米；改建开泰市场院内水冲厕所1座，新建移动水冲厕所8座，拆除旱厕50个，拆除违法建筑面积2500平方米，清理三乱小广告约35000余条，粉刷围墙7526.3平方米。取缔废品回收站8户，清理大杂院38个。各村居入户排查燃气4568户。街道联合相关执法部门开展联合大排查7次。检查单位120家，发出整改通知书65份，签订安全生产责任书20家，年内无任何安全事故发生。

建设新时代文明实践阵地2个，志愿者435人，共开展新时代文明实践活动142期，同时继续抓好创卫工作，按照创卫细则分解任务，逐项实施。成立了创卫督查促进组，下发创卫工作问题任务清单，要求各村居按照时间节点将创卫中的问题整改到位。

年内共调解各类矛盾纠纷143起（批次）。其中，调解完成117起（批次），包括群体性上访案件98起（批次）、个人信访案件19起（批次）。同时调查调解答复自治区信访系统事项46起，已办结答复46起，办结率100%。答复市长热线、督查案件、网络舆情、开门纳谏反馈等共70起。

街道辖区内共有4410户需进行燃煤置换，前期登记摸底洁净煤使用户数4075户，剩余335户为空院子及无法取得联系的住户。现已置换4075户，置换清洁煤2663.26吨。

2019年共为115人办理了《就业失业登记证》，创业培训12人，技能培训68人，实现城镇新增就业235人。发放70岁长寿补贴5700元，发放社保补贴1815772.9元。医疗保险共新参434人、续保1978人，参保金额合计544470元。年检审核低保162户，取消了11户，全年累计发放低保金160余万元。全年发放各类补贴约189万元。大病救助5户，共计15856.5元。军人信息采集工作共登记451人，发放光荣牌325个。

计生、文体、工会、妇联、共青团等工作也均按照年初计划稳步推进。

石东路街道

【石东路街道领导名录】

党工委书记	李官军
党工委副书记、办事处主任	乌　拉（蒙古族）
人大工委主任	贺文杰
党工委副书记	郭振新
纪工委书记	田　宏
办事处副主任	许丽梅（女）
	陈海瑞

【概况】 石东路街道的前身是长胜街街道。1991年3月，撤销了玉泉区长胜街街道，成立了石东路街道。石东路街道东起锡林路，西至石羊桥路，北起五塔东街，南至南二环，辖区面积2.2平方千米，人口4.3万人，其中，流动人口0.7万人。区域内有1个行政村（碱滩村），6个社区（迎春社区、苁蓉社区、三里营东社区、三里营西社区、康乐社区、富丽社区）。

街道党工委下设10个党（总）支部，分别是办事处机关党支部、碱滩村党总支、康乐社区党总支、富丽社区党支部、三里营西社区党支部、三里营东社区党支部、迎春社区党总支、苁蓉社区党总支、呼和浩特市玉泉蒙银村镇银行股份有限公司党支部（非公党支部）和内蒙古元华电子有限责任公司党支部（非公党支部）。石东路街道党工委共有各类编制人员84名。

辖区是个多民族聚居区，有蒙古族、汉族、回族、满族、藏族、维吾尔族、朝鲜族、达斡尔族、壮族等民族。有内蒙古电科院、市总工会等23家驻区单位，13家文明单位，有5条大街，17条小街巷道。辖区内共有门店1503个，其中饭店313家。共有居民小区97个，其中老旧小区83个，现已经做到了管理全覆盖。

【政治建设】 街道党工委认真学习贯彻党的十九大精神，十九届二中、三中、四中全会精神和习近平总书记系列重要讲话精神，特别是考察内蒙古时的重要讲话精神。坚持和加强党的全面领导。认真落实党工委主体责任，严格执行民主集中制，自觉遵守“三重一大”制度，召开1次党风廉政部署会，听取了领导班子成员抓党风廉政建设工作汇报1次。召开了1次书记抓党建述职评议会，稳步推进党建工作有效落实。

【思想建设】 街道党工委多措并举推动学习走实、走深、走心。全年组织中心组学习18次，街道下设8个基层学习讲堂共开展了370余场主题宣讲活动。推进学习强国学习常态化，搭建组织架构，成立了管理员、通讯员及评论员3支专业队伍。持续推进“两学一做”学习教育常态化、制度化。年初召开“两学一做”动员会，统一思想，制定学习计划。各党（总）支部组织观看《榜样》系列教育片，受教育党员群众300余人次。同时，为巩固“两学一做”学习教育成果，各党（总）支部按区组织部要求开展测试，均收到良好效果。

【经济工作和重点项目】 2019年圆满完成全国第四次经济普查工作，共普查企业810家、个体137家，都已完成录入上传工作。2019年，固定资产累计完成2977万元，招商引资累计完成2977万元，工业产值累计完成为3204.1万元（规模以上为1573.6万元，规模以下为1630.5万元），社会消费品零售总额累计完成205312万元。

【便民服务工作】 街道连续2年春节前期对迎春巷进行了亮化，在470米长的街道两侧悬挂有浓厚中国风的中国结式红色彩灯，扮靓了街景，也方便了居民出行。做好辖区内背街小巷基础设施及综合秩序整治工作，维修11条街巷破损便道约80处、破损台阶约40处，硬化如意河巷、康乐巷等5条街巷路面约40平方米，在金熙巷、名品巷放置分类果皮箱15个，在凯歌巷设置安装减速带，确保居民出行安全。同时，做好便民服务站管理工作，确保已投入使用的23座便民服务站以及2019年新建的一处便民服务站正常运行。

【环境卫生整治工作】 2019年，街道做好道路街巷环境卫生整治工作，协助环卫部门做好辖区主次道路清扫保洁工作，对辖区丽丰巷、运管巷等6条小街巷进行日常保洁工作，做到生活垃圾日产日清，清运率达100%。集中清理尿点及便溺点130余次；清理卫生死角94次，清理雨箅子80余次，清运建筑垃圾杂物约350吨。有针对性地对辖区重点区域卫生进行清理整治，下大力气对机床电器厂、纺织局宿舍等厂区空地进行了专项整治，清运了积存垃圾约1000吨，同时加强对厂区的监督管理。做好防尘整治，对裸露地面苫盖绿网500平方米，南二环吊装大院硬化路面80余平方米，一定程度改善了季节干燥、风沙肆虐对环境造成的影响。

【社区管理】 街道加强对辖区物业的管理力度，针对辖区21个物业管理全覆盖小区，对照“五有七见”标准并结合小区环境卫生大检查结果对物业公司施行以奖代补，全年补贴金额15万元整，小区生活垃圾能够日产日清，居民生活环境得到极大改善。做好老旧小区维修改造工作，对农机厂商品楼等8个小区进行了地面硬化，楼顶防水，新修铁艺大门及安装监控等维修改造项目。街道做好“三供一业”移交小区维修改造工作，对电力花园一区、七区进行楼顶防水，楼道刮泥子，楼道扶手、楼道照明、楼宇对讲、院墙、院面及污水管网等进行维修改造；为益电小区、送变电南区等申请了维修改造资金。街道加强垃圾分类箱及座椅的配置，为洗涤剂厂宿舍等小区、怡园公园安装了30把长条椅；为家兴等12个小区，怡园公园以及好人公园等安放了135个垃圾分类箱，做好垃圾分类的基本工作。街道开展小区补植绿化工作，对家兴小区等11个小区进行了绿化补植及花卉种植，涉及11个苗木品种4大类，绿化面积24850平方米，申报家兴小区为园林小区建设单位。此外，街道还对昭君等小区的树木进行了修剪和砍伐，小区层次逐步提升。

【房地产遗留项目】 石东路街道共涉及遗留项目11个，2019年已办结5个项目，分别是阳光馨苑二期、诚品建筑、逸都天筑AB座、富丽城、金熙嘉园一期；摸底新增项目3个，分别为金熙家园二期、家和公寓和蓝宇一期1号楼及5号楼；年底第五批强推项目3个，分别是中意二期、万盛家园和颐和景园。对办结过程中存在困难的企业，街道积极协调帮助，部分企业签订抵押协议加快办结进度，此项工作完成情况走在全区前列。

【保障住房】　石东路街道严格按照玉泉区住建局的各项政策，2019年共受理审核公租房申请材料53户，发放2个人批次公租房长期租赁补贴共123户。第三批补贴工作审核工作正在进行中，已开始受理公租房的出售工作。

【民政救助工作】　2019年，街道辖区内享受廉租房补贴的家庭共计10户，全年发放金额2.88万元。根据临时救助政策，对辖区36户困难家庭申报了临时救助，发放临时救助金14.4万余元。为做好残疾人保障工作，街道为重度残疾人发放补助金27.5352万元，困难残疾人发放19.3896万元，同时发放轮椅、拐杖、助听器等辅具29件，为辖区345名残疾人做了精准康复资助治疗，受到残疾人的好评。此外，街道发放孤儿补贴1.5万元，为15名“三无”人员发放补贴24.832万元，极大地解决了他们生活及学习上的困难。街道还对辖区内80岁及以上的老年人实行普惠政策，共为802人发放70.31万元。街道严格根据劳动力系数，健康状况，残疾程度等因素对低保家庭重新计算低保金额。2019年12月享受城市低保262户，392人，18.5404万元，全年累计发放228.1406万元；农村低保37户，55人，2.366万元，全年累计发放24.822万元。

【劳动和社会保障工作】　2019年，石东路街道劳动保障所以改善民生为街道工作的出发点和落脚点，加大街道社区服务功能。2019年，街道登记录入城镇新增就业686人，开展技能培训25人，办理就业失业登记证312人，办理“40、50”社会保险补贴342人，办理“45、55”社会保险补贴356人，办理城镇居民医疗保险9865人，新办城乡居民养老保险280人，为125人办理了按年继续交费核定。

【人口卫生计生工作】　2019年，石东路街道认真贯彻落实内蒙古卫健委关于特殊家庭关怀、新家庭计划、卫生健康等各项工作要求。2019年9月底，本期出生96人，采取避孕措施人数为6222人；新增办理国家奖扶8户，全年共计发放39户；新增办理市级奖扶36户，全年共计发放109户；新增办理计划生育特别扶助3户，全年共计发放国家特别扶助及玉泉区一次性扶助34户；新增办理独生子女奖励5户，全年共计发放118户，所有未参加2019年审的居民暂停发放。全年开展创建幸福家庭活动16场，努力提升辖区居民幸福指数。在健康教育工作方面，组织召开了4次工作会议，进行了9期健教宣传及讲座，开展活动10余次。街道还更换专栏370期，居民参与活动及浏览专栏较往年有新的提升。街道积极开展病媒防治工作，针对季节特点，在春秋季组织工作人员对辖区内857处毒饵站进行排查，登记上报、更换损坏毒饵站，分批次投放40千克鼠药；在夏季认真开展环境消杀工作，消杀蚊蝇滋生等，有效降低了生活环境中鼠、蚊、蝇等生存率。

【“三城同创”工作】　按照上级部门的统一部署，做到创卫工作家喻户晓、人人皆知，以文化进社区惠民演出、健康教育讲座等活动为载体开展创卫宣传，发放宣传材料3500余份，悬挂创卫标语300条，设置创卫展板220处，张贴《致居民的一封信》97张，张贴创建卫生城市倡议书97张。

【社会治安综合治理工作】　街道把建立健全

辖区治安防范体系当作综合治理和信访工作重点工程抓，街道领导多次下单位组织、协调、落实各项防范措施，积极配合公安机关扫黑除恶专项斗争，维护辖区稳定，有效减少了各类案件的发生。2019年继续投入大量资金，在主要街道、小街小巷悬挂制作扫黑除恶宣传标语30处，烟厂过街天桥、商户及小区门口安装扫黑除恶宣传展板278块、条幅3000条、宣传册32000份、环保袋1300个、《致居民群众的一封信》12000份、宣传折页30000份。街道还组织干部入户进行扫黑除恶专项斗争问卷调查6000份，通过大量的宣传让居民了解了扫黑除恶工作的重要性，在辖区营造浓厚的氛围。

【宗教及市场治理工作】 2019年，根据统战部三级宗教工作网络两级责任制的要求，为了充实宗教工作的力量，建立健全街道、社区两级宗教工作队伍，建立健全了街道、社区二级宗教工作网络责任制。同时，全面开展清真泛化摸排工作，对辖区进行地毯式排查，共排查超市309家，发现存在问题超市29家，发现问题商品48种，勒令下架。清真餐饮食品商铺38家，发现存在牌匾问题31家，存在阿文牌匾、菜单、装饰品等问题的10家，勒令撤换。

【信访维稳工作】 突出源头预防，切实做好日常矛盾排查和分析，2019全年，石东路街道共接待信访案件28件，人数涉及110人，协调解决案件26件共73人，待解决案件2件37人，及时化解信访案件，有效预防了越级上访和群体性事件的发生。

【安全生产工作】 安全生产无小事，2019年，石东路街道先后制订下发了《2019年安全生产大检查工作方案的通知》《关于街道安全生产事故应急预案》等文件，按季度共召开4次专题调度会，邀请消防部门对生产经营单位培训授课等。自开展安全生产大检查活动以来，辖区内共排查重点行业50余家，发现隐患106条，通过齐抓共管、集中整治，已全部整改完成。此外，街道开展天然气安全隐患排查工作，天然气排查辖区总户数16680户，天然气使用户数15667户。燃气公司已入户排查燃气用户12001户，签订合同11147户，存在安全隐患3162户，下违章单3011户。街道多措并举，保证辖区居民生产、生活环境安全。

【环保工作】 2019年，街道共接受内蒙古自治区环保督察案件5起，现全部按要求整改完成。此外，街道对辖区内空气污染源进行摸排，发现问题及时沟通处理，通过说服教育，累计置换清洁能源66.11吨，销售清洁能源15.27吨，多重手段保卫绿水青山。

【文体活动】 2019年，街道利用新建、改建的社区活动中心，开展文化进社区、趣味运动会等文体活动10余次，积极参加区元宵节文化庙会、新春民间社火活动，丰富和满足街道干部及社区居民的精神文化需求。新中国成立70周年之际，街道在区“职工杯”羽毛球赛，干部职工工间操大赛以及本届职工农民运动会等均获得较好成绩，通过参与活动不断提升干部集体荣誉感和凝聚力。

大南街街道

【大南街街道领导名录】

党工委书记	肖宇奇
党工委副书记、	
办事处主任	云晓敏（女　蒙古族）
人大工委主任	高德华
党工委副书记	王建斌
	张泽民（蒙古族）
纪工委书记	崔明霞（女　8月离任）
	尚建国（8月任职）
办事处副主任	张德峰
	王国平

【概况】 大南街街道位于玉泉区东北部，与回民区毗邻，东至公园西路，西至滨河路，南至塞上老街路北，北至西顺城街。面积1.2平方千米，主次干道20条，住宅小区46个，辖区总户数9323户，21316人，驻区单位28个，商业1578家（其中大中型商场6家），便民服务综合体1座、小区便民服务站9座、社区便民菜市场2个、笼式足球场2处、宗教场所5家。大南街历史底蕴深厚、文化古迹众多，见证呼和浩特市历史发展的土默特左旗副都统府旗务衙署和大盛魁旅蒙商号旧址就坐落在辖区。

大南街街道党工委设有1个机关党支部、2个社区党总支部（小西街社区党总支部、友谊社区党总支部）、6个社区党支部（恒昌社区党支部、梁山街社区党支部、宁武党支部、九龙湾党支部、新生党支部、尚义党支部）和4个非公党支部（盛弘非公党支部、金旺角非公党支部、亨得利非公党支部、七彩城非公党支部），在册党员289名。

街道下设小西街、恒昌、梁山街、友谊4个社区。现有干部职工150人，其中正式干部65人、合同制管理人员8人、志愿者7人（西部计划1人、社区民生6人）、“40、50”公益性岗位人员48人、网格员22人（包括群信居民服务有限公司7人）。

【党建工作】 思想高度重视，加强组织领导。制定《意识形态责任落实制度》《意识形态管理制度》《定期分析研判意识形态领域情况制度》等，街道每半年召开意识形态工作例会1次，传达、学习上级意识形态工作有关精神；定期总结意识形态工作，分析存在的问题；总结推广工作中的好经验、好做法，安排部署下一步的工作；处理舆情58起，回复率100%。学习教育常态化。中心组学习11次、党工委会议38次、书记带头讲党课9次、上交心得体会80余份。

增强党员干部理想信念，夯实思想基础。开展新时代讲习团、草原轻骑兵宣讲活动共27次、文化宣传演出22次；街道共建立5个学习讲堂，学习150余次；微信讲堂、旗帜在线APP等平台共推送学习、宣传（玉泉学习之窗、活力玉泉等）等各类信息共计800余条；组织举办十九大精神指示问卷、扫黑除恶应知应会、意识形态问卷共10次，积极推动上级精神进机关、社区，不断扩大学习宣传的覆盖面。

深入推进意识形态责任落实。加强社区新时代文明实践站建设工作，成立大南街新时代文明实践所、小西街社区文明实践站，注册志愿者服务队17支；开展庆祝新中国成立70周年群众性主题活动共20余次。2019年对4处宗教场所进行扫黑除恶宣传、安全生产排查等工作共25次。对宗教场所和宗教教职人员进行摸底登记并实行动态管理，做到情况明、底子清。对辖区内宗教场所宣讲党的民族政策，使广大宗教人员了解党的民族政策及宗教法规，自发拥护党的领导，自觉维护民族团结，把广大少数民族的意识形态和宗教人士的思想引导到思稳定、求发展上来。

积极与辖区20余家单位开展共驻共建工作，慰问城镇困难低保户、优抚人员、困难残疾人、困难群众300余户，共计420余人，开展了2次百人洁城活动，整治卫生死角，形成共驻共建的良好氛围。

大南街街道党工委以区域化党建新格局，打造“四在”大南街。恒昌社区的小区民声工作室以“听民意、汇民声、解民忧”为初衷，以“三项清单”为抓手，开展居民议事会25次，共接到居民反映各类问题265条，现已协调处理263条（2条涉及资金较大，需区级部门支持）。小西街社区擦亮“五园一校”老品牌，加大党群活动服务中心建设力度，“融邻里亲情　促社区和谐”服务品牌被中国社会工作联合会评为城乡社区治理经典案例。为了做好敬老、爱老、助老工作，友谊社区引进社会组织探索居家养老新格局，共开展照全家福、重阳登高等活动10余次。小区内开设一家社区食堂，每日为辖区老年人提供安全、可口、价格低廉的餐品。梁山街社区筹备建立900平方米社会组织“双孵化”基地，大力培育和引进社会组织。

建立“三项清单”，推进精细化服务。各社区通过入户走访、居民反馈、问卷调查、微信征集等多种形式，搜集梳理出席力图召商业楼供热管道破损跑水严重、小区路面下沉，瑞福祥南小区吃水困难等281条居民需求清单。深入梳理志愿者、党员、各驻区单位、社会组织所能提供的服务设施、内容和项目，明确自愿汇总形成社区资源清单。党工委在综合各方意见建议的基础上，通过党建联席会集体讨论提出服务项目方案，提交居民代表会议研究讨论并票决，列出一系列服务项目清单，如地下管网、小区道路改造、自来水加压泵房修建等。

大南街街道党工委各党（总）支部共集中学习18次；班子成员开展研讨交流3次；班子成员及4个社区书记上交心得体会20份；班子成员带头确定8个调研课题，带头解决市容环境整治、老旧小区设施完善、嘉豪广场项目复工建设等民生问题。支部书记讲党课8次，参与人次134次；召开党员培训7次，共计102人次；公益类活动11次，共计536人次。举办以“盛世七十载放歌新时代——不忘初心　牢记使命　三城同创共筑美好生活”为主题的文艺盛宴等文艺活动6次，其他类活动2次。

【经济工作】　2019年街道社会零售品销售总额完成22.32亿，同比增长3.2%（其他经济指标未分配任务或不涉及）。

【重点项目】　2019年上报房地产遗留项目8个，分别是诚华商城、阿拉坦汗广场、兰德民族大厦、德胜家园、亚辰海派广场、汇豪天下小区、瑞福祥小区、嘉豪广场，已办结6个，办结率75%，剩余2个未办结项目，分别是嘉豪广场、瑞福祥小区。中央扫黑除恶督导组交办案件2个，分别是恒昌小区和嘉豪广场（嘉豪广场为遗留项目）。新增上报遗留项目3个，分别是通顺家园、步行商业街、兴华小区梅七梅八。

“回迁难、入住难”项目——嘉豪广场。

该项目是2018年自治区巡视反馈意见中涉及未完成回迁安置的10个棚户区改造项目之一，同时也是2019年中央扫黑除恶督导组交办案件，项目征拆工作从2007年开始实施，2014年开工建设，涉及回迁户143户，因资金等问题，建设极为缓慢，其间3次停工。2017年在区委区政府的协调推动下重新开工建设，自2017年冬季停工后近2年未复工。2019年，在区委、区政府和上级有关部门的协调配合下，该项目于9月20日复工建设，到2019年冬季停工前，1号楼完成7层主体结构，主体共完成至23层；2号楼主体已封顶；3号楼完成6层主体结构，主体结构已完成至21层。

“办证难”项目——瑞福祥小区。该项目于2008年基本建设完成，300余户居民未办理房本。项目前期在办理确权注销手续过程中发现土地与其他项目土地重叠，一直未能办理国有土地证，同时，该项目存在超容积率问题。已列入第五批强力推进遗留项目中，需协调市自然资源局尽快对该项目重新进行定界、调整容积率，以尽快办理后续相关手续。预计2020年办结。

中共中央扫黑除恶督导组下派案件——恒昌小区。该项目于1992年基本建设完成。前期因企业营业执照过期，导致该小区共270余户居民未能办理房本。经协调相关部门，营业执照过期问题已解决，多次对接税务部门对减免税收政策予以明确，该项目已于2019年第八批上报至区遗留办，需将所欠税费缴清后予以办理。预计2020年办结。

新增遗留项目。按照区委、区政府摸排新增遗留项目的要求，经排查，新增3个遗留项目，分别是步行商业街、通顺家园、兴华小区梅7号楼、梅8号楼。上述3个遗留项目共涉及6栋楼、300余户居民未办理房本，2020年将陆续分批次推进办理，预计2020年办结。

【信访维稳工作】 高度重视信访工作，把信访工作纳入重要议事日程，2019年召开街道、社区信访稳定工作会议50余次，学习贯彻上级有关文件和会议精神，研究解决信访案件的措施。为嘉豪广场、亚辰海派广场、光彩市场等项目回迁户召开专题协调会76次，因前期工作措施有力，自嘉豪广场复工以来，上访回迁户情绪较为稳定，暂无上访隐患。光彩市场复建问题已协商出2个方案，由于涉及人数较多，现正在统计协商中。汇豪12户商业回迁问题已按遗留项目推进解决，取得了相应的规划手续，预计5月开工建设，过渡费问题已与西子房地产有限责任公司和回迁居民达成共识逐步解决。成功解决李玉忠、李朝平2起个访案件，均已写保证书不再上访。在疫情防控期间结合信访维稳工作对光彩市场、汇豪天下、亚辰海派广场、嘉豪广场群访人员及重点上访人员进行电话了解，积极做好思想工作，力争将突出的矛盾纠纷及群体性事件解决在基层、解决在萌芽状态，2019年实现零进京、零非访。

【安全生产工作】 街道班子及时传达区委、区政府关于加强安全生产工作的总体部署，制定了应急工作计划及大排查大整治工作方案。

2019年共召开安全生产会议20次，每周至少组织一次安全生产以及消防安全工作检查，发现问题及时处理，当场处理不了的责令其限期整改。举办18次安全消防知识培训讲座、开展应急演练3次，进一步提高了广大居民的消防安全意识。对辖区内企业、驻区单位、小饭桌、幼儿园、小旅店、烟花爆竹店等进行全面摸排，共签订消防安全责任状230余份，下发隐患整改通知书200余份，取缔3家违规小旅店、2家烟花爆竹店，有效消除了安全隐患。

为防止在疫情期间复产复工的各企业出现安全隐患，联合行业主管部门、消防中队对辖区内7家商场、4个宗教场所、2个便民市场进行检查，共发现隐患8处，现场整改5处，其余已下发整改通知书限期整改。2月27日，街道连夜组织消防、交警、社区对宁武巷一处外立面存在大面积脱落隐患的楼体外墙进行了拆除，及时消除了安全隐患。

【“三城同创”工作】 街道按照区委、区政府“三城同创”工作统一部署，精心谋划，统筹安排，强化组织领导，凝聚上下合理，强力推进“三城同创”工作。成立安全维稳、台阶路面整治、外立面整治、牌匾治理4个小分队，对群众反映的热点、难点问题和督查过程中发现的重点问题，进行认真调研分析，制定整治措施，推动工作落实，全力做到“四个清零”。强化创建全过程督查考核。实行全程跟踪、全程督查，以查促干、以查促变，对推诿扯皮、工作不力的将严肃追究相关责任。

组织包联单位、社区党员、“红马甲”志愿者队伍开展义务清扫活动50余次，累计发放宣传品10000余份，安装善行义举榜24处，更换破旧牌匾30余块，外立面整治13处，苫盖裸露土地1处，更换垃圾箱180余个，画临时停车位6处，清理小广告20000余条、装修垃圾20余吨、边死角290余处、僵尸车辆30余辆。在辖区10条街巷两侧定制80余个灯杆宣传道旗、发放《市民文明手册》1000余册、发放《致居民的一封信》等，为街道“三城同创”宣传工作再添新彩。大南街新华艺术团每周在辖区内举办各类专题文艺演出2次；大南街轮滑队在大盛魁广场、大召广场定期开展创建文明城宣传活动；街道组织党员干部学习《全国文明城市测评体系》5次、社区开展居民座谈会4次、组织以“三城同创”为主题的党日活动5次、组织广大党员干部集中学习“三城同创”文件及会议精神12余次；各社区组织开展“创文明城，做文明人”“小手拉大手，小手促大手”、道德讲堂、“学雷锋树新风”等专项活动共计20余次。继续发挥路长制作用，利用玉泉区智慧平台将问题第一时间反馈并解决，在清理整治的基础上，谋划长效保持方案，确保有成效、不反弹、习惯成自然。

【民生保障工作】 扶贫慰问，温暖人心。2019年春节期间组织“送温暖、解忧难”慰问活动，低保户、特困人员、优抚对象等共计发放米面油397份。边缘人员慰问发放米面油60份。少数民族慰问发放米面油5份。低保退役士兵慰问6人，发放慰问金4800元，困难退役士兵发放慰问金2000元。

计生服务，以人为本。因全面执行两孩政策，自2016年以后出生的停领独生子女证，2019年对全辖区独生子女领证对象进行了严格审核确认，共确认城镇无业居民中应享受独生子女父母奖励费301户，其中新增独生子女费奖励5户，予以发放2019年度独生子女父母奖励费。对2019年度新增奖扶对象和特扶对象进行预测、摸底、调查、上报。按照“三级公示、三级审核”的工作程序，已确认2019年度新增特扶对象6户10人。

城市低保，应保尽保。城镇最低生活保障10月底共计250户、337人，发放2046865元。“三无”分散人员共计8人，发放115200元。

“三无”集中人员共计3人，发放52800元。重度残疾人共计263人，发放315988元。困难残疾人共计141人，发放174488元。医疗救助共计4人，发放22759.34元。临时救助共计6人，发放15060元。高龄补贴共计599人，发放358800元。三民补贴共计2人，发放24480元。电价补贴发放共计9381.12元。特困护理共计2人，发放10824元。残疾人就业和扶贫补助共计2人，发放8123.04元。其他残疾人补贴共计1人，发放2000元。2019年公租房第一批补贴54720元。同时，严查低保户家庭预警信息，查出有问题低保人员按规定严格核实，不符合低保的人员取消低保。

劳动保障，惠及百姓。城乡居民医疗保险共缴费2753人；二代医保卡信息采集1350人，打印新增参保医疗本2552本；变更各类信息415人。城乡居民养老保险2019年新增参保86人，续保66人；死亡注销人员15人；追回冒领养老金4人；疑似死亡入户2人；生存认证349人；退休人员异地生存认证8人；去档案局为退休人员查阅档案3人次；为10位居民复印退休档案20份。灵活就业人员享受社会保险补贴（“40、50”人员）新增47人，续保176人，为2018年补贴人员返款发卡384张。新办失业证和变更就失业信息183人。录入新增就业人员532人，就业困难人员39人；就业困难人员再就业177人。

认真落实退役军人事务局工作。大南街街道退役军人服务站到共采集退役士兵、转业军人、老复员军人、伤残军人等共计750人，同时悬挂光荣牌222户。2019年大南街退役军人自主就业补助共计7人，发放资金677310元。2019年城镇义务兵家属优待金共计7人，发放资金216415.5元。2019年伤残抚恤残疾军人抚恤共计7人，发放153109.5元；60岁以上农村退役士兵上半年生活补助共计2人，发放4815元；伤残护理费上半年共计1人，发放10740元；伤残补助自然增长机制上半年共计1人，发放1500元；三属人员抚恤一季度3人、二季度2人，发放29481元；在乡复员老军人生活补贴共计1人，发放10020元。

小黑河镇

【小黑河镇领导名录】

区人大常委会副主任、 镇党委书记	刘宇宏
党委副书记、镇长	杨海英（蒙古族）
人大主席	田胎军
党委副书记	张茂盛
纪委书记	王云柱
副镇长	秦佳琪（蒙古族）
	陈志永
	杨永强
武装部部长	杨二平（蒙古族）
党委宣传委员、 党委办公室主任	王喜云
挂职副镇长	卜　宇
	张雪峰

【概况】 2019年，是实现乡村振兴的重要之年，也是农村人居环境综合整治的关键之年。在上级党委、政府的正确领导下，深入贯彻党的十九大及十九届二中、三中、四中全会精神，坚决打好扫黑除恶、精准脱贫、污染防治专项攻坚战。全镇党员干部切实做到理论学习有收获、思想政治受洗礼、干事创业敢担当、为民服务解难

题，清正廉洁做表率，切实发扬党员干部先锋模范精神，做到不忘初心、牢记使命、团结互助、砥砺前行，为完成2019年各项工作打下了坚实基础。

【经济指标】 2019年，固定资产投资完成3.47亿元，社会消费品完成29.21亿元，工业规模以下完成9133.9万元，财政预算总计1590万元，财政累计支出2400.94万元，完成税收1.5262亿元。

【农业农村工作】 2019年，全镇农作物播种面积8万亩，其中，粮食作物播种面积7万亩（小麦4560亩、玉米6.2万亩、豆类1200亩、土豆1500亩），蔬菜8100亩，瓜果类1900亩；全镇共饲养牛5077头，羊23064只，猪5469头，禽类131512只，疫病免疫密度达到了100%。

为了有效调整种植结构，安排专人外出考察学习后，在连家营村进行芦笋种植，安排专项资金60万元，试种芦笋255亩，长势良好。

积极推动千亩花海项目建设。项目位于昭君博物院西南侧，占地约620亩，由内蒙古新发林业生态有限公司自主经营，负责千亩花海及配套设施建设。流转土地面积为514.94亩，大部分品种已种植完毕。

【重点工作】 S43机场高速玉泉区段征拆情况。S43机场高速公路玉泉区段共需征收院落112户，占地面积113.71亩，共需资金约25014万元，现已与全部院落签订拆迁协议；需征收土地1547.85亩，共需资金约22319万元，已征收土地638.7亩，协议资金8800万元；共需迁坟62座，已全部迁完，共发放迁坟补贴款124万元。

防汛工作情况。在进入汛期后，镇机关及各村、社区分别安排干部进行防汛值班，制定了防汛预案。与下辖各村、社区签订防汛责任状，制作了200块防汛警示牌。同时，加强汛期河道巡查工作，对各村险工、险段进行排查，防止发生重大洪涝灾害事故。

安全饮水工程。经检测，后本滩村自来水氨氮含量超标严重。为了切实解决群众的饮水问题，在向相关部门申请后，以政府出资的形式，由内蒙古永泰水务有限责任公司施工，将该村自来水管道接入市政供水管网。后本滩村相关工程施工已完成，全村自来水已纳入市政供水管网。

私搭乱盖整治行动。2019年，牵头组织相关部门及拆迁公司，通过多次联合执法，对辖区各行政村的违法建筑依法进行强制拆除，累计行动几十次，累计拆除辖区内各村违法卫片及私搭乱建160多处，累计拆除“两违”建筑约2.6万平方米。

遗留项目申报工作。全镇共有4个遗留项目。为早日解决辖区房地产遗留项目，按照上级文件要求，与辖区内各房地产企业联系，把工作要求内容第一时间通知给各企业负责人，督促、协助各企业相关信息收录整理成册，上报上级相关部门。现办结1个，剩余3个已列入推进名单。

清产核资及土地确权工作。2019年，对土地确权及清产核资工作做了全面部署，前期多次召开专题会议对工作进行了研究、讨论。相关工作已全面完成。

秸秆禁烧工作。2019年，为响应市政府关于禁止焚烧农作物秸秆的相关通告，制定了秸秆禁烧实施方案，下发了《秸秆禁烧告知书》，与辖区内各村签订《秸秆禁烧责任书》，划分了责任区，明确了村两委干部工作职责，委托一太农业公司对秸秆进行回收利用，已回收秸秆2万余亩。安排了镇内干部值班，保证突发情况及时处理。按照整体工作安排，成立了由镇主要领导负责的秸秆禁烧工作领导小组及巡视督察组，不定期对各村秸秆禁烧工作进行巡视督导，确保秸秆禁烧工作的顺利推进。

清洁燃煤置换工作。2019年，按照区委、区政府工作部署，以生态优先、保护第一的绿色发展理念为核心，在相关部门的大力协助下，全面推进全镇范围的清洁燃煤置换工作，共涉及12个村和4个社区，已完成置换6158户，置换燃煤10480.828吨。

散乱污企业专项整治行动。按照区委、区政府统一部署，积极开展对土默特大桥南侧，玉泉区与土左旗交界地带及全镇范围内散乱污企业的整改工作。工作开展以来，镇机关联合相关部门对违规搅拌站、砂场、小砖厂等进行重点检查，依据相关法律进行拆除、清理。为落实对散乱污企业的长效化管理，由各村、社区制定排班表，对辖区内重点区域进行不定期排查，做到及时发现，及时上报，及时取缔。

宗教及清真泛化工作。为积极响应上级关于宗教工作及清真泛化工作的相关部署，组织干部深入全镇各村、社区开展情况摸底工作，对出现问题的商户及宗教场所，督促其进行及时整改，保证了全镇社会秩序的持续稳定。

扫黑除恶专项行动。2019年，共召开镇党委扩大会议及各村、社区专题工作部署会19次，传达了上级部门有关扫黑除恶专项斗争的工作部署要求，及时研究部署了全镇的扫黑除恶专项斗争工作，成立了扫黑除恶专项斗争工作领导小组和线索核查组，制定印发了《小黑河镇扫黑除恶专项斗争行动方案》等5个制度性文件，与各村、社区签订了扫黑除恶专项斗争承诺书，并按照镇领导包片、干部包村制度，开展督查工作。

环境卫生综合整治及“三城同创”工作。按照区委、区政府相关工作部署，通过统筹安排，组织5万余人，出动机械3000余台，对各行政村、社区进行垃圾清理工作，共清理建筑垃圾1500吨、生活垃圾1000吨，并对长约6千米、宽约20米的河道进行了清理，沿河苫盖面积达2万多平方米。同时，对发现的道路积水、生活污水进行及时抽排，确保群众生活正常有序。

为响应上级关于“三城同创”工作的相关部署与安排，积极开展创城宣传工作，举办系列宣讲活动共数十次，并在全镇主要路段安排路长，负责责任路段市容市貌、环境卫生等方面工作，已累计上报路长案件700余件，及时处置案件650余件，其余案件均已交付相关部门进行处理。

【民生保障工作】 2019年，有农村低保户191户、305人，城市低保户12户、17人，共发放农村低保金140.93万元，城市低保金10.21万元；集中供养五保户9户、9人，发放五保供养金8.07万元；分散供养五保户44户、44人，发放分散供养金32.19万元；全镇共有孤儿2人，按每人每月1500元标准，发放孤儿救助金3.74万元；按上级文件要求，城乡居民实现了80岁以上老年人高龄津贴全覆盖，按每人每月100元标准，2019年为551人发放高龄津贴，共49.53万元；全镇发放重度残疾人护理补贴33.62万元，发放283人次；发放残疾人生活困难补助17.94万元，发放151人次。

【扶贫工作】 小黑河镇基本实现了对小黑河镇农户的建档立卡常态化动态管理，确保及时发现困难群众，做到“应扶尽扶”。辖区内共有24户、51人享受国家脱贫政策。

为进一步明确扶贫脱贫精准化政策，对已实现脱贫，符合清退原则的农户共6户、13人进行了清退。为落实玉泉区关于加强农村最低生活保障制度与扶贫开发政策有效衔接的有关政策要求，已将脱贫享受政策户中的3户、共5人纳入低保范畴。

【社会事业】 2019年，社会治安综合治理工作稳步推进，有效开展了宗教情况摸底和清真泛化工作，各类信访案件得到有效解决，实现了在重要节点的“零非访”目标，切实维护了小黑河镇社会的平稳安定。同时，高度重视安全生产工作，对小黑河镇范围内的人员密集场所及生产经营单位进行了细致的安全检查工作，有效维护了广大群众的生命财产安全。

附　录

玉泉区人民代表大会常务委员会工作报告

——2019 年 12 月 27 日在玉泉区第十七届人民代表大会第三次会议上

玉泉区人大常委会主任　赵永红

各位代表：

我受区人大常委会委托，向大会做报告，请予审议。

2019年主要工作回顾

2019年是新中国成立70周年，也是地方人大设立常委会40周年。一年来，区人大常委会始终坚持用习近平新时代中国特色社会主义思想指导和统领新时代人大工作，深入学习贯彻党的十九大和十九届二中、三中、四中全会精神，学习贯彻习近平总书记关于坚持和完善人民代表大会制度的重要思想，学习贯彻习近平总书记在地方人大设立常委会40周年座谈会上的重要讲话精神以及关于地方人大及其常委会工作的重要指示精神，扎实开展“不忘初心、牢记使命”主题教育，切实增强“四个意识”，坚定“四个自信”，做到“两个维护”，坚持党的领导、人民当家做主和依法治国有机统一，认真履行宪法和法律赋予的各项职权。全年共听取计划执行、预决算、审计及其他专项工作报告13项，形成审议意见5项，视察调研29次，配合上级人大以及本级人大组织执法检查7次，督促有关部门办理并答复人大代表建议92件，依法任免国家机关工作人员69人。通过依法履职，努力调动人大代表的积极性、主动性和创造性，凝聚全区人民团结奋进、推动发展的智慧和力量，为助力全区经济社会各项事业发展做出了积极贡献。

一、坚定正确方向，在服务保障大局上发挥新作用

一年来，常委会始终把坚持党的领导贯穿于工作全过程，始终把“区委工作重点就是人大工作中心，服务保障大局就是人大职责所在”的工作理念落实在工作各方面，自觉置身于大局去学习、去思考，切实服务大局、维护大局，充分发挥了人大在全区工作大局中的应有作用。

推进机构改革工作全面落实。地方机构改革是深化党和国家机构改革的重要内容，是全区上下的一项重大政治任务。常委会按照区委部署安排，积极主动、认真抓好落实，根据《中华人民共和国地方各级人民代表大会和地方各级人民政府组织法》的规定，在第九次常委会议上依法任命了机构改革后重新组建的区域经济合作局、退役军人事务局、应急管理局等区政府新组建的部门负责人，稳步推进机构改革工作开展。

推进扫黑除恶专项斗争。在全国开展为期3年的扫黑除恶专项斗争，是以习近平同志为核心的党中央做出的重大决策，事关社会大局稳定和国家长治久安，事关人心向背和基层政权巩固，事关进行伟大斗争、建设伟大工程、推进伟大事业、实现伟大梦想。常委会切实提高政治站位，坚持依法监督与群众路线相结合，努力推动全区形成扫黑除恶的浓厚氛围。多次组织代表旁听区人民法院关于扫黑除恶重点案件的庭审，听取“一府两院”及其相关部门关于扫黑除恶专项斗争工作进展情况汇报。通过微信、微博公众号等宣传媒介，及时将全区推进扫黑除恶专项斗争情况向广大群众进行宣传，充分发挥人大代表的桥梁纽带作用，不断增强人民群众对司法机关的信任和对开展扫黑除恶专项斗争的信心。

推进房地产遗留问题综合整治。围绕区委关于做好房地产遗留问题综合整治工作的有关要求，组织人大代表对我区房地产遗留项目进行集中视察，并听取了区政府相关部门关于房地产遗留问题综合整治工作进展情况的汇报。人大代表和部分房地产公司代表就解决项目遗留问题进行了深入细致的探讨交流，向区政府提出具体意见和建议。代表们针对我区房地产开发项目遗留问题存在情况复杂、群访率高、处理难度大、涉及部门多等特点，督促区政府及相关部门各司其职，着力推动房地产遗留问题彻底解决，切实保障群众利益，维护社会和谐稳定。

推进《中华人民共和国国旗法》的贯彻落实。为全面推进《中华人民共和国国旗法》（以下简称《国旗法》）的贯彻实施，在中华人民共和国成立70周年前夕，常委会于9月下旬集中对全区贯彻落实《国旗法》情况进行执法检查。督促区政府进一步贯彻落实好《国旗法》的各项规定，促进辖区内各单位和个人规范升挂国旗，维护国旗的尊严，切实推进《国旗法》在我区的贯彻实施，进一步增强人民群众的国旗意识和爱国情怀。

一年来，常委会始终坚持融入大局，自觉在大局下定位，主动在大局中作为，按照区委统一部署，常委会机关干部积极参与脱贫攻坚、“三城同创”、宗教活动场所排查等重点工作。把坚守初心使命体现、融入、贯穿到对党忠诚、为党尽职、为民造福的根本政治担当中，展现人大工作的精气神，凝聚服务大局的正能量。

二、强化责任担当，在提高履职实效上彰显新作为

一年来，常委会不断强化责任担当，始终秉承监督与支持有机结合的原则，综合运用多种监督方式，依法履行监督职能，切实提高监督实效，推进依法行政、公正司法。

强化对经济工作的监督。常委会紧紧围绕全区经济工作重点，听取和审议计划、财政、审计等5个专项工作报告，依法批准2018年财政决算。按照监督法和《玉泉区人大常委会审议意见办理办法》的有关要求，对常委会提出的审议意见持续跟踪督办落实，推动全区财政预算、决算、审计等各项工作规范化，促进全区经济平稳健康发展。进一步加强对区政府关于国有资产管理情况的监督力度，制定了《玉泉区人民政府向人大常委会报告国有资产管理情况的制度》，组织区人大代表到大盛魁文创园北区、睿斯文化综合体、大观园剧场、青城二十四院等地，调研区政府关于国有资产管理的情况，并听取了相关企业国有资产管理情况汇报，督促区政府加快对没有启用的国有资产的投入使用速度，推进我区国有资产管理工作再上新台阶。

强化对环保工作的监督。坚决贯彻落实“绿水青山就是金山银山”的理念，持续不断地加强对全区环保工作的监督力度，助力全区坚决打好污染防治攻坚战。常委会听取和审议了《玉泉区人民政府关于全区大气污染防治情况的报告》，对《中华人民共和国环境保护法》实施情况进行执法检查。对全区的工业废气、渣土扬尘、秸秆焚烧综合治理情况，河道综合整治、河道两侧生态改造情况以及污水处理、饮用水保护等情况进行视察调研，切实监督区政府加强环境综合治理工作，努力提高环境执法水平，持续改善全区环境质量。

强化对民生工作的监督。常委会紧紧围绕医疗、教育、住房、食品安全等人民群众普遍关心的热点、难点问题，综合运用多种监督方式，不断强化对民生工作的监督。组织人大代表对全区便民市场、新建改建公厕、老旧小区电梯和供水设施改造等民生工程进行调研。听取区政府关于社区卫生服务中心建设工作和城乡社会救助工作、关于全区“互联网+食药平台”建设情况的报告。深入区民族幼儿园、五塔寺东街小学教育集团小黑河校区、六中初中部视察教育重点工作开展情况；深入蓝色故乡、昭君水上乐园、苏鲁锭民族手工艺产业园等重点文旅产业项目视察文旅产业发展情况；深入连家营村芦笋、旱稻和翡翠豆种植基地以及昭君花海等特色产业园视察乡村振兴及文化旅游建设情况。配合市人大开展对《中华人民共和国食品安全法》贯彻实施情况进行执法检查。努力使人大工作更好体现人民利益、反映人民意愿、增进人民福祉。

强化对司法工作的监督。为了提升人民群众在民主法制、社会公平正义等方面的获得感，组织代表深入区人民法院开展旁听庭审活动，促进区人民法院充分发挥审判职能作用，不断增强审判工作的透明度，实现阳光审判。听取了区人民法院关于深化司法责任制改革工作情况报告，支持区人民法院落实员额法官选任、优化法官配置、内设机构改革、智慧法院建设等工作，不断促进审判职能优化和办案质量提升。为了进一步强化区人民检察院公益诉讼工作，常委会听取和审议了区人民检察院关于公益诉讼工作情况报告，并观摩行政公益诉讼的庭审。支持区人民检察院成立公益诉讼检察办案组，聚焦生态环境和资源保护、食品药品安全、国有财产保护领域，依法履职、狠抓办案，推动公益诉讼工作稳步开展。

三、发挥代表作用，在保障代表依法履职上取得新成效

人大代表是做好人大工作的主体。一年来，区人大常委会高度重视并不断改进代表工作，为代表履职提供高质量的服务保障。

代表履职平台更加完善。根据人大代表之家提档升级的有关要求，不断强化人大代表之家的软、硬件建设。所有代表之家配备了电脑、投影仪等多媒体办公设施，用于代表日常学习、培训等活动；设立代表信息公开栏，方便代表与选民群众的沟通联系。不断健全完善代表履职档案、代表履职纪实手册，代表活动做到有计划、有记录、有总结。今年11月，在市人大常委会的指导下，搭建了人大代表信息平台，将代表全年履职信息及意见、建议录入人大代表履职信息网络平台，逐步以大数据模式强化代表履职平台建设，激发代表履职积极性。

代表履职服务不断优化。采取走出去、请进来等灵活多样的方式开展代表培训工作。今年4月，邀请区人民检察院检察官以“全面依法治国进程中的检察公益诉讼”为题，为区人大代表进行法律知识专题讲座；7月，组织市、区、镇三级人大代表进行培训，深入学习贯彻落实习近平总书记考察内蒙古时的讲话精神，学习代表法、地方组织法等相关法律法规；全年，小黑河镇人大和各街道人大工委组织各级人大代表369人次进行学习培训32次。为凝聚并汲取各个行业人大代表的集体智慧，更好地发挥人大代表的专业优势，成立了法律、财经、教育、城建、农业、民族、医疗卫生7个专业代表联络小组，进一步提升人大代表的履职实效。部分社区设立人大代表监督岗，充分发挥代表在监督岗上的作用，对社区的服务工作、民生工程、财务政务公开、安全生产等进行监督，促进各项惠民政策落到实处。

代表联系群众更加密切。镇人大、街道人大工委充分发挥人大代表之家和人大代表联络站的作用，利用微信平台、联系选民信息卡、接待选民专线、宣传栏等载体，组织代表开展选民接待日、集中培训学习、座谈交流、视察调研、走访接待群众活动111次，863人次各级人大代表参加了活动，参与群众达1195人次，征集到选民反映的意见、建议568条。属于镇、街道本级能解决的建议及时解决，解决不了的形成闭会期间的建议，由区人大常委会交区政府办理，区人大相关委员会负责跟踪办理情况，并向街道人大工委反馈，努力做到件件有回声。积极落实常委会组成人员联系代表、代表联系选民“双联系”制度，印发《关于进一步加强玉泉区人大常委会组成人员联系人大代表和人大代表联系选民的通知》，不断畅通双向联系渠道，及时了解基层意愿，反映群众诉求，推动问题解决，增进代表与群众的沟通联系。

代表服务群众更加务实。按照《内蒙古自治区党委办公厅关于印发〈民生实事项目人大代表票决制试点工作方案〉的通知》（内党办发〔2018〕41号）和《中共呼和浩特市委办公室关于印发〈呼和浩特市民生实事项目人大代表票决制试点工作方案〉的通知》（呼党办发〔2019〕14号），今年初，鄂尔多斯路街道办事处被确定为自治区级民生实事项目代表票决制试点单位，小召前街街道办事处被确定为市级民生实事项目代表票决制试点单位。一年来，2个试点单位在街道党工委的领导下，民生实事项目人大代表票决制（会商制）工作稳步推进，共计向辖区居民征集248件民生实事项目，经过汇商，确定了涉及社会保障、公共服务、城市建设、城市管理、环境保护、公共安全方面的民生实事项目11项。辖区人大代表积极落实监督责任，跟踪监督项目进展情况。目前，11项民生实事项目全部办理完毕。其中，小召前街街道建设的爱老敬老托老餐厅，为周边老人提供了极大的方便，受到了群众的热烈欢迎，同时得到了市委书记王莉霞同志、市人大常委会主任云建东同志的高度评价。鄂尔多斯路街道推出了将民生实事项目人大代表票决制（会商制）工作与党委组织部门“三项清单”工作有效结合，将会商项目之外的民生实事项目由街道各科室与职能部门认领并实施，使街道的日常工作与群众需求无缝对接，做到有的放矢、务实高效地为群众解决实际问题。这一做法在自治区民生实事人大代表票决制现场经验交流会上，受到好评。小黑河镇人大和各街道人大工委积极组织辖区代表深入开展人大代表冬日送温暖、人大代表扶贫帮困、民生实事项目你做主、端午情更浓、医疗服务进社区等主题实践活动，树立人大代表情系选民、为民服务的良好形象。

代表建议办理提质增效。坚持把强化代表建议办理作为保障代表依法履职的重要内容和落实代表监督职权的重要举措，切实加大代表建议督办力度。区十七届人大二次会议共收到代表提出的建议、批评和意见92件，会后及时交于区政府办理。将所有建议进行分类，各专工委按照对口联系部门，督促承办部门按要求期限答复代表建议的办理情况，并且按照《玉泉区人大常委会关于人大代表建议办理工作考核评价方案》进行测评，使代表能实时全面掌握建议办理工作。常委会坚持听取区政府关于重点建议的办理进展情况，同时邀请提出建议的代表列席常委会。经过1年的努力，92件建议已经全部办理答复完毕，办理质量、办理效率和代表满意率均有了新的提高。

四、加强自身建设，在提升机关工作水平上实现新突破

习近平总书记在对地方人大及其常委会工作的重要指示中指出："要加强自身建设，提高依法履职能力和水平，增强工作实效"。区人大常委会认真贯彻落实习近平总书记的要求，坚持把加强自身建设摆在重要位置，改进工作作风，提升工作能力，努力成为全面担负起宪法和法律赋予的各项职责的工作机关，成为同人民群众保持密切联系的代表机关。

扎实开展主题教育，强化思想建设，提高政治意识。按照区委部署，常委会党组认真组织开展"不忘初心、牢记使命"主题教育，积极落实"守初心、担使命，找差距、抓落实"的总要求，将学习教育、调查研究、检视问题、整改落实贯穿主题教育全过程，确保实现理论学习有收获、思想政治受洗礼、干事创业敢担当、为民服务解难题、清正廉洁作表率的目标。通过党员领导干部带头讲党课、观看教育片、撰写心得体会以及解答试卷等多种形式，进一步加强机关党员干部的党性修养，坚定理想信念和政治立场。组织党员到大青山红色文化公园、乌兰夫纪念馆等红色教育基地开展"缅怀革命先烈、重温入党誓词"等主题党日活动，传承红色基因，增强"四个意识"，坚定"四个自信"，做到"两个维护"，以实际行动践行共产党人的初心和使命。

落实全面从严治党要求，强化作风建设，提高履职能力。坚持严肃和规范党内政治生活，履行好管党治党责任，更好地发挥区人大常委会党组的作用。严格执行《中国共产党廉洁自律准则》和《中国共产党纪律处分条例》，驰而不息抓好作风建设和廉政建设，多次组织支部党员参观警示教育基地，收看典型案件教育片，进行党风党纪教育，提高机关党员干部的政治素质，增强拒腐防变能力。严格落实常委会学习制度，全年共组织常委会组成人员及机关干部进行习近平总书记重要讲话精神、党章及党内各项法规条例、党中央和各级党委关于意识形态工作的决策部署等思想政治学习29次；组织关于民生实事项目人大代表票决制工作、代表建议办理工作、预决算监督工作等专题业务培训10次，切实提高常委会组成人员的履职能力和机关干部的工作水平。

各位代表，1年来，常委会工作所取得的成绩，是在区委的正确领导下，常委会全体组成人员、区人大各专门委员会组成人员、全体人大代表、镇人大、各街道人大工委以及全区人大工作者共同努力的结果，是区人民政府、区监察委员会、区人民法院、区人民检察院以及全区有关部门密切配合的结果，更是全区人民群众大力支持的结果。在此，我代表区人大常委会向大家致以最崇高的敬意，表示最衷心的感谢！

各位代表，在深入开展“不忘初心、牢记使命”主题教育，围绕全区工作深入调研查找问题的过程中，我们也深入查找到了当前人大工作特别是监督工作面临的一些突出问题，主要表现在：监督方式上，会前调研方式方法相对单一，与部门座谈多、开会听汇报多，直接深入基层、与群众面对面交流少；按规定路线看现场多，随机抽查和暗访少；建议性监督多，强制性监督少；和风细雨多，动真碰硬少；综合运用多种监督方式还有待于进一步强化。监督效果上，“弹性”监督多，“刚性”监督少；审议意见重交办轻督办、重过程轻结果，很多情况下是“文来文往”，停留在书面报告的传递和反馈上，整改落实有待进一步加强。实事求是地讲，这些问题既有人大工作的共性问题，也有我们自身工作的个性问题，需要我们端正态度，不掩盖，不回避，解放思想、求真务实，在来年的工作中，认真加以解决。

2020年主要工作安排

各位代表，十九届四中全会审议通过的《中共中央关于坚持和完善中国特色社会主义制度、推进国家治理体系和治理能力现代化若干重大问题的决定》，明确提出坚持和完善人民代表大会制度这一根本政治制度。在新的历史条件下，坚持和完善人民代表大会制度，对于坚持和完善人民当家做主制度体系，发展社会主义民主，充分发挥中国特色社会主义制度和国家治理体系优越性，具有十分重要的意义。2020年，区人大常委会将高举中国特色社会主义伟大旗帜，全面贯彻落实党的十九大和十九届二中、三中、四中全会精神，深入学习贯彻习近平新时代中国特色社会主义思想，特别是关于坚持和完善人民代表大会制度的重要思想，认真贯彻落实自治区党委、市委人大工作会议对基层人大工作提出的新要求，坚持党的领导、人民当家做主、依法治国有机统一，努力将人大制度优势有效转化为过硬的治理效能，围绕中心工作扎实开展好监督、决定、任免及代表工作，为推动全区经济高质量发展做出积极贡献。

一、紧密围绕中心工作，推进全区改革发展大局

深入贯彻落实习近平总书记在十三届全国人大一次、二次会议参加内蒙古代表团审议时的重要讲话精神和习近平总书记在内蒙古考察工作时的重要讲话精神，找准发挥人大作用与服务中心工作的结合点，推进我区改革发展重大任务全面落实。

坚持党的领导。把思想和行动统一到中央、自治区党委、市委和区委的决策部署上来，及时把党的重大决策和意图通过法定程序转变为人民的共同意志，积极参与信访维稳、扫黑除恶专项斗争、民族团结、宗教问题整改等工作，努力完成区委交办的各项任务。坚持重大事项向区委请示报告制度，切实发挥人大常委会党组的领导核心作用，确保人大工作沿着正确的方向前进。

推动改革发展稳定大局。紧贴全区中心工作，聚焦改革发展稳定的重大问题，实施有效监督，助力全区在打赢“三大攻坚战”、推动经济高质量发展、加强城市精细化管理、发展民营经济、推进乡村振兴、增进民生福祉等方面实现新突破。特别要抓住我区的产业优势，在推动文化

旅游产业融合发展上积极建言献策，有效推动优势产业发展。

二、切实用好法律赋予的监督权，推进监督工作扎实开展

严格按照法定职权和法定程序进行监督，保证宪法和法律在我区有效实施，形成加强和改进工作的合力。同时，注重增强监督的针对性和实效性，强化审议意见落实情况的监督，加强与镇、街道人大工委的协同配合，依托各专业代表小组开展专业领域监督。

推动财政经济健康运行。严格贯彻实施预算法，加强对政府全口径预算决算的审查和监督，拟听取审议计划、预算、审计工作报告以及审计查出问题整改情况的报告，审查和批准2019年财政决算。听取区政府关于玉泉区“十四五”规划纲要（草案）编制起草情况的报告。落实中央加强对国有资产监管的文件精神，按照《玉泉区人民政府向区人大常委会报告国有资产管理情况的制度》，听取审议区政府关于国有资产管理情况的报告。

推动民生改善。拟对《中华人民共和国残疾人保障法》《中华人民共和国老年人权益保障法》贯彻实施情况开展执法检查，维护弱势群体利益，保障老年人老有所依、老有所养。围绕加强工友之家就业平台建设、养老保险工作、推进标准化学校建设、中小学营养餐配送、提升医疗卫生水平等听取审议政府专项工作报告。对人大代表票决的民生实事项目开展全过程的监督，推进项目顺利实施。

推动法治玉泉建设。带头弘扬宪法精神、维护宪法权威，保证《法治政府建设实施纲要（2015—2020年）》在全区得到有效实施，行政权和司法权得到正确行使，切实维护公民、法人和其他组织的合法权益。拟听取审议区人民法院审判执行、区人民检察院认罪认罚从宽制度落实情况的报告，听取司法机关扫黑除恶专项斗争工作情况的报告，全力助推依法治区进程。

推动生态文明建设。紧紧抓住大气、水、土壤污染等重点难点问题，通过专题调研、执法检查和跟踪督查等多种方式持续发力强化监督。拟听取审议区政府关于饮用水源井标准化建设情况的报告、土壤污染防治情况的报告。

三、保障和维护代表主体地位，推进代表工作完善发展

严格落实“双联系”制度，做好常委会组成人员联系人大代表、人大代表联系选民的具体工作。推进人大代表之家和人大代表联络站建设，进一步完善建好、管好、用好代表之家和代表联络站的方式和措施，把代表接待日活动开展好，使代表在闭会期间的工作开展得更扎实有效，促进人大代表活动常态化、制度化、规范化。做好代表向选民述职工作，进一步密切代表与选民的联系。增强代表议案建议办理实效，完善办理考核评价机制，拓宽公众参与渠道，进一步提高办成率和代表满意率。

四、着力提高履职水平，推进常委会自身建设

认真学习贯彻习近平新时代中国特色社会主义思想，强化创新理论武装，树牢“四个意识”，坚定“四个自信”，做到“两个维护”，落实好“两个责任”，全面推进常委会及机关政治建设、思想建设、组织建设、作风建设、纪律建设和干部队伍建设。一是坚持学习提高。进一步巩固拓展“不忘初心、牢记使命”主题教育成果，把学习习近平总书记关于坚持和完善人民代表大会制度的重要思想，同学习贯彻党的十九届四中全会精神、习近平总书记对内蒙古重要讲话精神结合起来，保证常委会各项工作始终保持正确的政治方向。强化对宪法、选举法、地方组织法、代表法、监督法等与人大工作密切相关的法律法规的学习，强化人大工作的法定职责和法定程序，提高运用法治思维和法治手段履行职责的能力。要紧跟时代步伐，学习新知识，接受新事物，不断提高综合素质，适应新时代人大工作新要求，更好的服务大局。二是深入调查研究。将调查研究之风落实到服务人大代表和人民群众中去，尽心尽力察民情、聚民智，找准经济社会发展中带有全局性、根本性的重大问题，依法监督解决，努力推动经济社会高质量发展。三是积极建言献策。用发展的眼光看问题，不断提高常委会审议质量，适度超前思考区域、产业、人文等各方面发展趋势，提出更具有前瞻性的意见建议，为区委科学决策贡献人大智慧和人大力量。四是注重经验交流。加强同上级人大和兄弟旗县区人大的工作联系，召开镇人大、街道人大工委工作联席会，开展工作交流，总结推广经验，提升工作水平。

各位代表，习近平总书记今年7月18日在地方人大设立常委会40周年座谈会上指出，40年来，地方人大及其常委会坚持党的领导、人民当家做主、依法治国有机统一，履职尽责，开拓进取，为地方改革发展稳定工作做出了重要贡献。这是习近平总书记对地方人大工作的肯定，更是鞭策。新时代赋予新要求，新要求当需新作为。区人大常委会将始终坚持用习近平新时代中国特色社会主义思想为指导，深入学习贯彻习近平总书记关于坚持和完善人民代表大会制度的重要思想和关于地方人大及其常委会工作的重要指示精神，深入学习贯彻自治区党委、市委人大工作会议精神，紧密团结在以习近平同志为核心的党中央周围，在区委的正确领导下，多学习、多思考、多调研，综合运用多种监督方式，努力落实好各项职责，把加强人大及其常委会建设作为新形势下坚持和完善人民代表大会制度的重要任务抓紧抓实抓好，推动人大工作取得新成效，为全区经济社会各项事业发展做出新贡献！

中国人民政治协商会议玉泉区第九届委员会常务委员会工作报告

——在政协玉泉区第九届委员会第三次会议上

（2019年12月25日）

岳春光

各位委员，各位同志：

现在，我代表政协玉泉区第九届委员会常务委员会，向大会报告工作，请予审议，并请列席会议的同志提出意见。

2019年工作回顾

2019年，在中共玉泉区委的正确领导下，在区政府区人大的大力支持下，区政协常务委员会坚持以习近平新时代中国特色社会主义思想为指引，深入学习贯彻习近平总书记关于加强和改进人民政协工作的重要思想，坚持按照“不忘初心、维护核心、围绕中心、凝聚人心”的工作思路，认真履行“政治协商、民主监督、参政议政”职能，唱响转型发展“主旋律”，搭好政治协商“大舞台”，发出参政议政“好声音”，为助推建设美丽玉泉做出了积极贡献。

一、坚持旗帜引领，提升政治站位高度

加强思想政治引领。区政协常委会始终把强化理论武装、坚定政治方向放在首要位置。通过各类会议集中学、专家辅导学、党组成员深入基层宣讲等方式，广泛深入学习习近平新时代中国特色社会主义思想和党的十九大及十九届二中、三中、四中全会精神、习近平总书记考察内蒙古重要讲话精神和习近平总书记参加十三届全国人大一次、二次会议内蒙古代表团审议时的重要讲话精神。围绕习近平总书记关于加强和改进人民政协工作的重要思想开展对标学习研讨，准确把握党对人民政协工作的新要求。认真抓好中共中央办公厅《关于加强新时代人民政协党的建设工作的若干意见》的学习和贯彻落实。年内召集党组会议、主席会议、常委会议集体学习28次，党支部集中学习48次，主席、副主席、党支部书记讲党课8次。政协党组、机关党组同时深入开展“不忘初心、牢记使命”主题教育活动，科级以上领导干部围绕“党的政治建设、担当作为、廉洁自律”等8个专题召开了8次专题研讨会；按照“四个围绕”，结合努力探索玉泉区“绿色生态、现代宜居、产城融合、文旅一体”高质量发展新路子，政协党组、机关党组成员每人确定一个调研课题，深入企业、社区、单位开展调查研究，做到了“身入且心至”，用心座谈走访、细心摸清情况、潜心研究问题、精心提出对策，形成对策建议报告。这次主题教育活动共收集7篇调研报告和100余篇心得体会。通过学思践悟，引导全体政协委员、机关干部增强“四个意识”，坚定“四个自信”，践行“两个维护”，夯实团结奋斗的共同思想政治基础。

凝聚政治共识。区政协常务委员会自觉坚持区委领导，第一时间传达学习区委重要会议精神，坚定不移贯彻落实区委的决策部署，重要工作主动向区委请示，重大活动积极邀请党政领导参加，协商成果及时向区委、区政府报送，区委、区政府领导批示认真抓好督导落实，努力将区委的决策部署转化为各族各界的一致共识，将发展蓝图转化为全体委员的行动目标。

强化政协党组建设。区政协党组认真履行政治领导责任，发挥好把方向、管大局、保落实作用。健全政协党组织党建工作责任制，落实“一岗双责”职责，把发挥党组领导作用与政协依章履行职责统一起来，推动党建工作、意识形态、党风廉政建设、精神文明建设与政协履职工作同频共振、互促共赢。完善班子各项会议和工作制度，保证了各项决议决定的有效落实。切实担负起全面从严治党政治责任，认真组织学习《中国共产党纪律处分条例》和《中华人民共和国监察法》，进一步增强了机关干部的纪律意识、规矩意识。区政协通过电话、邮箱、征求意见箱、发放征求意见函等多种方式开展了开门纳谏活动，征求基层意见、建议50余条。10月底政协党组还专门召开了开门纳谏意见征求会，向政协常委征求意见，同时对区政协工作进行了交流。加强了对政协组织中党员的教育、管理、监督，严把各项活动政治关，营造了既畅所欲言、各抒己见，又理性有度、合法依章的良好协商氛围，有效推动了政协事业持续健康发展。

二、坚持围绕中心，拓展多层次协商议政深度

区政协常务委员会充分发挥人民政协协商民主重要渠道作用，分别组织不同层次、不同形式的协商座谈会10余次，构建以全体会议为龙头，以重大事项专题协商会为重点，以提案办理协商会为常态的多层次协商议政格局。

精心组织全委会协商。区政协九届二次全委会期间，委员们通过大会提案、发言、小组讨论等形式，对“一府两院”工作报告和我区经济社会发展的重大事项进行了认真的协商讨论，区委、区政府主要领导全程参与协商讨论，委员踊跃建言，提出了许多有价值的意见和建议，得到区委政府高度重视和有关部门的认真落实。

认真搞好常委会专题协商。认真落实中共中央关于加强人民政协协商民主建设的决策部署，区政协年初制定了专题协商计划。相继开展了玉泉区历史文化古迹保护现状、打造良好的营商环境更好地服务企业和重点项目建设、司法系统推行电子政务在调解中的应用情况、玉泉区乡村旅游文化建设4个协商议题，进行了常委会专题协商，并形成专题报告报送区委、区政府，供决策参考。此外，区政协班子成员积极参加区委、区政府重要会议和重大活动，就重大事项决策部署、重点项目和重点工程实施等议题积极主动地听情况、提建议，广泛讨论、协商。

积极开展提案办理协商。区政协将协商民主理念和协商工作方式贯穿于提案工作全过程，建立主席、副主席领衔督办重点提案制度。九届二次会议以来共收到提案151件，从立案交办的105件提案中遴选出重点及重要提案8件作为重点督办提案，分别由政协主席会议成员领衔督办。同时，联合区委督查室、区政府督查室进行重点督办，通过会议、调研、座谈、评议等多种形式，适时开展提案办理协商，形成了办理提案的整体合力，确保办理工作落到实地，做到了让政协委员满意、让人民群众受益。6月下旬，区政协提案委对提案受理集中单位区教育局、区文体旅游广电局、区交管大队进行了提案督办，并召集提案人、承办单位负责人召开了提案督办协商会议，大大提升了提案办理速度和质量。目前，所有提案均向政协委员书面答复完毕，办复率100%。

三、坚持务实高效，增加改革创新力度

区政协常务委员会坚持以改革创新精神推进履职能力建设，不断拓展履职平台，改进方式方法，完善工作机制，推进经常性工作创新，政协整体履职水平和能力不断提高。

改进调研视察。区政协有效发挥政协人才荟萃、智力密集的优势，严格按照今年制定出台的《政协玉泉区委员会关于加强和改进调研工作的实施办法》《政协玉泉区委员会委员视察工作条例》，积极改进调研视察工作，杜绝走马观花，浅尝辄止。由区政协班子成员牵头，相关专委会负责组织承办，集合众智协力攻关，以“不忘初心、牢记使命”主题教育活动为契机，围绕全面建成小康社会的短板问题、经济社会发展的重要问题、人民群众普遍关心的实际问题、坚决打好“三大攻坚战”等精选调研课题，深入基层第一线开展调研，真正把情况摸清楚，把结症分析透，并组织召开研讨会，形成了《关于推进玉泉区居民清洁化取暖工作情况报告》《关于园区民营经济高质量发展的调研》《关于信息化技术在人民调解工作中的应用》等8篇调研报告，提出意见建议40条。年内区政协接待全国各省市政协调研考察20余次，各专委会还多次积极配合自治区、市政协对口专委会开展了现代观光农业和设施农业的发展和关于围绕增加我市普惠学前教育资源，解决适龄儿童入园难、入园贵问题等调研视察。

创新民主监督。一是突出视察监督。区政协常委会组织政协委员对玉泉区重点工程建设、污水处理项目进行了2次专项视察；各专委会围绕宗教文化，绿色种、养殖业发展状况，玉泉区职业教育办学及就业，玉泉区旅游设施建设情况等领域开展了12次视察监督，提出有针对性和操作性的意见和建议30余条。二是扩大社会监督。积极探索政协民主监督与纪委监委党内监督协作新模式，积极推荐政协委员担任纪检监察、公检法机关及政府职能部门特约监督员，选派多名委员观摩区法院涉黑涉恶案件庭审，现场见证区法院的执行工作，参与区政府重大项目前期决策听证等监督活动。政协委员多种形式参与党政有关部门经济社会发展重大问题和社会热点、难点问题研讨，进行面对面的坦诚交流，协商探讨解决办法，为推进部门工作、促进公平正义、优化发展环境发挥了积极作用。三是积极开展民主评议，抓实提案评议监督。聚焦打赢脱贫攻坚战，围绕脱贫攻坚重点解决“扶持谁”“谁来扶”“怎么扶”“如何退”4个问题的执行情况；着力解决“两不愁三保障”突出问题的落实情况，对主要承担脱贫攻坚任务的小黑河镇、区农牧科技局、教育局、卫健委等部门，通过查摆问题、深挖不足、提出建议等方式进行了民主评议。同时还对这些单位提案办理工作进行了评议监督。通过评议，进一步提高了承办单位对委员提案的重视，增进了群众对提案办理单位的理解和支持。

凸显文史资料存史资政。发挥好政协文史

资料“存史、资政、团结、育人”功能，抓实抓好地方志、年鉴的编撰工作。目前已完成玉泉区第一部地方志的蒙古文翻译工作；完成了120多万字的《玉泉区志（1986—2015年）》的编写工作，现已进入评审阶段；印刷出版了55万字的《玉泉区年鉴》2018卷。

四、坚持发挥优势，扩大服务社会广度

区政协常务委员会坚持共享发展理念，把以人民为中心的发展思想贯穿履职全过程，围绕人民群众最关心、最直接、最现实的利益问题贴心建言，人民政协联系群众、团结各界的桥梁纽带作用得到进一步巩固。

助力精准脱贫。按照区委《关于开展区级领导包联脱贫享受政策边缘户工作的通知》要求，政协领导班子成员积极落实处级领导和责任部门、责任人“一对一”包联制度，加大了对联系地区和帮扶群众脱贫攻坚的指导力度，联合责任部门和责任人开展每月入户随访工作，并针对各贫困家庭实际情况，量身定制具体帮扶措施，保障贫困户精准脱贫。

促进社会和谐。积极协助党委和政府做好协调关系、理顺情绪、化解矛盾、增进团结的工作，确保社会政治稳定。注重选聘基层一线的政协委员担任社情民意信息员，便于及时掌握第一手社会普遍关注的热点、焦点社情民意信息，并做好相应整理上报工作。全年共征集到各类社情民意信息56篇，上报市政协36篇，其中被市政协采用10篇。

服务中心工作。积极融入全区改革发展大局，坚定做到党政工作部署到哪里，政协工作就跟进到哪里。自主题教育深入开展以来，玉泉区将人居环境整治作为主题教育重要载体之一，区政协班子成员深入包联社区、街道、市场等，热情助力“三城同创”，打赢“创城”“创卫”攻坚战，为全区人民创造一片蓝天净土。为解决整顿房地产乱象，区政协领导班子成员到包联的街道、企业、工地，现场开展调查研究，协调推进解决房地产专项整治项目中存在的问题，积极协调农民工工资发放问题，协调解决群众信访问题，为玉泉区经济社会发展做出了应有贡献。

五、坚持严实当头，加大自身建设力度

区政协常务委员会进一步加强自身建设，增强内在素质，不断提高履职能力和水平。

加强委员队伍建设。加强委员教育培训，始终把加强政协委员的学习与推进政协工作紧密结合起来，今年举办政协委员集中学习培训班1次，组织委员视察、调研、外出考察学习20多次，修订出台了《政协玉泉区委员会提案工作条例》《政协玉泉区委员会关于加强和改进调研工作的实施办法》《政协玉泉区委员会视察工作条例》等相关制度，着力提高委员整体素质，切实增强委员的履职能力。深入开展参加一次区政协全委会议、参加一次委员学习培训会议、参加一次由专委会组织的调研、视察活动、参加一次界别活动、提交一件提案、提交一条反映社情民意信息的“六个一”活动。进一步完善了《委员履职管理办法》《绩效评估办法》等规章制度，委员管理做到了遵循有章、考核有据、管理有效、执行有力。

加强政协机关建设。认真贯彻落实中央和自治区、市、区委关于加强和改进政协工作的新要求，充分发挥政协党组的领导作用，全面落实从严治党要求。领导班子成员严格执行“三会一课”、组织生活会等制度。深入开展了“三联三帮三促”党建活动，多次对接联建村党支部，联合开展特色主题党日系列活动。牢牢把握“守初心、担使命，找差距、抓落实”的总要求，进一步加强机关作风纪律建设，激发和带动干部、群众共同参与到玉泉区经济社会建设中。

各位委员、各位同志，一年来，区政协常委会工作取得了一定成绩，这得益于中共玉泉区委的正确领导，得益于区人民政府、区人大常委会的大力支持，得益于各民主党派、工商联、无党派人士、宗教界人士、各人民团体及相关部门的通力合作，凝聚着全体政协委员的辛勤智慧。在此，我谨代表政协玉泉区第九届常务委员会，向大家表示崇高的敬意和衷心的感谢！

凡是过去，皆为序章。我们也应清醒地认识到，推进协商民主建设方面有待探索，围绕协商议题调查研究有待深入，委员资政建言质量有待提高，民主监督方式方法有待创新，这些问题，我们要高度重视，在今后的工作中切实改进。

2020年工作安排

2020年是全面建成小康社会和全面完成“十三五”规划确定的目标任务，实现第一个百年奋斗目标的收官之年，也是推动玉泉区高质量发展的关键之年，做好全年各项工作意义重大。区政协工作的指导思想和总体思路是坚持以习近平新时代中国特色社会主义思想为指导，增强“四个意识”，坚定“四个自信”，做到“两个维护”，在中共玉泉区委的正确领导下，自觉践行新发展理念，矢志推动高质量发展，围绕坚决打赢“三大攻坚战”，全面做好“六稳”工作，统筹推进稳增长、促改革、调结构、惠民生、防风险、保稳定各项工作，坚持在创新上着力，在履职上聚力，在一线上发力，认真履行政治协商、民主监督、参政议政职能，全面做好思想引导、汇聚力量、议政建言、服务大局各项工作，为全面建成小康社会和全面完成“十三五”规划贡献政协智慧和力量。

一、坚持理论武装，在凝聚共识中提升思想境界。

加强理论学习。坚持和完善党组中心组学习、常委会议学习、委员培训学习、机关集中学习制度，深入学习贯彻习近平新时代中国特色社会主义思想和习近平总书记关于加强和改进人民政协工作的重要论述，认真学习《关于加强新时代人民政协党的建设工作的若干意见》，坚定不移地把习近平新时代中国特色社会主义思想作为统揽各项工作的总纲，真正做到学思用贯通、知信行统一，夯实共同思想政治基础。全面落实从严治党主体责任和意识形态工作责任制，实现党的组织对党员委员的全覆盖、党的工作对政协工作的全覆盖，积极探索政协党建工作有效形式和机制，通过党建这条“线”把党员委员和机关干部聚在党旗下，发挥党员应有的先锋模范作用，以党建工作引领政协工作高质量发展。

二、坚持建诤言、献良策，在倾情履职中助推经济社会发展

深层次开展政治协商。按照推进社会主义协商民主广泛多层制度化发展的要求，进一步规范协商民主工作，提升协商民主水平。建立党委政府点题和政协征题、选题的协商议题确定机制，确保选题精准，“供需”对路；完善全委会议集中协商、常委会议专题协商、主席会议重点协商、专委会对口协商的协商格局，推动协商民主向纵深发展。

多形式开展民主监督。完善监督载体，探索更多行之有效的民主监督方法和途径，使民主监督形式更加多样、方法更加有效。强化提案在交办、办理、协商、答复、反馈、落实全过程的监督性，促进提案质量和办理实效的“双提高”。立足“问题导向式监督”特点，以民生关切为念，紧扣基层法治推进、人居环境整治、营商环境整治等开展监督性视察活动。继续深化民主评议政府部门活动，发挥民主监督在推进全面从严治党中的作用，在营造“心齐气顺风正劲足”的社会氛围中体现价值。

全方位开展参政议政。坚持把全局工作的重点、经济工作的难点、群众关注的热点作为参政议政的根本取向，按照党政所需、群众所盼、政协所能”原则，聚焦坚决打赢“三大攻坚战”、现代农业建设、推进工业经济高质量发展、推进“三城同创”、普惠制教育、整治营商环境和民生方面等议题，深入调查研究，确保所提建议言之有理、言之有据、言之有度，同时建立调研成果报送反馈和跟踪问效机制，力求所建之言得以采纳，所献之策得以转化，充分发挥政协参政议政的职能作用。

三、坚持以人民为中心，在凝心聚力中促进社会稳定

融入中心助发展。坚持“党政想什么、政协就谋什么，党政干什么、政协就帮什么”，把围绕中心服务大局作为工作主线，主动认领任务，自觉融入作为，把加快发展作为分内之责，在有条件的社区建立政协委员之家。明确工作定位，充分倾听社情民意，准确把握政协献策机构、聚力机关、协商平台性质，上揽全局，下接地气，确保协商有据、监督有理、议政有方。强化务实作风，推动建言资政和凝聚共识双向发力，把立言和立行统一起来，站位全局谏真言、聚合力、谋发展。

团结合作促和谐。充分发挥政协队伍人才荟萃、智力充沛优势，汇聚真知灼见，博采真经良策，切实把组织优势转化为发展优势。加强与企业家委员的交往，倾听呼声回应诉求，为企业参与玉泉建设搞好服务。及时反映少数民族群众和宗教界人士的意见建议，促进民族团结、宗教和睦、社会和谐。

界别活动展风采。注重界别纽带作用和界别活动载体功能。一是要突出界别特色。要建立界别委员之家，要发出界别声音，提案要扩大界别提案比重，调研视察要凸显界别特点，社情民意要更多地反映界别情况，推动实现民意输入和政策输出的良性互动。二是要活跃界别活动。充分发挥界别委员专长，推进界别间沟通交流，积极开展法律援助、捐资助学、关爱弱势群体等各具特色的社会公益活动，不断提升政协界别的知名度和美誉度。

四、坚持强基固本，在有效作为中提升履职能力

进一步加强政协班子建设。落实党组从严治党主体责任，严格执行各项党内法规，严格遵守政治纪律、政治规矩。发挥班子成员在参与中心、服务民生、带领委员履职中的表率带动作用。充分发挥专委会联系委员、服务委员、组织委员功能，拓展活动载体，创新工作方法，增强工作活力。

进一步加强委员队伍建设。加强和改进委员学习培训，丰富委员学习形式，强化委员意识，弥补履职弱项，提升能力短板。开展委员联系走访活动，密切与委员的沟通联系，增进委员对政协组织的归属感。全面加强委员履职管理，将调研参与率、会议参加率、提案与社情民意信息提交率等纳入履职评价机制，定期通报委员履职情况，激励与约束并重，促进全体委员做好岗位和履职工作“两份作业”。

进一步加强政协机关建设。加强机关和干部队伍建设，从严要求、从严教育、从严管理，强化纪律执行，让机关党员干部知敬畏、存戒惧、守底线。强化质量意识，深化政协机关高效运转、高效执行、高效协调、高效服务“四高”建设，带动机关工作提质增效。

最近，市委专门召开了全市政协工作会议，就深入学习贯彻习近平总书记关于加强和改进人民政协工作的重要思想、围绕中心服务大局扎实有效地开展工作和如何做好新时代全市政协工作进行了全面部署，我们一定要认真学习中共中央新颁布的《关于新时代加强和改进人民政协工作的意见》和自治区党委、市委的实施细则，加强党对政协工作的领导，确保协商频次、丰富协商形式、强化协商保障，在广泛凝聚共识上凝心聚力，更好地规范区政协职能任务、权责程序，形成关系顺畅、运行有效的制度体系。

各位委员，同志们！壮丽的事业激励我们履职尽责促发展，肩负的责任鞭策我们锲而不舍抓落实。让我们更加紧密地团结在以习近平同志为核心的中共中央周围，高举中国特色社会主义伟大旗帜，全面贯彻习近平新时代中国特色社会主义思想，在中共玉泉区委的领导下，不忘初心、牢记使命，团结一致、奋勇前行，为夺取全面建成小康社会的伟大胜利而努力奋斗！

关于玉泉区2019年国民经济和社会发展计划执行情况与2020年国民经济和社会发展计划草案的报告

——2019年12月26日在玉泉区第十七届人民代表大会第三次会议上

玉泉区发展和改革委员

各位代表：

受区人民政府委托，现将我区2019年国民经济和社会发展计划执行情况与2020年国民经济和社会发展计划草案的报告提请本次人民代表大会审议，并请各位政协委员和列席会议的同志们提出意见。

一、2019年国民经济和社会发展计划执行情况

2019年，是新中国成立70周年，是全面建成小康社会、实现第一个百年奋斗目标的关键之年。今年以来，全区上下在区委的正确领导下，认真贯彻党的十九大和十九届二中、三中、四中全会精神，深入贯彻习近平新时代中国特色社会主义思想和总书记对内蒙古的重要讲话指示批示精神，坚持走以生态优先、绿色发展为导向的高质量发展道路，统筹推进“五位一体”总体布局，协调推进“四个全面”战略布局，增强“四个意识”，坚定“四个自信”，做到“两个维护”，围绕区十七届人大二次会议审议批准的目标任务，结合“不忘初心、牢记使命”主题教育活动，坚持稳中求进工作总基调，坚持新发展理念，扎实推进“六稳”工作，坚持以供给侧结构性改革为主线，加快建设现代化经济体系，稳步推进治理体系和治理能力现代化，保持全区经济社会持续健康发展，计划执行情况总体较好，“十三五”规划主要指标进度符合预期。

（一）全力稳增长，发展水平取得新提升

2019年全区地区生产总值同比增长5.2%（2019年指标为预计数，下同）；一般公共预算收入完成19.55亿元，同比增长1.5%；民生支出占一般公共预算支出的77.7%；社会消费品零售总额完成252亿元，同比增长3%；城镇常住居民人均可支配收入达到48405元，同比增长7.2%；农村常住居民人均可支配收入[1]达到22362元，同比增长8.5%。

（二）全力促转型，结构调整取得新进展

按照推进农业现代化、工业规模化、服务业集聚化发展的思路，不断优化营商环境，大力开展招商引资，全力推进项目建设，经济发展实现量的合理增长和质的稳步提升。

乡村振兴深入推进。农业生产保持稳定。农作物播种面积9.19万亩，粮食播种面积8.1万

亩[2]，粮食产量达4.86万吨；蔬菜、油料、其他作物播种面积1.09万亩，蔬菜产量达4.75万吨。产业结构不断优化。田园综合体项目建设稳步推进，东甲兰现代农业示范园项目[3]年产西红柿150万千克，乌兰巴图村食用菌示范性种植项目[4]、密密板村蚯蚓养殖生态一体化项目效应初显，旱稻[5]、特色豆类种植[6]、芦笋规模示范种植[7]顺利推广，昭君花海[8]试种成功，农村新业态培育取得积极进展。农业农村改革稳步推进。土地流转服务平台建设已完成，土地确权登记[9]颁证工作基本完成，农村集体产权制度改革清产核资工作[10]已结束。农业综合保障功能不断增强。农业科技应用全面推广，畜禽防疫体系更加完善，农田水利建设持续加强，防汛抗旱工作扎实开展。各项支农惠农政策得到有效落实，全年发放农业支持保护补贴共计1276.18万元[11]。

工业运行态势平稳。重点行业稳步发展。纺织服饰、农副食品加工业产值持续增长。骨干企业运行良好。规模以上工业企业20家，完成产值达86亿元。草原红太阳、金源康等重点企业运行稳定，草原红太阳技改扩建项目[12]主体已完工，健茹食品中央厨房建成运营，佰特利线缆高效投产，年产值预计达到9000万元，新兴业态成为工业经济新的增长点。园区转型步伐加快。腾退转型16家“僵尸企业”，新伟门窗、美好家园仓储物流项目加快建设，苁蓉实业、银河药业、鸿盛新型节能材料项目投产达效。

服务业继续提质扩容。重点项目进展顺利。红星美凯龙、居然之家、七彩城等大型商业项目运营良好；华美三期、闻都城市综合体全面竣工；万锦融城振华超市开业运营；凯德集团、北京华联签约进驻金宇新天地，城南商圈建设初具规模。消费市场保持稳定。美通物流中心、洪兴建材、华美汽配等各大专业市场运营平稳；大召文化产业集聚区、美通商贸功能集聚区、蒙古风情园旅游休闲集聚区综合服务功能更加完善，实现营业收入14.15亿元。新型业态加快集聚。蒙西文化广场集聚30余家总部经济企业，洲际酒店签约入驻；玉泉大厦[13]“双创”基地集聚效应逐步突显，现有企业65家。文旅融合纵深发展。启动自治区全域旅游示范区创建工作，围绕红色文化，推出土默特文庙、绥蒙抗日救国会旧址等红色爱国教育精品旅游项目；内蒙古文化旅游体育产业综合体运营平稳；投资2000万元，实施了大召、观音寺等文物保护单位修缮和景区基础设施提升工程；大观园剧场投入运营，通顺大巷、烧卖第一街成为网红打卡首选地，夜间经济成为消费新动力；成功举办大召文化庙会、民俗文化旅游节、烧卖文化节等大型活动；全年，各景区（点）共接待游客1290万人（次），同比增长9.5%，实现旅游综合收入11亿元，同比增长15%。

（三）全力强实效，“三大攻坚战”取得新成绩

脱贫成效扎实巩固。坚决打好脱贫攻坚战。按照“两不愁、三保障”[14]总体要求，健全稳定脱贫长效机制。对已脱贫享受政策26户共54人进行动态管理，通过产业扶贫、健康扶贫等方式增强贫困户脱贫内生动力，巩固脱贫成果，确保建档立卡贫困人口稳定脱贫。加快实施危房改造，完成危房改造共计13户。

污染防治持续深入。打好蓝天、碧水、净土保卫战。完成禁燃区内清洁能源替换和10家供暖企业燃煤锅炉拆改工作，严格落实“六个百分百”管控措施。扎达盖河、大黑河（玉泉段）河道综合治理工程稳步推进，两岸生态绿化完

成35万平方米，生态环境得到了极大改善。完成印染、制药等行业13家重点企业土壤污染调查工作。中央环保督查和“回头看”群众举报案件全部按期整改到位。

重大风险平稳可控。政府债务风险可控可管。我区严控债务增量，积极化解债务存量，规范安排政府投资项目，全年未发生新增债务。通过压减一般性支出、盘活财政存量资金、资产抵顶等方式化解债务5.17亿元，清欠民营企业、中小企业账款1.79亿元，圆满完成年度化债任务。持续加大小额贷款、担保公司、投资理财的监管力度，严厉打击民间借贷、非法集资、网络借贷等违法违规金融活动，有效维护地区金融秩序和金融安全。

（四）全力优环境，城乡共建取得新成效

城区建设持续加强。重点实施西二道河、当浪土牧等11个村的棚户区以及段家巷、二十七中南巷等6处边死角的征拆改造，征收房屋9.8万平方米。重点项目万锦水云天、富力天禧城的前期工作进展顺利，金地名京、天福九熙府项目已开工建设。

基础设施不断完善。实现云中路机场连接线[15]主线桥梁贯通，启动了湿地公园北路等3条市政道路[16]前期手续，改造得胜街等4条小街巷[17]，累计完成了112条小街巷、12条市政道路的设施维修养护工作。

宜居环境更加和谐。新建扩建游园广场4处，绿化美化小区45个。对7所校园进行绿化提升，对68座青城驿站周边进行绿化微景观打造。农村人居环境整治扎实推进，厕所革命、畜禽粪污治理和秸秆综合利用等工作成效明显。

城市管理全面优化。新建改建环保公厕60座、便民市场5处。垃圾分类工作有序推进，81家公共机构、26家公立学校、100个住宅小区实施垃圾分类管理，打造了庭院样板小区30个。全面加强“六乱”“两违”[18]违建别墅等方面的专项整治力度，依法拆除违法违规建筑6.3万平方米。“三城同创”工作扎实开展，成效明显。

（五）全力奔小康，民生保障取得新改善

稳定就业有序推进。城镇新增就业5965人，农村劳动力转移就业1万人，城镇登记失业率稳定控制在3.7%以内。工友之家功能日趋完善，服务有力。

社会保障日益完善。医疗保险参保人员达9.28万人。居民社保及各类民生补贴支出6282万元，惠及群众1.2万人。社会救助体系不断完善，共为全区城市低保、农村低保、五保供养、城镇“三无”人员、孤儿发放资金2199.8万元。成立退役军人服务中心1处、服务站55个，切实维护了退役军人合法权益。

社区服务达标构建。社区基础设施建设持续加强，新建、改扩建社区活动用房7处，25个精品示范社区硬件设施全部达标，建成社区党群活动中心43处。提升改造丽祥园等9个老旧小区，专业物业服务管理更加规范，居家养老服务试点进展有序。

（六）全力抓共享，社会事业取得新进步

教育事业优先保障。教育基础设施持续完善。中央民大附中呼市分校落户我区，讨卜齐幼儿园改建项目全面完工，十二中续建项目进展顺利，新增普惠性幼儿园4所，7所中小学试点推行营养餐配送。教育教学质量大幅提升。内蒙古师范大学附属第二中学、呼市六中跻身全市名校前列并具较高知名度和影响力。区域共建合作扎实推进，教育信息化水平稳步提高。

科技文体事业繁荣发展。科技创新平台建

设有序推进，科技创新工作有效加强，高新技术企业培育和申报工作深入开展，科技扶农支农力度不断加大。组建乌兰牧骑，传播红色文化，广泛开展惠民演出150场，全年送影下乡340场。强化全民健身，打造“10分钟全民健身圈”。建立玉泉区融媒体中心。

卫生健康事业稳步发展。基层医疗服务保障能力显著提升，新建社区卫生服务站2座，数字化预防接种站12家。社会就医参保环境持续优化，定点医药机构监管不断加强，蒙中医药建设逐步增强，医养结合服务试点运营。

社会局面始终和谐稳定。扫黑除恶工作深入推进，全区共打掉恶势力团伙13个，判处罚金6535万元。房地产遗留问题化解卓有成效。农民工工资治欠保支行动有力推进。民族团结、宗教和谐的局面得到巩固。依法治区和民主法治建设不断深入。

治理体系持续健全完善。完成玉泉区社会服务治理综合信息平台建设工程，平安城市、综治网格、应急指挥、电子政务和数字城管5个业务平台运行良好。全面落实安全生产监管措施，深入开展大排查大检查大整治专项行动。社会治安综合治理、安全生产监察、市场监督管理常抓不懈，国防动员、粮食安全保障、社会信用体系建设工作推进有力，工青妇、红十字、残联等各项事业也都得到进一步发展。

总体来看，2019年我区国民经济与社会事业保持稳中有进的态势，但仍存在着一些制约发展的问题，主要表现在：一是经济下行压力持续加大，经济发展结构性矛盾依旧存在，仍需加快推动新旧动能转换步伐；二是农村产业发展依然滞后，工业转型升级步伐缓慢，服务业优势有待进一步发挥，产业融合发展亟待全面加强；三是营商环境仍需优化，招商引资成效尚未突显；四是财政收支矛盾愈加凸显，社会事业发展和民生改善与群众期望仍有差距，公共服务和城乡均衡发展水平仍需进一步提升。

针对上述问题，我们将高度重视，要增强忧患意识、坚持底线思维，抓住主要矛盾、有针对性地加以解决；也要紧扣社会主要矛盾的变化，全面用好我区转型发展的重要战略机遇期，保持战略定力、坚定必胜信心，化挑战为机遇、变压力为动力，加快推动经济社会高质量发展。

二、2020年国民经济和社会发展计划草案

2020年全区国民经济和社会发展的主要任务：2020年，是全面建成小康社会和“十三五”规划收官之年，要实现第一个百年奋斗目标，为“十四五”发展和实现第二个百年奋斗目标打好基础。要以习近平新时代中国特色社会主义思想为指导，全面贯彻党的十九大和十九届二中、三中、四中全会精神和习近平总书记参加十三届全国人大一次、二次会议内蒙古代表团审议时的重要讲话精神，习近平总书记考察内蒙古的重要讲话精神，紧紧抓住融入“京津冀”“呼包鄂乌”协同发展的有利契机，紧扣全面建成小康社会目标任务，统筹推进“五位一体”总体布局、协调推进“四个全面”战略布局，坚持稳中求进的工作总基调，坚持新发展理念，坚持以供给侧结构性改革为主线，坚持以改革开放为动力，推动经济高质量发展，坚决打赢“三大攻坚战”，全面做好“六稳”工作，保持经济运行在合理区间，确保全面建成小康社会和“十三五”规划圆满收官。

2020年全区国民经济和社会发展的预期目标是地区生产总值增长5%左右；一般公共预算收入增长3.8%；城镇常住居民人均可支配收入

增长7%左右；农村常住居民人均可支配收入增长7.7%左右。

二、2020年需着重做好的工作

（一）聚焦高质量发展，构筑产业转型新局面

深入推进乡村振兴。大力发展特色农业。继续推进田园综合体项目建设，发挥连家营、乌兰巴图、密密板等村规模化蔬菜种植示范效应，继续扩大芦笋、绿芯蚕豆等作物种植面积，支持东甲兰现代农业示范园建设扩大规模，推动昭君花海全面种植成功，不断优化种植结构。加强产业融合力度。以昭君博物院和蒙古风情园为核心，全力推动昭君和亲小镇创建工作，大力发展都市休闲观光农业。全面提升农村人居环境。完成全区90%行政村人居环境综合整治，新建2座垃圾转运站，加强农村生活污水治理，完成农村户用厕所无害化改造，水冲公厕普及率达85%。

深入推进工业转型。转变园区发展方式。按照“工业+现代服务业园区”发展定位，着力打造绿色生态园区，科学规划园区产业空间布局，全力开展传统低效产业引导退出与整治提升工作，淘汰不符合都市工业发展方向的低效行业。着力加强创新驱动。聚焦新技术、新业态、新模式，紧紧围绕“强龙头、补链条、聚集群”招商选资，面向“科技型、创税型、规模型、生态型”项目精准招商入园，助力我区新旧动能转换。立足科技创新，培育一批技术密集、关联度高、带动力强的骨干企业，打造新兴产业集聚高地。加快主导产业发展。继续提升农畜产品加工、羊绒纺织、生物制药等主导产业，大力扶持重点企业发展，促进草原红太阳主板上市，推进金源康持续创新，推动企业改造升级与技术创新，提高产品有效供给能力，进一步增强市场竞争力。

深入推进服务业提质增效。大力推进重点项目建设。加快推动万锦、金宇新天地等商业综合体开业运营；全力推动锦都万家、俪城商业街如期开工；力争鄂尔多斯广场启动建设；扶持红星美凯龙、居然之家、七彩城等商业综合体高效发展。大力拓展商贸物流业规模。积极推进各专业市场做大做强，不断提升服装、小商品批发零售、农副产品交易等市场档次与品级，推动电子商务与传统产业深度融合，促进商贸物流业提档升级。加快传统产业改造升级。推动商业区向滨河路沿线集聚，加大滨河南路、滨河北路两侧大型商业区招商力度，建设一批体育公园、景观长廊，打造生态型滨河休闲经济带，满足人民群众购物、休闲、娱乐等需求。大力发展创新经济。全力支持睿斯文化教育综合体、玉泉大厦“双创”基地发展壮大，提高产业聚集能力，打造集电子商务、互联网、大数据应用、科技研发、人工智能等为一体的新经济产业集群。促进文旅融合发展。全力创建自治区全域旅游示范区，依托厚重的历史文化底蕴和丰富的旅游资源，有机串联四大精品旅游区块，形成12千米黄金旅游带。积极培育夜间经济，全面发展文化创意、文化演艺产业。

（二）聚焦全面小康，全力打好“三大攻坚战”

打好脱贫攻坚战。巩固提升脱贫成果，在实现“两不愁、三保障”的前提下，坚持脱贫不脱政策、不脱项目，突出产业扶贫引领增收致富，实现脱贫攻坚与乡村振兴战略的有效衔接。推动扶贫与致富相结合，让贫困群众能脱贫、不返贫。打好污染防治攻坚战。坚决打赢蓝天、碧水、净土保卫战，严厉打击超标排放行

为，严禁农作物秸秆露天焚烧，重点开展散煤管控、清洁能源替换、扬尘专项治理行动。积极落实河长制。严格预防土壤污染行为。扎实推进节能降碳工作，有效落实节能“双控”目标责任制。严守项目准入环保底线，严厉打击破坏生态环境违法行为，协同推进经济高质量发展和生态环境高水平保护。打好防范化解重大风险攻坚战。通过调整优化财政支出结构、盘活国有资产等措施，提高财政收益，坚持过紧日子，有序化解债务存量。量入为出、规范审批，合理安排政府投资项目，从严控制债务增量。继续做好金融风险专项整治，完善债务风险预警和处置机制，确保风险可防可控。

（三）聚焦提升品质，促进城乡协调发展

高品质推进城区改造建设。重点实施范家营、当浪土牧等10个村的棚户区改造。启动西二道河、西瓦窑等7个村的安置房项目建设。推动万锦水云天、富力天禧城等重点项目开工建设。高质量推进基础设施建设。全面完成云中路机场连接线工程，新建市政道路3条，维修改造小街巷3条，建成五里营变电站，做好园林绿化工作。高标准加强城市精细化管理。完善城市管理长效机制，严格落实“网格化”“门前三包”管理制度，压实路长责任，扎实做好环境卫生、市容市貌、垃圾分类、物业管理服务、违法建设管控等重点工作。高起点推进农村人居环境整治工作。健全完善农村环境卫生、公共服务设施等长效管理机制，提高城乡协调发展水平。

（四）聚焦共建共享，切实保障和改善民生

扎实做好稳就业工作。全面落实好就业、创业各项扶持政策，加强就业岗位开发，全面开展职业培训，促进创业带动就业，强化工友之家平台建设，完善综合服务功能，城镇失业率控制在3.8%以内。切实提高社会保障水平。深入推进全民参保计划，做好城乡居民社会保险参保工作。进一步抓好社会救助兜底保障，提高社会救助水平。加大对困难群体帮扶力度，扎实做好救灾救济、双拥优抚工作。全面提升社区服务功能。完善社会化养老服务体系，推广居家养老试点工作。健全退役军人服务管理体系，切实维护军人军属合法权益。

（五）聚焦民生关切，推进社会事业全面发展

优先发展教育事业。着力办好公平优质教育，优化资源配置，完善学校布局。继续推进中央民大附中呼市分校、水语青城幼儿园等标准化学校建设，全面推行中小学校营养餐配送工作，高标准打造呼市一中分校。严格落实义务教育阶段学校100%派位录取，实施“阳光分班”，有效缓解“上学难”等热点、难点问题。不断加强科技文体事业。继续强化科技创新体系和创新平台建设，不断提高科技服务水平和创新能力。进一步完善公共文化设施，做好非物质文化遗产保护传承工作，广泛开展群众性文体活动和全民健身运动，着力提升城区文明形象和市民文明素质。扎实做好卫生健康事业。深入推动医药卫生体制改革，积极推进疾控中心迁建工作，建设桃花卫生院120智慧急救站，推动优质医疗资源向社区、农村延伸。认真落实“全面二孩”政策，加强妇幼健康服务，促进人口长期均衡发展。全面提高公共安全保障水平。大力推进扫黑除恶工作，维护社会和谐稳定。全面推行大信访大维稳工作模式，推进基层社会治理现代化。健全社会治安

防控体系，完善防灾减灾应急机制。扎实推进依法治区，加强民族团结进步，依法管理宗教事务，切实做好安全生产、市场监管、粮食安全保障等工作。充分发挥工青妇、残联等群团组织作用，统筹推进其他社会事业协调发展，促进社会全面进步，不断提高人民群众的获得感、幸福感、安全感。

各位代表，面对新的机遇和挑战，我们将在区委的正确领导下，在区人大及其常委会的监督指导下，不忘初心、牢记使命、务实创新、担当实干，牢固树立以人民为中心的发展思想，坚持生态优先、绿色发展，完成好“十三五”任务，谋划好“十四五”发展，深入调整产业结构，全力支持民营经济，着力优化营商环境，扎实做好各项工作，切实推进全区经济社会高质量发展，为全面建成小康社会的伟大胜利而努力奋斗!

注释：

[1]农村常住居民人均可支配收入：工资性收入（如外出务工）、经营性收入（如超市、养殖）、财产性收入（如房租）、转移性收入（如政府补助、粮补、耕地地力补贴等）。（数据来源：呼市统计局玉泉区城乡社会经济抽样调查队）

[2]粮食播种面积8.1万亩：包括小麦0.48万亩，玉米7.18万亩、旱稻0.01万亩、其他谷物0.14万亩、豆类0.14万亩、马铃薯0.15万亩。（数据来源：农牧和科技局）

[3]东甲兰现代农业示范园项目：规划占地面积1500亩，拟建设温室大棚、观光旅游设施和物流仓储园。项目一期占地面积350亩，全部建设温室大棚，目前已建设大棚50亩（17个），并已全部投入使用，目前西红柿年产量150万千克，正在完善配套设施。（数据来源：农牧和科技局）

[4]乌兰巴图村食用菌示范性种植项目：占地面积21亩，现已开始试种植5亩，在已有温室的基础上进行改造升级，启用3栋玻璃温室进行无公害食用菌培育。目前已试生产约30万个菌包，年产约100万千克，每千克售价13元，年产值约1300万元左右。（数据来源：农牧和科技局）

[5]旱稻：连家营村种植旱稻面积100亩，订单回收价预计每千克6元，每亩收入可达到1000～1200元。（数据来源：农牧和科技局）

[6]特色豆类种植：连家营村、南台什村的黑色鹰嘴豆、绿色蚕豆、鲜食青豆试验种植面积250亩。（数据来源：农牧和科技局）

[7]芦笋规模示范种植：连家营村种植芦笋面积260亩，预计亩产1000千克，单价10元/千克，种植3年后可见稳定收益。（数据来源：农牧和科技局）

[8]昭君花海：种植地点在百什户村，种植面积共计500亩，现已完成种植。（数据来源：农牧和科技局）

[9]土地确权登记工作：我区43个行政村土地确权承包经营权证都已颁发完毕，共计颁证5807本，调查承包农户6080户，确权面积达7.57万亩。（资料来源：农牧和科技局）

[10]农村集体产权制度改革清产核资工作：清产核资是“清查财产、核定资金”的简称。涉及小黑河镇、昭君路街道办事处、西菜园街道办事处、鄂尔多斯路街道办事处、石东路街道办事

处、兴隆巷街道办事处共计54个行政村。（资料来源：农牧和科技局）

[11]农业支持保护补贴共计1276.18万元：用于玉米和大豆种植补贴605.29万元，小黑河镇和各涉农办事处耕地地力保护补贴525万元，农机补贴134.29万元，农业保险11.6万元。（数据来源：农牧和科技局）

[12]草原红太阳技改扩建项目：项目总投资1.9亿元，占地面积为2万平方米，项目全部投产后，年产值3.1亿元，年利税可实现5300万元。现在该项目的立项、环评等手续已经全部办理完毕，基础建设已经完工，现正在进行内部装修及设备安装。（数据来源：裕隆工业园区）

[13]玉泉大厦：2019年，大厦共有企业65家，完成税收共计937.82万元。（数据来源：工信局）

[14]“两不愁、三保障”：“两不愁”即不愁吃、不愁穿；“三保障”即义务教育、基本医疗、住房安全有保障。

[15]云中路机场连接线：桩基工程、承台、墩柱、盖梁全部完成，钢箱梁工程已完成80%，工程建设已完成投资约9亿元，约占总工程量的80%。（资料来源：住建局）

[16]湿地公园北路等3条市政道路：湿地公园北路、三里营街、碱滩巷。

[17]得胜街等4条小街巷：得胜街、四眼井巷、上栅子街、三里营南路。

[18]“六乱”“两违”：“六乱”是指乱搭乱建、乱堆乱放、乱设摊点、乱拉乱挂、乱贴乱写乱画、乱扔乱吐；“两违”是违法和违规的合称。

关于玉泉区2019年预算执行情况和2020年预算草案的报告

——2019年12月26日在玉泉区第十七届人民代表大会第三次会议上

玉泉区财政局

各位代表：

受区人民政府委托，现将玉泉区2019年预算执行情况和2020年预算草案的报告提交本次人民代表大会审议，并请区政协各位委员和列席会议的同志们提出意见。

一、2019年预算执行情况

2019年，全区财政工作在区委的正确领导和区人大的依法监督下，认真执行区十七届人大第二次会议批准的预算，坚持稳中求进工作总基调，积极应对复杂多变的经济形势，以防范财政风险为重点，以提高预算绩效为目标。牢固树立“过紧日子”思想，确保干部、职工工资及改善民生事项支出，有效保障重点项目，完成全年化债任务，财政运行总体平稳，各项指标在合理区间。

（一）全区财政预算收支情况

1.一般公共预算收支情况

2019年全区一般公共预算收入预计完成195515万元，比上年同期增加2937万元，同比增长1.53%，剔除清理往年税收欠款一次性收入，同比增长4.8%，完成人代会预算数195515万元的100.0%。其中税收收入完成178762万元，占一般公共预算收入的91.43%；非税收入完成16753万元，占一般公共预算收入的8.57%，非税收入占比低，表明财政收入质量较高，结构合理。

2019年全区一般公共预算支出预计完成172777万元，比上年同期增加24881万元，同比增长16.82%。

2.政府性基金预算收支情况

2019年全区政府性基金收入预计完成46381万元。全区政府性基金预计支出41856万元，年终滚存结余4525万元。

3.社会保险基金预算收支情况

2019年全区社会保险基金预算收入预计完成13959万元，完成年初预算16549万元的84.35%（因上级专项比上年同期减少，机关养老保险缴费率由原来的28%降到24%）。全区社会保险基金预算支出预计完成13883万元，完成年初预算15694万元的88.46%。（差异部分：因政策性原因，部分退休人员年末转入社保发放。）

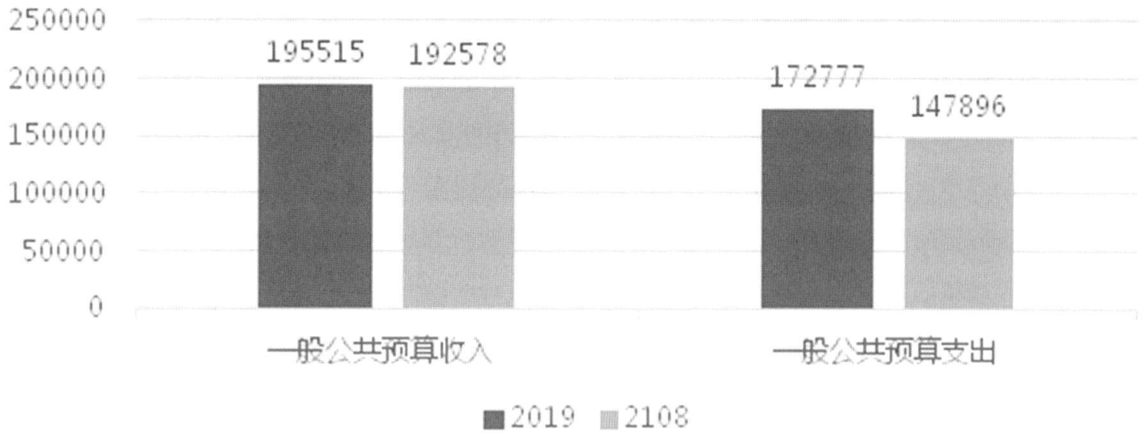

2019年全区一般公共预算收支表

4.国有资本经营预算收支情况

因我区国有企业暂不能实现利润，未安排预算，所以无执行情况。

（二）本级人民代表大会批准财政预算决议执行情况

1.一般公共预算执行情况

一般公共预算支出完成情况。2019年财政部门认真贯彻执行区十七届人大二次会议批准的预算，区本级一般公共预算支出预计完成172777万元（包含上级转移支付），其中区人民代表大会批准的预算调整支出数为96410万元，完成调整预算数的96.24%。具体情况如下。

一般公共服务支出19263万元。主要用于全区党政机关行使一般公共服务职能运转费用、创建文明城市、人才引进、党建经费、机要、保密经费、防范和处理邪教经费、民族宗教经费、全国第四次经济普查经费、人大代表之家工作经费、党群活动中心、社区党组织建设、大学生村官补助、档案保护费、网络维护费、信访维稳、招商引资等事务性支出。

公共安全支出8500万元。主要用于公安、司法部门的机构运转及办案经费，开展戒毒、消防、应急维稳工作，支持扫黑除恶专项行动等重点工作，维护社会和谐稳定。

教育支出23634万元。主要用于学校运行及基础设施建设，加大学前教育发展专项资金投入力度，全面落实普通高中、中等职业学校学生“两免”资金拨付及城乡义务教育阶段家庭经济困难寄宿生生活费补助、国家助学金补助等支出。

科学技术支出2824万元。主要用于科技重大专项、科技创新引导、应用技术研究开发、支持科普惠农、社区科普益民活动等支出。

文化旅游体育与传媒支出1846万元。主要用于群众文化活动补贴、文化场馆免费开放补贴及全民健身补助等支出。

社会保障和就业支出28351万元。主要用于巩固城乡居民社会养老保险制度全覆盖成果，稳步提高城乡居民最低生活保障水平，公益性岗位补贴，对高龄老人、农村五保供养、“三民”、城镇“三无”人员和孤儿等困难群众的生活补助以及临时社会救助，义务兵优待金，退役士兵退役补助金等支出。

卫生健康支出8587万元。主要用于继续提高城镇居民基本医疗保险财政补助标准，继续深化国家基本药物制度、基本公共卫生服务均等化等医疗卫生体制改革、落实国家重大公共卫生项目配套、公立医院药品零差价补偿、落实计划生育家庭奖励扶助政策、发放独生子女伤残、死亡家庭的特别扶助金、食品安全经费等支出。

节能环保支出2088万元。主要用于大气居民取暖煤清洁化替换、水污染防治、生态环境能力建设、环境监测治理等方面的投入。

城乡社区支出67525万元。主要用于巴彦路、三环路、云中路机场连接线征拆建设、小街巷改造工程、城市环境卫生综合整治、环卫清洁及青城驿站维护运行经费、园林绿化等支出。

农林水支出4267万元。主要用于脱贫攻坚、河道治理、村级公益事业建设“一事一议”财政奖补、农林业保险保费补贴、森林病虫防治、防火、防汛抗旱等支出。

交通运输支出476万元。主要用于呼和浩特机场高速公路征地拆迁资金。

资源勘探信息等支出180万元。主要用于科技型中小企业技术创新基金、支持中小企业发展和管理支出。

商业服务业等支出221万元。主要用于服务业发展资金、游客服务中心运营经费。

住房保障支出完成4457万元。主要用于干部职工住房公积金支出。

灾害防治及应急管理等支出完成558万元。主要用于安全生产监管、消防器材、消防事务经费等支出。

上级财政补助资金的安排和使用情况。2019年上级财政预计下达我区补助资金95740万元。其中：财力性转移支付26596万元（返还性转移支付3421万元，一般性转移支付23175万元），占转移支付总额的27.78%；专项转移支付69144万元，占转移支付总额的72.22%。已下达各预算单位61608万元（专项转移支付），区本级执行26596万元（一般性转移支付）。区本级执行的财力性转移支付主要用于弥补人员工资支出12733万元、债务还本付息13863万元（用于清算2019年美丽乡村产业基金到期溢价款1719万元、人居环境建设服务项目利息785万元、大黑河项目贷款利息428万元、断头路项目。呼和浩特市发展基金到期利息664万元、地方政府债券2019年发行费及利息10267万元）。

2.政府性基金预算执行情况

2019年全区政府性基金收入预计完成46381万元。其中：区本级年初预算安排政府性基金500万元，年末政府性基金预计收入0万元（由于良种场耕地被占，市收储没下拨相关经费）；上年专项结转40222万元；上级补助收入6159万元。

2019年全区政府性基金支出预计完成41856万元，结余4525万元。各主要类款预算执行情况如下。

国有土地使用权出让收入安排支出41280万元。主要用于棚户区改造资金、青城驿站补助资金、良种场职工工资等支出。

国家电影事业发展专项资金收入安排支出30万元。主要用于国家电影事业发展专项资金、国产影片放映奖励资金等支出。

旅游发展基金收入安排支出92万元。主要用于旅游厕所建设项目支出。

彩票公益金安排支出454万元。主要用于残疾人事业发展补助、支持体育事业、乡村少年宫项目、笼式足球场地建设补助、资助社会办养老机构床位运营一次性建设和责任保险补贴等支出。

政府性基金收支遵循“以收定支、专款专用、收支平衡、结转下年安排使用”的原则，超过年初确定的预算指标主要是由于上级下达专项所致。

3.社会保险基金预算执行情况

2019年全区社会保险基金预算收入预计完成13959万元，完成年初预算16549万元的84.35%。其中：城乡居民养老保险收入1900万元，完成预算2671万元的71.13%（因上级专项比上年同期减少）；机关事业基本养老保险收入12059万元，完成预算13878万元的86.89%（因机关养老保险缴费率由原来的28%降到24%）。

2019年全区社会保险基金预算支出预计完成13883万元，完成年初预算15694万元的88.46%。其中：城乡居民养老保险支出1878万元，完成预算1896万元的99.05%，主要用于城乡居民养老保险的支出。机关事业基本养老保险支出12005万元，完成预算13798万元的87%（差异部分：因政策性原因，部分退休人员年末转入社保发放。）主要用于机关事业基本养老保险的支出。

（三）政府债务情况

2019年初，全区政府存量债务余额316129万元，其中：一般债务余额267026万元、专项债务余额49103万元。

2019年预计全区政府存量债务余额293498万元，其中：一般债务余额244493万元（含再融资债券5194万元）、专项债务余额49005万元（全区通过财政资金、审计核减核销等方式化解债务98万元；退回上级财政一般置换债券22533万元）。

以上数据为收支预计数，正式决算数经上级财政部门审核批复后，依照相关规定向人大常委会做具体报告。

（四）2019年重点工作

2019年，在区委的正确领导下，在区人大的有效监督下，全区各部门积极应对严峻复杂的形势任务，坚持稳中求进的工作总基调，以推进高质量发展为目标，牢牢守住不发生区域性系统性债务风险底线，确保财政运行平稳有序。

1.执行国家减税降费政策，提升财政收入质量

财税部门严格贯彻落实国家减税降费政策，小规模纳税人增值税起征点提高、部分地方税种实行减半征收、小微企业标准放宽并加大优惠等，减轻企业负担。从当前看，减税降费虽然对全区一般公共预算收入带来较大影响，从长远看，起到涵养财源的积极作用，对推动全区经济社会高质量发展具有重要意义。

2.发挥财政职能作用，保持收支平稳运行

2019年，面对困难形势，财政发挥职能作用，积极争取上级转移支付，弥补财力不足。进一步严控一般性支出。2019年区本级“三公”经费全年预计支出345万元，比全年预算590万元减少245万元，同比下降7.07%。盘活存量资金，统筹用于支持民生、化解债务等重点支出，确保了区委、区政府重大决策有效落实和保工资、保运转、保基本民生需求。

3.持续优化支出结构，全力保障改善民生

2019年全区各类民生预计支出134210万元，占总支出的77.7%。加大社会保障和就业资

金保障力度，社会保障和就业支出28351万元。其中：拨付城乡低保资金4416万元，共惠及2825人；拨付城乡居民养老保险补贴1627万元，共惠及6800人；拨付城镇“三无”“三民”人员补助、五保、孤儿供养资金和高龄津贴等1851万元，共惠及6621人；拨付退役安置、义务兵优待金、一次性伤残金及重点优抚对象等各类经费1778万元，共惠及614人；拨付公益性岗位、下岗职工社会保险、社区民生工作志愿者、“40、50”人员社会保险、中小企业和非公有制企业储备的高校毕业生、职业技能及创业培训、职业鉴定补贴5525万元，共惠及5892人。

积极落实各项教育经费保障政策，促进教育事业健康有序发展，教育支出23634万元。主要用于教学业务与管理，教师培训、实验实习、仪器设备及图书资料购置，校舍及教学仪器设备的日常维护维修等，保障了各中小学教育教学工作的顺利开展；拨付普通高中、中职“两免”和国家助学金、经济困难大学生政府资助资金和城乡低保家庭子女升入普通高校新生入学资助资金及困难家庭寄宿生生活补助资金1633万元，共惠及8217人；拨付农村学校校舍维修经费、学前教育发展资金1021万元，改善了我区的办学办园条件。

加大“三农”投入，促进农业发展和农民增收，农林水支出4267万元。切实改善农村人口生活条件，引导农村产业发展，拨付耕地地力保护资金（农村支持保护补贴）、玉米生产者补贴资金、大豆生产者补贴资金、农机具购置补贴资金1324.67万元，惠及12387农户。拨付1728万元，重点对乡村街道硬化、小型农田水利建设、人畜饮水工程等涉及农村生产生活的建设项目进行补助。

积极支持医疗保障体系改革，卫生健康支出8587万元。提高城乡居民基本医疗保险财政补助标准，继续深化国家基本药物制度、基本公共卫生服务均等化等改革，落实计划生育家庭奖励扶助政策，提高独生子女伤残、死亡家庭的特别扶助金标准、独生子女意外伤残、死亡一次性扶助金补助、健康扶贫。

加大文化体育投入，文化旅游体育与传媒支出1846万元。全年文化下乡惠民演出150场、举办文体活动100场、送影下乡340场，对春节、元宵节文化庙会和广场消夏等群众性文化活动进行经费保障，实施公益性文化设施免费开放，美术馆、公共图书馆、文化馆（站）免费开放经费，现代农业田园综合体项目规划编制费用，大召、席力图召消防改造经费。

加快道路升级改造，改善居民居住环境，城乡社区支出67525万元。拨付巴彦淖尔路、三环路、云中路机场连接线征拆及建设资金53000万元，城市环境卫生综合整治、环卫清洁及青城驿站维护运行经费等支出。

4.多方筹措财政资金，支持全区重点项目建设

一是积极争取上级资金。全年争取上级各类转移支付资金共计95740万元，主要用于重点社会事业发展和民生保障。

二是有效盘活存量资金。全区预计盘活各类财政资金15842万元，主要用于扫黑除恶专项经费、宗教工作经费、重大活动维稳工作经费、预算联网经费、禁毒经费、第四次经济普查工作经费、创城工作经费、党群活动中心建设经费等支出。

三是合理统筹重点项目。全年承担市级重点道路征拆及建设资金合计53000万元，有效保

障了三环路、巴彦淖尔路、云中路机场连接线等重点道路征拆及建设资金保障。

5.全力支持打赢打好“三大攻坚战”

一是加强政府债务风险防控，制定有效的化债目标和工作措施，进一步压实化债责任，有序化解债务存量，通过压缩一般性支出、盘活财政存量资金、债券转移、资产抵顶等方式化解隐性债务5.30亿元，完成化解隐性债务任务的109.50%，清欠民营企业、中小企业账款1.84亿元，完成年度化解任务的111.25%。

二是大力支持脱贫攻坚，全年共拨付318万元，主要用于少数民族发展资金、城乡低保家庭子女升入普通高校资助、建档立卡、项目库建设、贫困人员医疗保险等。加强企业与建档立卡脱贫享受政策农户利益链接机制，玉泉区整合扶贫专项资金121.62万元，实施民案村旗帜牧业养殖项目，带动13户25人建档立卡无劳动能力农户增加家庭经济收益，每人每年保底3000元。建立扶贫资金动态监控机制，实现对各类财政扶贫资金管理，涉及12个扶贫项目，提高财政扶贫资金支出进度及使用效益。

三是加大污染防治资金支持，全年拨付各类生态环保支出3665万元，其中：扎达盖河治理1249万元、环境污染综合治理、大气污染防治资金795万元、居民取暖煤清洁化替换1621万元。

6.全面深化财政改革，提升财政服务水平

一是全面实施预算绩效管理。进一步强化预算支出责任，提高资金使用效益，通过自评、聘请专家、引入第三方机构开展绩效目标评价。目前，涉及绩效目标管理的预算单位共49家、项目164个、资金25603万元。针对项目绩效目标不够细化、评价结果与目标设定效益有所偏差等问题，财政给主管单位下达整改通知书并将整改结果运用到下一年的预算编制和项目申报中。

二是深入推进国库集中支付改革。进一步加快国库集中支付电子化改革，确保2020年1月1日我区国库集中支付电子化系统正式上线运行，使财政资金支付更加安全、便捷、高效。

三是强化国有资产管理。开展区本级行政事业单位和国有企业国有资产清查，向区人大常委会报告2018年全区国有资产管理情况。

四是规范政府采购管理。进一步完善政府采购制度，2019年预计申请政府采购金额3020.7万元，中标金额2604.5万元，节约率13.78%。

五是大力推进依法理财。将依法理财建设作为财政工作的重要目标，推进财政行政权力阳光透明运行，有力推进法治财政建设工作水平，连续4年被评为全市财政系统法治财政建设先进单位。

总的看，2019年财政工作在经济下行压力较大、减税降费政策全面实施、各种困难叠加的情况下，通过强化财政职能、科学统筹调度、精准有效施策等有力举措，保持了财政平稳运行。但我们也更深刻地认识到，财政运行还面临一些困难问题，主要是新增财源不足，财政增收乏力；刚性支出增长较快，收支矛盾更加突出；政府债务化解压力巨大；财政支出结构仍需优化；财政资金引导、放大、撬动、效率作用需充分发挥；绩效预算意识有待增强，责任有待落实；行政事业单位资产管理还需加强。对此，我们将高度重视、聚焦问题、深挖根源、精准发力，努力改进提高。

二、2020年预算草案

2020年预算编制的指标思想是深入贯彻党的十九大提出的“加快建立现代财政制度，建立权责清晰、财力协调、区域均衡的中央和地方财政关系。建立全面规范透明、标准科学、约束有力的预算制度，全面实施绩效管理”工作要求。全面落实预算法和深化预算管理制度改革各项要求，严肃财经纪律，厉行勤俭节约，反对铺张浪费，坚持过紧日子；加大资金统筹力度，有效盘活存量，优化支出结构，优先保障重点支出；落实全国金融工作会议精神，统筹资金化解政府债务，防范债务风险；深化预算改革，强化支出约束，理顺预算管理权责；切实做实绩效目标管理，规范项目设置，严格项目立项，提高财政资金使用效益；紧密结合财政经济形势，科学合理地编制2020年部门预算，做好深化部门预算改革的各项工作。

按照上述指导思想，2020年区本级预算编制主要体现深化改革编制科学、统筹财力集中安排、围绕中心保障重点、标准科学约束有力、公开透明讲求绩效和化解债务防范风险6项原则，切实压缩部门一般性支出，对部门一般性支出按照20%的规模进行压减，一般性支出中的“三公经费”按照30%的规模压减，集中财力保障各类民生项目及重点建设项目支出。

（一）2020年财政预算收支安排情况

1.一般公共预算收支安排情况

2020年，考虑综合经济发展环境、发展趋势预测及政策导向影响因素分析，同时兼顾“三保”支出的需求。2019年全区一般公共预算收入预计完成195515万元，剔除清理往年税收欠款一次性收入2100万元，增长4.9%安排，为202945万元。

按照我区现行财政体制划定的收入范围和目前市财政局已确定对我区补助数额，2020年全区一般公共预算财力预计安排为95777万元。（全区一般公共财政预算收入预计安排202945万元，加上级转移性收入33556万元，减专项上解支出140724万元，当年一般公共预算财力为95777万元。）

政府存量债务还本付息及专项上解支出安排情况。2020年全区政府存量债务还本付息及专项上解支出预计安排140724万元，其中：政府存量债务还本付息上解支出5932万元、专项上解支出134792万元。

一般公共预算支出安排情况。根据2020年全区一般公共预算财力，安排一般公共预算支出95777万元。其中，基本支出预算安排73602万元，包括人员经费、公用经费；项目支出预算安排22175万元。按政府收支分类功能科目划分，各类支出安排情况如下。

一般公共服务支出安排16148万元。按支出类别分：基本支出15159万元，项目支出989万元。主要用于全区党政机关行使一般公共服务职能的各项经费支出。项目主要包括民政工作经费、人大代表和政协委员活动经费、安全可靠应用全面替代工程、新华网络媒体经费、扫黑除恶专项经费、宗教经费等。

公共安全支出安排7245万元。按支出类别分：基本支出7158万元，项目支出87万元。项目主要包括公共安全、办案及执法业务经费、禁毒经费等。

教育支出安排20738万元。按支出类别分：基本支出17938万元，项目支出2800万元。项目主要包括落实各项教育政策配套经费、教育事业发展等。

科学技术支出安排464万元。按支出类别分：基本支出52万元，项目支出412万元。项目主要包括智慧玉泉经费、科普经费等。

文化旅游体育与传媒支出安排675万元。按支出类别分：基本支出512万元，项目支出163万元。项目主要包括文物保护、文化下乡经费等。

社会保障和就业支出安排17780万元。按支出类别分：基本支出14013万元，项目支出3767万元。项目主要包括财政对城市低保区级配套资金、农村低保区级配套资金、农村低保区级配套资金、农村五保户供养资金、公益性岗位补贴、80岁以上城乡高龄津贴、退役士兵安置经费等。

卫生健康支出安排7781万元。按支出类别分：基本支出6447万元，项目支出1334万元。项目主要包括基本公共卫生服务补助、计生特别扶助金、医疗保险区级补助等。

城乡社区支出安排10868万元。按支出类别分：基本支出5629万元，项目支出5239万元。项目主要包括环卫运行经费、青城驿站运行维护、垃圾分类等。

农林水支出安排2200万元。按支出类别分：基本支出1854万元，项目支出346万元。项目主要包括小型农田水利、扶贫项目经费、农牧业保险等。

住房保障支出安排4379万元。按支出类别分：基本支出4379万元，主要包括干部职工住房公积金等。

灾害防治及应急管理支出安排621万元。按支出类别分：基本支出461万元，项目支出160万元。项目主要包括应急管理、消防事务经费等。

预备费支出安排1000万元，占一般公共预算支出的1.04%。根据预算法要求，各级一般公共预算应当按照本级一般公共预算支出额的1%～3%设置预备费，用于当年预算执行中的自然灾害等突发事件处理增加的支出及其他难以预见的开支。

其他支出安排5878万元。具体项目包括预留增人增资、偿还政府性债务、税务经费、人武部经费等支出。

2.政府性基金预算安排情况

全区政府性基金预算收入安排4525万元（上级专项）。具体安排：上年结转收入4525万元。

按照政府性基金“以收定支”的预算管理原则，全区政府性基金预算支出安排4525万元，相应安排各项支出。

3.社会保险基金预算安排情况

收入预算安排情况。2020年全区社会保险基金收入预计完成16183万元，其中：个人缴费收入7967万元、政府补贴收入8140万元、利息收入66万元、转移性收入7万元、其他收入3万元，上年结余4373万元。

支出预算安排情况。2020年全区社会保险基金支出预计完成15208万元，其中：基础养老金支出14973万元，个人账户养老金支出195万元，丧葬抚恤补助支出28万元，转移性支出12万元，滚存结余5348万元。

4.国有资本经营预算安排情况

我区国有企业尚处于起步发展阶段，暂不能实现利润，所以2020年不安排国有资本经营收支预算。

（二）扎实做好2020年财政改革发展工作

2020年经济社会发展任务重、挑战多。按中央经济工作会议精神，坚持稳字当头宏观经济政策基调，把高质量发展贯穿始终，坚持“保工资、保运转、保基本民生”的刚性支出，压缩一般性支出，继续打好“三大攻坚战”，积极的财政政策要大力提质增效，推进财政改革发展和管理创新，重点做好以下工作。

1.落实财政政策，确保收入增长

加强对财政资源的统筹，拓宽财政收入来源渠道，实现财政资金有效供给。

一是依法征收增财力。实事求是摸清税源，科学准确测算税收规模，确定合理税收目标，为财政收入稳定打好基础。

二是培植财源增财力。营造良好经商环境，加大培植新兴税源，增强税收增长后劲。

三是积极争取增财力。保持向上级财政部门争取财政资金的良好态势，建立全方位的信息沟通渠道，全力争取上级的政策、资金支持。

2.优化支出结构，提高资金使用效益

一是严格控制和压缩一般性支出，将有限的财政资金用到促进经济社会发展的关键领域，不断增强公共财政保障能力，为持续打好“三大攻坚战”保驾护航。

二是加大民生和重点项目保障支出，提高基本公共服务保障水平。

三是不断提高财政收入质量，努力完成全年预期目标。

3.深化财税体制改革，提高依法理财水平

认真执行贯彻预算法，加强财政资金监管，推进依法理财。

一是严格执行预算法的规定，要先有预算，后有支出，量入为出、量力而行。

二是坚持过紧日子的思想，进一步调整和优化财政支出结构，全力保障基本民生支出。

三是坚决遏制隐性债务增长，确保债务总量只减不增，债务率控制在警戒线以下。

四是抓紧完善预算绩效管理制度办法，建立“预算编制有目标、预算执行有监控、预算完成有评价、评价结果有反馈、反馈结果有应用”的全过程预算绩效管理机制，提升财政管理水平和政策实施效果。

4.积极支持和配合人大依法开展预算审查监督

进一步落实《内蒙古自治区预算审查监督条例》要求，不断完善支出预算，提高支出预算的科学性、有效性。认真落实人大有关预算决算的决议，增强落实效果。加强日常沟通，优化预算报告和草案编制。

各位代表、各位委员，做好今年财政工作，任务繁重、责任重大、使命光荣。我们将在区委的坚强领导下，在区人大的依法监督和区政协的民主监督下，把握战略机遇，化解风险挑战。攻坚克难，强化财力保障和政策支撑，努力完成全年预算目标和财政改革各项任务，为全区经济持续健康发展开辟更广阔的空间！

供稿人名录

中共玉泉区委员会　张洪林
玉泉区党员干部培训中心　张红霞
玉泉区纪律检查委员会、监察委员会　李璐
玉泉区委政法委　顾龙
玉泉区组织部　王鹏
玉泉区宣传部　朱世平
玉泉区统战部　荣柯岚
玉泉区机构编制办公室　文杰
玉泉区直属机关工委　安耀
玉泉区老干部局　郭凤珍
玉泉区人大常委会　巴根那　马建华　李峰兆
玉泉区人民政府　杨占林
玉泉区信访局　云景铎
玉泉区机关事务中心　李俊平
玉泉区国土资源分局　贾雅萍
玉泉区土地储备项目服务中心　包宇健
玉泉区档案局　那仁托娅
玉泉区政务服务局　郭俊峰
政协玉泉区委员会　陈红霞
政协玉泉区民族宗教教文卫委员会　其力木格
政协玉泉区文史委员会　李文兰
政协玉泉区提案委员会　王雪婷
中国国民党玉泉区总支委员会　韩继祥
中国民主同盟玉泉区总支部委员会　张丽梅
中国民主建国会玉泉区总支部　曹东海
中国民主促进会玉泉区总支部　云晓玲
中国农工民主党玉泉区总支部　道日娜
九三学社玉泉区委员会　乌兰
玉泉区总工会　高燕燕
共青团玉泉区委员会　赵书圆
玉泉区关心下一代工作委员会　崔宁
玉泉区妇女联合会　张焕芳
玉泉区工商业联合会　王震宇
玉泉区归国华侨联合会　王彩虹
玉泉区残疾人联合会　杨宏玲
玉泉区红十字会　刘瑞刚
公安局玉泉区分局　刘谕隆
玉泉区检察院　孙丽
玉泉区人民法院　董璐
玉泉区司法局　云鹏
玉泉区消防救援大队　白田明
玉泉区交管大队　何松
玉泉区人民武装部　王磊
玉泉区农牧和科技局　刘春玉
裕隆工业园区　景霞
玉泉区供电分局　刘雪辰
玉泉区住房和城乡建设局　张曼
玉泉区城市管理综合执法局　徐萌乐
玉泉区城市管理行政执法监察大队　石恺
玉泉区房屋征收管理办公室　苗丽娜
玉泉区环境卫生管理局　王浩宇
玉泉区环境保护局　黄跃华
玉泉区工业和信息化局　焦越
玉泉区景区管理办公室　杨敏
玉泉区财政局　陶宇
玉泉区税务局　郝凤英
玉泉区统计局　黄彩凤

玉泉区审计局　郭树慧
玉泉区金融办　李淑婷
玉泉区发展和改革委员会　赵思涵
玉泉区价格认证中心　王涛
玉泉区市场监督管理局　刘鸿如
玉泉区应急管理局　安浩坤
玉泉区教育局　云继龙　曹燕
呼和浩特市第六中学　于燕
呼和浩特市第十二中学　孔繁超
呼和浩特市第二十六中学　李宇琴
呼和浩特市第二十七中学　盛婕
内蒙古师范大学附属第二中学　刘长辉
内蒙古航空职业技术学校　赵自强
石头巷小学　薛宇
南茶坊小学　任志慧
大南街头道巷小学　徐英杰
公义店小学　乔振文
沟子板学校　安悦琴
清泉街小学　顾春连
通顺街小学　齐利刚
巧尔齐召小学　袁雅琴
西水磨小学　宿宝平
西菜园小学　盛楠
石东路小学　来洁
梁山街小学　胡彦华
恒昌店巷小学　闫静　孙立志
小召小学　姚飞
民族实验小学教育集团　刘英
五塔寺东街小学教育集团　刘凤英
小黑河镇中心校　张敏
达赖庄学校　芦小玲
前八里学校　云秀民
乌兰巴图学校　王海忠
东二道河学校　张文琴
牛场学校　于飞
玉泉区民族幼儿园　云田
玉泉区幼儿园　康燕
玉泉区实验幼儿园　张倩
玉泉区地震局　萨伦
玉泉区科学技术协会　马毅彬
玉泉区文体旅游广电局　郭研婷
玉泉区卫生健康委员会　苑志霞
玉泉区红十字医院　王玉霞
玉泉区中蒙医医院　张镜
玉泉区妇幼保健院　纵亦男
玉泉区疾控中心　丁秀娟
玉泉区人力资源和社会保障局　臧磊
玉泉区民政局　白洁
玉泉区民族事务委员会　李兴元
玉泉区社区建设办公室　王婷
玉泉区物业办　宋静霄
兴隆巷街道　周乐
昭君路街道　云燕
西菜园街道　杨继英
小召前街街道　董永春
长和廊街道　李娜
鄂尔多斯路街道　曲远
石东路街道　查干朝鲁
大南街街道　贺耀
小黑河镇　白强

名词解释

“两不愁、三保障”：“两不愁”是指扶贫对象不愁吃、不愁穿；“三保障”是指保障扶贫对象义务教育、基本医疗和安全住房。

“六个百分百”：施工工地周边100%围挡、物料堆放100%覆盖、出入车辆100%冲洗、施工现场地面100%硬化、拆迁工地100%湿法作业、渣土车辆100%密闭运输。

“六乱”：乱设摊、乱占道、乱设广告、乱张贴、乱抛物、乱扔垃圾。

“两违”：违法用地、违法建设。

“四个百日行动”：利用100天时间，开展房地产市场领域专项整治、建筑领域专项整治、房地产项目遗留问题集中治理、房地产行业打击违法犯罪行为。

“四制两金”：“四制”是指农民工工资专用账户管理制度、农民工实名制管理制度、银行按月代发农民工工资制度、施工现场维权信息公示制度；“两金”是指农民工工资保证金、应急周转金。

“五进”：习近平新时代中国特色社会主义思想进场所；国旗进场所；宪法和法律法规进场所；社会主义核心价值观进场所；中华优秀传统文化进场所。

“六稳”：稳就业、稳金融、稳外贸、稳外资、稳投资、稳预期。

“清五乱”：清乱占、清乱采、清乱堆、清乱建、清乱排。